세무사가 찍어주는 **명쾌한**
종교인 종교단체 절세비법

**세무사가 찍어주는
명쾌한 종교인 종교단체 절세비법**

1판 1쇄 인쇄 2018년 7월 5일
1판 1쇄 발행 2018년 7월 10일

지은이 김명돌
펴낸이 송준화
펴낸곳 아틀라스북스
등 록 2014년 8월 26일 제399-2017-000017호

기획편집총괄 송준화
마케팅총괄 박진규
디자인 김민정

주소 (12084) 경기도 남양주시 청학로 78 812호(스파빌)
전화 070-8825-6068
팩스 0303-3441-6068
이메일 atlasbooks@naver.com

ISBN 979-11-88194-05-6 (13320)
값 18,000원

저작권자 ⓒ 김명돌 2018
이 책의 저작권은 저자에게 있습니다. 서면의 의한 저자의 허락없이
내용의 일부를 인용하거나 발췌하는 것을 금합니다.

이 도서의 국립중앙도서관 출판시도서목록(CIP)은 서지정보유통지원시스템 홈페이지
(http://seoji.nl.go.kr)와 국가자료공동목록시스템(http://www.nl.go.kr/kolisnet)에서
이용하실 수 있습니다.(CIP제어번호 : CIP 2018018575)

세무사가 찍어주는 **명쾌한**
종교인 종교단체 절세비법

김명돌 지음

아틀라스북스

 글을 시작하며

'납세의 의무'는 헌법에 규정되어 있는 국민의 4대 의무 중 하나이지만, 종교인소득에 대한 과세의 경우 관련 논의가 시작된 지 50년 만인 2018년 1월에야 본격적으로 시행되었습니다. 건국 이래 처음으로 시작된 제도인 만큼 아무도 가보지 않은 길인 것이지요. 이 책은 이처럼 처음 시행되는 종교인소득 과세제도를 접하면서 난감해 할 수 있는 종교인 및 종교단체 실무자들을 위해 집필되었습니다.

'소득이 있는 곳에 세금이 있다'라는 격언과는 달리 종교인소득에 대해서는 그동안 사회적 논란이 있었던 것이 사실입니다. 정부 입장에서는 종교라는 특수성으로 인해 법에서 규정하고 있는 과세권을 공평하게 유지하지 못하고 종교인과 종교단체에 대해 특권을 부여해왔다는 논란이 있었으며, 종교단체와 종교인들은 납세의무와 조세법률주의를 위반해왔다는 논란이 있었습니다.

　사실 종교인소득 과세제도가 시행되기 이전에도 이미 많은 종교단체와 종교인들이 종교인소득에 대해 근로소득 원천징수 방식을 통해 세금을 신고·납부해오기도 했습니다. 이에 반해 다른 한쪽에서는 종교인소득 과세제도의 시행을 강력히 반대해오기도 했었지요. 하지만 오랜 논의 끝에 제도가 시행된 만큼 이제는 논란의 종지부를 찍을 때입니다. 정부에서는 종교인의 납세의식을 고취하고 납세방법과 절차에 따른 편의를 제공하여 종교인들이 제도권 내에서 납세의무를 성실히 이행할 수 있도록 함으로써 관련 과세제도를 점진적으로 개선해나가야 할 것입니다.

　현행 종교인소득 과세제도의 중요한 특징은 '종교인이 받는 소득을 종교인소득(기타소득)이나 근로소득 중 선택할 수 있다'라는 점입니다. 이에 따라 종교인 또는 종교단체에서는 종교인이 받는 소득의 유형을 선택해야 하며, 원천징수의무자인 종교단체 입장에서는 종교인소득에 대해 원천징수를 할지 원천징수 없이 소득을 받는 종교인이 직접 종합소득세 과세표준 확정신고를 하게 할지를 선택해야 합니다.

　또한 종교단체에서는 이제 종교단체에 대한 국세청의 세무간섭 우려에 대해서도 신중하게 대응해야 합니다. 과세소득이 없는 영세한 종교단체라 하더라도 원천징수와 지급명세서, 기부금영수증 등에 대한 세무간섭으로 인해 각종 가산세를 추징당할 가능성이 있기 때문이지요.

　종교인소득에 대한 과세가 종교인 전체 입장에서 득이 될지 실이 될지는 제도 시행 이후 최초로 돌아오는 종합소득세 과세표준 확정신고 기간인 2019년 5월이 지나보아야 알 수 있습니다. 다만 현재 우리나라 근로자의 40% 이상이 과세소득 미달로 근로소득세를 한 푼도 납부하지 않고 있다는 현실에서 보면 영세한 종교단체에 소속되어 있는 종교인 대부분도 그럴 것으로 예상됩니다.

또한 그간 받지 못했던 근로·자녀장려금 혜택을 받을 수 있게 된 것은 종교인 입장에서는 오히려 반길 만한 일이라 할 것입니다. 전체 종교인의 80% 이상에 해당하는 영세 종교단체 소속 종교인들이 이러한 혜택을 누릴 수 있을 것으로 예상됩니다. 참고로 필자는 이런 사항에 대해 2009년 박사학위 논문인 〈종교단체에 대한 과세제도 연구〉에서 주장한 바 있습니다.

이 책은 종교인소득뿐만 아니라 종교단체에 대한 과세제도에 대해서도 종합적이고 체계적으로 정리하고 있습니다. 세법에서는 종교단체가 고유번호를 어떻게 부여 받느냐에 따라 법인 혹은 개인으로 구분하고, 그 구분에 따라 법규정의 적용을 달리하고 있습니다. 예를 들어 종교단체가 고유번호를 법인으로 부여 받으면 3년 이상 종교용도로 사용한 부동산에 대해 '법인세법'을 적용하여 세금을 '비과세'하는 반면, 고유번호를 개인으로 부여 받으면 동일한 경우에 '소득세법'을 적용하여 '양도소득세'를 과세하는 식이지요.

'아는 것이 힘이다!'

절세에 있어서 이보다 중요한 격언은 없습니다. 절세의 시작은 바로 '세금을 올바로 이해'하는 데 있기 때문이지요. 이 책의 구성은 크게 '종교인소득에 대한 과세제도'와 '종교단체에 대한 과세제도'로 나누어지지만, 이 둘의 관계는 상호보완적이기 때문에 전반적으로 하나의 흐름을 가지고 있다고 할 수 있습니다. 이처럼 세금을 올바로 이해하기 위해서는 나무보다는 숲을 먼저 봄으로써 전반적인 흐름을 이해하는 것이 중요합니다.

이 책은 먼저 '종교인소득에 대한 과세제도'에 있어서 세금에 대한 기초상식을 살펴보고, 종교인소득 과세제도의 주요 내용, 종교단체의 인격, 종교인에 대한 원천징수와 연말정산, 종합소득세 과세표준 확정신고, 종교단체와 종교인이 꼭 알아야 할 절세비법 등에 대해 설명하고 있습니다.

그리고 '종교단체에 대한 과세제도'에 있어서는 국세와 지방세 전반에 걸쳐 각 세법에서 규정하고 있는 종교단체에 대한 세무관리 사항에 대해 중점적으로 살펴보았습니다. 특히 종교단체에 대한 조세지원제도, 장부의 작성 및 비치, 세무조사, 종교부동산에 대한 세금 감면과 추징 관련 사항, 기부금제도, 노무관리 등에 대해 꼭 알아야 할 내용들을 상세히 담았습니다.

이 책은 종교인소득에 대한 세무관리에 있어서 종교인과 종교단체 실무자들을 위해 쓰인 최초의 실무서로서, 가급적 어려운 세법 관련 용어들을 이해하기 쉽게 표현하기 위해 노력했습니다. 아울러 종교단체에 필요한 절세 및 세무관리 노하우들을 체계적으로 정리함으로써 실무적으로 도움이 되도록 했습니다.

필자는 세무사이자 신학을 공부한 종교인으로서 종교와 세금은 평소 생활 그 자체였기에 그에 대한 깊은 관심을 가지고 연구를 해왔습니다. 그 결과 오래 전 박사학위 논문에 이어 이제 이 책을 출간하게 되어 커다란 영광으로 여기고 있으며 그 기쁨을 감출 수가 없습니다.

이 책의 출간을 맡아준 아틀라스북스 송준화 편집장의 정성스런 배려에 깊은 감사를 드립니다. 2007년에 《세무사가 찍어주는 명쾌한 절세비법》을 출간하면서 맺은 인연을 그로부터 10년이 지나서 다시 호흡을 맞추게 된 데 대해 새삼 고마움을 느낍니다.

끝으로 세상의 '빛과 소금'의 역할을 하고 있는 이 땅의 모든 종교인들에게 이 책을 전하며 깊은 감사와 애정을 표합니다.

김명돌

● 차례 ●

글을 시작하며 • 5

Part 1 절세의 출발, 세금의 기초상식

01 세금의 의미는? • 22
02 절세와 탈세의 차이는? • 24
03 우리나라의 조세체계는? • 26
04 세금의 부과기간과 소멸시효의 의미는? • 30
05 정기신고 · 수정신고 · 경정청구 · 기한 후 신고란? • 34
06 세금을 제때 납부하지 않았을 때 받는 불이익은? • 37
07 국세의 우선권이란? • 40
08 억울하게 낸 세금을 돌려받으려면? • 43

Part 2 종교인소득에 대한 과세제도

1장 종교인소득 과세제도의 주요 내용

01 종교인소득의 의미와 범위는? • 50

02 종교 관련 종사자의 구분은? • 54

03 종교인소득의 소득유형은? • 56

04 종교인소득의 신고방법과 필요경비 계산은? • 61

05 과세대상이 되는 종교인소득은? • 67

06 비과세되는 종교인소득은? • 69

07 종교인이 받는 종교활동비의 과세 여부는? • 72

08 종교인소득에 대한 장부의 기록 및 보관의무는? • 76

09 종교인소득에 대한 세무 관련 질문·조사의 범위는? • 79

2장 종교단체의 법적인 인격과 회계

01 종교단체의 법적인 정의는? • 86

02 법인격이 없는 사단·재단·기타 단체에 대한 과세방법은? • 90

03 종교단체의 고유번호 또는 사업자등록 신청방법은? • 93

04 영리법인과 비영리법인의 회계제도는? • 99

05 종교단체의 회계제도는? • 102

3장 종교단체의 종교인소득에 대한 원천징수와 연말정산

01 종교단체의 종교인소득에 대한 원천징수는? • 108

02 종교인소득에 대한 원천징수 관련 서류는? • 112

03 종교단체의 종교인소득에 대한 연말정산은? • 114
04 연말정산 세액계산 방법과 제출서류는? • 116
05 종교인소득 연말정산 시 공제내역은? • 121
06 원천징수와 연말정산에 대한 신고·납부절차는? • 126
07 종교단체의 종교인소득 지급명세서 제출의무는? • 129

4장 종교단체의 근로소득에 대한 원천징수와 연말정산

01 종교인소득을 근로소득으로 신고 시 원천징수와 비과세항목은? • 139
02 근로소득의 연말정산 절차는? • 142

5장 종교인 퇴직소득에 대한 신고 및 납부

01 종교인 퇴직소득의 범위는? • 147
02 종교인 퇴직소득에 대한 과세표준과 세액 계산은? • 149
03 퇴직소득세의 신고·납부는? • 151

6장 종교인소득의 종합소득세 과세표준 확정신고

01 종교인소득의 종합소득세 과세표준 확정신고는? • 155
02 종합소득세 과세표준 확정신고를 하지 않았을 때 받는 불이익은? • 158

7장 종교단체와 종교인이 꼭 알아야 할 절세비법

01 종교인소득 과세에 따른 기본적인 세무업무를 숙지하라 • 164

02 고유번호를 반드시 법인으로 부여 받아라 • 166

03 종교단체회계와 종교인회계로 구분기장을 하라 • 168

04 기타소득이나 근로소득의 선택은 신중히 결정하라 • 171

05 종교인소득의 비과세소득을 최대한 활용하라 • 175

06 부모 관련 인적공제를 꼼꼼히 챙겨라 • 177

07 맞벌이 종교인의 절세전략은 신중하게 • 180

08 잘못된 연말정산에 따른 세금을 돌려받아라 • 182

09 불필요한 가산세를 물지 마라 • 184

10 세무조사를 받을 여지를 만들지 마라 • 186

Part 3 종교인소득과 근로장려금 · 자녀장려금

01 근로장려세제(EITC)란 무엇인가? • 191

02 자녀장려세제(CTC)란 무엇인가? • 194

03 근로·자녀장려금의 신청방법과 지급액 기준은? • 196

Part 4 종교단체의 노무관리

01 종교단체의 주요 노무관리 사항은? • 204

02 종교단체의 4대 사회보험 관리는? • 208

03 종교단체의 퇴직연금 가입은? • 213

Part 5 종교단체에 대한 과세제도와 절세비법

1장 종교단체에 대한 소득세 과세제도와 절세비법

01 소득세란 무엇인가? • 218

02 종교단체의 소득세 및 양도소득세 납세의무는? • 222

03 종교단체의 종교인소득에 대한 원천징수와 연말정산의무는? • 225

04 종교단체의 종교인소득에 대한 지급명세서 작성 및 제출의무는? • 228

2장 종교단체에 대한 법인세 과세제도와 절세비법

01 법인세란 무엇인가? • 234

02 법인세의 과세기간과 신고·납부기한은? • 237

03 종교단체의 수익사업에 대한 법인세 납세의무는? • 240

04 종교단체의 부동산 양도에 따른 법인세 납세의무는? • 246

05 종교단체의 장부 작성 · 비치의무는? • 248

06 종교단체에 대한 세무조사는? • 252

3장 종교단체에 대한 상속세 · 증여세 과세제도와 절세비법

01 상속세가 유리할까, 증여세가 유리할까? • 258

02 상속의 우선순위는? • 260

03 상속세와 증여세와 차이 및 면제조건은? • 262

04 이혼위자료에 대한 증여세 과세 판단은? • 264

05 상속세와 증여세의 계산방법은? • 266

06 종교단체 출연재산에 대한 상속세 · 증여세는? • 268

07 종교단체 출연재산에 대한 사후관리 의무는? • 269

4장 종교단체에 대한 부가가치세 과세제도와 절세비법

01 부가가치세란 무엇인가? • 276

02 종교단체에 대한 부가가치세 부과 및 면제조건은? • 278

03 종교단체의 재화 · 용역공급에 대한 면세적용은? • 280

04 부가가치세 환급 및 신고 · 납부기한은? • 282

5장 종교단체의 부동산 취득에 따른 과세제도와 절세비법

01 종교단체의 부동산 취득·보유·양도에 따른 세금은? • 288

02 부동산 거래의 기본상식은? • 290

03 취득세란 무엇인가? • 293

04 종교단체의 부동산 취득에 따른 세금혜택은? • 295

05 종교단체에서 면제받은 취득세를 추징당하는 경우는? • 299

6장 종교단체의 부동산 보유에 따른 과세제도와 절세비법

01 부동산 보유에 따른 세금은? • 304

02 종교단체의 부동산 보유에 따른 세금혜택은? • 308

03 종교용도로 취득한 부동산을 수익사업 등의 용도로 전용하면? • 310

04 종교용도 부동산의 취득세와 재산세의 상관관계는? • 312

05 종교단체의 지방세 감면신청은? • 315

7장 종교단체의 부동산 양도에 따른 과세제도와 절세비법

01 양도소득세란 무엇인가? • 320

02 양도소득세의 계산방법은? • 322

03 부동산이 공익사업용으로 수용되었을 때 세금혜택은? • 325

04 주택 양도에 따른 양도소득세 비과세 판단은? • 327

05 주식을 양도할 때 양도소득세는? • 330
06 오피스텔의 취득·보유·양도에 따른 세금은? • 333
07 종교용도 부동산을 양도할 때 양도소득세는? • 335

8장 종교단체 관련 기부금제도

01 기부금이란 무엇인가? • 342
02 기부금의 필요경비(손금)공제는? • 345
03 기부금영수증의 발급과 보관의무는? • 349
04 기부금 관련 세무조사와 가산세는? • 354

9장 종교단체에 대한 조세지원제도

01 종교단체에 대한 국세의 조세지원제도는? • 359
02 종교단체에 대한 지방세특례제한법상 조세지원제도는? • 361
03 종교단체에 대한 기타 세법상 조세지원제도는? • 363
04 종교인소득 관련 특혜 또는 위헌 논란의 대상은? • 365

Part 1
절세의 출발, 세금의 기초상식

한 국가에서 살고 있는 국민이라면 누구나 의무적으로 세금을 내야 합니다. 하지만 세금을 내고 싶어서 내는 사람은 많지 않을 것입니다. 누구든 가능하면 세금을 적게 내고 싶겠지요. 그렇다고 무조건 적게 내려는 욕심으로 사기 등 잘못된 방법으로 세금을 줄이면 자칫 탈세범 신세가 될 수도 있습니다. 따라서 우리는 법 테두리 내에서 가장 효과적으로 세금을 줄일 수 있는 방법을 찾아야 합니다. 바로 우리가 이 책에서 알아볼 세테크, 즉 절세비법이지요.

절세의 기본은 무엇일까요? 바로 세금에 대한 올바른 정보들을 공부하는 데서 시작됩니다. 그래야만 가장 효과적이고 합법적으로 세금을 줄일 수 있는 방법을 찾을 수 있으니까요. 그런 의미에서 Part 1에서는 다음과 같이 세금의 기본적인 상식들을 알아보려고 합니다.

- 세금의 의미와 함께 절세와 탈세가 어떻게 다른지, 우리나라의 조세체계가 어떻게 구성되어 있는지 등을 살펴봅니다.

- 국가가 세금을 제대로 신고·납부하지 않은 대상에게 부과 및 징수권을 행사할 수 있는 유효기간인 '국세부과의 제척기간'과 '국세징수권

의 소멸시효'에 대해 알아봅니다. 형법으로 치면 범죄에 대한 공소시효에 해당하는 내용입니다. 이와 관련하여 각 사안에 따른 제척기간 및 소멸시효의 차이와 함께 해당 기간이 경과했을 때 어떻게 처리되는지 등을 살펴봅니다.

- 세금을 제때 신고하지 않거나 제대로 납부하지 않았을 때 납세자 입장에서 취해야 하는 조치인 정기신고, 수정신고, 경정청구, 기한 후 신고에 대해 알아보고, 반대로 국가 입장에서 해당 납세자에게 취할 수 있는 조치(납세자 입장에서 불이익)인 가산세, 가산금, 행정규제(체납처분, 출국금지 등)에 대해 살펴봅니다. 이와 함께 억울하게 낸 세금을 돌려받기 위한 조치인 심사청구, 심판청구 등에 대해 살펴봅니다.

- 채권자 평등의 원칙에서 예외가 되는 '국세의 우선권'에 대해 살펴봅니다. 또한 '소액 임차보증금' 등 채무변제에 있어서 국세보다 우선권을 갖는 예외사항에 대해서 살펴봅니다.

01 세금의 의미는?

Tag 세금, 요금, 준조세, 조세성 부담금, 수익자부담금, 원인자부담금

납세자 세금의 의미가 무엇인가요?

세무사 세금은 국가 운영에 필요한 비용을 충당하기 위해 국민들이 공동으로 부담하는 금품입니다. 국가는 국민 개개인의 소득이나 재산에서 세금을 징수하지만 이에 대해 반대급부, 즉 대가나 보상을 제공하지는 않습니다. 세금에서 '세(稅)'는 '벼(禾)'를 추수해서 기쁨으로(兌) 바친다'는 어원을 가지고 있습니다. 참고로 메이플라워호를 타고 미국으로 건너간 청교도들이 첫해 추수한 수확물을 신에게 바쳤다는 데서 추수감사절이 유래하기도 했습니다. 하지만 동서고금을 막론하고 기쁜 마음으로 세금을 내는 사람은 없겠지요. 미국의 유명한 대법관 올리버 웬들 홈스는 '세금은 문명사회의 대가'라는 명언을 남기기도 했습니다.

납세자 세금은 왜 내야 하나요?

세무사 기본적으로 법으로 정한 국민의 4대 의무(근로, 납세, 국방, 교육) 중 하나이기 때문이지요. 국가나 지방자치단체에서는 국민에게서 걷은 세금을 국방, 치안, 복지, 교육 등 국민생활 안정을 위한 공공경비 재원으로 쓰고 있습니다.

납세자 세금과 요금의 차이는 무엇인가요?

세무사 위에서 설명했듯이 세금은 국가나 지방자치단체가 국민에게서 개별적인 반대급부 없이 강제로 징수하는 돈입니다. 이에 반해 요금은 국민 개개인이 '각자의 필요에 따라' 특정 재화나 용역을 사용하고 그 대가로서 내는 돈을 의미합니다. 흔히 전기나 수돗물 등을 사용하고 내는 대가를 전기세, 수도세라고 부르는데, 이는 전기요금, 수도요금으로 부르는 것이 정확한 표현입니다.

납세자 그럼 준조세는 무엇인가요?

세무사 준조세는 법적으로 정해진 세금(조세)은 아니지만 '세금처럼 납부'해야 하는 부담금을 말합니다. 일반적으로 준조세는 특정 공익사업이나 복리행정상의 목적을 위해 강제적으로 부과하고 있습니다. 대표적인 준조세로는 과밀부담금·환경개선부담금 등의 '조세성 부담금'과 '수익자부담금', '원인자부담금' 등이 있습니다. 이와 관련하여 불필요한 부담금이 지나치게 많다는 비판도 있습니다.

02 절세와 탈세의 차이는?

Tag 절세, 세테크, 탈세, 조세회피, 절세의 지름길

납세자 절세와 탈세는 어떻게 다른가요?

세무사 자본주의사회에서 부를 축적하려면 수입을 늘리는 한편 지출을 줄여야 합니다. 그중에서 세금으로 인한 지출을 '합법적'으로 줄이는 기술을 절세 또는 세테크라고 하지요. 반면에 탈세는 '불법적'으로 세금을 줄이는 방법으로, 법적 처벌의 대상이 됩니다.

납세자 탈세를 하면 어떤 처벌을 받게 되나요?

세무사 탈세는 국가재정을 축내는 행위입니다. 주로 장부상 수입금액을 누락하거나, 가공경비를 만들어내고, 허위 계약서를 작성하는 등의 위법적 방법을 통해 이루어집니다. 이런 탈세행위가 발각되면 가산세를 포함하여 세금을 추징당할 뿐만 아니라 조세범처벌법에 의해 처벌을 받

을 수도 있습니다.

납세자 간혹 언론에 등장하는 조세회피는 무엇인가요?
세무사 조세회피는 비상장주식을 증여한 후에 상장하여 시세차익을 얻게 하는 등 법의 허점을 이용해 세금을 줄이는 행위를 말합니다. 소위 '합법적인 탈세'라고 하지요. 조세회피 행위는 도덕적으로는 비난을 받을 수 있지만 탈세와 달리 법적으로 처벌받지는 않습니다. 정부에서는 이러한 조세회피 행위를 방지하고 공평과세를 실현하기 위해 다양한 노력을 기울이고 있습니다.

납세자 그럼 가장 좋은 절세법은 무엇일까요?
세무사 한마디로 '유비무환'이라고 할 수 있습니다. 즉, 세법을 충분히 이해하고 그 테두리 안에서 세금을 줄이는 가장 유리한 방법을 미리미리 찾는 것이 절세의 지름길이지요. 물론 일반 개별 납세자가 이런 절세법을 찾기는 쉽지 않으므로, 평소 세금전문가를 가까이 두고 자문을 구할 필요가 있습니다. 특히 부동산을 사고팔고 때는 대부분 많은 세금이 발생하기 때문에 반드시 사전에 전문가와 함께 절세대책을 세워놓아야 합니다.

03 우리나라의 조세체계는?

Tag 국세, 지방세, 국세청, 관세청, 직접세, 간접세, 보통세, 목적세

납세자 우리나라의 조세는 어떻게 구성되어 있나요?
세무사 현재 우리나라의 조세체계는 다음 쪽 그림과 같이 구성되어 있습니다.

납세자 조세의 가장 큰 구분인 국세와 지방세는 어떤 차이가 있나요?
세무사 국세는 중앙정부의 행정관서인 국세청과 관세청에서 부과·징수하는 세금으로, 국방·치안·교육 등 국민 전체의 이익을 위해 사용합니다. 이에 비해 지방세는 지방자치단체인 특별시와 광역시 및 도와 시·군·구의 행정기관에서 부과·징수하는 세금으로, 각 지역 주민의 이익과 지역발전을 위해 사용합니다.

우리나라의 조세체계

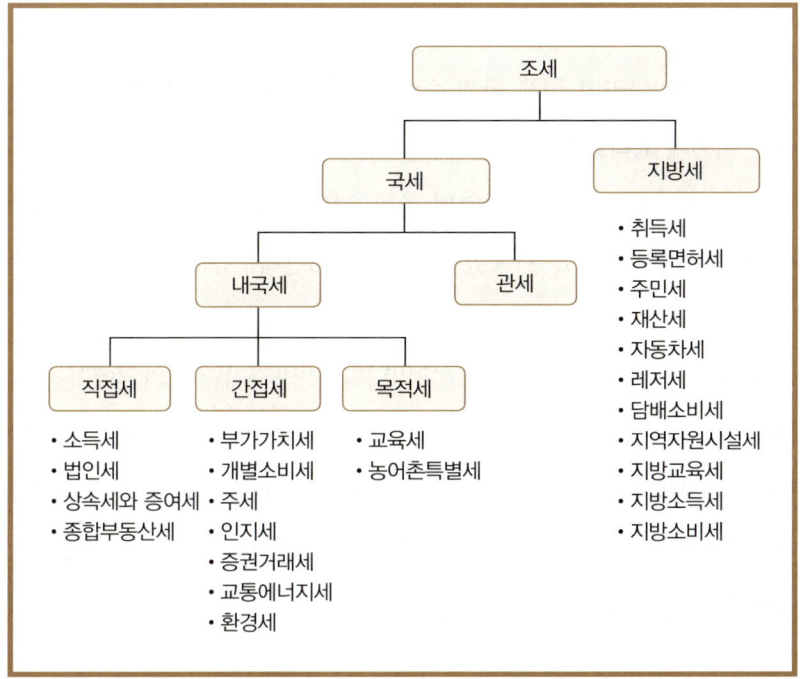

납세자 위의 설명에서 국세청과 관세청의 역할에는 어떤 차이가 있나요?

세무사 국세청은 국내에서 부과하는 세금인 내국세를 관장하는 기관입니다. 국세청 아래에는 서울, 중부, 대전, 대구, 부산, 광주 등 6개의 지방국세청과 121개의 세무서가 있으며, 2020년까지 15개 세무서를 신설할 계획이라고 합니다.

관세청은 재화가 경제적 국경을 통과할 때 부과하는 세금(관세)을 관장하는 기관으로, 인천, 서울, 부산, 대구, 광주 등 5개의 본부세관과 평택직

할세관, 그 아래 28개의 세관이 있습니다.

납세자 우리나라의 전체 국세 수입규모와 국세와 지방세의 상대적 비율은 어떻게 되나요?

세무사 2017년 기준 우리나라의 국세 수입은 약 264.4조 원으로, 건국 이래 최고치의 금액을 기록했습니다. 2018년에는 268.1조 원의 국세 수입을 목표로 하고 있습니다.

국세 대 지방세의 현행 비율은 8:2입니다. 지방자치단체 차원에서는 이 비율을 7:3 수준으로 개선해달라고 요구하고 있는데, 이 요구가 실현되면 전체 지방 재정(2017년 기준 약 193조 원)이 20조 원가량 늘어나게 됩니다. 현재 정부가 지방자치단체의 행정운영에 필요한 재원을 조달해주는 지방교부세는 45조 9,800억 원입니다.

납세자 조세 중에서 가장 많이 걷히는 세금은 무엇인가요?

세무사 2017년 기준으로 소득세(75.1조 원)입니다. 그다음은 부가가치세(67.1조 원), 법인세(59.2조 원) 순으로 많이 걷히고 있습니다.

납세자 해마다 국가부채가 늘어난다는데, 현재는 얼마나 되나요?

세무사 국가부채는 국가채무, 일반정부부채, 공공부문부채 3가지 유형으로 구분됩니다. 2017년 말을 기준으로 국가채무는 약 626.9조 원, 일반정부부채는 약 717.5조 원, 공공부문부채는 약 1,036.6조 원으로, 연간 국세수입을 생각하더라도 국가부채 규모가 엄청나다는 사실을 알 수 있지요.

납세자 직접세와 간접세의 의미는 무엇인가요?
세무사 말 그대로 직접세는 세금을 납부하는 납세자와 세금을 부담하는 담세자(擔稅者)가 일치하는 세금을, 간접세는 납세자와 담세자가 일치하지 않는 세금을 말합니다. 직접세와 간접세의 종류는 27쪽 그림을 참조하십시오.

납세자 그럼 보통세와 목적세는요?
세무사 보통세는 국가 또는 지방자치단체가 '일반적인 재정상의 경제적 수요를 충족'시키기 위해 부과하는 세금이고, 목적세는 교육(교육세)이나 농어촌 발전(농어촌특별세) 등 '특정한 목적을 달성하기 위한 경제적 수요를 충족'시키기 위해 부과하는 세금입니다.

04 세금의 부과기간과 소멸시효의 의미는?

Tag 국세부과의 제척기간, 국세부과권의 소멸, 부정한 방법의 탈세행위, 세금의 부과권, 세금의 징수권, 소멸시효의 완성, 소멸시효의 기산일, 신고납부제도, 부과과세제도

납세자 형법의 공소시효처럼 세법에도 세금을 부과할 수 있는 일정한 기간이 정해져 있나요?

세무사 예, 국세기본법에서는 국가가 납세자에게 국세를 부과할 수 있는 권리가 존속하는 기간을 규정하고 있는데, 이를 '국세부과의 제척기간'이라고 합니다. 제척기간의 일반적인 기준은 다음 쪽의 표와 같으며, 각 기준에 의한 기간이 경과하면 국세부과의 권리가 소멸됩니다.

납세자 위의 기준이 적용되지 않는 예외적인 경우도 있나요?

세무사 예, 재산가액이 50억 원 이상인 납세자가 사기, 기타 부정한 행위를 이용해 상속세 또는 증여세를 포탈하는 경우에는 국세부과의 제척기간이 지났더라도 과세관청이 그 사실을 안 날로부터 1년 이내까지 과

국세부과의 제척기간

구분	일반 세목	상속세와 증여세
① 사기, 기타 부정한 행위를 이용해 국세를 포탈하거나 환급·공제받은 경우	10년	15년
② 법정신고기한 내에 신고하지 않은 경우	7년	
③ 법정신고기한 내에 신고한 자가 허위신고 또는 누락신고한 경우(상속세와 증여세의 경우에 한하며, 그 허위신고·누락신고한 부분에 한함)	–	
④ 기타의 경우	5년	10년

세할 수 있습니다. 주로 해외에 있는 재산의 상속이나 증여, 명의신탁(실소유자가 아닌 다른 사람 명의로 등록한 재산)이나 차명거래(실거래자가 아닌 다른 사람 명의로 한 거래) 등 부정한 방법을 이용한 탈세행위가 이런 예외조항의 적용을 받습니다. 만일 해당 납세자가 심사청구나 심판청구 등의 불복청구를 하거나, 행정소송법에 의한 소송을 제기했을 때는 해당 청구나 소송의 결정·판결이 확정된 날로부터 1년 이내에 필요한 부과처분을 할 수 있습니다.

납세자 세금징수의 소멸시효는 국세부과의 제척기간과 어떤 차이가 있나요?

세무사 의미상 일정 기간이 지나면 권리가 사라진다는 점은 같지만, 둘 사이에는 다음 쪽 표와 같은 차이들이 있습니다.

국세부과의 제척기간과 국세징수권의 소멸시효의 차이

구분	국세부과의 제척기간	국세징수권의 소멸시효
① 개념	국가가 국세를 부과할 수 있는 기간	국가가 국세징수권을 장기간 행사하지 않은 경우에 그 징수권을 소멸시키는 제도
② 대상	국가의 부과권(형성권의 일종)	국가의 징수권(청구권의 일종)
③ 기간	5년, 7년, 10년, 15년	5년(5억 원 이상의 국세는 10년)
④ 기산일	국세를 부과할 수 있는 날	국세징수권을 행사할 수 있는 날
⑤ 중단과 정지	없음	① 징수권 행사로 인해 중단 ② 징수권 행사가 불가능한 기간에는 정지
⑥ 기간만료의 효과	① 장래에 부과권 소멸 ② 결손처분 불필요	① 기산일에 소급하여 징수권 소멸 ② 결손처분 필요

위의 표와 같이 세금의 부과권은 납세의무는 성립하지만 과세표준과 세액은 확정되지 않은 상태에서의 권리이므로 그 제척기간이 지나더라도 결손처분이 필요하지 않습니다. 반면에 세금의 징수권은 과세표준과 세액이 확정된 상태에서의 권리이므로 그 소멸시효가 지나면(즉, 권리가 소멸되면) 해당 세액에 대한 결손처분이 필요합니다.

납세자 국세징수권의 소멸시효에 대해 좀 더 구체적으로 알고 싶습니다.

세무사 국세징수권은 말 그대로 국세의 징수를 목적으로 하는 권리로서, 이를 행사할 수 있는 때로부터 5년간(세금징수액이 5억 원 이상인 경우 10

년간) 행사하지 않으면 소멸시효가 완성됩니다. 즉, 더 이상 징수권을 행사할 수 없다는 뜻이지요. 여기서 징수권을 행사할 수 있을 때란 소멸시효의 '기산일'을 의미하는데, '신고납부제도'가 적용되는 세목은 법정신고기한의 다음날을, '부과과세제도'가 적용되는 세목은 납세고지에 의한 납부기한의 다음날을 말합니다. 다만 국세징수권의 소멸시효는 납세고지, 독촉, 납부최고 또는 교부청구와 압류에 의해 중단될 수 있으며, 각각의 중단사유에 따른 기간(고지기간, 독촉기간 등)이 경과한 때로부터 기산일을 처음부터 다시 설정하여 소멸시효가 새로이 진행됩니다.

납세자 위의 내용에서 부과과세제도와 신고납부제도의 차이는 무엇인가요?

세무사 부과과세제도는 정부가 납세의무를 결정하는 제도로서, 현행 세목으로는 상속세 및 증여세와 종합부동산세(단, 종합부동산세는 납세자가 원할 경우 신고납부제도 가능함)가 있습니다. 반면에 신고납부제도는 납세자가 납세의무를 신고함으로써 확정하는 제도로서, 소득세와 법인세, 부가가치세 등 대부분의 세금이 여기에 해당합니다.

05 정기신고 · 수정신고 · 경정청구 · 기한 후 신고란?

Tag 정기신고의무, 신고불성실가산세, 수정신고, 신고불성실가산세 감면혜택, 경정청구, 기한 후 신고, 납부불성실가산세

납세자 모든 세금은 정해진 기한 내에 자진신고를 해야 하나요?

세무사 예, 세법에서는 각 세목별로 정해 놓은 기한 내에 세금을 신고해야 하는 '정기신고의무'를 규정하고 있습니다. 이를 위반하면 '신고불성실가산세'를 부과합니다.

납세자 그럼 기한 내에 신고하지 못하거나 정확하게 신고하지 못했을 때는 어떻게 해야 하나요?

세무사 각 상황에 따라 수정신고, 경정청구, 기한 후 신고를 해야 합니다.
먼저 '수정신고'는 세법에서 정한 기한 내에 신고했지만 신고세액이 신고해야 할 세액보다 적어서 '추가납부 사유'가 발생했을 때 하는 조치입

니다. 수정신고는 납세지 관할 세무서장이 추가납부세액을 결정·경정하여 통지하기 전까지는 언제든 할 수 있습니다. 부가가치세, 소득세, 법인세 등은 법정신고기한이 지났더라도 수정신고를 하는 경우 신고시점에 따라 다음과 같이 신고불성실가산세 감면혜택을 받을 수 있습니다.

> (신고기한 경과 후)
> - 6개월 이내 → 신고불성실가산세 50% 감면
> - 6개월 초과 1년 이내 → 신고불성실가산세 20% 감면
> - 1년 초과 2년 이내 → 신고불성실가산세 10% 감면

다만 수정신고를 했더라도 자진납부세액을 납부하지 않거나, 경정이 있을 것을 미리 알고 수정신고한 경우에는 가산세 감면혜택을 받을 수 없습니다.

'경정청구'는 다음 그림과 같이 수정신고와는 반대로 신고기한 내에 신고는 했지만 신고세액이 신고해야 할 세액보다 많아 '환급사유'가 발생했을 때 하는 조치입니다. 다만 경정청구는 법정신고기한 내에 과세표

과세표준 및 세액의 수정절차

준신고서를 제출했을 때만 할 수 있으며, 그 기한을 법정신고기한 경과 후 5년 이내로 제한하고 있습니다.

'기한 후 신고'는 말 그대로 세법에서 정한 기한이 지난 후에 신고하는 것입니다. 모든 국세는 무신고에 따른 가산세 20%, 과소신고에 따른 가산세 10%, 부정한 방법에 의한 과소신고에 따른 가산세 40%를 적용하고 있습니다. 또 여기에 추가로 무납부 또는 과소납부한 세액에 대해서는 납부할 때까지 1일 3/10,000의 이율(연리로는 10.95%)을 적용한 납부불성실가산세를 부과합니다. 그런데 법정신고기한이 지난 후 1개월 이내에 기한 후 신고를 하면 무신고가산세의 50%를, 1개월 초과 6개월 이내에 기한 후 신고를 하면 20%를 감면받을 수 있습니다. 기한 후에라도 빨리 신고를 하면 무신고·무납부에 따른 가산세를 줄일 수 있는 것이지요.

06 세금을 제때 납부하지 않았을 때 받는 불이익은?

Tag 가산세, 가산금, 납부불성실가산세, 중가산금, 국세환급금, 국세환급금가산금, 체납처분, 체납자에 대한 행정규제, 결손처분

납세자 세금을 제때 또는 정확히 납부하지 못했을 때는 어떤 불이익을 받게 되나요?

세무사 앞에서 설명한 가산세 외에 가산금을 추징당하거나, 체납처분, 출국금지 등 각종 행정규제를 받을 수 있습니다.

납세자 가산세와 가산금은 어떻게 다른가요?

세무사 가산세는 세법에서 규정하고 있는 관련 의무의 성실한 이행을 확보하기 위해 해당 의무위반에 대한 제재로써 부과하는 행정질서벌에 해당합니다. 가산금은 세무서에서 발부한 납세고지서에 고지된 세금을 납부기한까지 내지 않았을 때 해당 세액에 가산하여 징수하는 금액입니다. 일종의 연체이자 성격인 셈이지요.

앞에서 설명했듯이 신고와는 별도로 납부기한이 지나도록 세금을 내지 않거나 적게 내는 경우 납부할 때까지 매월 무납부 또는 과소납부한 세액에 1일 3/10,000의 이율(연리 10.95%)을 적용한 납부불성실가산세를 추가로 부과합니다.

가산금의 경우 납세고지서에 기재된 납부기한이 경과한 날로부터 체납된 국세의 3%를 징수합니다. 체납국세가 100만 원 이상인 경우에는 '중가산금'이라고 해서 납부기한이 경과한 날로부터 매 1월이 경과할 때마다 60개월이 지날 때까지 매월 체납된 국세의 1.2%를 징수합니다. 결과적으로 최고 75%까지 가산금이 붙을 수 있는 것이지요.

납세자 우와! 가산금은 은행이자보다도 높은 이율이 적용되는군요. 그럼 세무서에서 납세자가 과다납부한 세금을 돌려줄 때도 같은 이율이 적용되나요?

세무사 그렇지는 않습니다. 세무서에서 납세자가 미리 납부한 과다세액을 돌려주는 것을 '국세환급금'이라고 하는데, 이 국세환급금에 대한 법정이자 상당액을 '국세환급금가산금'이라고 합니다. 국세환급금가산금은 시중은행의 1년 만기 정기예금 이자율을 고려하여 정하는데, 현재는 연 18/1,000(1.8%)을 적용하고 있습니다.

납세자 가산금을 낼 때와 돌려받을 때의 차이가 꽤나 크군요. 그럼 체납처분은 무엇인가요?

세무사 세금을 체납하면 세무서에서는 체납세액을 징수하기 위해 재산을 압류합니다. 그래도 세금을 내지 않으면 압류한 재산을 매각하여 그 대금으로 체납세액을 충당하는데 이를 '체납처분'이라고 합니다.

납세자 체납자에 대한 행정규제로는 어떤 방식이 있나요?
세무사 먼저 인·허가 사업자가 3회 이상 체납한 때는 허가관서에 사업정지 또는 허가취소를 요구할 수 있습니다. 나아가 5,000만 원 이상을 체납한 자에게는 관계부처에 출국금지 또는 여권발급의 제한을 요구할 수 있습니다. 그 외에도 500만 원 이상 체납한 자로서 1년에 3회 이상 체납했거나, 체납 발생일로부터 1년이 경과한 경우 또는 결손처분액이 500만 원 이상인 경우에는 신용정보기관에 자료를 제공하여 신규대출 중단 등 각종 금융제재를 가할 수도 있습니다.

납세자 정말 재산이 없어서 세금을 못 냈을 때는 어떻게 하나요?
세무사 옛날에는 매를 때리거나 감옥에 가두기도 했지만 요즘 세상에 그럴 수는 없겠지요. 체납자의 행방이 불분명하거나 재산이 없는 경우 또는 국세징수권의 소멸시효가 완성된 경우에는 결손처분을 합니다. 다만 결손처분 후에라도 압류 가능한 재산이 발견되면 지체 없이 체납처분을 하게 됩니다.

07 국세의 우선권이란?

Tag 국세의 우선권, 국세의 우선권의 예외, 담보우선주의, 압류우선주의

납세자 채무변제를 할 때 국세에 우선권이 있다는데 맞는 말인가요?

세무사 그렇습니다. 일반적으로 채권은 채권자 평등의 원칙에 따라 특정 채권자만 우선적으로 변제받을 수 없습니다. 하지만 국세·가산금 또는 체납처분비는 다른 공과금이나 그 밖의 채권에 우선하여 징수할 수 있는 권리를 갖습니다. 이것을 '국세의 우선권'이라고 합니다.

납세자 국세의 우선권은 모든 채권에 적용되나요?

세무사 아니요, 국세의 우선권에도 예외가 있습니다. 국세를 체납한 납세자의 재산을 압류하여 매각했을 때, 국세와 일반 채권이 경합하는 경우 일반적으로 국세·가산금·체납처분비가 다른 공과금이나 기타 채권에 대해 우선권을 갖지만 다음과 같은 공과금과 기타 채권에 대해서는

예외가 적용됩니다.

> ① 강제집행, 경매, 파산절차에 소요된 비용
> ② 선집행 지방세, 공과금의 가산금과 체납처분비
> ③ 소액 임차보증금
> ④ 임금채권
> ⑤ 법정기일 전에 담보된 채권

납세자 위에서 '소액 임차보증금의 기준'은 어떻게 되나요?

세무사 지역별로 차이가 있는데, 주택임대차보호법이 적용되는 임대차 관계에 있는 주택의 경우 소액 임차보증금이 적용되는 보증금의 범위는 서울은 1억 원 이하, 수도권과밀억제권역은 8,000만 원 이하, 광역시는 6,000만 원 이하, 기타 지역은 5,000만 원 이하입니다. 이를 기준으로 우선 변제받을 수 있는 소액 임차보증금은 서울은 3,400만 원 이하, 수도권과밀억제권역은 2,700만 원 이하, 광역시는 2,000만 원 이하, 기타 지역은 1,700만 원 이하입니다. 이를 정리하면 다음 표와 같습니다.

지역	소액 임차보증금 적용범위	우선 변제 소액 임차보증금 범위
서울	1억 원 이하	3,400만 원 이하
수도권과밀억제권역	8,000만 원 이하	2,700만 원 이하
광역시	6,000만 원 이하	2,000만 원 이하
기타 지역	5,000만 원 이하	1,700만 원 이하

납세자 국세나 지방세처럼 조세채권 사이에서도 우선권의 차이가 있나요?

세무사 아니요, 조세채권은 모두 평등한 권리를 갖습니다. 다만 국세 또는 지방세의 담보로 잡힌 담보물을 매각하는 경우에는 '담보우선주의'가, 담보물이 없으면 먼저 압류를 행사한 국세 또는 지방세에 우선권을 주는 '압류우선주의'가 적용됩니다.

08 억울하게 낸 세금을 돌려받으려면?

Tag 권리구제 신청, 과세전 적부심사청구, 이의신청, 심사청구, 심판청구, 각하, 기각, 인용, 행정소송, 조세불복제도의 체계

납세자 세무서에서 받은 납세고지서에 문제가 있을 때는 어떻게 해야 하나요?

세무사 우선 세금이 부과된 이유와 정당성 여부를 따져보아야 합니다. 만일 그렇게 따져서 부당한 내역이 있다면 세무서의 담당 공무원이나 납세자보호담당관을 찾아가서 문의해보고, 그래도 해결이 안 되면 세무사를 찾아가 도움을 받아야 합니다.

납세자 부당하게 부과된 세금은 어떻게 구제받을 수 있나요?

세무사 납세자가 위법 또는 부당한 세금고지를 받은 경우 또는 기타 부당한 처분을 받았거나 필요한 처분을 받지 못함으로써 권리나 이익을 침해받은 경우에는 국세기본법에 따라 권리구제를 신청할 수 있습니다.

만일 과세예고통지서를 받거나 조사결과통지서를 받는 등 아직 고지서가 발급되기 전이라면 과세전 적부심사청구(과세처분의 타당성을 묻는 청구)를 하면 됩니다. 그렇지 않고 이미 고지서가 발급되었다면 이의신청, 심사청구, 심판청구, 감사원 심사청구 중에 하나를 선택해서 신청해야 합니다. 각각의 신청대상 기관은 다음과 같습니다.

- 이의신청 → 세무서장 또는 지방국세청장
- 심사청구 → 국세청장
- 심판청구 → 조세심판원장
- 감사원 심사청구 → 감사원

이 중에서 이의신청은 '임의적인 불복제도'로서 납세자가 선택하지 않을 수도 있으며, 심사청구와 심판청구는 '선택적인 절차'로서 둘 중 하나의 청구절차만 거치면 행정소송이 가능합니다.

납세자 권리구제를 신청할 수 있는 기한은 언제까지인가요?
세무사 부당한 처분이 있은 사실을 안 날, 즉 고지서를 받은 날로부터 '90일 이내'에 해당 신청대상 기관에 관련 서류를 제출해야 합니다. 이 기한을 넘기면 그 이유가 타당하더라도 '각하'결정을 하기 때문에 구제받을 수 없습니다.

납세자 각하가 무슨 의미인가요?
세무사 불복청구에 대한 결정유형은 각하, 기각, 인용으로 구분되는데,

이 중에서 각하는 위의 설명처럼 신청기한을 넘기는 등 신청요건을 갖추지 못했을 때 나오는 결정을 말합니다. 그 밖에 기각은 불복내용에 충분한 이유가 없다고 판정을 내리는 것을, 인용은 불복이유가 충분하여 해당 세금부과 건을 취소하거나 감액, 재조사하는 결정을 내리는 것을 말합니다.

납세자 심사청구나 심판청구에서 실제로 인용되는 비율이 얼마나 되나요?
세무사 국세청 심사청구의 인용률은 2015년 22.4%, 2016년 24.1%, 2017년 27.8%였고, 조세심판원 심판청구의 인용률은 2015년 26.0%, 2016년 24.1%, 2017년 27.3%였습니다. 억울한 세금부과 처분사례가 실제로 상당히 많다는 의미지요.

납세자 심사청구 또는 심판청구가 인용되지 않았을 때 구제받을 수 있는 추가적인 방법이 있나요?
세무사 심사청구나 심판청구의 결정이 불만족스러운 경우 그 결정통지를 받은 날로부터 90일 이내에 관할 고등법원에 '행정소송'을 제기할 수 있습니다. 다만 권리구제 신청과 마찬가지로 행정소송 역시 결정통지 후 90일이 경과하면 각하처분을 받게 됩니다. 지금까지 설명한 조세불복제도의 체계를 그림으로 나타내면 다음과 같습니다.

조세불복제도의 체계

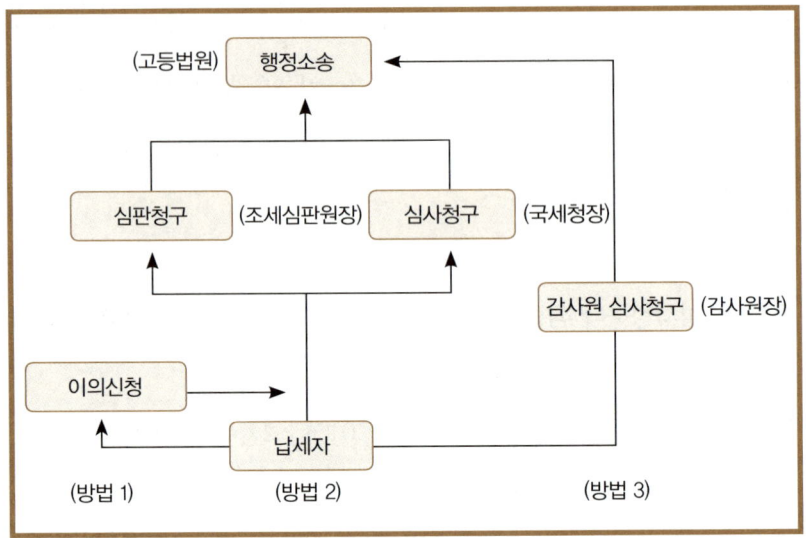

Part 2
종교인소득에 대한 과세제도

1장
종교인소득 과세제도의 주요 내용

종교인소득에 대한 과세제도가 관련 논의를 시작한 지 50년 만인 2018년부터 전격 시행되었습니다. 현재 시행되고 있는 종교인소득 과세제도는 종교단체 또는 종교인이 소득유형을 기타소득이나 근로소득으로 선택할 수 있게 하는 등 일반적인 과세제도와는 여러 가지 차이점이 있습니다. 또한 종교활동과 직접적인 관련성이 있는 소득(또는 비용)이냐 아니냐에 따라 과세적용 여부가 달라지며, 세무질의나 세무조사에 있어서도 종교의 특수성을 배려한 제도상의 특혜를 부여하고 있습니다.

Part 2 1장에서는 위와 같은 내용들을 포함한 종교인소득 관련 과세정보와 함께 종교단체에서 세금과 관련하여 이행해야 하는 의무와 종교단체에 대한 세무조사 관련 사항 등에 대해 살펴보겠습니다.

- 종교인소득의 의미가 무엇이며 주요 종교단체별로 어떤 소득들이 종교인소득에 해당하는지에 대해 살펴봅니다.

- 통계청 한국표준직업분류상 종교인과 종교 관련 종사자의 범위를 알아봅니다.

- 종교단체 또는 종교인이 종교인소득의 소득유형을 어떻게 선택할 수 있으며, 선택한 소득유형에 따라 세금의 신고방법이 어떻게 달라지는지 살펴봅니다.

- 종교단체에서 지급하는 종교활동비를 포함하여 종교인소득 중에서 과세가 되는 항목과 비과세가 되는 항목은 무엇이며, 어떤 조건을 갖추어야 비과세 적용이 되는지 살펴봅니다.

- 종교인소득과 관련하여 종교단체에서 어떤 장부를 기록·보관해야 하며, 이와 관련하여 과세관청에서 종교단체에 대한 세무조사 및 질의를 하려면 어떤 절차를 거쳐야 하는지 살펴봅니다.

01 종교인소득의 의미와 범위는?

Tag 종교인소득, 종교단체별 종교인 소득항목, 종합소득세 과세표준 확정신고, 종교단체 종사자 소득, 원로목사의 퇴직소득, 원천징수

납세자 종교인소득의 의미가 무엇인가요?

세무사 종교인소득은 종교 관련 종사자(이하 '종교인')가 종교의식을 집행하는 등 종교인으로서의 활동과 관련하여 소속된 종교단체로부터 받은 소득을 말합니다.

납세자 종교인소득에 해당하는 각 종교단체별 주요 소득항목으로는 어떤 것들이 되나요?

세무사 대표적인 종교인소득으로는 사례비, 보시, 사목활동비, 기본용금(개인생활에 필요한 돈), 매달 지급되는 일정액의 수당 등이 있습니다. 이를 포함하여 종교단체별 주요 종교인소득 항목을 살펴보면 다음 쪽 표와 같습니다.

기독교

구분	설명
사례비	설교하고 지급받는 대가(청빙계약에 따라 액수와 지급방법을 사전 약정)
목회활동비	목회활동을 위해 지급하는 일종의 판공비(접대비, 심방비, 도서구입비 등)
사택 제공	종교단체가 소유·임차한 사택을 종교인에게 제공하는 경우
학비보조금	종교인 본인 및 자녀에 대한 학자금 지원액
퇴직연금(은급금)	각 교단·종단 내부 규정에 의해 퇴직한 종교인에게 연금형태로 지급하는 금전
기타	휴가비, 국민연금, 건강보험료, 의료비, 식비, 격려금 등

천주교

구분	설명
사제(수녀)생활비	사제(수녀)들의 생활비 용도로 지급하는 금전
성무활동비	사제(수녀)들의 성직생활 수행을 지원하는 금원(차량유지비 등)
미사예물	신자가 미사를 요청하면서 사제에게 바치는 예물
퇴직연금(은급금)	퇴임신부에게 생활비 명목으로 지급하는 금원(2001년 교구 사제의 정규직책 은퇴와 요양에 대한 규정)
기타	명절, 생일 등에 지급하는 축하금, 휴가비, 국민연금, 건강보험료, 의료비, 학비보조금 등

불교

구분	설명
종무수행비	교역직(종단에 봉사하는 자) 종무원이 소임을 수행함에 따라 받는 보시금
수행비	개인적 수행 일을 하는 수사(修士), 선승(禪僧) 등이 지급받는 금품
기타	국민연금, 건강보험료, 의료비, 학비보조금, 수행연금(65세 이상) 등

납세자 종교인인 받는 소득은 모두 종교인소득에 해당하나요?

세무사 아니요, 종교인소득은 '종교활동'과 관련하여 '소속된 종교단체로부터' 받은 소득을 의미합니다. 따라서 종교활동과 관련 없는 소득이나 소속되지 않은 타 종교단체로부터 받은 소득은 당연히 '종교인소득에서 제외'됩니다. 예를 들어 복지단체로부터 근로대가로 받은 소득은 근로소득으로, 방송국 등에서 강연을 하고 지급받은 소득은 종교인소득이 아닌 별도의 소득, 즉 기타소득이나 근로소득 등으로 판단합니다. 이런 소득이 있는 종교인은 해당 소득을 소속 종교단체로부터 받은 종교인소득과 합산하여 '종합소득세 과세표준 확정신고'를 해야 합니다(155~157쪽 참조).

납세자 종교단체에서 행정업무를 하는 직원이나 운전사, 반주자, 지휘자, 기타 기능직 종사자들의 소득도 종교인소득에 해당하나요?

세무사 아니요, 그런 종교단체 종사자들이 받는 소득은 종교인이 아닌 '직원에 대한 근로소득'으로 봅니다. 다만 목사나 전도사가 동일한 업무를 하는 경우에는 '종교인소득'으로 봅니다.

납세자 담임목사를 은퇴한 원로목사가 퇴직금 외에 별도로 매달 정기적으로 생활비 형식으로 받는 돈은 종교인소득에 해당하나요?

세무사 은퇴 등 현실적인 퇴직을 한 후 원로목사로 있으면서 교회로부터 지급받는 생활비와, 규약 등에 따라 퇴직을 이유로 퇴직 후에도 계속 생활비 등을 지급받는 경우 '퇴직소득'에 해당합니다. 그 외에 원로목사가 은퇴 이후에 소속 종교단체에서 종교활동을 함으로써 받는 소득이라면 '종교인소득'에 해당합니다.

납세자 종교인소득에 대해 과세할 때 종교단체에서 따로 납부해야 하는 세금도 있나요?

세무사 아니요. 종교인소득에 대한 과세는 종교인이 '소속 종교단체로부터 지급받은 소득'에 대해 소득세를 신고·납부하는 제도로서, 이와 관련하여 종교단체에서 별도로 부담해야 하는 세금은 없습니다. 다만 종교단체에서 소속 종교인에게 종교인소득을 지급하면서 원천징수를 했다면 원천징수한 세금에 대한 신고·납부를 해야 합니다(61~65, 108~111쪽 참조).

02 종교 관련 종사자의 구분은?

Tag 성직자, 기타 종교 관련 종사원

납세자 종교 관련 종사자의 정확한 의미가 어떻게 되나요?

세무사 통계법 제22조에 따라 통계청장이 고시하는 한국표준직업분류에 따른 종교 관련 종사자로서, 종교적인 업무에 종사하거나 특정 종교의 가르침을 설교하고 전파하는 사람을 말합니다.

납세자 각 종교별로 종교 관련 종사자가 어떻게 구분되나요?

세무사 종교 관련 종사자는 크게 '성직자'와 '기타 종교 관련 종사원'으로 구분됩니다. 성직자는 교리의 해설과 설교를 하며 종교의식을 집행하는 사람을, 기타 종교 관련 종사원은 성직자를 보조하고 제반 종교적 활동을 수행하는 사람을 의미하지요. 이를 기준으로 종교 관련 종사자를 세부적으로 구분해보면 다음 표와 같습니다.

분류명			설 명
소분류	세분류	세세분류	
종교 관련 종사자 (248)	성직자 (2481)	목사 (24811)	기독교 종교예식이나 의식을 집행하고 관장하며 신자들에게 정신적·도덕적 지도를 하는 사람으로 교리의 해설과 설교를 하며, 종교의식을 집행하는 자를 말한다. (목사, 교목, 원목, 군목, 부목사)
		신부 (24812)	천주교 종교예식이나 의식을 집행하고 관장하며 신자들에게 정신적·도덕적 지도를 하는 사람으로 교리의 해설과 설교를 하며, 종교의식을 집행하는 자를 말한다. (사제, 주교, 신부, 부제)
		승려 (24813)	불교 종교예식이나 의식을 집행하고 관장하며 신자들에게 정신적·도덕적 지도를 하는 사람으로 교리의 해설과 설교를 하며, 종교의식을 집행하는 자를 말한다. (승려, 스님, 법사)
		교무 (24814)	원불교 종교예식이나 의식을 집행하고 관장하며 신자들에게 정신적·도덕적 지도를 하는 사람으로 교리의 해설과 설교를 하며, 종교의식을 집행하는 자를 말한다. (교무, 원불교)
		그 외 성직자 (24819)	상기 세세분류 어느 항목에도 포함되지 않는 기타 종교 관련 성직자가 여기에 분류 (전교, 대종교, 유교)
	기타 종교 관련 종사원 (2489)	수녀 및 수사 (24891)	천주교에서 신부를 보조하여 미사 등의 접전을 보조하며, 신자들에게 신앙 및 정신적·도덕적 지도를 하는 자를 말한다. (수녀, 수사)
		전도사 (24892)	교회에서 맡은 역할에 따라 청소년이나 신자들의 교육을 담당하거나, 찬양, 율동, 음악 등을 지도하는 자를 말한다. (전도사)
		그 외 종교 관련 종사원 (24899)	상기 세세분류 어느 항목에도 포함되지 않는 기타 종교 관련 종사자가 여기에 분류 (포교사, 선교사)

〈출처 : 통계청 통계분류포털〉

03 종교인소득의 소득유형은?

Tag 소득세법상 소득의 유형, 종교인소득, 목사 1인이 대표자인 개별 교회, 다른 종교단체로부터 받는 소득, 강의료, 국민연금·건강보험료 개인·회사부담분, 기부금공제, 개인에게서 받은 사례금

납세자 소득세법상으로는 종교인소득이 어떤 소득에 해당하나요?

세무사 소득세법상 소득의 유형은 크게 종합소득, 퇴직소득, 양도소득으로 구분됩니다. 종합소득은 다시 이자소득, 배당소득, 근로소득, 사업소득, 연금소득, 기타소득으로 구분되지요. 종교인소득은 이 중에서 '기타소득'에 해당합니다. 다만 종교인소득을 근로소득으로 원천징수하거나, 종합소득세 과세표준 확정신고를 하는 경우에는 '근로소득'으로 봅니다.

납세자 그럼 종교인소득은 기타소득과 근로소득 중에서 선택이 가능하다는 건가요?

세무사 예, 종교인소득 과세 대상자는 '종교인소득(기타소득)이나 근로소

득 중 하나를 선택'해서 신고할 수 있습니다. 만일 종교인소득(기타소득)으로 신고한다면 세무서에 소득신고서와 함께 청빙계약서를 제출해야 하며, 근로소득으로 신고한다면 근로계약서를 제출해야 합니다. 근로계약서가 없다면 별도로 작성할 필요가 있습니다.

납세자 목사 1인이 대표자인 개별 교회에서 해당 목사가 받는 소득도 종교인소득에 해당하나요?
세무사 예, 그런 경우에도 종교인소득에 해당합니다.

납세자 다른 종교단체에서 지급받은 소득도 종교인소득에 해당하나요?
세무사 앞서 설명했듯이 종교인소득은 '소속 종교단체로부터 받은 소득에 한정'합니다. 따라서 현행 규정에 따라 종교인이 다른 종교단체로부터 받는 소득은 강연료 등의 기타소득이나 근로소득으로 과세됩니다. 이런 소득이 있는 종교인은 해당 소득을 종교인소득과 합산하여 종합소득세 과세표준 확정신고(155~157쪽 참조)를 해야 합니다.

납세자 목사가 신학교의 교수로 재직하면서 받는 강의료 등은 종교인소득에 해당하나요?
세무사 위와 마찬가지로 소속 종교단체로부터 받은 소득이 아니므로 종교인소득이 아닌 '근로소득'에 해당합니다.

납세자 그럼 사찰에서 서무 등 행정업무를 보는 승려에게 지급하는 급여는 종교인소득에 해당하나요?

세무사 아니요, 종교의식의 집행 등 종교활동과 관련하여 받은 소득이 아니므로 '근로소득'에 해당합니다.

납세자 종교단체에서 종교인소득 외에 국민연금이나 건강보험료 '개인 부담분'을 소속 종교인에게 별도로 지급했다면 종교인소득에 포함되나요?

세무사 예, 그런 경우는 종교인소득에 포함됩니다. 참고로 4대 보험 직장가입자에 대해 종교단체에서 부담한 '회사 부담분'은 종교인소득이 아니라 종교단체의 고유한 비용 지출에 해당합니다.

종교인소득 납세의무 판정 흐름도

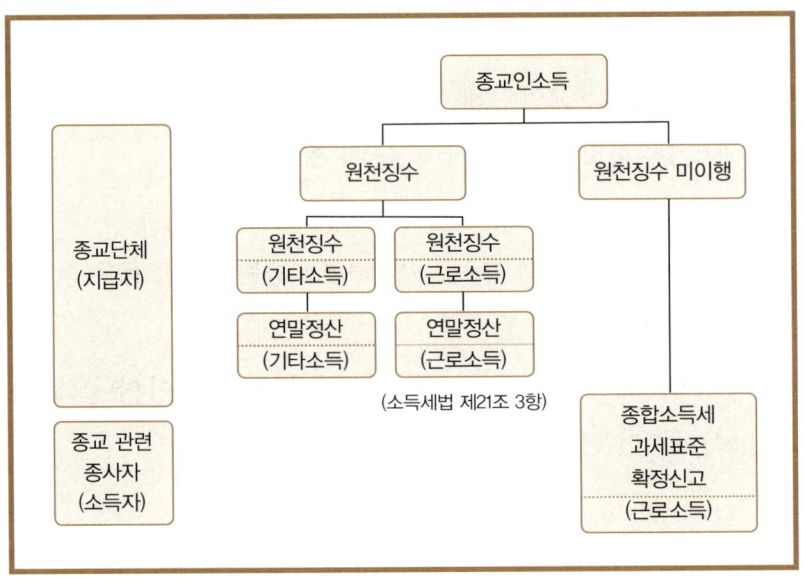

납세자 만일 종교인이 소속 종교단체에서 종교활동을 하고 받은 3,000만 원 중에서 1,000만 원을 해당 종교단체의 어려운 재정을 감안해 헌금했다면 종교인소득은 어떻게 적용되나요?

세무사 이런 경우 3,000만 원 전액이 종교인소득이 됩니다. 그리고 헌금한 1,000만 원은 해당 종교인이 추후에 기부금공제를 받아야 합니다. 만일 위와 같은 상황이 종교단체의 재정상 부득이한 경우라면 의결기구의 의결을 통해 종교활동에 따른 사례금, 즉 종교인소득을 2,000만 원으로 줄이는 방식을 선택해야 합니다.

납세자 종교인이 종교단체가 아닌 개인에게서 받은 사례금은 종교인소득에 해당하나요?

세무사 종교단체에 귀속되는 사례금이라면 종교단체에 귀속시키고 해당 사례금을 낸 개인에게 기부금영수증을 발급해주어야 합니다. 반면에 순수하게 종교인에게 귀속되는 사례금이라면 원칙적으로 '기타소득'으로서 과세하게 됩니다.

납세자 종교인이 받는 소득의 소득유형 구분에 따라 과세상 어떤 차이가 생기나요?

세무사 종교인이 받는 소득을 종교인소득으로 하느냐 근로소득으로 하느냐에 따라 원천징수 및 소득·세액공제상 다음 쪽 표와 같은 차이가 생기게 됩니다.

종교인소득의 소득구분에 따른 원천징수 및 소득·세액공제 비교

구분	종교인소득(기타소득)	근로소득
소득분류 사유	• 종교단체가 종교인소득(기타소득)으로 원천징수 • 연말정산 안 하면 기타소득	• 종교단체가 근로소득으로 원천징수 • 종교단체에서 원천징수를 하지 않은 경우 종교 관련 종사자가 종합소득세 과세표준 확정신고
종교단체의 원천징수의무	임의(선택)	임의(선택)
비과세항목	• 종교활동비(한도 없음) • 사택 제공 이익 포함	• 종교활동비(종교인소득과 동일) • 통상적인 근로소득 비과세와 동일(140쪽 참조)
필요경비(공제)	필요경비(80%~20%)	근로소득공제(70%~2%)
소득공제	• 기본공제+추가공제 • 국민연금보험료공제	• 기본공제+추가공제 • 국민연금보험료공제+건강보험료공제 • 주택마련저축공제 • 신용카드 등 사용액 소득공제
세액공제	• 자녀세액공제 • 기부금세액공제 • 연금계좌세액공제 • 표준세액공제(7만 원)	• 자녀세액공제 • 기부금세액공제 • 연금계좌세액공제 • 월세세액공제 • 의료비·교육비·보험료 세액공제 • 표준세액공제(13만 원)
원천징수세액	종교인소득 간이세액표에 의한 세액	근로소득 간이세액표에 의한 세액

04 종교인소득의 신고방법과 필요경비 계산은?

Tag 기타소득으로 신고, 근로소득으로 신고, 반기별 납부, 근로소득 원천징수시기에 대한 특례, 종교인소득의 원천징수 여부에 따른 차이, 지급명세서 미제출가산세, 무신고 및 무납부 가산세, 필요경비

납세자 종교인소득은 어떻게 신고하면 되나요?

세무사 종교인소득은 원칙적으로 기타소득(종교인소득)으로 신고합니다. 다만 앞서 설명했듯이 근로소득으로 원천징수하거나 종합소득세 과세표준 확정신고를 하는 방법을 선택할 수도 있습니다. 기타소득으로 신고하는 경우 소득의 최대 80%까지 필요경비 인정을 받을 수 있으며, 근로소득으로 신고하는 경우에는 일반 직장인들과 동일한 근로소득 과세체계가 적용되는데, 각각의 경우를 비교해보고 유리한 쪽을 선택하면 됩니다. 참고로 어떤 유형의 소득으로 신고하든 일정 요건을 충족하면 근로장려금 및 자녀장려금 등의 소득지원 혜택을 받을 수 있습니다.

납세자 어떤 유형의 소득을 선택하느냐에 따라 신고방법도 달라지나요?

세무사 신고방법은 소득의 유형이 아니라 종교단체에서 원천징수를 하느냐 하지 않느냐에 따라 달라집니다.

납세자 그래요? 그럼 종교단체에서 원천징수를 했을 때는 어떻게 신고하나요?

세무사 만일 종교단체에서 '반기별 납부'를 신청했다면 연 2회(7월 10일과 1월 10일) 신고·납부함으로써 원천징수 절차를 마무리할 수 있습니다. 종교단체의 경우 예외적으로 상시 근무인원 수에 상관없이(일반 기업체의 경우 상시 근무인원 수 20인 미만인 경우만 가능) 매년 2회(6월과 12월)에 걸쳐 반기별 납부 신청을 할 수 있습니다. 예를 들어 2018년 6월(6.1~6.30)에 신청해서 승인을 받았다면 2018년 7~12월의 소득 지급분에 대한 원천징수세액을 다음해 1월 10일까지 신고·납부하면 되는 것이지요. 반기별 납부 신청은 국세청 홈택스나 납세지 관할 세무서에 우편 또는 방문하여 '원천징수세액 반기별 납부 승인신청서'(66쪽 서식 참조)를 제출하면 됩니다.

납세자 종교단체에서 소득 지급대상인 종교인에게 종교인소득을 지급하지 않은 경우에도 원천징수를 해야 하나요?

세무사 그런 경우에도 '근로소득 원천징수시기에 대한 특례'에 따라 해당 소득을 지급한 것으로 보아 원천징수를 해야 합니다. 즉, 종교단체에서 1월부터 11월까지의 종교인소득을 12월 31일까지 지급하지 않았다면 12월 31일에 해당 종교인소득을 지급한 것으로 보아 원천징수를 해야 하고, 12월분의 종교인소득을 다음연도 2월 말일까지 지급하지 않았다면 다음연도 2월 말일에 해당 종교인소득을 지급한 것으로 보아 원천징수를 해야 합니다. 일단 원천징수의무자인 종교단체에서 종교인소득에 대한 원천징수세액을 신고·납부하고 실제 소득을 지급하는 시점에 해당 세액을 회수하는 개념으로 보면 됩니다.

납세자 그럼 종교단체에서 해당 기간 안에 원천징수를 하지 않았다면 어떻게 해야 하나요?

세무사 종교인소득을 지급받는 '종교인'이 직접 다음 해 5월 말까지 종교인소득에 대해 '종합소득세 과세표준 확정신고'를 해야 합니다. 이런 경우 해당 소득은 종교인소득(기타소득)이 아닌 '근로소득'으로 봅니다. 다만 이런 경우에도 종교단체에서는 다음 해 3월 10일까지 '기타소득 또는 근로소득 지급명세서'를 관할 세무서에 제출해야 합니다.

종교인소득의 원천징수 여부에 따른 차이

구분		1~12월	다음해 2월	3월 10일까지	5월
종교단체	원천징수 ○		연말정산	기타소득 또는 근로소득 지급명세서 제출	
	원천징수 ×			기타소득 또는 근로소득 지급명세서 제출	(종교인) 종합소득세 과세표준 확정신고

납세자 종교단체에서 종교인소득을 지급하면서 원천징수를 하지 않으면 어떤 책임을 져야 하나요?

세무사 종교단체에서 원천징수를 하지 않더라도 져야 할 책임은 없습니다. 다만 위의 설명처럼 다음해 3월 10일까지 지급명세서를 제출할 의무가 있으며, 그렇지 않으면 가산세를 물게 됩니다.

납세자 그럼 종교인소득에 대한 원천징수를 하지 않았을 때 종교인이 져야 할 책임은 있나요?

세무사 아니요, 종교인 역시 져야 할 책임이 없습니다. 다만 종교인은 다음 해 5월 말까지 반드시 종합소득세 과세표준 확정신고를 해야 하며, 그렇지 않으면 무신고 및 무납부 가산세를 물게 됩니다.

납세자 종교인소득에 대한 필요경비는 어떻게 계산하나요?

세무사 종교인소득에 대해서는 종교인이 해당 과세기간에 받은 금액(비과세소득은 제외) 중 다음 표에 따른 금액을 필요경비로 합니다.

종교인소득에 대한 필요경비

종교인이 받은 금액	필요경비
2,000만 원 이하	받은 금액의 100분의 80
2,000만 원 초과 ~ 4,000만 원 이하	1,600만 원+2,000만 원 초과금액의 100분의 50
4,000만 원 초과 ~ 6,000만 원 이하	2,600만 원+4,000만 원 초과금액의 100분의 30
6,000만 원 초과	3,200만 원+6,000만 원 초과금액의 100분의 20

예를 들어 종교인이 받은 종교인소득이 2,000만 원인 경우 필요경비는 1,600만 원, 3,000만 원인 경우 필요경비는 2,100만 원(1,600만 원+(3,000만 원-2,000만 원)×50%)이 됩니다.

납세자 실제 소요된 필요경비가 위의 기준을 초과하는 경우에는 어떻게 하나요?

세무사 실제 소요된 필요경비가 앞의 표에 따른 금액을 초과하는 경우에는 그 초과하는 금액도 필요경비에 산입합니다. 다만 초과하는 금액에 대해서는 소득자 본인이 관련 증빙을 통해 입증해야 합니다.

■ 소득세법 시행규칙 [별지 제21호의2서식] <개정 2018. 3. 21.>

원천징수세액 반기별납부 승인신청서

(앞쪽)

접수번호		접수일자			처리기간	
징수의무자 인적사항	상 호(법인명)			[ ] 종교단체 * 해당되면 √표기	대 표 자	
	사업장주소				업 종	
	사업자등록번호				전 화 번 호	

상 시 고 용 인 원 수 의 계 산

| ① 반기별 납부를 적용하려는 연도의 직전 연도 1월부터 12월까지의 매월 말일 현재 고용인원 누계
(신규사업자의 경우 신청일이 속하는 반기의 매월 말일 현재의 고용인원 누계를 적습니다) | | ② 평균인원수
(① / 월수) | |

근로소득 및 종교인소득 지급 및 징수 현황
(일용근로 소득은 제외)

(단위: 원)

월	인원	적용연도		직전연도		비고
		총지급액	소득세 징수액	총지급액	소득세 징수액	
1월						
2월						
3월						
4월						
5월						
6월						
7월						
8월						
9월						
10월						
11월						
12월						
합계	명					

　　　　년　월부터 매월 원천징수하는 세액을 반기별로 납부하기 위하여 「소득세법 시행령」 제186조제3항에 따라 승인을 신청합니다.

　　　　　　　　　　　　　　　　　　　　　　　　　　　　　　　　년　월　일

　　　　　　　　　　　원천징수의무자

(서명 또는 인)

세 무 서 장　귀하

작 성 방 법

1. "② 평균인원수"란에는 평균인원수 계산결과 소수점 이하가 있을 경우 소수점 이하는 버리고 기재합니다.
2. "적용연도"의 총지급액(비과세포함)은 신청월의 전월까지 지급분을 기재합니다. 다만, 비과세 근로소득의 경우 「소득세법 시행령」 제214조제1항제2호의2 및 제2호의3에 해당하는 금액은 제외하며, 비과세 종교인소득의 경우에는 「소득세법」 제12조제5호아목에 해당하는 금액은 제외합니다.
※ "적용연도"란은 6월에 반기별납부 승인 신청을 하는 경우에 작성합니다. 다만, 신규사업자는 12월에 반기별 납부 승인 신청을 하는 경우에도 작성합니다.
3. 종교단체의 경우에는 상시 고용인원을 기재하지 않아도 됩니다.

210mm×297mm[백상지 80g/㎡(재활용품)]

05 과세대상이 되는 종교인소득은?

Tag 과세대상 종교인소득, 은퇴한 종교인에 대한 생활비, 정기적으로 지급하는 복리후생비

납세자 과세대상이 되는 종교인소득에는 어떤 것들이 있나요?
세무사 종교인이 종교의식 집행 등의 종교활동과 관련하여 소속 종교단체로부터 받은 소득으로 사례비, 보시, 사목활동비, 기본용금, 매월 정기적으로 지급되는 수당 등이 과세대상에 해당합니다. 원칙적으로 종교인이 소속 종교단체로부터 받는 소득에서 비과세소득을 차감한 금액이 모두 과세대상 종교인소득에 해당한다고 보면 됩니다.

납세자 좀 더 구체적으로 알고 싶습니다.
세무사 종교인에게 매월 정기적으로 지급하는 생활비, 사례비, 부정기적으로 지급되는 상여금, 격려금, 휴가비, 특별격려금 등은 기본적으로 과세대상에 해당합니다. 또한 종교활동에 관련된 도서비라도 정기적으

로 종교인 개인통장으로 입금하면 과세대상이 될 수 있습니다. 이밖에 항목에 상관없이 매달 정액으로 지급하는 소득 또는 종교인이 부담해야 할 공과금이나 의료비, 보험료, 이사비 등의 비용을 종교단체에서 부담하는 경우에는 과세대상 종교인소득에 해당합니다.

납세자 은퇴한 종교인에게 생활비 보조를 위해 지급하는 돈도 종교인소득에 해당하나요?

세무사 종교인이 현실적인 퇴직 이후에 종교단체로부터 정기적 또는 부정기적으로 지급 받는 소득으로서, 현실적인 퇴직을 원인으로 지급 받는 소득이 아니라면 '종교인소득'에 해당합니다. 반면에 은퇴한 종교인이 종교단체로부터 현실적인 퇴직을 원인으로 지급 받는 소득은 '퇴직소득'에 해당합니다(147~148쪽 참조).

납세자 종교단체에서 복리후생을 목적으로 종교인에게 지급하는 금액 등은 종교인소득에 해당하나요?

세무사 종교단체가 종교활동과 관련하여 소속 종교인에게 지급하는 금액은 기본적으로 '종교인소득'에 해당하므로 종교인에게 정기적으로 지급하는 복리후생비 역시 '종교인소득'에 해당합니다. 다만 해당 복리후생비가 학자금, 식대 등 소득세법 시행령에서 정한 비과세소득에 해당한다면 과세대상 종교인소득에서 '제외'합니다.

06 비과세되는 종교인소득은?

Tag 교육비세액공제, 월 10만 원까지의 식대, 실비변상적 성질의 지급액, 사택제공이익, 사택 관련 비용

납세자 비과세되는 종교인소득에는 어떤 것들이 있나요?

세무사 학자금, 식대, 일직료 등 실비변상적인 지급액과, 종교인 또는 그 배우자의 출산이나 6세 이하(과세기간 개시일 기준으로 판단) 자녀의 보육과 관련하여 종교단체로부터 받는 월 10만 원 이내의 금액, 사택제공이익 등이 비과세소득에 해당합니다.

납세자 위의 항목 중에서 학자금은 소속 종교단체의 종교활동과 관련된 교육을 받았을 때만 비과세대상이 되나요?

세무사 예, 소속 종교단체의 종교활동과 관련 있는 교육·훈련을 목적으로 하는 학교 또는 평생교육시설 등의 입학금·수업료·수강료 또는 그 밖의 공납금을 소속 종교단체에서 지급하는 경우에만 비과세가 됩니

다. 따라서 최고경영자과정, 경영학석사(MBA)나 로스쿨 등 종교활동과 관련이 없는 학자금을 종교단체에서 지원하거나, 종교인 본인이 아닌 배우자나 자녀의 학자금을 지급했을 때는 과세대상이 됩니다. 다만 종교인소득을 기타소득이 아닌 근로소득으로 신고하는 경우에는 자녀학자금에 대해 교육비세액공제를 받을 수 있습니다.

납세자 종교단체에서 종교인에게 지급하는 식대는 무조건 10만 원까지 비과세가 되나요?
세무사 아니요, 종교단체에서 종교인에게 '식사를 제공하지 않고' 식대를 지급했을 때만 월 10만 원까지 비과세가 됩니다.

납세자 비과세되는 실비변상적인 성질의 지급액이란 무엇인가요?
세무사 종교인이 받는 실비변상적 성질의 지급액으로 일직료·숙직료 및 그 밖에 이와 유사한 성격의 급여와 여비로서, 말 그대로 업무상 실제로 소요되는 경비에 상당하는 금액(월 20만 원 이내의 본인 소유 차량에 대한 자가운전보조금 포함)을 말합니다. 또한 천재지변이나 그 밖의 재해로 인해 받는 지급액과 종교활동에 따라 실제 소요된 비용도 비과세됩니다.

납세자 사택제공이익이란 무엇인가요?
세무사 말 그대로 종교인이 종교단체로부터 사택을 제공 받음으로써 얻는 이익을 말합니다. 즉, 종교단체가 소유한 사택을 종교인에게 무상이나 저가로 제공한 경우, 종교단체에서 직접 임차한 사택을 종교인에게 무상이나 저가로 제공하는 경우가 여기에 해당합니다. 다만 종교인이 소유하거나 임차한 집에 살면서 종교단체로부터 매월 지급받는 '사택 관련 비용'은 과세대상'이 됩니다.

종교인소득에 대한 과세소득과 비과세소득 비교(기독교의 경우)

소득항목	과세	비과세
사례비 (생활비)	사례비, 상여금, 수양비, 의료비, 체력단련비, 연구비, 교단연금적립금, 도서비	도서비 등을 교회 공금으로 사용하면 비과세
목회비 (선교비)	사례비와 구분해 기장·관리하지 않으면서 그 총액을 지급명세서로서 신고하지 않을 때	목회활동비, 선교비, 전도심방비, 사역지원금, 수련회지원금, 판공비, 경조사비, 통신비, 접대지원금 등
식대	현금으로 지급하는 월 10만 원을 초과하는 금액	목회활동을 위해 신도와 식사하고 증빙을 갖춘 경우
출장여비	실비 정산되지 않은 금액	실비변상으로 정산된 금액
차량유지비	• 목회자 명의의 차량을 목회활동에 사용하면서 받은 월 20만 원을 초과하는 지원금 • 렌터카 사용비용	• 목회자 명의의 차량을 목회활동에 사용하면서 받은 20만 원 이하 지원금 • 교회 명의 차량 공과금
4대 보험료	종교인소득으로 신고할 경우 목회자 개인부담. 교회에서 지원하는 경우 사례비로 간주	근로소득으로 신고 시 50% 교회지원 비과세
사택 제공, 공과금	목회자 소유의 집에 살면서 사택비용으로 매월 지급받는 금액	교회 소유의 사택 제공, 교회가 사택 임대 시 임대료
학자금	최고경영자과정 등 목회활동과 관련 없는 등록금, 배우자나 자녀 학자금	목회자 본인의 목회활동 관련 입학금 등
보육비		월 10만 원 이하의 출산지원금, 6세 이하 보육지원금
퇴직금	일시 지급 퇴직금	
연금지원금	교단 연금적립금	
부흥회	종교인소득은 아니지만 기타소득 과세	
외부강사료	(종합소득세 신고)	
심방사례비		종교인소득 아님

07 종교인이 받는 종교활동비의 과세 여부는?

Tag 종교활동비, 종교인 개인통장으로 입금하는 종교활동비, 종교단체의 규약이나 의결기구의 의결, 종교인 개인에게 귀속되는 소득, 지급명세서 미제출가산세, 지급명세서 불성실가산세

납세자 종교인이 종교단체로부터 지급받은 종교활동비는 비과세소득인가요?

세무사 예, 대표적인 비과세소득입니다. 종교활동비는 종교인이 소속 종교단체의 규약 또는 의결기구의 의결·승인 등을 통해 결정된 지급기준에 따라 종교활동을 위해 통상적으로 사용할 목적으로 지급받은 금액 및 물품을 말하며, 해당 금액 및 물품에 대해서는 '한도 없이 비과세'가 됩니다. 다만 해당 종교활동비를 종교인 개인통장으로 입금하는 경우에는 세무서에 제출하는 지급명세서에 그 총액을 기재해야만 비과세를 적용받을 수 있습니다. 즉, 종교인 개인통장으로 입금하는 종교활동비를 비과세소득으로 인정받으려면 지급명세서를 반드시 제출해야 하는 것이지요.

납세자 각 종교단체별로 대표적인 종교활동비가 어떻게 되나요?

세무사 다음 표와 같이 각 종교단체에서 포교를 목적으로 따로 명목을 지정해서 승려·목사·신부 등 종교인에게 지급하는 금액들을 말합니다.

구분	기독교	불교	천주교	원불교
의결기구	당회, 공동의회	총무회의	사제회의	교의회
종교활동비 (예)	목회활동비	종무활동비, 수행지원비	성무활동비	수행비

납세자 그럼 종교활동비에 대한 비과세요건을 갖추려면 반드시 종교단체 의결기구의 의결을 거쳐야 하는 건가요?

세무사 예, 그렇습니다. 사실 종교인소득에 대한 과세가 시행되기 전에는 종교인이 지출하는 대부분의 경비를 '종교활동비'로 처리해왔습니다. 하지만 종교인소득에 대한 과세가 시행됨에 따라 각 종교단체에서 종교활동비 총액을 국세청에 보고해야 하고, 종교단체의 규약이나 의결기구의 의결을 거치는 등의 일정한 요건을 갖춘 종교활동비에 대해서만 '무제한 비과세 인정'을 받을 수 있게 되었습니다.

물론 그렇더라도 비과세되는 종교활동비 항목이 너무 많으면 국세청의 세무간섭을 받을 우려가 있으므로, 종교인 개인에게 귀속되는 소득과 종교단체 고유의 종교활동비 예산을 명확하게 구분하여 의결기구의 의결을 받을 필요가 있겠지요.

납세자 만일 앞서 과세항목으로 설명한 종교인의 자녀교육비 등을 종교단체의 의결기구에서 종교활동비로 의결했다면 비과세 적용을 받을 수 있는 건가요?

세무사 위에서 설명했듯이 자녀교육비, 의료비, 상여금 등 종교인 개인에게 처분권이 위임되어 귀속되는 소득은 종교활동비로 분류할 수 없습니다. 즉, 실질적인 성격이 종교활동으로 사용할 목적이 아닌 소득인 경우 아무리 의결기구를 통해 종교활동비로 분류하더라도 과세대상이 되는 것이지요.

납세자 종교단체에서 종교인에게 종교활동비를 포함해 종교인소득을 지급했으나 원천징수를 하지 않고, 소득자인 종교인이 다음 해 5월에 직접 종합소득세 과세표준 확정신고를 하는 경우에도 해당 종교활동비에 대해 비과세 적용을 받을 수 있나요?

세무사 종교인소득 중 종교활동비는 종교인소득(기타소득)이나 근로소득으로 원천징수를 하든 종합소득세 과세표준 확정신고를 하든 모두 비과세 적용을 받을 수 있습니다. 다만 앞서 설명했듯이 비과세 적용을 받으려면 반드시 종교단체의 규약이나 의결기구의 의결을 통해 종교활동비로 지정되는 절차가 선행되어야 합니다.

납세자 위의 경우처럼 종교단체에서 종교인소득을 원천징수하지 않더라도 지급명세서를 제출해야 하나요?

세무사 예, 반드시 제출해야 합니다. 이는 매우 중요한 사항으로, 만일 원천징수를 하지 않은 종교단체에서 다음 해 3월 10일까지 지급명세서를 제출하지 않으면 지급금액의 1%에 해당하는 미제출가산세를 부담해야 합니다. 만일 종교활동비를 포함하여 종교인에게 지급한 종교인소득이 1억 원이라면 그 1%인 100만 원의 가산세를 물게 되는 것이지요.

납세자 그럼 지급명세서를 제출하기는 했는데 종교인에게 지급한 비과세소득인 종교활동비를 기재하지 않았다면 어떻게 되나요?

세무사 원래 기타소득의 비과세항목은 지급명세서 제출대상이 아닙니다. 하지만 종교인소득 중 비과세항목인 종교활동비는 지급명세서 제출대상이 됩니다. 따라서 만일 종교인소득에 대한 지급명세서에 종교활동비 5,000만 원을 기재하지 않았다면 그 1%에 해당하는 50만 원의 지급명세서 불성실가산세를 물게 됩니다.

08 종교인소득에 대한 장부의 기록 및 보관의무는?

Tag 세법에 따른 기장의무, 구분기장, 기부금영수증, 기부자별 발급명세서, 종교단체에서 출연 받은 재산, 선언적 규정, 종교단체회계, 종교인회계

납세자 종교단체도 세법에 따라 장부를 기장해야 하는 의무가 있나요?

세무사 고유목적사업만을 영위하는 종교단체의 경우 종교활동 등으로 발생하는 헌금 등에 대해 소득세 또는 법인세를 신고해야 할 의무가 없으므로 세법에 따른 기장의무도 없습니다. 다만 종교단체에서 고유목적사업 이외에 수익사업을 하고 있다면 당연히 구분기장을 해야 합니다. 물론 기본적으로 종교단체에서 소속 종교인에게 지급한 금액 및 물품(비과세금액 및 물품을 포함), 즉 종교인소득과 종교단체의 종교활동과 관련하여 지출한 비용을 구분하여 기록·관리하는 것이 바람직하지만, 이는 종교단체 자체적으로 종교인소득 계산상의 편의 등을 위한 것으로 의무사항은 아닙니다.

납세자 예외는 없나요?

세무사 물론, 예외가 있습니다. 각 종교단체에서는 설립 당시 법령 및 정관상으로 규정되어 있는 장부 또는 내부규정에 따른 장부를 기록해야 하고, 세법과 관련해서는 기부금영수증을 발급하는 경우 기부자별 발급명세서를 작성하여 발급한 날로부터 5년간 보관(349~350쪽 참조)해야 합니다. 또한 상속세 및 증여세법과 관련해서는 종교단체에서 출연 받은 재산의 보유 및 운용상태 등에 대해 장부를 기록해야 할 의무(249~250쪽 참조)가 있습니다.

납세자 위의 설명에서 의무사항은 아니지만 종교단체에서 종교인소득과 종교단체 관련 비용을 구분해서 기장할 필요는 있다고 했는데, 그래야 하는 특별한 이유가 있나요?

세무사 비록 세법상 규정은 아니지만 소득세법 시행령에서는 '종교활동'에 대한 국세청의 세무조사를 막기 위해, '종교단체는 소속 종교인에게 지급한 금품과 그밖에 종교활동과 관련하여 지출한 비용을 구분하여 기록·관리하도록 하는' 선언적 규정을 두고 있습니다.

이런 취지에 따라 종교단체에서는 세무조사의 대상이 '종교인소득에 한정'될 수 있도록 '종교단체회계'와 '종교인회계'로 장부를 구분하여 기장하는 것이 좋겠지요. 나아가 '종교인회계'에 기장하는 종교인소득과 지출에 대한 금융계좌를 종교단체 관련 비용에 대한 계좌와 분리하면 관련 회계내역을 더욱 일목요연하고 효과적으로 관리할 수 있습니다.

납세자 결국 종교인이나 종교단체에서 종사하는 직원에게 지급한 금품과 그 외의 종교활동에 지출한 금액을 구분하면 편리하겠군요.

세무사 그렇지요. 그러면 종교인소득 등 소득세 과세대상 소득을 효과적으로 관리할 수 있습니다. 이에 대해서는 Part 5 2장 '05 종교단체의 장부 작성·비치의무는?'(248쪽)의 내용을 참고하기 바랍니다.

09 종교인소득에 대한 세무 관련 질문·조사의 범위는?

Tag 세무조사 금지, 수정신고 우선 안내, 종교인소득에 대한 소득세법 시행령에 따른 특례규정

납세자 종교인소득에 대해 과세관청에서 할 수 있는 세무 관련 질문이나 조사의 범위가 어떻게 되나요?

세무사 과세관청에서는 종교인소득에 대해 종교단체의 장부와 서류 또는 그 밖의 물건 중에서 '종교인소득과 관련된 부분에 한해' 조사하거나 그 제출을 명할 수 있습니다. 만일 종교단체에서 종교인에게 지급한 금품 등 외에 종교활동과 관련하여 지출한 비용을 구분기장했다면 해당 장부 또는 서류에 대해서는 조사 또는 제출을 명할 수 없습니다.

납세자 만일 종교단체에서 종교인소득과 종교활동에 관한 비용을 구분기장하지 않았다면 세무조사의 범위가 달라질 수 있나요?

세무사 그렇더라도 소득세법에서는 원칙적으로 종교활동과 관련하여

지출한 비용에 대해서는 세무조사를 금지하고 있습니다.

납세자 그럼 종교인소득에 대한 세무조사가 필요할 때는 어떻게 해야 하나요?

세무사 종교인소득의 신고내용에 탈루가 의심되거나 오류가 있는 경우에 세무공무원이 세무조사 등 질문·조사권을 행사하려면 반드시 '사전에' 해당 종교인 또는 종교단체에 탈루 또는 오류의 구체적인 근거를 제시하고 '수정신고를 우선 안내'해야 합니다. 이에 대한 상세한 내용은 Part 5 '2장 종교단체에 대한 법인세 과세제도와 절세비법'에서 '06 종교단체에 대한 세무조사는?'(252쪽)을 참고하기 바랍니다.

납세자 일반적인 소득세법과 종교인소득에 대한 특례규정과의 차이가 어떻게 되나요?

세무사 원래 소득세법상 세무공무원이 그 직무 수행상 필요한 경우에는 원천징수의무자, 지급명세서 제출의무자, 기부금영수증을 발급하는 자 등에 대해 질문을 하거나 해당 장부와 서류 또는 그 밖의 물건을 조사하거나 그 제출을 명할 수 있습니다.

반면에 종교인소득에 대해서는 소득세법 시행령에 따른 특례규정에 따라 종교단체의 장부와 서류 또는 그 밖의 물건 중에서 '종교인 소득과 관련한 부분에 한해서만' 장부와 서류 등의 조사 및 제출을 명할 수 있습니다. 또한 앞서 설명했듯이 종교단체에서 종교인소득과 종교활동 관련 비용을 구분기장한 경우 종교활동 관련 비용에 대한 장부 또는 서류에 대해서는 조사 및 제출을 명할 수 없으며, 반드시 사전에 해당 종교인이나 종교단체에 수정신고를 안내해야 합니다.

Part 2
종교인소득에 대한 과세제도

2장
종교단체의 법적인 인격과 회계

사람이 태어나서 출생신고를 하면 자연인으로서의 인격을 갖게 되듯이, 기업이나 단체 역시 법인설립등기를 함으로써 법적인 인격, 즉 법인격을 갖게 됩니다. 이때 자연인(거주자)으로서의 인격을 갖느냐, 법인으로서의 인격을 갖느냐에 따라 세법의 적용이 달라지는데, 이는 종교단체 역시 마찬가지입니다. 즉, 거주자로 등록한 종교단체는 소득세법의 적용을, 법인으로서 고유번호를 부여받거나 사업자등록을 한 종교단체는 법인세법의 적용을 받는 것이지요.

Part 2 2장에서는 종교단체가 거주자 또는 법인으로 등록하는 방법과 함께 각 경우에 세법상 어떤 차이가 생기는지에 대해 살펴보겠습니다. 또한 종교단체가 고유의 종교활동 외에 수익사업을 하는 경우 어떤 법적인 의무를 이행해야 하는지에 대해 살펴보겠습니다.

■ 종교단체의 법적인 정의와 일반적인 법인과는 승인절차와 세법상 어떤 차이가 있는지 살펴보고, 고유목적사업만 하는 종교단체와 수익사업을 병행하는 종교단체의 경우 세무상 어떤 차이가 생기는지 살펴봅니다.

- 종교단체를 포함하여 사단·재단·기타 단체가 세무상 법인으로 승인받기 위해서는 어떤 조건을 갖추어야 하며, 법인격 여부에 따라 과세방법에서 어떤 차이가 생기는지 살펴봅니다.

- 고유번호와 사업자등록번호의 차이를 알아보고, 종교단체가 어떤 경우에 각각 고유번호와 사업자등록번호를 신청해야 하는지 살펴봅니다.

- 우리나라의 전반적인 회계기준에 대해 살펴보고, 종교단체의 회계기준에 대한 현실적인 문제점에 대해 짚어봅니다.

01 종교단체의 법적인 정의는?

Tag 인격, 법인격, 설립등기, 법인격을 취득하지 못한 사단·재단·기타 단체, 세법상 법인, 비영리법인의 수익사업, 세법에 따른 공익법인

납세자 종교단체에 대한 법적인 정의가 어떻게 되나요?

세무사 종교단체는 아래 그림과 같은 민법, 국세기본법, 부동산등기법의 규정에 따른 단체 중 어느 하나에 해당하면서, 종교의 보급 및 기타 교화를 목적으로 설립된 단체(그 소속단체 포함)로서, 해당 종교인이 소속된 단체를 말합니다.

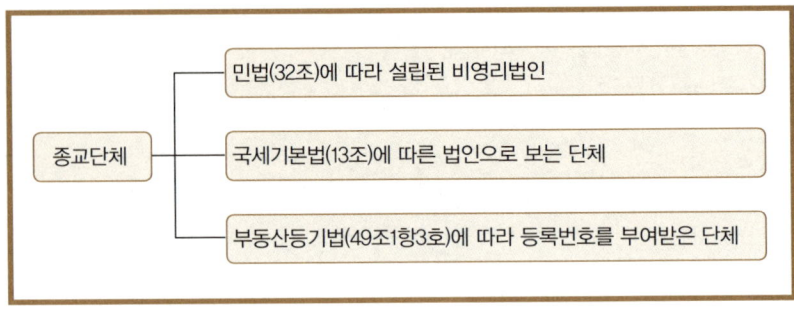

납세자 법적으로는 개인과 단체를 어떻게 구분하고 있나요?

세무사 민법에서는 살아있는 모든 사람(자연인)과 일정한 단체(법인)에 대해 '인격'을 인정하고 있습니다. 여기서 인격이란 권리·의무의 주체가 될 수 있는 지위 또는 자격을 말하는데, 자연인이 가지는 '인격'과 법인이 가지는 '법인격'으로 나누어집니다. 법인을 설립하여 법인격을 인정받으려면 '설립등기'를 해야 합니다.

납세자 종교단체가 설립등기를 하지 않으면 어떻게 되나요?

세무사 질문처럼 교회나 사찰을 포함하여 설립등기를 하지 않음으로써 법인격을 취득하지 못한 사단·재단·기타 단체를 과세에 있어서 거주자(자연인)로 취급할 것인지 법인으로 취급할 것인지가 문제가 될 수 있습니다. '거주자'로 취급하면 '소득세 과세대상'이 되고, '법인'으로 취급하면 '법인세 과세대상'이 되기 때문이지요. 이러한 구분은 종교단체를 포함하여 해당 단체가 세무서에 고유번호 또는 사업자등록을 어떻게 신청하느냐에 따라 달라집니다.

납세자 그럼 법인 설립등기를 하지 않은 종교단체가 세무서장에게서 법인으로 승인을 받으면 세법상 비영리법인이 될 수 있다는 건가요?

세무사 예, 맞습니다. 민법 제32조에 따라 설립된 비영리법인이 아니라도 관할 세무서장에게 '법인으로 보는 단체 승인 신청서'를 제출하여 승인을 받으면 세법상 법인으로 인정받을 수 있습니다. 그렇지 않으면 '거주자'로 인정됩니다.

납세자 종교단체가 거주자냐 법인이냐에 따라 생기는 가장 큰 차이는 무엇인가요?

세무사 대표적으로 종교단체에서 소유한 부동산을 처분했을 때 양도차익에 대한 세금을 내느냐 안 내느냐의 차이가 생깁니다. 만일 종교단체가 부동산등기법 제49조 1항 3호에 따라 등록번호를 부여받고, 즉 법인으로서 승인을 받고 3년 이상 고유목적사업에 사용한 부동산을 처분하면 '법인세가 면제'됩니다. 반면에 법인으로 승인받지 못하고 거주자로 인정된다면 무조건 '양도소득세'를 내야 합니다.

납세자 세법상 비영리법인으로 승인받은 종교단체에서 수익사업을 하면 어떻게 되나요?

세무사 세법상 법인은 설립목적에 따라서 영리법인과 비영리법인으로 구분되는데, 비영리법인이라 하더라도 수익사업을 할 수 있고 해당 수익사업에서 발생한 소득에 대해서만 납세의무를 부담하게 됩니다. 이와 관련하여 법인세법에서는 수익사업에서 발생한 소득의 유형을 다음과 같이 예시하고 있습니다.

① 제조업, 건설업, 도매업 등 사업에서 생긴 소득
② 이자소득, 배당소득
③ 주식·신주인수권 또는 출자지분의 양도소득
④ 수익사업용 고정자산의 처분소득

납세자 세법에서는 종교단체에 대해 어떤 혜택을 주고 있나요?

세무사 세법에서는 종교단체에 대해 종교의 보급과 교화라는 공익성을 감안하여 각종 조세를 감면해주고 있습니다. 또한 종교단체에 기부한 금품에 대해서는 지정기부금으로 보아 세액공제를 해주도록 하고 있습니다.

납세자 그럼 종교단체도 공익법인에 해당하는 건가요?

세무사 공익법인은 불특정 다수의 이익인 공익을 사업목적으로 하는 법인으로서, '공익법인의 설립·운영에 관한 법률'의 적용을 받는 법인을 말합니다. 종교단체는 해당 법률의 적용을 받는 공익법인의 범주에는 포함되지 않지만 '세법에 따른 공익법인'에는 해당합니다. 세법에 따른 공익법인이란 '법인세법에 따른 비영리법인' 중에서 상속세 및 증여세법에 열거된 '종교의 보급이나 기타 교화에 현저히 기여하는 사업'을 영위하는 법인을 말합니다.

02 법인격이 없는 사단·재단·기타 단체에 대한 과세방법은?

Tag 세법상 법인으로 승인받은 사단·재단·기타 단체, 법인세, 소득세 과세대상

납세자 법인격은 없지만 세법상 법인으로 승인받은 사단, 재단, 기타 단체에 대한 과세방법에 대해 좀 더 구체적으로 설명해주세요.

세무사 민법상의 법인(법인격)은 설립할 때 법원에 법인 설립등기를, 해산할 때 해산등기를, 청산할 때 청산등기를 해야 합니다. 반면에 세법상 법인으로 승인받은 사단·재단·기타 단체는 법원에 법인 설립등기를 하지 않았기 때문에 법인격이 주어지지는 않지만, 해당 단체의 모든 활동이 법인과 유사하기 때문에 과세상으로는 법인으로 보아 '법인세'를 과세(다만 비영리법인으로 보기 때문에 수익사업에 대해서만 과세)합니다. 다음과 같은 경우가 이런 법인에 해당합니다.

> 1. 주무관청의 허가 또는 인가를 받아 설립되거나 법령에 의해 주무관청에 등록된 사단, 재단, 기타 단체로서 수익을 구성원에게 분배하지 않는 단체
> 2. 공익을 목적으로 출연된 기본 재산이 있는 재단으로서 수익을 구성원에게 분배하지 않는 단체
> 3. 다음 각 호의 요건을 갖추고 대표자 또는 관리인이 관할 세무서장에게 신청하여 법인으로서 승인을 얻은 단체
>   ① 단체의 조직과 운영에 관한 규정이 있으며 대표자 또는 관리인을 선임한 경우
>   ② 단체 자신의 계산과 명의로 수익과 재산을 독립적으로 소유·관리하는 경우
>   ③ 단체의 수익을 구성원에게 분배하지 않는 경우

납세자 그럼 종교단체가 위와 같은 요건을 갖추지 못해서 법인으로 승인받지 못하면 어떻게 되나요?

세무사 위의 요건에 해당하지 않는 법인격이 없는 단체는 법인으로 보지 않고 '개인(거주자)'으로 보기 때문에 '소득세 과세대상'이 됩니다. 이때 해당 종교단체의 대표자가 선임되어 있고 손익의 분배방법과 비율이 정해져 있지 않은 경우에는 1명의 거주자로 보아 과세하고, 그렇지 않은 경우에는 공동사업으로 보아 각자의 손익분배 비율에 따라 각각 소득세를 과세합니다.

법인격 여부에 따른 과세방법

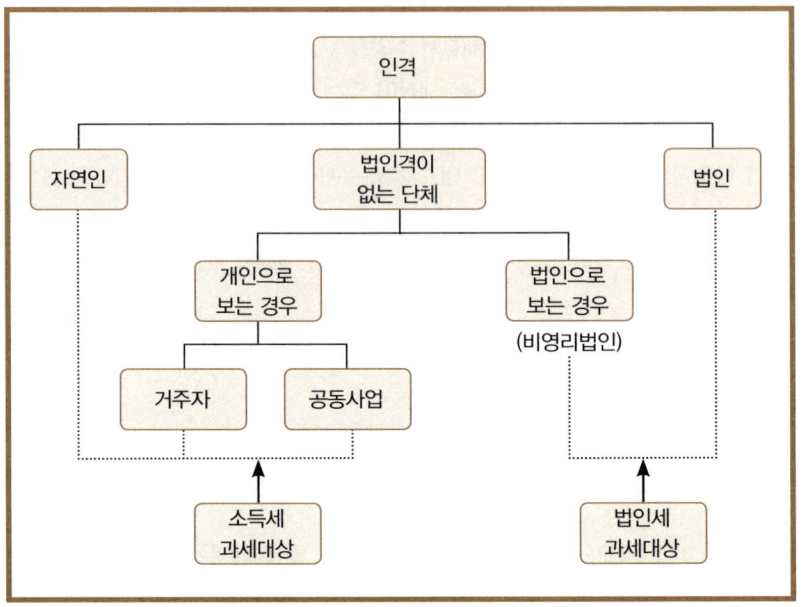

03 종교단체의 고유번호 또는 사업자등록 신청방법은?

Tag 고유번호, 사업자등록번호, 세법상 법인으로 인정, 거주자, 종교단체의 고유번호증, 종교단체의 수익사업

납세자 고유번호와 사업자등록번호의 차이는 무엇인가요?

세무사 고유번호는 '납세의무자의 이동·변동사항을 파악·관리'하기 위해 사단이나 재단, 기타 단체의 소재지 관할 세무서장이 부여하는 번호입니다. 만일 해당 단체에서 임대 등의 '수익사업'을 하는 경우에는 고유번호가 아닌 '사업자등록번호'를 신청해야 합니다. 이때 고유목적사업만 하는 단체가 받는 고유번호증은 법인세법 또는 소득세법의 적용을 받고, 수익사업이 있는 단체가 받는 사업자등록증은 부가가치세법의 적용을 받습니다.

납세자 고유번호나 사업자등록은 세무서에 어떻게 신청하나요?

세무사 종교활동 등의 고유목적사업만 하는 종교단체는 '고유번호신청

서'를 제출하여 '고유번호'를 발급받으면 되고, 고유목적사업 이외에 수익사업을 하는 종교단체는 '사업자등록신청서'(97쪽 서식 참조)를 제출하여 '사업자등록번호'를 발급받으면 됩니다.
이때 '법인으로 보는 단체의 승인신청서'(96쪽 서식 참조)를 함께 제출하여 승인을 받아야 세법상 법인으로 인정받을 수 있습니다. 반대로 승인신청을 하지 않으면 거주자가 되어 소득세법을 적용받게 됩니다. 다만 '법인으로 보는 단체의 승인신청서'를 제출하여 승인을 받으면, 승인취소가 되지 않는 한 승인을 받은 과세기간과 그 과세기간이 끝난 날로부터 3년이 되는 날이 속하는 과세기간까지는 소득세법에 따른 거주자로 변경하여 소득세법을 적용받을 수 없습니다.

납세자 종교단체에서 법인으로 보는 단체의 승인신청서를 제출할 때 함께 제출해야 하는 서류가 있나요?

세무사 '법인으로 보는 단체의 승인신청서'를 제출할 때는 종교단체 정관(규약)과 법인설립허가증(소속단체의 경우 소속증명서), 대표자 증명(교단 재직증명서), 임대차계약서(임차인 경우), 토지·건축물대장(자가인 경우), 대표자 신분증을 구비하여 세무서에 비치된 법인설립신고서 및 사업자등록신청서를 함께 제출해야 합니다.

납세자 고유번호증의 용도와 목적은 무엇인가요?

세무사 종교단체의 고유번호증은 종교인소득 등에 대한 '원천징수의무를 이행'하는 데 필요할 뿐 아니라, '기부금영수증을 발급'하거나 금융회사에 '종교단체 명의의 금융계좌를 개설'하는 데도 필요합니다.

납세자 개인인 경우와 법인인 경우에 고유번호 체계가 다르다고 하던데요?

세무사 예, 법인인 경우 ×××-82-××××× 형태의 고유번호가 부여되고, 개인인 경우 ×××-89-××××× 형태의 고유번호가 부여됩니다. '82'는 '법인세법상' 납세의무를, '89'는 '소득세법상' 납세의무를 이행해야 한다는 의미이지요.

납세자 종교단체의 수익사업신고 및 사업자등록은 어떻게 해야 하나요?

세무사 종교단체가 수익사업을 시작한 경우에는 그 개시일로부터 2개월 이내에 '비영리법인의 수익사업 개시신고서(사업자등록증 발급신청서)' (98쪽 서식 참조)를 납세지 관할 세무서장에게 제출해야 합니다. 이때 수익사업과 관련된 재무상태표와 그 밖에 세법에서 정한 서류를 첨부해야 합니다.

■ 국세기본법 시행규칙 [별지 제6호서식] <개정 2014.3.14>

법인으로 보는 단체의 승인신청서

(앞쪽)

접수번호		접수일		처리기간 10일
신청단체	명 칭		결성연월일	
	소재지			
	전화번호		전자우편주소	
대표자 또는 관리인	성 명		주민등록번호	
	주소 또는 거소			
	전화번호		전자우편주소	
사업내용	고유사업			
	수익사업			

단체의 재산상황

구 분	소재지(발행처)	가액
부 동 산		
유가증권 및 그 밖의 재산		
합 계		

「국세기본법」 제13조제2항 및 같은 법 시행령 제8조제1항에 따라 위와 같이 신청합니다.

년   월   일

신청인   (서명 또는 인)

세무서장 귀하

첨부서류	1. 정관 또는 조직과 운영에 관한 규정 1부 2. 대표자 또는 관리인임을 입증할 수 있는 자료	수수료 없 음

210mm×297mm[백상지 80g/㎡(재활용품)]

■ 부가가치세법 시행규칙 [별지 제4호서식] <개정 2015.3.6.>   홈택스(www.hometax.go.kr)에서도 신청할 수 있습니다.

사업자등록 신청서(개인사업자용)
(법인이 아닌 단체의 고유번호 신청서)

※ 사업자등록 신청 내용은 영구히 관리되며, 납세 성실도를 검증하는 기초자료로 활용됩니다.
  아래 해당 사항을 사실대로 작성하시기 바라며, 신청서에 본인이 자필로 서명해 주시기 바랍니다.
※ [ ]에는 해당되는 곳에 √표를 합니다.

(앞쪽)

접수번호		처리기간	3일(보정기간은 불산입)

1. 인적사항

상호(단체명)		전화번호	(사업장)
성명(대표자)			(자택)
			(휴대전화)
주민등록번호		FAX번호	
사업장(단체) 소재지			층 호

2. 사업장 현황

업 종	주업태		주종목		주생산 요소		주업종 코드	개업일	종업원 수
	부업태		부종목		부생산 요소		부업종 코드		

사이버몰 명칭			사이버몰 도메인		

사업장 구분	자가 면적	타가 면적	사업장을 빌려준 사람 (임 대 인)			임대차 명세		
			성 명 (법인명)	사업자 등록번호	주민(법인) 등록번호	임대차 계약기간	(전세) 보증금	월 세
	㎡	㎡				~	원	원

허가 등 사업 여부	[ ]신고 [ ]등록 [ ]허가 [ ]해당 없음	주류면허	면허번호	면허신청 [ ]여 [ ]부

개별소비세 해당 여부	[ ]제조 [ ]판매 [ ]입장 [ ]유흥

사업자금 명세 (전세보증금 포함)	자기자금	원	타인자금	원

사업자 단위 과세 적용 신고 여부	[ ]여 [ ]부	간이과세 적용 신고 여부	[ ]여 [ ]부

전자우편주소		국세청이 제공하는 국세정보 수신동의 여부	[ ]동의함 [ ]동의하지 않음

그 밖의 신청사항	확정일자 신청 여부	공동사업자 신청 여부	사업장소 외 송달장소 신청 여부	양도자의 사업자등록번호 (사업양수의 경우에만 해당함)
	[ ]여 [ ]부	[ ]여 [ ]부	[ ]여 [ ]부	

210mm×297mm[백상지 80g/㎡ 또는 중질지 80g/㎡]

■ 법인세법 시행규칙 [별지 제75호의4서식] <개정 2015.3.13.>

비영리법인의 수익사업 개시신고서
(사업자등록증 발급 신청서)

접수번호	접수일자	처리기간	3일 (보정기간은 불산입)

신 고 할 내 용

법인명 (단체명)		고유번호		대표자 (관리책임자)	
수익사업의 사업장 소재지				층	호
본점, 주사무소, 또는 사업의 실질적 관리장소의 소재지				층	호
전화번호		핸드폰번호			
고유목적사업		수익사업개시일			
사 업 연 도	월 일 ~ 월 일				

수 익 사 업 의 종 류

주 업 태	주 종 목	주업종코드	부 업 태	부 종 목	부업종코드

주 류 면 허		개별소비세 (해당란에 O표)		부가가치세 과세사업	인·허가 사업여부			
면허번호	면허신청 여 부	제 조	판 매	장 소	유 흥	어 부	신고	등록	인·허가	기타

전자우편주소		국세청이 제공하는 국세정보 수신동의 여부	[ ] 동의함 [ ] 동의하지않음

납세자의 위임을 받아 대리인이 신고를 하는 경우 아래 사항을 적어 주시기 바랍니다.

대리인 인적사항	성 명		생 년 월 일	
	전화번호		납세자와의 관계	

「법인세법」제110조에 따라 위와 같이 비영리법인의 수익사업 개시신고서를 제출합니다.

년 월 일

신고인
(서명 또는 인)

세무서장 귀하

첨부서류	1. 고유번호증 2. 수익사업에 관련된 개시 재무상태표 1부. ※ 새롭게 사업장을 설치하고 수익사업 개시신고를 하는 경우에는 사업자등록신청서를 별도로 제출하여야 합니다.	수수료 없 음

210mm×297mm[백상지 80g/㎡ 또는 중질지 80g/㎡]

04 영리법인과 비영리법인의 회계제도는?

Tag 회계, 우리나라의 회계기준, 회계기준의 3원화, 비영리법인에 대한 일반적인 회계처리기준

납세자 회계의 역할이 무엇인가요?

세무사 회계는 기본적으로 회계정보를 측정하는 '측정기능'과 측정된 회계정보를 이해관계자에게 전달하는 '전달기능'을 가지고 있습니다.

납세자 우리나라의 회계기준은 어떻게 만들어졌나요?

세무사 우리나라 회계기준의 효시는 1958년에 제정된 '기업회계원칙'과 '재무제표규칙'인데, 1981년에 '기업회계기준'을 제정하여 1999년까지 우리나라의 회계기준으로 사용해왔습니다. 그러다 1997년에 외환위기를 겪은 후에 회계투명성 제고를 위해 여러 가지 제도개혁을 추진했는데, 1999년 9월에는 민간부문 회계기준 제정기구인 '회계기준위원회'를 설립했습니다. 한국회계기준원에 소속된 회계기준위원회는 금융

위원회로부터 기업회계기준의 제정·개정권을 위탁받아 회계기준을 제정·개정하는 역할을 맡고 있습니다.

납세자 모든 기업이 하나의 회계기준을 따라야 하는 건가요?
세무사 아니요, 현재 우리나라의 회계기준은 3원화 되어 있습니다. 첫째는 상장기업과 일부 금융기관들이 강제로 따라야 하는 '한국채택 국제회계기준'이고, 둘째는 비상장기업들이 따라야 하는 '일반 기업회계기준', 셋째는 자산 100억 원 미만의 중소기업에게 적용되는 '중소기업회계기준'이 있습니다.

납세자 모두 영리법인에 대한 회계기준인데, 비영리법인에 대한 회계기준은 어떻게 되나요?
세무사 비영리법인에 대한 일반적인 회계처리기준은 한국회계기준원에서 제정했지만, 개별 특별법에 따라 각 비영리조직별로 다음 쪽 표와 같은 기준들이 적용되고 있습니다.

각 비영리조직별 회계처리기준

구분	회계처리기준	근거법령 및 제정주체
일반 비영리조직	비영리조직회계기준	한국회계기준원
공익법인	공익법인회계기준	기획재정부 고시
사회복지법인	사회복지법인 및 사회복지시설 재무·회계규칙	사회복지사업법
학교	국립유치원 및 초·중등학교 회계규칙	유아교육법 초·중등교육법
학교	사학기관 재무회계규칙 사학기관 재무회계규칙에 대한 특례규칙	사립학교법
의료기관	의료기관 회계기준 규칙	의료법
종교단체	교회회계와 재무처리기준	한국기독교교회협의회
종교단체	사찰예산회계법 및 동법 시행령	대한불교조계종중앙종회
시민사회단체	시민사회단체 회계처리규정	시민사회단체연대회의

05 종교단체의 회계제도는?

Tag 종교단체 회계기준, 공익법인 회계기준

납세자 우리나라의 종교단체에 대한 회계제도에 대해 설명해주세요.

세무사 한마디로 우리나라에는 통일된 '종교단체 회계기준'이 없습니다. 그래서 현재 종교단체별로 단식회계에 의존하거나, 감가상각 등의 필요한 회계처리 없이 '현금주의'로 회계처리하는 경우가 많습니다. 종교단체의 회계는 비영리회계의 일부로서 별도의 통일된 회계기준이나 회계지침이 마련되어야 하지만, 현재는 세법상 회계투명성 보장을 위한 각종 의무사항조차도 종교단체에 대해서는 대부분 예외로 하고 있습니다. 물론 종교의 보급·교화 등과 관련된 예산과 집행은 '종교의 자유'라는 측면에서 정부의 간섭을 받아서는 안 되겠지요. 하지만 종교단체가 갖는 사회성과 공공성이라는 측면에서는 회계의 투명성이 요구되고 있습니다.

납세자 2018년부터 공익법인 회계기준이 시행된다는데, 종교단체에는 적용되지 않는 건가요?

세무사 질문처럼 2018년 1월 1일부터 상속세 및 증여세법에 따라 결산서류를 작성하거나 외부감사를 받아야 하는 공익법인이 따라야 하는 '공익법인 회계기준'이 시행되었습니다. 이에 따라 '자산가액 100억 원 이상 공익법인'은 회계감사 의무와 함께 전용계좌 개설의무를 이행해야 합니다. 하지만 '종교의 보급 및 기타 교화에 현저히 기여하는 사업은 제외한다'라는 예외규정이 있어서 종교단체는 해당 회계기준을 따르지 않아도 됩니다.

납세자 외국의 경우 종교단체에 대해 어떤 회계기준을 적용하고 있나요?

세무사 미국의 경우 종교단체에 대해 비영리조직 일반에 적용되는 회계기준을 적용하고 있고, 일본의 경우 종교법인제도가 확립되어 있어서 별도의 '종교법인 회계기준'을 적용하고 있습니다. 캐나다 등에서는 국세청 홈페이지에 개별 교회의 재정수입과 종교인소득을 투명하게 공개하고 있기도 하고요.

납세자 우리나라의 경우에도 종교단체에 대한 별도의 회계기준이 필요하겠군요.

세무사 예, 종교단체의 예산과 집행은 종교헌금 같은 기부금 등의 조세지원제도와 밀접하게 관련되어 있으므로 회계투명성 담보방안이 마련

될 필요가 있습니다. 실제로 기부금영수증 적정 발급, 세액공제 등과 관련하여 종교단체가 받는 조세혜택에 따른 회계투명성 제고가 필요하다는 사회적 요구가 확대되는 경우 각종 회계투명성 제고를 위한 제반 의무가 강제화될 가능성이 높으므로 향후 종교단체에서는 내부적으로 회계투명성 제고를 위한 노력이 필요해 보입니다.

납세자 정부가 종교단체에 지급하는 국고보조금도 있다는데, 규모가 얼마나 되나요?

세무사 2017년을 기준으로 정부에서 종교단체에 지급한 국고보조금은 4,613억 원입니다. 세부적으로 문화재보수정비에 2,845억 원, 문화체육관광부 종무실 예산 818억 원, 관광진흥개발 예산 303억 원, 종교인 과세 미시행으로 인한 조세지출액 647억 원이 지원되고 있습니다.(자료 : 나라살림연구소 서울경제신문)

Part 2
종교인소득에 대한 과세제도

3장
종교단체의 종교인소득에 대한 원천징수와 연말정산

원천징수제도는 소득금액이나 수입금액을 지급하는 자(원천징수의무자)가 그 소득이나 수입금액을 지급받는 자(납세의무자)가 부담해야 할 세액을 미리 국가를 대신하여 징수 및 납부하는 제도를 말합니다. 또 연말정산은 연말에 근로소득자의 실제 소득을 기준으로 정당하게 계산한 근로소득세와 매월 원천징수한 근로소득세를 비교하여 과부족한 세금을 추징 또는 환급해주는 일을 말하지요. 그런데 종교인소득의 경우 소득의 유형을 근로소득 또는 기타소득 중 하나를 선택할 수 있게 했고, 또 종교단체가 원천징수의무를 반드시 이행할 필요가 없기 때문에 원천징수 및 연말정산과 관련하여 여러 가지 차이가 있습니다.

Part 2 3장에서는 원천징수와 연말정산의 일반적인 상식과 함께 종교인소득과 관련해서는 일반적인 경우와 어떤 차이들이 있는지 알아보겠습니다.

- 원천징수의 일반적인 의미와 절차에 대해 살펴보고, 종교인소득을 지급할 때 소득유형 및 종교단체의 원천징수 유무에 따라 어떤 차이가 생기는지 살펴봅니다. 또한 종교단체에 대해서는 상시 근무인원 수와

관계없이 예외적으로 허용된 원천징수 반기별 납부제도에 대해 알아봅니다.

- 종교단체에서 어떤 경우에 종교인소득에 대한 연말정산을 하게 되며, 연말정산과 관련한 세액계산방법, 제출서류, 각종 공제내역에 대해 알아봅니다.

- 원천징수와 연말정산의 신고 · 납부절차와 함께, 종교인소득에 대한 과세와 관련하여 관할 세무서에 제출해야 하는 서류의 종류에 대해 살펴봅니다.

01 종교단체의 종교인소득에 대한 원천징수는?

Tag 원천징수(세액), 납세의무자, 납세자, 종교인소득에 대한 원천징수, 종합소득세 과세표준 확정신고, 경정청구, 원천징수납부 등 불성실가산세, 연말정산, 간이세액표, 국세청 홈택스

납세자 원천징수제도가 무엇인가요?

세무사 원천징수는 법령에서 정한 소득을 지급하는 자(원천징수의무자)가 그 지급받는 자(납세의무자)의 조세를 징수하여 정부에 납부하는 제도로, 납세의무자가 직접 과세관청에 세금을 납부하지 않고 소득을 지급하는 원천징수의무자가 해당 소득에 대한 원천징수세액을 차감한 잔액만을 납세의무자에게 지급하고 원천징수한 세액을 세무서에 '대신 납부'하는 제도이지요.

참고로 국세기본법에서는 세법에 의해 국세를 납부할 의무가 있는 자를 '납세의무자'로, 납세의무자와 세법에 의해 국세를 징수하여 납부할 의무를 지는 자(원천징수의무자)를 합해 '납세자'라고 규정하고 있습니다. 현행 소득세법에서는 납세편의를 도모하기 위해 원천징수제도를 광범위

하게 활용하고 있는데, 소득세법 및 소득세법 시행령에 규정된 원천징수 관련 조항을 요약해보면 다음 표와 같습니다.

원천징수 관련 법령 요약

구분	내용	관련 법령
원천징수	국내에서 거주자나 비거주자에게 소득을 지급하는 자는 그 거주자나 비거주자에 대한 소득세를 원천징수	소득세법 127조
신고서 제출	원천징수이행상황신고서를 원천징수 관할 세무서장에게 제출(국세정보통신망에 의한 제출을 포함)	소득세법 시행령 185조
원천징수세액 납부	원천징수의무자는 원천징수한 소득세를 그 징수일이 속하는 달의 다음달 10일까지 원천징수 관할 세무서, 한국은행 또는 체신관서에 납부	소득세법 128조 1항

납세자 종교인소득은 어떻게 원천징수를 하나요?

세무사 앞서 설명했듯이 종교단체에서 종교인소득을 지급할 때는 기타소득 또는 근로소득으로서 소득세를 원천징수하면 됩니다. 다만 '종교단체에서 원천징수를 하지 않는 경우' 종교인소득을 받는 종교인 본인이 종합소득세 과세표준 확정신고를 해야 합니다. 기타소득 또는 근로소득으로 처리할지 여부와 원천징수를 이행할지 여부를 종교단체나 종교인이 선택할 수 있는 것이지요.

납세자 종교단체에서 종교인소득을 지급했을 때 원천징수 시점이 어떻게 되나요?

세무사 종교단체에서 종교인에게 종교인소득을 지급하는 시점에 해당 소득에서 소득세액을 원천징수해야 합니다.

납세자 종교단체에서 종교인소득을 기타소득으로 원천징수 및 납부를 했는데, 추후에 해당 종교인이 신용카드소득공제 등을 감안하여 근로소득으로 경정청구를 할 수 있나요?

세무사 아니요, 경정청구는 할 수 없습니다. 다만 다음해 5월에 근로소득으로 종합소득세 과세표준 확정신고를 할 수는 있습니다. 이런 경우 기존에 신고한 기타소득은 근로소득에 포함되며 해당 징수세액은 기납부세액으로서 공제됩니다.

납세자 종교단체에서 종교인의 종교인소득에 대해 원천징수를 하다가 연도 중에 원천징수를 하지 않으면 어떻게 되나요?

세무사 앞서 설명한 대로 종교단체에서 종교인소득에 대해 원천징수를 하지 않을 수는 있습니다. 하지만 일단 원천징수를 하기로 했다면 계속해서 원천징수를 이행해야 합니다. 따라서 이런 경우 원천징수를 이행하지 않은 기간분 소득에 대해서 '원천징수납부 등 불성실가산세'가 부과됩니다. 다만 원천징수를 하고 있는 당해연도가 경과한 후에는 원천징수를 하지 않는 것으로 변경할 수 있습니다.

납세자 하나의 종교단체에서 종교인별로 소득유형을 달리 해서(종교인소득(기타소득) 또는 근로소득) 원천징수를 하거나, 어떤 종교인은 원천징수를 하고 어떤 종교인은 아예 원천징수를 하지 않고 종교인 본인이 종합소득세 과세표준 확정신고를 하도록 할 수도 있나요?

세무사 종교단체의 원천징수의무는 종교인의 소득세 징수를 위한 '편의적인 제도'이기 때문에 각 종교인별로 원천징수 여부나 유형을 선택할 수 있는 것으로 판단됩니다.

납세자 종교단체에서 종교인소득에 대해 원천징수를 할 때 원천징수세액은 어떻게 계산하나요?

세무사 종교인에 대한 원천징수세액은 종교인소득(기타소득)일 때는 '종교인소득 간이세액표'에 따라, 근로소득일 때는 '근로소득 간이세액표'에 따라 계산합니다. 해당 간이세액표에는 종교인이 받는 월 지급액에 대해 필요경비, 기본공제 및 세액공제 수준을 반영한 원천징수세액이 계산되어 있습니다. 그리고 연말정산을 할 때 이 간이세액표에 따라 원천징수한 세액의 합계액이 결정세액보다 큰 경우 그 차액을 환급받고, 적은 경우에는 추가 납부해야 합니다.

납세자 종교인소득 간이세액표와 근로소득 간이세액표는 어디서 구할 수 있나요?

세무사 국세청이 운영하는 홈택스(www.hometax.go.kr)에서 다음과 같은 방법으로 조회 또는 다운로드할 수 있습니다.

> - 종교인소득 간이세액표 : 홈택스 메인 〉 조회/발급 〉 기타조회 메뉴 중 '종교인소득간이세액표' 선택
> - 근로소득 간이세액표 : 홈택스 메인 〉 조회/발급 〉 기타조회 메뉴 중 '근로소득간이세액표' 선택

02 종교인소득에 대한 원천징수 관련 서류는?

Tag 종교인소득 원천징수 관련 서류, 종교활동비 지급액, 지급명세서, 가산세

납세자 종교인소득 원천징수 관련 서류에는 어떤 것들이 있어요?

세무사 '소득자별 종교인소득 원천징수부', '종교인소득 간이세액표', '원천징수이행상황신고서', '원천징수영수증', '지급명세서'가 있으며, 각 서류의 내용은 다음 표와 같습니다.

관련 서류	내용	제출 및 납부 관련 사항
소득자별 원천징수부	종교단체에서 지출한 비용 중 종교인에게 귀속되는 소득에 대해 원천징수한 내역을 기록하는 서류	
종교인소득 간이세액표	종교단체가 종교인소득을 지급할 때 원천징수의 편의를 위해 월별 지급금액 합계에 대해 원천징수세액을 급여 수준 및 부양가족 수별로 정해놓은 표	

원천징수이행 상황신고서	원천징수이행상황을 신고하기 위해 지급한 소득과 세액의 합계액을 매월 또는 반기별로 기록하는 서류	종교인소득을 지급한 다음달 10일까지(반기별 납부는 반기의 다음달 10일까지) 관할 세무서장에게 제출하고 세액을 납부
원천징수 영수증	종교단체가 소득을 지급한 종교인 등에게 원천징수이행을 증명하기 위해 해당 원천징수 내역을 기재하여 교부하는 서류	
지급명세서	소득 또는 수입금액을 지급받는 자의 인적사항, 소득 또는 수입의 종류와 금액, 지급시기와 귀속연도 등을 기재하는 서류	• 종교인소득, 근로소득, 퇴직소득을 지급한 다음연도 3월 10일까지 관할 세무서장에게 제출 • 비과세소득인 종교활동비 지급액도 지급명세서에 기재해 제출해야 함

납세자 위의 내용 중에서 '지급명세서'를 기한 내에 제출하지 않으면 어떻게 되나요?

세무사 지급명세서를 정해진 기한 내에 제출하지 않거나, 제출했더라도 지급명세서의 내역이 불분명한 경우에는 미제출 또는 불분명한 지급금액(비과세소득 포함)의 1/100에 해당하는 금액을 가산세로 부과합니다. 다만 제출기한 경과 후 3월 이내에 제출하면 지급금액의 0.5/100의 가산세를 부과합니다. 3월 이내에 제출하면 가산세를 반으로 줄일 수 있는 것이지요.

참고로 지급명세서는 개인의 소득금액 산정의 중요한 기초자료로서 근로장려금 지급, 국민연금·건강보험료 책정, 각종 통계자료 작성 등 여러 분야에 이용되고 있습니다.

03 종교단체의 종교인소득에 대한 연말정산은?

Tag 종교단체 연말정산, 원천징수영수증, 지급명세서, 원천징수이행상황신고서, 원천징수의 흐름, 종합소득세 과세표준 확정신고, 신고·납부불성실가산세, 지급명세서 미제출가산세

납세자 연말정산은 언제 하나요?

세무사 일반적으로 연말정산은 해당 과세기간의 다음연도 2월에 하는데, 소득자가 과세기간 중에 퇴직하는 경우에는 퇴직하는 달의 급여를 지급할 때 연말정산을 합니다.

납세자 종교단체에서는 연말정산을 어떻게 하면 되나요?

세무사 종교단체에서도 일반적인 연말정산 절차를 따르면 됩니다. 즉, 종교인소득(또는 근로소득)에 대해 원천징수를 한 종교단체는 '다음해 2월분 소득을 지급할 때' 연말정산을 하면 됩니다. 이때 종교단체에서는 종교인으로부터 소득·세액공제신고서 및 증빙서류를 제출받아 검토하여 최종적인 세액(결정세액)을 산출합니다. 이렇게 산출된 결정세액을 기준

으로 각 종교인에게 2월 말까지 원천징수영수증을 발급하고, 원천징수한 세액이 결정세액보다 많으면 환급해주고 적으면 추가로 원천징수를 해서 납부하면 됩니다. 그리고 나서 3월 10일까지 관할 세무서에 지급명세서와 원천징수이행상황신고서를 제출해야 합니다. 이러한 과정을 그림으로 나타내면 다음과 같습니다.

원천징수의 흐름

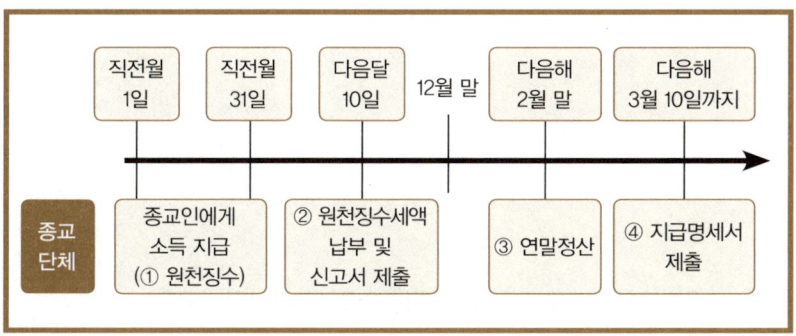

납세자 종교단체가 종교인소득을 지급하면서 원천징수도 하지 않고 연말정산도 하지 않았을 때 받는 불이익이 있나요?

세무사 아니요, 종교단체에서 받는 불이익은 없습니다. 앞서 설명했듯이 이런 경우 종교인소득을 받는 종교인은 반드시 다음연도 5월에 종합소득세 과세표준 확정신고를 해야 합니다. 그렇지 않으면 종교인에게 신고·납부불성실가산세가 부과됩니다. 다만 이런 경우에도 종교단체에서는 지급명세서를 반드시 제출해야 하며, 제출하지 않는 경우 지급금액의 1%에 해당하는 미제출가산세가 부과됩니다.

04 연말정산 세액계산 방법과 제출서류는?

Tag 연말정산 과세표준·세액, 종교인소득 연말정산 계산흐름, 연말정산 관련 제출서류, 종교인소득 연말정산신청서(포기서), 편리한 연말정산

납세자 연말정산 과세표준과 세액은 어떻게 계산하나요?

세무사 연말정산 과세표준과 세액은 다음 표와 흐름과 같이 계산합니다. 표의 내용 중 각종 공제사항에 대해서는 다음 내용(121~123쪽 참조)에서 별도로 자세히 설명하겠습니다.

종교인소득 연말정산 계산흐름

	계산항목	비고
	총수입금액(비과세소득 제외)	
−	필요경비	소득세법 시행령 제87조 제3호
=	소득금액	
−	인적공제	기본공제, 추가공제

−	연금보험료공제	
−	조세특례제한법에 따른 소득공제	개인연금저축소득공제, 투자조합 출자 등 소득공제
+	소득공제 등 종합한도초과액	
=	과세표준	
×	기본세율	6~42%
=	산출세액	
−	자녀세액공제	
−	연금계좌세액공제	
−	기부금세액공제	
−	표준세액공제*	7 만 원
−	외국납부세액공제	
=	결정세액	
−	기납부세액	
=	차감납부세액	• 기납부세액(원천징수세액) 〉 결정세액 → 환급 • 기납부세액(원천징수세액) 〈 결정세액 → 추가징수 및 납부

* 자녀세액공제, 연금계좌세액공제, 기부금세액공제를 신청하지 않는 경우 표준세액공제 적용

납세자 종교단체에서 연말정산과 관련하여 제출해야 할 서류가 있나요?

세무사 예, 종교단체에서 종교인에 대한 연말정산을 하려면 최초로 연말정산을 하려는 과세기간의 종료일까지 관할 세무서장에게 '종교인소득세액 연말정산신청서'(120쪽 서식 참조)를 제출해야 합니다. 만일 종교단체에서 소득을 지급하는 종교인에 대한 연말정산을 하지 않으려면 마찬

가지로 해당 과세기간의 종료일까지 관할 세무서장에게 '종교인소득세액 연말정산포기서'를 제출해야 합니다. 다만 연말정산포기서를 제출하더라도 종교인이 아닌 해당 종교단체에서 종사하는 '일반 직원'에 대한 근로소득세 연말정산은 해야 하므로 포기 여부를 신중히 결정할 필요가 있습니다.

종교인소득의 원천징수 및 연말정산 관련 제출서류

구분	세분	제출서류	제출시기	비고
원천징수	월별 원천징수	원천징수이행상황신고서 소득자별 원천징수부	다음달 10일	연 12회 신고
	반기별 원천징수	반기별 납부 승인신청서 원천징수이행상황신고서 소득자별 원천징수부	• 반기별 납부 승인신청서 : 12월, 6월 • 상반기 원천징수 신고 : 7월 10일 • 하반기 원천징수 신고 : 1월 10일	종교단체는 상시 근무인원 수에 상관없이 반기별 납부 신청 가능(일반 기업은 상시 근무인원 수 20인 미만인 경우에만 가능)
연말정산	연말정산 신청	종교인소득 연말정산신청서 소득·세액공제신고서 (종교인소득 연말정산용)		
	연말정산 포기	종교인소득 연말정산 포기서		
지급 명세서		종교인소득 지급명세서	다음해 3월 10일	
종합소득	확정신고	종합소득세 과세표준 확정신고서	다음해 5월 말일	• 종교단체에서 원천징수를 하지 않고 개인이 신고(연 1회)

납세자 연말정산과 관련하여 소득자인 종교인이 제출해야 하는 서류도 있나요?

세무사 종교인이 직접 세무서에 제출해야 하는 서류는 없지만, 종교인소득 공제대상 소득·세액공제신고서 및 증빙서류 등 연말정산에 필요한 서류를 소속 종교단체에 제출해야 합니다. 국세청 홈택스에 로그인한 후 '조회/발급' 메뉴 중에서 '편리한 연말정산' 서비스를 선택하면 연말정산 제출서류와 관련한 자세한 안내를 받을 수 있습니다.

■ 소득세법 시행규칙 [별지 제25호의3서식] <신설 2017. 3. 10.>

종교인소득세액연말정산신청(포기)서

(앞쪽)

접수번호		접수일자			처리기간	즉시	
원천 징수 의무자	① 종교단체명				② 사업자등록번호(고유번호)		
	③ 대표자(성명)				④ 주민(법인)등록번호		
	⑤ 주 소				(전화번호:)		
	⑥ 종교단체 소재지				(전화번호:)		
신 청 (포 기) 내 용							
⑨ 연말정산을 하고자 하는 종교인소득분		년도 소득분부터					
⑩ 연말정산을 하지 않고자 하는 종교인소득분		년도 소득분부터		최초로 연말정산한 과 세 기 간			년도
세 무 대 리 인	성 명				전 화 번 호		
	관리번호		-				

「소득세법 시행령」 제202조의4제2항에 따라 종교인소득세액 연말정산 신청(포기)서를 제출합니다.

년 월 일

신청인 (서명 또는 인)

세무대리인 (서명 또는 인)

세 무 서 장 귀하

유의사항

※ 이 신청(포기)서는 최초로 종교인소득세액 연말정산을 하려는(연말정산을 하지 아니하려는) 해당 과세기간의 종료일까지 제출 하여야
합니다.

210mm×297mm[일반용지 60g/㎡(재활용품)]

05 종교인소득 연말정산 시 공제내역은?

Tag 연말정산 종교인소득자 소득·세액공제신고서, 기본공제, 표준세액공제, 인적공제, 연금보험료공제, 자녀세액공제, 연금보험료의 추가납부 규정, 종교인소득

납세자 앞의 연말정산 계산흐름표에 나오는 공제내역에 대해 설명해주세요.

세무사 앞서 설명한 대로 연말정산대상이 되는 종교인은 '연말정산 종교인소득자 소득·세액공제신고서'에 종합소득공제, 자녀세액공제, 연금계좌세액공제 등 자신이 공제받을 수 있는 내역을 기재해서 다음연도 2월 말일까지 소속 종교단체에 제출해야 합니다. 만일 공제신고서를 제출하지 않으면 소득자인 종교인 본인에 대한 기본공제와 표준세액공제만 적용되기 때문에 절세에 있어서 큰 불이익이 생기게 됩니다.

납세자 공제신고서를 작성할 때 특히 주의해야 할 사항이 있나요?

세무사 기본적으로 절세를 위해서는 소득공제 및 세액공제 내역을 빠뜨

리지 않아야 합니다. 특히 그 중에서도 인적공제, 연금보험료공제, 자녀세액공제 내역 등을 잘 챙겨야 하지요. 인적공제란 종교인 본인을 포함해서 배우자 및 생계를 같이하는 부양가족에 따른 기본공제와 추가공제를 말합니다.

납세자 그럼 자녀세액공제는 무엇인가요?

세무사 소득자(종교인)의 자녀(입양자 및 위탁아동 포함)에 대해 다음 표와 같은 금액을 공제하는 것을 말하며, 손자나 손녀는 공제대상에 해당하지 않습니다.

공제대상 구분	공제금액
기본공제대상 자녀	1명 15만 원, 2명 30만 원, 3명 이상 30만 원에서 1명 추가할 때마다 30만 원 추가공제
6세 이하 자녀	1명 초과 1명당 15만 원
출생·입양	출생한 연도 또는 입양한 연도에 적용하며 첫째 30만 원, 둘째 50만원, 셋째 이상 70만 원

납세자 연금보험료공제에 대해서도 설명해주세요.

세무사 종교인이 납입한 본인 명의의 연금보험료 부담분을 해당 연도의 소득금액에서 공제해주는 것을 말합니다. 종교인 본인의 부담분만 공제받을 수 있으며, 지역가입자인 종교인이 당해연도에 납부한 국민연금보험료와 종교인 본인 명의로 가입한 개인연금저축에 납입한 보험료 등이 공제대상이 됩니다. 또한 연금보험료 납부의 예외규정에 따라 국민연금보험료를 납부하지 않던 종교인이 연금보험료의 추가납부 규정에 따라 추가납부하는 보험료는 납부한 연도에 공제가 가능합니다.

납세자 근로소득이 아닌 종교인소득(기타소득)으로 신고할 때는 공제내역 상에 어떤 차이가 있나요?

세무사 일단 근로소득으로 신고하면 표준공제가 13만 원인 반면 종교인소득(기타소득)으로 신고할 때는 7만 원만 공제됩니다. 또 종교인소득(기타소득)으로 신고하면 근로소득으로 신고할 때 받을 수 있는 신용카드공제, 주택마련저축공제, 월세, 의료비, 교육비, 보험료 등을 공제받을 수 없습니다. 다만 기부금공제는 동일하게 받을 수 있습니다.

지금까지 설명한 내용들을 포함하여 연말정산 시 공제와 관련한 사항들을 정리해보면 다음 쪽 표와 같습니다.

연말정산 시 인적공제 내역

항목	구분		공제금액·한도	공제요건		
				구분	소득요건*	나이요건**
인적공제	기본공제		1명당 150만 원	본인	×	×
				배우자	○	×
				직계존속	○	만 60세 이상
				형제자매	○	만 20세 이하 만 60세 이상
				직계비속 (입양자 포함)	○	만 20세 이하
				위탁아동	○	만 18세 미만
				수급자 등	○	×
				* 연간 소득금액 합계액 100만 원 이하 (근로소득만 있는 자는 총급여액 500만 원 이하) ** 장애인의 경우 나이요건 적용하지 않음		
	추가공제	경로우대	1명당 100만 원	기본공제대상자 중 만 70세 이상		
		장애인	1명당 200만 원	기본공제대상자 중 장애인		
		부녀자	50만 원	근로소득금액이 3,000만 원 이하인 근로자가 다음 어느 하나에 해당하는 경우 - 배우자가 있는 여성 근로자 - 기본공제대상자가 있는 여성 근로자로서 세대주		
		한부모	100만 원	배우자가 없는 자로서 기본공제대상인 직계비속 또는 입양자가 있는 경우(부녀자공제와 중복적용 배제)		

기본공제 및 추가공제 개요

구분	내용
① 기본공제	본인, 배우자, 부양가족 중 1명당 150만 원씩 공제
② 추가공제	다음에 해당하는 경우 기본공제에 추가하여 공제 - 대상자 : 장애인, 경로우대자, 부녀자(소득자인 종교인 본인에 한정), 한부모

- 기본공제대상은 연간 소득금액 100만 원(근로소득만 있는 자는 총급여액 500만 원) 이하여야 함
- 추가공제는 기본공제를 받는 근로자만 가능
- 배우자가 해당 과세기간에 사망하여 배우자공제를 적용받는 경우 한부모공제는 적용 받을 수 없음(한부모공제는 배우자가 없는 근로자가 공제를 받을 수 있음)

공제대상자 판정기준

- 종교인(소득자)의 인적공제대상자가 동시에 다른 소득자의 인적공제대상에 해당하는 경우 소득자 1명만 인적공제를 받을 수 있음
- 2명 이상의 연말정산대상자가 공제대상 가족을 중복해서 소득·세액공제 신고서에 기재하거나, 누구의 공제대상 가족으로 할 것인지 알 수 없는 경우의 판단기준은 아래와 같음
  - 종교인의 배우자가 다른 가족의 공제대상에 해당하는 경우 종교인의 배우자공제 우선
  - 직전연도 기본공제를 받은 종교인 우선
  - 직전연도에 기본공제를 받지 않은 경우 당해연도 소득금액이 큰 종교인 우선
  - 추가공제는 기본공제를 하는 종교인이 공제

06 원천징수와 연말정산에 대한 신고·납부절차는?

Tag 월별 납부, 반기별 납부, 추가 징수, 2개 이상 종교단체로부터의 종교인소득, 퇴직 종교인의 연말정산

납세자 원천징수세액의 신고·납부절차가 어떻게 되나요?

세무사 원천징수세액의 신고·납부는 월별 납부와 반기별 납부로 구분됩니다.

종교단체에서 월별 납부를 하는 경우 종교인소득을 지급하면서 원천징수를 하고 그 다음달 10일까지 '원천징수이행상황신고서'를 관할 세무서나 국세청 홈택스를 통해 제출해야 하며, 해당 원천징수세액을 금융기관에 납부해야 합니다. 예를 들면 1월에 지급한 종교인소득에 대한 원천징수세액을 2월 10일까지 신고·납부해야 하는 것이지요. 이때 원천징수이행상황신고서에는 '원천징수하여 납부할 세액이 없는 종교인에 대한 소득내용도 포함'시켜야 한다는 점에 주의해야 합니다.

종교단체에서 반기별 납부를 하는 경우에는 상반기에 원천징수한 세액

원천징수세액의 신고 · 납부절차

구분	원천징수	신고	납부
월별 원천징수	소득 지급 시 원천징수	다음달 10일까지	다음달 10일까지
반기별 원천징수	소득 지급 시 원천징수	반기의 다음달 10일까지	반기의 다음달 10일까지

은 7월 10일까지, 하반기에 원천징수한 세액은 다음해 1월 10일까지 납부하면 됩니다. 이 경우 원천징수이행상황신고서도 반기별로 제출합니다. 반기별 납부에 대한 사항은 앞에서 설명한 내용(62쪽 참조)을 참조하기 바랍니다.

납세자 그럼 연말정산에 대한 신고 · 납부절차는 어떻게 되나요?
세무사 종교단체에서는 소속 종교인에 대한 연말정산을 과세기간의 다음연도 2월 말까지 처리해서 환급 또는 추가징수를 하고, 다음연도 3월 10일까지 원천징수이행상황신고서를 제출하여 납부 또는 환급신청을 해야 합니다. 이때 종교단체는 각 소속 종교인들이 소득금액, 원천징수세액을 확인할 수 있도록 원천징수영수증(지급명세서)을 교부하고, 3월 10일까지 관할 세무서에도 제출해야 합니다.

납세자 연말정산 결과 징수해야 할 소득세가 이미 종교인소득에서 징수한 소득세보다 많을 때는 어떻게 해야 하나요?
세무사 그런 경우 그 다음달인 3월분 급여를 지급할 때 해당 종교인의 소득에서 덜 징수한 세액을 추가로 징수하여 납부하면 됩니다.

납세자 2개 이상의 종교단체로부터 종교인소득을 받는 종교인의 연말정산은 어떻게 하나요?

세무사 그런 경우 우선 '주된' 근무지와 '종된' 근무지를 정해야 합니다. 그런 뒤에 해당 종교인이 종된 근무지에서 '종교인소득 원천징수영수증'을 발급 받아 해당 과세기간의 다음연도 2월 말까지 주된 근무지의 원천징수의무자에게 제출해야 하며, 주된 근무지의 원천징수의무자는 해당 종교인의 두 근무지 원천징수내역을 합산하여 연말정산을 하면 됩니다.

납세자 과세기간 중에 소속 종교단체에서 퇴직하고 다른 종교단체로 이직한 종교인의 연말정산은 어떻게 해야 하나요?

세무사 그런 경우 해당 퇴직 종교인이 이전 종교단체에서 원천징수영수증을 발급 받아 해당 과세기간의 1월부터 퇴직한 날이 속하는 달까지 받은 종교인소득을 포함하여 이직한 종교단체에서 연말정산을 해야 합니다.

07 종교단체의 종교인소득 지급명세서 제출의무는?

Tag 종교인소득 관련 지급명세서, 미제출가산세, 종교활동비, 원천징수 관련 가산세

납세자 종교단체에서 종교인소득에 대해 원천징수나 연말정산을 하지 않더라도 지급명세서는 꼭 제출해야 하나요?

세무사 예, 앞서 설명했듯이 종교단체에서 종교인소득에 대한 원천징수 및 연말정산을 하지 않더라도 반드시 종교인소득 관련 지급명세서를 과세기간 다음해 3월 10일까지 관할 세무서에 제출해야 합니다. 이를 제출하지 않으면 미제출가산세(지급금액의 1%)가 부과됩니다. 이때 연말정산 여부에 따라 지급명세서 서식이 다음과 같이 달라집니다.

- 종교인소득으로 연말정산을 한 경우 : 종교인소득 지급명세서(연말정산용) 〈별지 제23호 서식(6)〉 (132쪽 서식 참조)
- 종교인소득으로 연말정산을 하지 않은 경우 : 기타소득 지급명세서(연간집계표) 〈별지 제23호 서식(4)〉 (133쪽 서식 참조)
- 근로소득으로 연말정산을 한 경우 : 근로소득 지급명세서 〈별지 제24호 서식(1)〉 (134~136쪽 서식 참조)

납세자 종교인소득 중 비과세항목인 종교활동비도 지급명세서 제출대상에 해당하나요?

세무사 예, 소속 종교인에게 지급한 종교활동비 내역도 지급명세서에 반드시 기재해야 합니다. 참고로 종교활동비란 앞서 설명했듯이 종교단체의 규약이나 의결기구의 의결·승인을 통해 결정된 지급기준에 따라 종교활동을 위해 통상적으로 사용할 목적으로 지급한 금액 및 물품 등을 말합니다.

납세자 종교인소득에 대한 원천징수와 관련하여 부과되는 가산세 유형이 어떻게 되나요?

세무사 먼저 종교인소득에 대해 원천징수를 하는 종교단체에서 원천징수세액을 납부하지 않거나 적게 납부한 경우에는 다음 계산에 따른 '원천징수 불성실가산세'가 부과됩니다. 다만 해당 가산세는 과소·무납부세액의 10/100(10%)을 한도로 합니다.

- 원천징수 불성실가산세=미납세액×3%+(무납부·과소세액×3/1,000×경과일수)

또한 원천징수 여부와 관계없이 종교단체에서 종교인소득에 대한 지급명세서를 제출하지 않는 경우 다음과 같은 가산세가 부과됩니다.

① 지급명세서를 제출기한까지 제출하지 않은 경우
→ 미제출 지급금액의 1%(단, 제출기한이 지난 후 3개월 내에 제출하는 경우 지급금액의 0.5% 적용)

② 제출된 지급명세서가 불분명하거나 지급명세서에 기재된 지급금액이 사실과 다른 경우
→ 불분명 또는 사실과 다른 지급금액의 1%

■ 소득세법 시행규칙 [별지 제23호서식(6)] <개정 2018.3.21.>

관리번호		[ ]종교인소득 원천징수영수증(연말정산용)	소득자 구분		
① 귀속 연도	년	[ ]종교인소득 지 급 명 세 서(연말정산용)	거주구분	거주자1 / 비거주자2	
		([ ]소득자 보관용 [ ]발행자 보관용 [ ]발행자 보고용)	내·외국인	내국인1 / 외국인9	
			거주지국	거주지국코드	

징수의무자
② 종교단체명		③ 대표자(성명)		④ 사업자등록(고유)번호	
⑤ 주민(법인)등록번호		⑥ 소재지(주소)			

소득자
⑦ 성 명		⑧ 주민등록번호	
⑨ 주 소			

종교인소득
	⑩ 발생처 구분	⑪ 종교 단체명	⑫ 사업자등록(고유)번호	⑬ 발생기간 (연·월·일)	⑭ 지급액 (비과세소 득 제외)	⑮ 비과세소득
	주(현)		- -	- ~ -		
	종(전)		- -	- ~ -		

소득금액
⑯ 종교인소득(⑭)	⑰ 필요경비	⑱ 소득금액(⑯-⑰)

⑲ 종교인소득 소득금액(⑱)			구 분	소득세	지방 소득세	농어촌 특별세	계
기본공제	⑳ 본 인	㉒ 소득공제 등 종합한도 초과액	㊵ 결정세액				
	㉑ 배우자	㉓ 종합소득과세표준	기납부 세액	㊶ 종(전) 근무지			
	부양가족 (명)	㉔ 산출세액		㊷ 주(현) 근무지			
인적공제	경로우대 (명)	자녀 세액 공제	공제대상자녀 (명)	㊸ 차감 납부할 세액			
추가공제	장애인 (명)		6세이하(명)				
			출산·입양자(명)				
	㉕ 부녀자	㉖ 연금계좌 세액공제	위 원천징수세액(수입금액)을 영수(지급)합니다.				
	한부모가족	기부 금세 액공 제	㉗ 정치자금	년 월 일			
㉗ 연금보험료공제			㉘ 법정	징수(보고)의무자 (서명 또는 인)			
㉘ 기부금(이월분)			㉙ 우리사주조합	세무서장 귀하			
㉙ 종합소득공제 계			㉚ 지정				
㉚ 개인연금 저축소득공제		㉛ 표준세액공제					
㉛ 투자조합 출자등 소득공제		㉜ 외국납부세액공제					

㊴ 인적공제자 명세(해당 소득자의 기본공제 및 추가공제 및 부양 등으로 공제금액 계산명세가 있는 자만 적습니다. 다만, 본인은 표기하지 않습니다.)

관계	성 명	주민등록번호	관계	성 명	주민등록번호	관계	성 명	주민등록번호

※ 관계코드: 소득자의 직계존속=1, 배우자의 직계존속=2, 배우자=3, 직계비속(자녀, 입양자)=4, 직계비속(직계비속과 그 배우자가 장애인인 경우 그 배우자)=5, 형제자매=6, 수급자(코드1-6제외), 위탁아동=8 · 4-6은 소득자와 배우자의 각각의 관계를 포함합니다.

작 성 방 법
1. 거주지국과 거주지국코드는 비거주자에 해당하는 경우에 한정하여 적으며, 국제표준화기구(ISO)가 정한 ISO코드 중 국명약어 및 국가코드를 적습니다. (※ ISO국가코드: 국세청홈페이지→국세정보→국제조세정보→국세조세자료실에서 조회할 수 있습니다.)
2. "징수의무자"란의 "⑤주민(법인)등록번호"는 소득자 보관용에는 적지 않습니다.
3. 원천징수의무자는 지급일이 속하는 과세기간의 다음 연도 3월 10일(휴업·폐업한 경우에는 휴업일·폐업일이 속하는 달의 다음다음 달 말일)까지 지급명세서를 제출해야 합니다.
4. "⑭ 지급액"란은 「소득세법」 제12조제5호아목에 따른 비과세 종교인소득을 제외하고 적습니다.
5. "⑮ 비과세소득"란에는 「소득세법 시행령」 제19조제3항제3호의 금액(종교관련종사자가 소속 종교단체의 규약 또는 소속 종교단체의 의결기구의 의결·승인 등을 통하여 결정된 지급 기준에 따라 종교 활동을 지급 받아 본래의 목적으로 사용할 목적으로 지급받은 금액 및 물품)을 적습니다.
6. "㉒ 소득공제 등 종합한도 초과액"란은 종교인소득 소득·세액공제신고서(별지 제37호서식(2)) 제2쪽의 투자조합 출자 등 소득공제 항목의 "조합 등"란의 공제액이 2천5백만원을 초과하는 경우에 그 초과하는 금액을 적습니다.
7. "㊸ 차감 납부할 세액"란이 산액 부정수(1천원 미만을 말합니다)에 해당하는 경우 "0"으로 적습니다.
8. 이 서식에 적는 금액 중 소수점 이하 값은 버립니다.

210㎜×297㎜(백상지 80g/㎡)

■ 소득세법 시행규칙 [별지 제23호서식(4)] <개정 2014.3.14>

(4쪽 중 제1쪽)

| 귀속
연도 | 년 | **거주자의 기타소득 지급명세서(발행자 보고용)**
(거주자의 기타소득 원천징수영수증 발행자 보관용 소득자별 연간집계표) | 관리
번호 | |

❶ 원천징수의무자 인적사항 및 지급내용 합계 사항

① 법 인 명 (상호,성명)	② 사업자(주민) 등 록 번 호	③ 소 재 지 (주 소)	④ 연간 소득 인원	⑤ 연간 총지급 건수	⑥ 연간 총지급액계	⑦ 연간 소득금액계	⑧ 세액 집계현황			⑫ 계
							⑨ 소득 세	⑩ 지방 소득세	⑪ 농어 촌특별세	

❷ 소득자 인적사항 및 연간 소득내용

일련 번호	⑬ 소득 구분코드	⑭ 소득자 성명(상호)	⑮ 주민(사업자) 등록번호	⑯ 내·외 국인	⑰ 지급 연도	⑱ 지급 건수	⑲ (연간) 지급총액	⑳ 필요 경비	㉑ 소득 금액	㉒ 세율	㉓ 소득세	㉔ 지방 소득세	㉕ 농어촌 특별세	㉖ 계
1														
2														
3														
4														
5														
6														
7														
8														
9														
10														

작 성 방 법

1. 이 서식은 거주자에게 기타소득을 지급하는 경우 작성하며, ⑬ 소득구분코드란은 제2쪽을 참조하여 해당 코드를 적습니다.
2. ㉓란부터 ㉖란까지 중 세액이 소액 부징수(1천원 미만을 말합니다)에 해당하는 경우에는 세액을 "0"으로 적으며, 원천징수의무자가 지급하는 ⑥ 연간 총지급액계와 ⑦ 소득자별 연간소득금액(소액 부징수를 포함합니다)합계는 일치해야 합니다.
3. ④ 연간소득인원란은 ⑭ 소득자성명(상호)란의 인원을, ⑤ 연간총지급건수란은 ⑱ 지급건수(소액 부징수를 포함합니다)의 합계를 적으며, 연간 지급한 원천징수소득 중 소득자를 기준으로 합계하여 제출합니다.
4. ⑯ 내·외국인란은 내국인의 경우 "1"을 외국인의 경우 "9"를 각각 적습니다.
5. ㉑ 소득금액란은 ⑲ (연간)지급총액에서 ⑳ 필요경비를 뺀 금액을 적습니다.

210㎜×297㎜[백상지 80g/㎡(재활용품)]

■ 소득세법 시행규칙 [별지 제24호서식(1)] <개정 2017. 3. 10.>　　　　　　　(8쪽 중 제1쪽)

관리번호		[　]근로소득 원천징수영수증 [　]근로소득 지 급 명 세 서 ([　]소득자 보관용 [　]발행자 보관용 [　]발행자 보고용)	거주구분	거주자1/비거주자2
			거주지국	거주지국코드
			내·외국인	내국인1/외국인9
			외국인단일세율적용	여1 / 부2
			외국법인소속 파견근로자 여부	여1 / 부2
			국적	국적코드
			세대주 여부	세대주1, 세대원2
			연말정산 구분	계속근로1, 중도퇴사2

징 수 의무자	① 법인명(상 호)		② 대 표 자(성 명)	
	③ 사업자등록번호		④ 주 민 등 록 번 호	
	③-1 사업자단위과세자 여부	여1 / 부2	③-2 종사업장 일련번호	
	⑤ 소 재 지(주소)			

소득자	⑥ 성 　　　 명	⑦ 주 민 등 록 번 호(외국인등록번호)
	⑧ 주　　　　　 소	

	구　　　　　분	주(현)	종(전)	종(전)	⑯-1 납세조합	합 계
Ⅰ 근 무 처 별 소 득 명 세	⑨ 근 무 처 명					
	⑩ 사업자등록번호					
	⑪ 근무기간	~	~	~	~	~
	⑫ 감면기간	~	~	~	~	~
	⑬ 급　　　　 여					
	⑭ 상　　　　 여					
	⑮ 인 정 상 여					
	⑮-1 주식매수선택권 행사이익					
	⑮-2 우리사주조합인출금					
	⑮-3 임원 퇴직소득금액 한도초과액					
	⑮-4					
	⑯ 계					

Ⅱ 비 과 세 및 감 면 소 득 명 세	⑱ 국외근로	MOX				
	⑱-1 야간근로수당	OOX				
	⑱-2 출산·보육수당	QOX				
	⑱-4 연구보조비	HOX				
	⑱-5					
	⑱-6					
	~					
	⑱-29					
	⑲ 수련보조수당	Y22				
	⑳ 비과세소득 계					
	⑳-1 감면소득 계					

	구　　　 분	㉘ 소 득 세	㉙ 지방소득세	㉚ 농어촌특별세
Ⅲ 세 액 명 세	㉒ 결 정 세 액			
	기납부 세 액	㉓ 종(전)근무지 (결정세액란의 세액을 적습니다.)	사업자 등록 번호			
		㉔ 주(현)근무지			
	㉕ 납부특례세액			
	㉖ 차 감 징 수 세 액 (㉒-㉓-㉔-㉕)			

위의 원천징수액(근로소득)을 정히 영수(지급)합니다.

　　　　　　　　　　년　　월　　일

　　　　　　징수(보고)의무자　　　　　　　　　(서명 또는 인)

세 무 서 장　　귀하

210mm×297mm[백상지 80g/㎡(재활용품)]

(8쪽 중 제2쪽)

Ⅳ 정산명세	㉑ 총급여(⑯, 다만 외국인단일세율 적용 시에는 연간 근로소득)					
	㉒ 근로소득공제					
	㉓ 근로소득금액					
	종합소득공제	기본공제	㉔ 본 인			
			㉕ 배 우 자			
			㉖ 부 양 가 족(명)			
		추가공제	㉗ 경 로 우 대(명)			
			㉘ 장 애 인(명)			
			㉙ 부 녀 자			
			㉚ 한 부 모 가 족			
		연금보험료공제	㉛ 국민연금보험료			
			㉜ 공적연금보험료공제	㉮ 공무원연금		
				㉯ 군인연금		
				㉰ 사립학교교직원연금		
				㉱ 별정우체국연금		
		특별소득공제	㉝ 보험료	㉮ 건강보험료(노인장기요양보험료포함)		
				㉯ 고용보험료		
			㉞ 주택자금	㉮ 주택임차차입금원리금상환액	대출기관	
					거주자	
				㉯ 장기주택저당차입금이자상환액	2011년 이전 차입분 15년 미만	
					2011년 이전 차입분 15년~29년	
					2011년 이전 차입분 30년 이상	
					2012년 이후 차입분(15년 이상) 고정금리이거나, 비거치상환 대출	
					2012년 이후 차입분(15년 이상) 그 밖의 대출	
					2015년 이후 차입분 15년 이상 고정금리이면서, 비거치상환 대출	
					2015년 이후 차입분 15년 이상 고정금리이거나, 비거치상환 대출	
					2015년 이후 차입분 15년 이상 그 밖의 대출	
					2015년 이후 차입분 10년~15년 고정금리이거나, 비거치상환 대출	
			㉟ 기부금(이월분)			
			㊱ 계			
	㊲ 차 감 소 득 금 액					
		㊳ 개인연금저축				
		㊴ 소기업·소상공인 공제부금				
		㊵ 주택마련저축소득공제	㉮ 청약저축			
			㉯ 주택청약종합저축			
			㉰ 근로자주택마련저축			
		㊶ 투자조합출자 등				
		㊷ 신용카드등 사용액				
		㊸ 우리사주조합 출연금				
		㊹ 고용유지 중소기업 근로자				
		㊺ 장기집합투자증권저축				
		㊻ 그 밖의 소득공제 계				
	㊼ 소득공제 종합한도 초과액					

㊽ 종합소득 과세표준					
㊾ 산출세액					
세액감면	㊿ 「소득세법」				
	(51) 「조세특례제한법」((52) 제외)				
	(52) 「조세특례제한법」 제30조				
	(53) 조세조약				
	(54) 세 액 감 면 계				
세액공제	(55) 근로소득				
	(56) 자녀	공제대상자녀 (명)			
		6세 이하 (명)			
		출산·입양자 (명)			
	연금계좌	(57) 과학기술인공제		공제대상금액	
				세액공제액	
		(58) 「근로자퇴직급여 보장법」에 따른 퇴직연금		공제대상금액	
				세액공제액	
		(59) 연금저축		공제대상금액	
				세액공제액	
	특별세액공제	(60) 보험료	보장성	공제대상금액	
				세액공제액	
			장애인전용보장성	공제대상금액	
				세액공제액	
		(61) 의료비		공제대상금액	
				세액공제액	
		(62) 교육비		공제대상금액	
				세액공제액	
		(63) 기부금	㉮ 정치자금기부금 10만원 이하	공제대상금액	
				세액공제액	
			㉮ 정치자금기부금 10만원 초과	공제대상금액	
				세액공제액	
			㉯ 법정기부금	공제대상금액	
				세액공제액	
			㉰ 우리사주조합 기부금	공제대상금액	
				세액공제액	
			㉱ 지정기부금(종교단체외)	공제대상금액	
				세액공제액	
			㉲ 지정기부금(종교단체)	공제대상금액	
				세액공제액	
		(64) 계			
		(65) 표준세액공제			
	(66) 납세조합공제				
	(67) 주택차입금				
	(68) 외국납부				
	(69) 월세액			공제대상금액	
				세액공제액	
	(70) 세 액 공 제 계				
(71) 결 정 세 액(㊾-(54)-(70))					

작성방법

「소득세법」 제149조제1호에 해당하는 납세조합이 「소득세법」 제127조제1항제4호 각 목에 해당하는 근로소득을 연말정산하는 경우에도 사용하며, 이 경우 ⑨ "근무처명"란과 ⑩ "사업자등록번호"란에는 실제 근무처의 상호 및 사업자번호를 적습니다. 다만, 근무처의 사업자등록이 없는 경우 납세조합의 사업자등록번호를 적습니다.

1. 거주지국과 거주지국코드는 근로소득자가 비거주자에 해당하는 경우에만 적으며, 국제표준화기구(ISO)가 정한 ISO코드 중 국명약어 및 국가코드를 적습니다(※ ISO국가코드: 국세청홈페이지→국세정보→국제조세정보→국제조세자료실에서 조회할 수 있습니다).
   예) 대한민국: KR, 미국: US

2. 근로소득자가 외국인에 해당하는 경우에는 "내·외국인"란에 "외국인 9"를 선택하고 "국적 및 국적코드"란에 국제표준화기구(ISO)가 정한 ISO코드 중 국명약어 및 국가코드를 적습니다. 해당 근로소득자가 외국인근로자 단일세율적용신청서를 제출한 경우 "외국인단일세율 적용"란에 여1를 선택합니다.

3. 원천징수의무자가 「부가가치세법」에 따른 사업자단위 과세자에 해당할 경우 ③-1에서 여1을 선택하고, ③-2에 소득자가 근무하는 사업장의 종사업장 일련번호를 기재합니다.

4. 원천징수의무자는 지급일이 속하는 연도의 다음 연도 3월 10일(휴업 또는 폐업한 경우에는 휴업일 또는 폐업일이 속하는 달의 다음 다음 달 말일을 말합니다)까지 지급명세서를 제출해야 합니다.

5. "Ⅰ. 근무처별 소득명세"란에는 비과세소득을 제외한 금액을 해당 항목별로 적고, "Ⅱ. 비과세 및 감면소득 명세"란에는 지급명세서 작성대상 비과세소득 및 감면대상을 해당 코드별로 구분하여 적습니다(적을 항목이 많은 경우 "Ⅱ. 비과세 및 감면소득 명세"란의 ⑳비과세소득 계"란 및 ㉗-1 감면세액 계"란에 총액만 적고, "Ⅱ.비과세 소득"란을 별지 작성할 수 있습니다.

6. 「소득세법」 제127조제1항제4호의 각 목에 해당하는 근로소득과 그 외 소득소득을 더하여 연말정산하는 때에는 "⑩-1 납세조합"란에 각각 근로소득납세조합과 「소득세법」 제127조제1항제4호 각 목에 해당하는 근로소득을 적고, 「소득세법」 제150조에 따른 납세조합 공제금액을 "⑭ 납세조합공제"란에 적습니다. 합병, 기업형태 변경 등으로 해당 법인이 연말정산을 하는 경우에는 피합병법인과 기업형태 변경 전의 소득은 근무처별 소득명세 종(전)란에 별도로 적습니다.
   또한, 동일회사 내에서 사업자등록번호가 다른 곳에서 전입 되어 온 경우 해당 법인이 연말정산을 하는 경우에는 전입하기 전 지점 등에서 발생한 소득은 "근무처별 소득명세 종(전)"란에 별도로 적습니다.

7. "⑯ 총급여"란에는 "⑯계"란의 금액을 적되, 외국인근로자가 "조세특례제한법」(이하 이 서식에서 "조특법"이라 합니다) 제18조의2제2항에 따라 단일세율을 적용하는 경우에는 "⑯계"의 금액과 비과세소득금액을 더한 금액을 적습니다. 이 경우 소득세와 관련한 비과세·공제·감면 및 세액공제에 관한 규정은 적용하지 않습니다.

8. "종합소득 특별소득공제(㊳~㊵)"란과 "그 밖의 소득공제(㊶~㊹)"란은 근로소득자 소득·세액 공제신고서(별지 제37호서식)의 공제액을 적습니다. 단, 소득공제는 서식에서 정하는 바에 따라 순서대로 소득공제를 적용하여 종합소득과세표준과 세액을 계산합니다.

9. "연금계좌(㊼~㊾)"란과 "특별세액공제(㊿~㋒)"란은 근로소득자 소득·세액 공제신고서(별지 제37호서식)의 공제대상금액 및 세액공제액을 적습니다.

Part 2
종교인소득에 대한 과세제도

4장
종교단체의 근로소득에 대한 원천징수와 연말정산

앞서 설명했듯이 종교인소득은 종교단체 또는 종교인이 종교인소득(기타소득)이나 근로소득 중 어느 하나를 선택해서 신고할 수 있습니다. 이때 종교단체가 소속 종교인에게 지급한 종교인소득을 근로소득으로 원천징수하거나, 해당 종교인이 종합소득세 과세표준 확정신고를 하는 경우에 해당 소득을 '근로소득'으로 봅니다.

Part 2 4장에서는 종교단체에서 종교인소득을 근로소득으로 원천징수하는 경우를 중심으로 원천징수와 관련한 의무사항과 함께 원천징수에 따른 연말정산 절차에 대해 살펴보겠습니다.

- 종교단체에서 종교인소득을 근로소득으로 원천징수할 때의 원천징수 방법과 비과세항목에 대해 알아봅니다.

- 근로소득 원천징수에 따른 연말정산 절차에 대해 알아봅니다.

01 종교인소득을 근로소득으로 신고 시 원천징수와 비과세항목은?

Tag 종교인소득, 근로소득으로 원천징수, 종합소득세 과세표준 확정신고, 근로소득원천징수부, 근로소득 비과세항목

납세자 어떤 경우에 종교인소득을 근로소득으로 보게 되나요?

세무사 종교단체에서 소속 종교인에게 지급한 종교인소득을 기타소득으로 신고하지 않고 근로소득으로 원천징수하거나, 종교단체에서 원천징수를 하지 않고 해당 종교인이 종합소득세 과세표준 확정신고를 하는 경우에 근로소득으로 봅니다.

납세자 종교단체에서 소속 종교인의 종교인소득을 근로소득으로 원천징수하는 경우 원천징수방법과 시기는 어떻게 되나요?

세무사 그런 경우 해당 종교단체에서는 매월 혹은 반기별로 '근로소득 간이세액표'에 따라 소속 직원들의 근로소득세와 함께 소속 종교인들의 근로소득세를 원천징수한 뒤 관할 세무서 또는 국세청 홈택스를 통해

Part 2 종교인소득에 대한 과세제도 | 139

원천징수이행상황신고서를 제출하고 원천징수세액을 금융기관에 납부해야 합니다. 이때 월별 납부를 하는 종교단체에서는 월별 원천징수세액을 다음달 10일까지, 분기별 납부를 하는 종교단체에서는 반기별 원천징수세액을 매년 2회(7월 10일, 다음해 1월 10일) 신고·납부하면 됩니다.

납세자 종교인소득을 근로소득으로 원천징수하는 종교단체에서 지켜야 하는 의무가 있나요?

세무사 해당 종교단체에서는 '근로소득원천징수부'를 비치하여 매월 기록해야 하는 의무가 있습니다. 다만 이때 근로소득원천징수부를 전산처리된 테이프나 디스크 등으로 수록·보관하여 항시 출력이 가능한 상태로 둔 때에는 근로소득원천징수부를 비치·기록한 것으로 봅니다.

납세자 종교인소득을 근로소득으로 신고하는 경우 적용되는 비과세소득으로는 어떤 것들이 있나요?

세무사 종교인소득을 근로소득으로 신고할 때 적용되는 비과세항목은 다음 표와 같습니다.

구분	비과세대상 소득
일·숙직비	종교단체 지급규정에 의해 지급하는 실비변상 정도의 금액
식대	월 10만 원 이내의 식대(단, 현물급식은 전액 비과세)
4대 보험 회사부담금	국민건강보험, 고용보험, 국민연금, 공무원연금, 노인장기요양보험료 등 법령에 의해 종교단체에서 부담하는 금액
자가운전 보조금	종교인 본인의 차량을 종교단체의 업무에 이용하고 실제 여비를 받는 대신에 지급받는 월 20만 원 이내의 자가운전보조금

여비	종교단체 지급규정에 의해 지급하는 실비변상 정도의 금액
자녀보육수당	종교인(근로자) 또는 배우자의 자녀 출산, 6세 이하(과세기간 개시일 기준으로 판단) 자녀보육과 관련하여 받는 급여로서 월 10만 원 이내의 금액
비과세 학자금	• 종교인(근로자) 본인의 학자금 지원액은 요건을 충족하는 경우 비과세 • 종교단체에서 지원하는 자녀학자금은 근로소득 과세대상임
국외근로소득	국외에 주재하며 근로를 제공하고 받는 보수 - 한도 : 월 100만 원(외항선박・국외 건설현장 월 300만 원)
벽지수당	월 20만 원 이내의 벽지근무수당

02 근로소득의 연말정산 절차는?

Tag 연말정산 결정세액 산출, 근로소득 원천징수영수증, 원천징수이행상황신고서, 근로소득 지급명세서, 경정청구, 추가공제

납세자 종교인소득을 근로소득으로 원천징수하는 종교단체에서는 어떻게 연말정산을 하면 되나요?

세무사 종교인소득을 근로소득으로 원천징수한 종교단체에서는 근로소득원천징수부에 따라 해당 과세기간에 지급한 소속 종교인(소득자)별 근로소득의 합계액에서 각종 소득공제금액을 차감하여 과세표준을 산출하고, 해당 과세표준에서 각종 세액공제금액을 차감하여 연말정산 결정세액을 산출하면 됩니다.

이와 같은 연말정산 결정세액 계산흐름을 정리해보면 다음 쪽 그림과 같습니다.

연말정산 흐름표

총급여	총급여 연봉(급여+상여+수당+인정상여) − 비과세소득
(−) 근로소득공제	
근로소득금액	
(−) 인적공제	기본공제 (1명당 연 150만 원 공제) 추가공제 경로우대 · 장애인 · 부녀자 · 한부모
(−) 연금보험료공제	
(−) 특별소득공제	보험료, 주택자금, 기부금(이월분)
(−) 그 밖의 소득공제	개인연금저축, 소기업 · 소상공인공제부금 주택마련저축, 중소기업창업투자조합 출자 등 신용카드 등 사용금액, 우리사주조합출연금, 고용유지중소기업 근로자, 장기집합투자증권저축
(+) 소득공제 한도초과액	
종합소득세 과세표준	
(×) 기본세율	
산출세액	
(−) 세액감면 및 공제	세액감면(중소기업 취업자 소득세 감면 등) 근로소득세액공제 자녀세액공제(기본공제대상 자녀, 6세 이하, 출생 · 입양) 연금계좌세액공제 특별세액공제(보장성보험료, 의료비, 교육비, 기부금) 납세조합공제 주택자금차입금이자세액공제 외국납부세액공제 월세액공제
결정세액	
(−) 기납부세액	
차감징수세액	

납세자 연말정산 결정세액이 산출된 후에는 어떤 절차를 거쳐야 하나요?

세무사 연말정산 결정세액과 소속 종교인들이 이미 납부한 세액을 비교하여 해당 종교인들에게 과세기간 다음해 2월 분 소득을 지급할 때 환급 또는 추징을 하고 근로소득 원천징수영수증을 교부해야 합니다. 그리고 3월 10일까지 관할 세무서에 원천징수이행상황신고서에 연말정산에 따른 세액을 기재하여 신고하고 환급 또는 추가납부를 하면 됩니다. 이때 반드시 근로소득 지급명세서를 함께 제출해야만 가산세를 부과당하지 않습니다.

납세자 근로소득 연말정산을 할 때 소득자인 종교인들이 제출해야 할 서류도 있나요?

세무사 소득·세액공제신고서 및 증빙서류 등 연말정산에 필요한 서류를 소속 종교단체에 제출해야 합니다. 그렇지 않을 경우 소득자인 종교인 본인에 대한 기본공제와 표준세액공제(13만 원)만 적용받는 불이익을 당하게 됩니다.

납세자 연말정산을 할 때 공제를 받지 못한 부분에 대해 추가로 공제받을 방법이 있나요?

세무사 예, 연말정산 시 공제내역을 빠뜨리더라도 연말정산 신고기한 경과 후 5년 이내에 경정청구를 하면 추가공제를 받을 수 있습니다.

Part 2
종교인소득에 대한 과세제도

5장
종교인 퇴직소득에 대한 신고 및 납부

퇴직소득은 한 해에 발생한 소득이 아니라 소득자의 총근무기간 동안 발생한 소득액이 한꺼번에 실현된 금액이라는 특수성이 있습니다.

Part 2 5장에서는 종교인소득자를 기준으로 퇴직소득의 특징과 과세방법 및 절차에 대해 살펴보겠습니다.

- 종교인을 기준으로 퇴직소득의 의미와 범위, 과세방법을 알아봅니다.

- 퇴직소득의 특수성을 감안한 세제상의 혜택과 이를 기준으로 한 퇴직소득 세액계산방법에 대해 살펴봅니다.

- 퇴직소득의 신고·납부절차에 대해 알아봅니다.

01 종교인 퇴직소득의 범위는?

Tag 퇴직소득의 의미, 현실적인 퇴직, 종교인 퇴직소득, 명예직으로 은퇴, 퇴직소득 별도 과세

납세자 퇴직소득의 의미가 무엇인가요?

세무사 퇴직소득은 고용계약에 따라 근로를 제공하는 근로자가 '현실적인 퇴직'으로 지급받는 급여로서, 퇴직금이나 그밖에 이와 유사한 성질의 급여를 말합니다. 여기서 '현실적인 퇴직'이란 고용계약에 의한 근로관계가 실질적으로 종료됨으로써 퇴직하는 상황을 의미합니다.

납세자 그럼 종교인의 퇴직소득의 의미도 동일한가요?

세무사 예, 종교인의 경우에도 '현실적인 퇴직'을 원인으로 소속 종교단체로부터 지급받는 소득이 퇴직소득에 해당합니다. 또한 종교인이 명예직으로 은퇴하면서 퇴직을 이유로 종교단체가 정한 지급기준에 의해 산정한 금전을 일시 또는 분할하여 지급받는 경우에도 '현실적인 퇴직에

의한 퇴직소득'으로 봅니다. 다만 현실적인 퇴직 이후라도 종교인이 종교활동과 관련하여 종교단체로부터 지급받는 소득 중 퇴직소득에 해당하지 않는 소득은 '종교인소득'에 해당합니다.

납세자 세법상 퇴직소득은 어떻게 과세하나요?
세무사 퇴직소득은 한 해에 발생한 소득이 아니라 퇴직으로 인해 모든 근속기간에 걸쳐 발생한 소득의 누적액이 한꺼번에 실현된 금액입니다. 따라서 이를 일시에 종합소득으로 과세하면 납세자의 부담이 과중되므로 '퇴직소득만을 분류하여 별도로 과세'합니다. 따라서 퇴직소득은 퇴직소득을 지급하는 자가 원천징수함으로써 납세의무가 종결되고, 다른 퇴직소득과 합산하거나 다른 근로소득 등과 함께 종합소득세로 합산하여 과세하지 않습니다.
또한 퇴직소득은 근로자가 퇴직한 후 사용하는 생활자금 성질의 소득이므로 특별히 광범위한 퇴직소득공제를 허용하고 근속기간 등을 감안하여 세율을 적용하는 등 다른 소득보다 많은 세제혜택을 주고 있습니다.

납세자 일반적인 근로소득자와 종교인소득자 사이에 퇴직소득 과세상의 차이는 없나요?
세무사 종교인 퇴직소득의 경우 종교인소득과 달리 특별한 과세 제외사항이나 비과세항목이 없어서 일반적인 근로소득자와 동일하게 과세합니다.

02 종교인 퇴직소득에 대한 과세표준과 세액 계산은?

Tag 퇴직금 계산방법, 근속연수공제, 환산급여(공제), 총근속연수에 따른 산출세액

납세자 종교인 퇴직소득에 대한 과세표준과 세액은 어떻게 계산하나요?

세무사 앞서 설명했듯이 종교인과 일반 근로소득자의 퇴직소득 과세표준과 세액 계산방법은 동일합니다. 퇴직금 계산방법은 다음과 같습니다.

① 퇴직소득 합계액에서 국민연금법에 따라 받는 반환일시금 등 비과세소득을 제외한 퇴직소득금액에서 근속연수공제를 적용한 후 다음 계산식에 따라 환산급여를 산출합니다.

- 환산급여=(퇴직소득금액 - 근속연수공제*)÷근속연수×12

  *근속연수공제에 대한 40% 정률공제 폐지

근속연수에 따른 근속연수공제액

근속연수	공제액
5년 이하	30만 원×근속연수
5년 초과 10년 이하	150만 원+50만 원×(근속연수−5년)
10년 초과 20년 이하	400만 원+80만 원×(근속연수−10년)
20년 초과	1,200만 원+120만 원×(근속연수−20년)

② 환산급여에서 환산급여공제를 적용하여 과세표준을 계산합니다.

환산급여공제

환산급여	공제액
800만 원 이하	전액 공제
800만 원 초과 7,000만 원 이하	800만 원+(환산급여−800만 원)×65%
7,000만 원 초과 1억 원 이하	4,520만 원+(환산급여−7,000만 원)×55%
1억 원 초과 3억 원 이하	6,170만 원+(환산급여−1억 원)×45%
3억 원 초과	1억 5,170만 원+(환산급여−3억 원)×35%

③ 과세표준에 소득세 기본세율을 곱해서 환산산출세액을 계산합니다.

- 환산산출세액 = 과세표준 × 소득세 기본세율(6~42%)

④ 총근속연수에 따른 산출세액을 계산합니다.

- 산출세액 = (환산산출세액÷12) × 근속연수

03 퇴직소득세의 신고·납부는?

Tag 퇴직소득 미지급, 퇴직소득 지급명세서, 퇴직소득에 대한 원천징수를 하지 않은 경우

납세자 퇴직소득세의 신고·납부는 언제 하나요?

세무사 종교단체의 경우 소속 종교인에게 퇴직소득을 지급할 때 원천징수를 해서 그 징수일이 속하는 달의 다음달 10일까지 신고·납부해야 합니다.

납세자 만일 종교단체에서 퇴직한 소속 종교인에게 퇴직소득을 지급하지 않았을 때는 어떻게 하나요?

세무사 소속 종교인이 퇴직한 해의 11월 말까지 지급하지 않은 경우 12월 31일에 지급한 것으로 보고 원천징수를 하고, 해당 종교인이 12월에 퇴직하여 다음해 2월 말까지 퇴직금을 지급하지 않은 경우에는 다음해 2월 말일에 지급한 것으로 보고 원천징수를 해서 그 징수일이 속하는

달의 다음달 10일까지 신고·납부해야 합니다.

납세자 이때도 퇴직소득에 대한 지급명세서를 제출해야 하나요?
세무사 예, 당연히 제출해야 합니다. 퇴직소득 지급명세서는 퇴직소득 지급일이 속하는 과세기간의 다음연도 3월 10일까지 제출해야 합니다.

납세자 종교단체에서 퇴직소득에 대한 원천징수를 하면 해당 종교인이 별도로 해야 할 조치는 없나요?
세무사 예, 앞서 설명했듯이 퇴직소득은 퇴직소득세를 원천징수함으로써 납세의무가 종결되며, 다른 퇴직소득과 합산하거나 다른 근로소득 등과 함께 종합소득세에 합산하여 확정신고하는 절차 없이 종결됩니다.

납세자 종교단체에서 퇴직한 종교인의 퇴직소득에 대한 원천징수를 하지 않으면 어떻게 하나요?
세무사 그런 경우 퇴직소득을 지급받은 종교인이 다음연도 5월 1일부터 5월 31까지 납세지 관할 세무서에 퇴직소득 과세표준을 신고하고 납부해야 합니다. 이때 퇴직소득 과세표준이 없는 경우에도 신고는 해야 합니다.

Part 2
종교인소득에 대한 과세제도

6장
종교인소득의 종합소득세 과세표준 확정신고

종교단체가 종교인소득을 지급하면서 원천징수 및 연말정산을 하지 않을 경우 소득을 받는 종교인이 직접 다음해 5월까지 종합소득세 과세표준 확정신고를 해야 합니다. 또한 종교인소득 이외에 다른 소득이 있는 등의 상황에 따라 종교인소득에 대한 원천징수를 하더라도 종합소득세 과세표준 확정신고를 해야 하는 경우가 생길 수 있습니다.

Part 2 6장에서는 종합소득세 과세표준 확정신고에 대한 전반적인 내용들을 살펴보겠습니다.

- 종교인소득에 대해 어떤 경우에 종합소득세 과세표준 확정신고를 해야 하며, 이와 관련한 신고 및 납부방법에 대해 살펴봅니다.

- 종합소득세 과세표준 확정신고와 관련한 수정신고, 경정청구, 기한 후 신고에 대해 알아보고, 신고를 하지 않거나 사실과 다르게 신고하는 경우 어떤 불이익을 받게 되는지 살펴봅니다.

01 종교인소득의 종합소득세 과세표준 확정신고는?

Tag 종합소득세 과세표준 확정신고, 2곳 이상의 종교단체로부터 받는 종교인소득, 임대소득, 사업소득, 연말정산, 소득세의 과세·신고납부기간, 소득세 납부

납세자 종교인은 어떤 경우에 종합소득세 신고를 해야 하나요?

세무사 종교단체가 종교인소득을 지급하면서 소득세의 원천징수 및 연말정산을 하지 않은 경우에 종교인이 직접 다음연도 5월 말까지 종교인의 주소지 관할 세무서장에게 종합소득세 과세표준 확정신고를 해야 합니다. 또한 종교인소득 외에 다른 소득이 있는 경우에는 연말정산 여부와 관계없이 종교인소득과 다른 소득을 합산하여 종합소득세 과세표준 확정신고를 해야 합니다.

납세자 그럼 종교인소득 외에 다른 소득이 없고 소속 종교단체에서 원천징수를 하면 종합소득세 과세표준 확정신고를 할 필요가 없는 건가요?

세무사 예, 종교인소득만 있고 종교인소득(기타소득)으로서 원천징수를 했다면 종합소득세 과세표준 확정신고를 하지 않아도 됩니다. 다만 2곳 이상의 종교단체로부터 종교인소득을 받는 경우에는 해당 소득들을 합산하여 연말정산을 하거나 종합소득세 과세표준 확정신고를 해야 합니다.

납세자 그럼 종교인이 종교인소득(기타소득)으로 연말정산을 했는데, 별도의 임대수입이 있는 경우에는 종합소득세 과세표준 확정신고를 해야 하나요?

세무사 예, 앞서 설명했듯이 종교인소득에 대해 연말정산을 했더라도 종교인소득 이외에 임대소득이나 사업소득 등의 다른 소득이 있으면 종교인소득과 합산하여 종합소득세 과세표준 확정신고를 해야 합니다.

납세자 연간 기타소득 금액이 300만 원 미만인 경우 분리과세대상이라고 들었는데, 종교인소득도 300만 원 미만인 경우 연말정산이나 종합소득세 과세표준 확정신고를 하지 않아도 되나요?

세무사 종교인소득을 포함하여 비과세소득과 필요경비를 공제한 기타소득 금액이 300만 원 이하인 경우 분리과세하고 종합소득세 과세표준 확정신고를 하지 않아도 됩니다. 다만 종합소득에 합산하지 않을 뿐 해당 종교인소득에 대한 연말정산은 해야 합니다.

납세자 종합소득세 과세표준 확정신고는 어떻게 하나요?

세무사 소득세의 과세기간은 일반적인 경우 1월 1일~12월 31일이고,

신고·납부기간은 과세기간 다음연도 5월 1일~5월 31일입니다. 종교인소득만 있으면 해당 종교인소득을 근로소득으로 하여 '단일소득—종교인소득자용 종합소득세 과세표준 확정신고서'를 작성하여 위의 신고기간 내에 국세청 홈택스 또는 해당 종교인의 주소지 관할 세무서에 우편 또는 방문하여 제출하면 됩니다. 만일 종교인소득 외에 다른 소득이 있는 경우에는 '종합소득세 과세표준 확정신고서'를 작성하여 같은 방식으로 제출하면 됩니다. 이를 표로 정리하면 다음과 같습니다.

종교인소득에 대한 종합소득세 신고방법

구분	종교인소득만 있는 경우	종교인소득 외 다른 소득이 있는 경우
소득유형	근로소득(종교인소득)	근로소득(종교인소득) 및 이자소득, 기타소득 등 합산
과세기간 (일반적인 경우)	1.1~12.31	1.1~12.31
신고기간	과세기간 다음해 5.1~5.31	과세기간 다음해 5.1~5.31
신고서류	단일소득—종교인소득자용 종합소득세 과세표준 확정신고서	종합소득세 과세표준 확정신고서
신고서 제출방법	홈택스 또는 주소지 관할 세무서	홈택스 또는 주소지 관할 세무서

납세자 종합소득세 과세표준 확정신고를 한 뒤에 납부는 어떻게 해야 하나요?

세무사 소득세 납부는 국세청 홈택스나 금융기관 홈페이지에서 전자납부를 하거나, 납부서를 가지고 금융기관에 방문해서 직접 납부하는 방법이 있습니다.

02 종합소득세 과세표준 확정신고를 하지 않았을 때 받는 불이익은?

Tag 신고불성실가산세, 납부불성실가산세, 수정신고, 경정청구, 기한 후 신고

납세자 종합소득세 과세표준 확정신고를 하지 않거나(무신고) 실제 세액보다 적게 신고(과소신고)하면 어떤 불이익을 받나요?

세무사 종합소득세를 과세기간 다음연도 5월 말까지 확정신고하지 않으면 '신고불성실가산세(무신고납부세액의 20%(부정한 경우 40%))'뿐만 아니라 납부할 때까지 미납세액에 1일 3/10,000의 이율(연리 10.95%)을 적용한 '납부불성실가산세'를 추가로 납부해야 합니다.

또한 과소신고하거나 환급받을 세액을 더 많이 신고한 경우에는 '신고불성실가산세 10%(부정한 경우 40%)'와 함께 '납부불성실가산세'를 추가로 납부해야 합니다.

납세자 종합소득세의 경우에도 수정신고, 경정청구, 기한 후 신고를 할

수 있나요?

세무사 예, 3가지 경우 모두 가능합니다.

먼저 당초 제출한 종합소득세 과세표준 확정신고서에 '과세표준과 세액을 과소신고'했거나 '환급세액을 과다신고'한 경우 '수정신고'를 할 수 있습니다.

반대로 당초 제출한 종합소득세 과세표준 확정신고서에 '과세표준과 세액을 과다신고'했거나 '환급세액을 과소신고'한 경우 '경정청구'를 할 수 있습니다. 특히 공제서류를 제때 챙기지 못했더라도 신고기한 경과 후 5년 이내에는 경정청구가 가능하므로 나중에라도 잘 챙겨서 잘못 낸 세금을 환급받아야 합니다.

또한 기한 내에 종합소득세 과세표준 확정신고를 하지 못한 경우에는 과세관청이 세액을 결정하여 통지하기 전까지 '기한 후 신고서'를 제출하여 '기한 후 신고'를 할 수 있습니다.

Part 2
종교인소득에 대한 과세제도

7장
종교단체와 종교인이 꼭 알아야 할 절세비법

종교인과세가 시행됨에 따라 이제 종교단체나 종교인 입장에서는 관련 세금정보뿐만 아니라 조금이라도 세금을 줄일 수 있는 절세방법에 관심을 기울여야 합니다. 특히 종교인소득 과세에 따른 각종 비과세, 소득공제, 세액공제 사항들을 꼼꼼히 챙겨야 하고, 연간 세무 관련 업무일정을 잘 챙겨서 불필요하게 가산세를 무는 일이 없도록 해야 합니다.

Part 2 7장에서는 종교인과세 시행에 따라 종교단체에서 해야 하는 주요 세금업무부터 종교인소득과 관련한 절세정보, 불필요한 가산세를 물지 않기 위해 세무적으로 챙겨야 할 사항 등에 대해 살펴보겠습니다.

- 종교단체에서 종교인소득을 기타소득으로서 원천징수를 하는 경우에 필요한 세무 관련 업무들에 대해 알아봅니다.

- 종교단체가 고유번호를 받았을 때와 사업자등록번호를 받았을 때의 차이에 대해 알아봅니다.

- 종교단체에서 종교인회계와 종교단체회계를 구분해서 기장해야 하는

이유와 구분기장 방법에 대해 알아봅니다.

- 종교인소득(기타소득)과 근로소득의 과세체계와 세액계산에 따른 공제여부를 비교해봄으로써 소득유형의 선택에 따라 어떤 차이가 생기는지를 살펴봅니다.

- 종교인소득에 대한 비과세항목, 맞벌이부부의 소득공제, 잘못된 연말정산에 따른 세금을 환급받는 방법 등 종교인소득과 관련한 여러 가지 절세방법에 대해 알아봅니다.

- 종교단체 차원에서 불필요한 가산세를 물거나 세무조사를 받지 않기 위해 주의해야 할 사항들에 대해 알아봅니다.

01 종교인소득 과세에 따른 기본적인 세무업무를 숙지하라

Tag 주요 세무업무

납세자 종교인소득 과세에 대비하는 절세의 왕도는 무엇일까요?

세무사 한마디로 유비무환입니다. 절세는 세법을 알고 미리 준비하는 데에서 출발한다는 것이지요. 종교단체에서 소속 종교인에게 지급하는 소득을 종교인소득(기타소득)으로서 원천징수하는 경우에 해야 할 주요 세무업무는 다음 쪽 표와 같습니다. 평상시에 이런 업무별 일정을 숙지하여 누락되지 않도록 하는 것이 가장 기본적인 절세법이 됩니다.

종교인소득 과세에 따른 주요 세무업무

업 무	일 정	내 용
① 급여(보수)지급명세(급여대장) 작성	매월 급여 지급 전	급여(종교인소득) 지급 전에 지급액 확정 및 원천징수세액 등 파악
② 원천징수	매월 급여 지급 시	종교인소득 간이세액표를 기준으로 원천징수액(소득세+지방소득세(소득세의 10%))을 산정하여 예수금으로 처리
③ 급여 지급	매월 급여일	원천징수세액 등을 제외한 급여액을 지급
④ 소득자별 원천징수부 작성 및 구분기장	매월 원천징수 후	(원천징수부) 급여액 및 원천징수세액 등 기록 (구분기장) 종교활동비 지출분과 종교인소득 지급분을 구분하여 기장
⑤ 원천징수이행상황신고 [세무신고]	(반기승인 시) 반기 다음달 10일 (그 외) 매월 다음달 10일	• 해당 기간 중 급여 인원 및 지급액, 원천징수세액 등 원천징수이행상황 신고 • 원천징수세액 납부
⑥ 종교인소득 연말정산 [세무신고]	다음해 2월 말일	종교인소득에 대해 사업소득연말정산 방법에 준하여 연말정산
⑦ 종교인소득 지급명세서 제출 [세무신고]	다음해 3월 10일	종교인소득(비과세소득 포함)에 대해 지급명세서 제출
⑧ 종교인소득 외 소득합산신고 [세무신고]	다음해 5월 말	종교인소득이 있는 자가 다른 소득이 있는 경우 합산신고

02 고유번호를 반드시 법인으로 부여 받아라

Tag 고유번호, 사업자등록번호, 고유번호와 사업자등록번호상의 차이, 거주자, 법인, 법인 및 개인의 고유번호

납세자 고유번호와 사업자등록번호의 차이가 무엇인가요?

세무사 말 그대로 종교단체가 종교활동 등의 고유목적사업만 하는 경우에는 관할 세무서에 '고유번호신청서'를 제출하여 '고유번호'를 발급받아야 합니다. 반면에 종교단체가 고유목적사업 이외에 수익사업을 하는 경우에는 '사업자등록신청서'를 제출해서 '사업자등록번호'를 발급받아야 합니다.

납세자 고유번호와 사업자등록번호를 받았을 때의 차이가 무엇인가요?

세무사 고유목적사업만 하는 종교단체에서 고유번호를 받으면 '소득세법' 또는 '법인세법'의 적용을 받습니다. 이에 비해 수익사업을 병행하는 종교단체에서 사업자등록증을 발급받으면 '부가가치세법'의 적용을 받

게 되지요.

납세자 고유번호를 발급받았을 때 소득세법 또는 법인세법을 적용받는 기준이 어떻게 되나요?

세무사 고유번호를 '거주자'로 부여받으면 '소득세법'의 적용을 받고, '법인'으로 받으면 '법인세법'의 적용을 받습니다. 이때 법인으로 고유번호를 부여받으면 각종 '세제혜택'을 받을 수 있습니다. 관련 세제혜택으로는 고정자산 처분수입 비과세, 고유목적사업준비금 손금 산입, 자산양도소득 신고특례, 이자소득 신고특례 등이 있습니다.

납세자 법인인 경우와 거주자(개인)인 경우에 고유번호가 어떻게 달라지나요?

세무사 법인인 경우 ×××-82-××××× 형태의 고유번호가 부여되는 반면, 개인인 경우 ×××-89-××××× 형태의 고유번호가 부여됩니다. '82'는 법인세법상 납세의무를, '89'는 소득세법상 납세의무를 이행해야 한다는 의미입니다.

03 종교단체회계와 종교인회계로 구분기장을 하라

Tag 구분기장, 종교단체가 결산상 지출하는 비용, 목적사업회계, 수익사업회계, 종교인과세에 따른 세무조사, 종교단체회계, 종교인회계, 종교인계정, 종교단체 통장과 종교인 통장의 구분

납세자 종교단체에서 종교인소득에 대해 회계장부를 기록할 때 기본적으로 유의해야 할 사항이 있나요?

세무사 기본적으로 종교인회계와 종교단체회계를 구분기장하는 것이 중요합니다.

납세자 어떻게 구분기장을 하면 되나요?

세무사 종교단체가 결산상 지출하는 비용은 다음 3가지로 구분됩니다.

① 종교단체 고유목적사업을 위해 지출하는 비용
② 종교인에게 지출하는 비용
③ 종교단체의 종교인 외 임직원에게 인건비로 지출하는 비용

위의 비용 중에서 ①은 종교단체의 경비로서 법인세나 원천세 등 세금과 무관하고, ②는 종교단체의 경비이면서 종교인소득으로서 과세되는 항목입니다. ③은 종교단체의 경비이면서 근로소득으로 과세되는 항목이고요. 이 중에서 ② 종교인에게 지출하는 비용, 즉 종교인소득을 구분해서 기장하라는 의미입니다.

납세자 종교인소득을 구분기장하는 것이 중요한 이유는 무엇인가요?
세무사 과거에는 종교활동 등 고유목적사업만 하는 종교단체의 경우 원칙적으로 고유목적사업 관련 수입과 지출을 회계처리하는 '목적사업회계'만 하거나, 수익사업이 있는 경우 '수익사업회계'와 구분기장을 하면 되었습니다.
하지만 종교인 과세제도가 시행됨에 따라 고유목적사업만 영위하는 종교단체에서도 종교인소득에 대한 원천징수 등 세무상 의무와 함께 세무관서의 세무조사에 대비할 필요가 생겼습니다. 다만 종교인 과세에 따른 세무조사는 '종교인소득과 관련된 부분에 한정'되므로 종교인소득에 대한 금융계좌를 분리하고 거기에 따라 종교단체회계와 별도로 구분해서 기장하면 만약에 있을지도 모를 세무조사에 미리 대비할 수 있는 것이지요.

납세자 그럼 어떤 식으로 구분기장을 하면 되나요?
세무사 기본적으로 종교단체에서는 종교인소득을 포함하여 모든 종교활동과 관련된 수입과 지출을 회계처리하는 '종교단체회계'와 종교인소득 지급내용과 해당 종교인소득을 받는 종교인이 종교활동을 위해 지출한 금액을 기재한 '종교인회계'로 구분하면 됩니다. 다만 각각의 회계로 구분하기 어렵다면 하나의 장부에 종교인 계정을 별도로 만들어서 구분기장하면 됩니다.

납세자 종교단체 통장과 종교인 통장을 구분할 필요가 있나요?

세무사 예, 종교인소득을 받는 종교인은 개인 명의의 소득 통장을 새로 만들어 불필요한 오해가 없도록 구분기장하는 것이 바람직합니다. 적은 규모의 종교단체라도 관할 세무서에서 고유번호증을 만들 수 있는데, 이 고유번호증이 있으면 금융기관에서 종교단체 명의의 통장을 개설할 수 있습니다. 이렇게 개인 명의 통장과 종교단체 명의 통장을 구분하는 것은 종교과세가 아닌 '종교인과세'라는 소득세법의 기본 취지에도 부합하는 조치입니다.

또한 종교단체에서 소속 종교인 재량으로 목회비와 선교비 등 사례비 외의 비용 일체를 지출하게 하더라도 가급적 법인카드를 사용하게 하는 등 종교단체에서 그 지출을 공적으로 관리하는 것이 유리합니다. 이럴 경우 해당 지출분은 종교인에게 귀속되는 종교인소득이 아니라 종교단체 고유목적사업에 사용하는 비용으로 보기 때문이지요.

04 기타소득이나 근로소득의 선택은 신중히 결정하라

Tag 종교인소득과 근로소득의 과세체계와 세액계산에 따른 공제 여부

납세자 종교인소득은 기타소득과 근로소득 중 하나를 선택할 수 있다고 했는데, 어느 쪽을 선택하는 것이 유리한가요?

세무사 일률적으로 어느 쪽이 유리하다고 할 수는 없지만, 종교인 입장에서는 기타소득을 선택했을 때 필요경비를 더 많이 공제받을 수 있습니다. 4인 가족을 기준으로 했을 때 연소득 3,000만 원까지는 거의 과세기준에 미달하기 때문에 어느 쪽을 선택하든 세금차이가 없지만, 이 금액을 초과하면 기타소득을 선택하는 것이 유리합니다. 이런 경우 굳이 근로소득으로 신고할 필요가 없는 것이지요.

납세자 종교인소득(기타소득)과 근로소득의 과세체계를 구체적으로 알고 싶습니다.

세무사 종교인소득(기타소득)과 근로소득의 과세체계와 세액계산에 따른 공제 여부를 비교해보면 다음 표와 같습니다.

종교인소득과 근로소득의 과세체계 비교

구분	종교인소득 (종교인소득의 과세체계 적용)		근로소득 (근로소득의 과세체계 적용)	
과세소득	종교인이 종교활동과 관련하여 소속 종교단체로부터 받은 소득		종교인이 종교활동과 관련하여 소속 종교단체로부터 받은 소득	
비과세소득	학자금, 식사·식사대, 실비변상액(종교활동비 포함), 출산·보육수당, 사택제공이익 등		근로소득의 비과세소득 규정을 적용 (사실상 동일)	
필요경비 또는 근로소득공제	종교인이 받은 금액	필요경비	총급여액	근로소득공제금액
	2,000만 원 이하	80%	500만 원 이하	총급여액의 70%
	2,000만 원 초과 4,000만 원 이하	1,600만 원+2,000만 원 초과액의 50%	500만 원 초과 1,500만 원 이하	350만 원+500만 원 초과액의 40%
	4,000만 원 초과 6,000만 원 이하	2,600만 원+4,000만 원 초과액의 30%	1,500만 원 초과 4,500만 원 이하	750만 원+1,500만 원 초과액의 15%
	6,000만 원 초과	3,200만 원+6,000만 원 초과액의 20%	4,500만 원 초과 1억 원 이하	1,200만 원+4,500만 원 초과액의 5%
			1억 원 초과	1,475만 원+1억 원 초과액의 2%
	예) 수입금액이 5,000만 원인 경우 2,900만 원을 필요경비로 인정 → 2,600만 원+(1,000만 원×30%) =2,900만 원		예) 총급여액이 5,000만 원인 경우 1,225만 원을 소득공제 → 1,200만 원+(500만 원×5%) =1,225만 원	
소득공제	기본공제, 추가공제, 국민연금보험료공제, 창업투자조합출자금, 개인연금저축		(좌동)+특별소득공제(건보료 등), 주택마련저축공제, 신용카드공제, 장기펀드저축액	

세액공제	자녀세액공제, 기부금공제, 외국납부, 연금계좌세액공제, 표준공제(7만 원)	(좌동, 표준공제는 13만 원)+월세, 의료비·교육비·보험료공제, 근로소득세액공제
근로장려금 자녀장려금	수급 가능	수급 가능

종교인소득과 근로소득 세액계산에 따른 각종 공제 여부

과세체계			종교인소득	근로소득
총수입금액(비과세소득 제외)			총수입금액	총급여액
필요경비			필요경비 (20~80%)	근로소득공제 (2~70%)
소득금액				
소득공제	인적	기본(본인·배우자·부양가족 1인당 150만 원)	○	○
		추가(경로 100만 원, 장애인 200만 원 등)	○	○
	특별	국민연금 등 공적연금보험료(전액)	○	○
		건강·고용보험료(전액)	×	○
		주택자금(300~1,800만 원 한도)	×	○
	조세특례제한법	신용카드 등 사용금액공제	×	○
		장기펀드저축액	×	○
		창업투자조합출자금 등	○	○
		개인연금저축	○	○
과세표준				
×세율(6~42%)				
산출세액				

→ 표 다음 쪽으로 연결

세액공제		근로소득(50만 원~74만 원 한도)	×	○
		외국납부(국외원천소득비율 한도)	○	○
		자녀(1명 15만 원, 2명 30만 원, 3명 60만 원)	○	○
		연금계좌(12%, 400만 원(퇴직연금 700만 원) 한도)	○	○
	특별	보험료(12%, 100만 원 한도)	×	○
		의료비(15%, 700만 원 한도)	×	○
		교육비(15% 300만 원(대학 900만 원) 한도)	×	○
		기부금(금액별 100/110, 15%, 25%, 30%)	○	○
	표준세액공제(특별소득·세액공제 미신청자)		○ (7만 원)	○ (13만 원)
	조세특례제한법	정치자금기부금 등	○	○
결정세액				
기납부세액 차감				
차가감 납부(환급)할 세액				

05 종교인소득의 비과세소득을 최대한 활용하라

Tag 종교단체를 위해 지출한 종교활동비, 사례금, 복리후생비, 비과세항목

납세자 종교인 과세에 대비하는 대표적인 절세방법은 무엇일까요?

세무사 기본적으로 종교인이 종교단체를 위해 지출한 비용은 '종교인소득에서 원천적으로 제외'시키고, 종교인 개인에게 귀속되는 소득 중에서 종교활동을 위해 지급한 부분은 '비과세소득'으로 처리될 수 있도록 해야 합니다.

납세자 종교인소득에서 원천적으로 제외되는 비용과 비과세소득에 대해 좀 더 구체적으로 알고 싶습니다.

세무사 종교인이 지출하는 활동비(목회활동비, 종무활동비 등), 교통비, 경조사 등 종교단체를 위해 지출한 종교활동비는 종교단체 고유목적사업에 사용한 것으로서 종교인소득에서 제외시키고, 나아가 사례금과 복

리후생비 등도 종교단체의 정관 등의 규약이나 의결기구의 승인을 거쳐 '비과세범위에 포함될 수 있도록 조정'할 필요가 있습니다. 예를 들면 소속 종교인에게 지급하는 10만 원까지의 식대(종교단체로부터 식사 제공을 받지 않는 조건), 20만 원까지의 자가운전보조금(자기 명의 차량), 10만 원까지의 보육수당(출산 및 6세 이하 자녀가 있는 경우) 등을 비과세항목으로 분류하는 것이지요. 그 외에도 학자금, 일직료 및 숙직료, 재해비, 사택제공이익 등을 비과세항목으로 분류할 수 있습니다.

납세자 무엇보다 종교활동비가 중요하겠군요.
세무사 예, 종교활동비에 대한 비과세 여부가 가장 중요합니다.

06 부모 관련 인적공제를 꼼꼼히 챙겨라

Tag 직계존속에 대한 소득공제, 경로우대공제, 직계존속공제, 직계존속의 연간 소득금액 합계액(연간 총급여액), 이중공제, 장애인공제

납세자 직계존속에 대한 소득공제에 대해 설명해주세요.

세무사 종합소득공제에서 기본공제대상이 되는 '직계존속'이란 만 60세 이상으로서 생계를 같이하는 사람들을 말합니다. 이때 해당 직계존속이 70세 이상인 경우 경로우대공제를 추가로 받을 수 있습니다. 직계존속 공제대상에는 부모는 물론 조부모, 외조부모, 시부모, 장인, 장모도 포함됩니다.

납세자 위의 설명에서 '생계를 같이한다'의 의미가 무엇인가요?

세무사 '주민등록상의 동거가족'이라는 의미입니다. 다만 직계존속의 경우 '주거형편'에 따라 별거하고 있을 때도 생계를 같이하는 것으로 간주합니다. 즉, 비록 거주자의 직계존속이 주거형편으로 인해 주민등록

표상 동일한 주소에서 생계를 함께하고 있지는 않지만 독립된 생계능력이 없어 해당 거주자가 '실제로 부양하고 있는 경우'에 생계를 같이한다고 인정해주는 것이지요. 이에 반해 직계존속이 해외로 이민을 간 경우라면 '주거형편'에 따른 별거에 해당하지 않으므로 공제를 받을 수 없습니다.

납세자 그 밖의 다른 요건은 없나요?

세무사 직계존속의 연간 소득금액 합계액이 100만 원 이하 또는 근로소득만 있는 경우 연간 총급여액이 500만 원 이하로써 독립된 생계능력이 없고, 해당 거주자가 실제로 부양하는 경우에 공제가 가능합니다.

납세자 그럼 직계존속이 다른 가족과 함께 거주하고 있지만 실제로는 본인이 부양하고 있을 때도 공제가 가능한가요?

세무사 예, 사실관계를 입증할 수 있으면 공제받을 수 있습니다. 다만 다른 가족이 해당 직계존속에 대한 공제를 받고 있다면 이중공제가 되므로 공제를 받을 수 없습니다. 이런 경우에는 소득이 많은 사람이 공제를 받는 것이 합리적인 방법이라고 할 수 있습니다.

납세자 직계존속이 위에서 설명한 공제요건들에 해당되었을 때 얼마나 공제받을 수 있나요?

세무사 직계존속에 대한 기본공제는 1명당 연 150만 원, 70세 이상 직계존속에 대한 추가공제는 1명당 연 100만 원입니다.

납세자 그 밖에 직계존속과 관련한 추가공제 요건도 있나요?

세무사 직계존속이 장애인에 해당하는 경우 1명당 200만 원을 추가로 공제받을 수 있습니다.

07 맞벌이 종교인의 절세전략은 신중하게

Tag 배우자공제, 소득세의 누진세율 구조, 맞벌이부부의 소득공제

납세자 경제적으로 어려운 종교인들이 맞벌이를 하는 경우가 많은데 절세 측면에서 어떤 전략이 필요할까요?

세무사 우선 맞벌이부부의 경우 각자의 연간 소득금액이 100만 원을 초과하면 서로 배우자공제를 받을 수 없다는 점에 유의해야 합니다. 절세 측면에서는 각종 종합소득공제를 부부 중 누가 받을지 결정하는 것이 중요합니다. 이와 관련하여 소득세는 소득규모에 따라 세율이 높아지는 누진세율 구조이기 때문에 기본적으로 소득이 많은 사람이 공제를 받는 것이 유리합니다.

납세자 부부 중 어느 한쪽이 모두 공제받는 방법이 항상 유리한가요?

세무사 꼭 그렇지는 않습니다. 한쪽이 모두 공제받기 보다는 서로 나누

어 받는 방법이 유리할 수도 있습니다.

납세자 그밖에 소득공제와 관련하여 맞벌이부부가 알아야 할 내용으로는 어떤 것들이 있나요?

세무사 맞벌이부부가 알아야 할 대표적인 소득공제 관련 주요내용은 아래와 같습니다.

- 자녀를 기본공제대상자로 공제받는 배우자가 자녀세액공제를 받아야 한다.
- 어느 한쪽이 자녀에 대한 기본공제를 받는 경우 배우자가 자녀양육비공제를 받을 수도 있다.
- 서로 공제대상 배우자가 아닌 경우 본인의 보험료에 대해서만 공제가 가능하다.
- 교육비와 의료비는 배우자 중 1명이 선택하여 받을 수 있다.

08 잘못된 연말정산에 따른 세금을 돌려받아라

Tag 기본공제, 표준세액공제, 연말정산기간 후 구제, 경정청구, 추가공제 항목 누락, 장애인의료비, 주요 공제누락 항목

납세자 연말정산을 할 때 소득공제·세액공제 신고서를 제출하지 않으면 어떻게 되나요?

세무사 그런 경우 소득자 본인에 대한 기본공제와 표준세액공제(종교인 소득 7만 원, 근로소득 13만 원)만을 적용합니다. 권리를 행사하지 않았으니 남보다 많은 세금을 내는 불이익을 받을 수밖에 없는 것이지요.

납세자 연말정산 신고기한이 지난 후에라도 신고서를 제출하면 구제를 받을 수 있나요?

세무사 예, 당연히 구제받을 수 있습니다. 과세기간 다음해 5월 종합소득세 과세표준 확정신고기한에 소득자 본인이 직접 관할 세무서에 서류를 제출하면 공제받을 수 있습니다. 또한 연말정산 신고기한 경과 후 5

년 이내에 경정청구를 통해 서류를 제출하면 잘못 낸 세금을 환급받을 수 있습니다.

납세자 연말정산을 할 때 누락되는 대표적인 공제항목으로는 어떤 것들이 있나요?

세무사 주로 추가공제 항목을 누락하는 경우가 많은데, 특히 장애인공제를 누락하는 사례가 많습니다. 예를 들어 부양가족이 암이나 중풍, 치매, 난치성질환 등 중증환자로서 의료기관에서 장애인증명서를 발급받으면 장애인공제를 받을 수 있다는 사실을 모르는 경우가 있고, 부모님이 국가유공자나 상이자인데도 장애인공제를 누락하는 경우 등이 있습니다. 또 장애인의료비에 해당하는데 일반 의료비로 공제받음으로써 의료비공제를 적게 받는 경우도 많습니다. 그밖에 주로 누락되는 공제항목들은 다음과 같습니다.

- 따로 거주하는 부모의 부양가족공제 요건을 잘 몰라서 누락하는 경우
- 중도퇴사자가 퇴사 당시 연말정산을 하면서 각종 공제를 받지 않는 경우
- 사생활 보호나 회사에서 환급금을 주지 않을 것으로 판단하는 등의 이유로 자진해서 소득·세액공제를 누락하는 경우
- 부모 등의 부양가족공제를 다른 사람이 받는 줄 알고 누락하는 경우
- 연말정산간소화서비스에서 의료비 등의 정보가 누락되어 공제를 받지 못한 경우
- 현금영수증 사이트에서 바뀐 휴대전화번호를 수정하지 않아서 현금영수증(신용카드)공제가 누락되는 경우

09 불필요한 가산세를 물지 마라

Tag 종교단체에서 부담할 수 있는 가산세

납세자 종교단체가 부담할 수 있는 가산세로는 어떤 것들이 있나요?

세무사 가산세는 세법상 협력의무를 위반했을 때 부과하는 행정벌을 의미하는데, 이와 관련하여 종교단체에서 부담할 수 있는 가산세는 다음 표와 같습니다.

종교단체가 부담할 수 있는 가산세

가산세	부과대상	가산세율
기부금영수증 허위발급 가산세	기부금영수증에 기부금액을 사실과 다르게 적어 발급한 경우	영수증에 실제 적힌 금액(영수증에 금액이 적혀 있지 않은 경우 기부금영수증을 발급받은 자가 공제신청한 금액)과 건별로 발급해야 할 금액과의 차액의 2%

기부금영수증 기재불성실가산세	기부자의 인적사항을 사실과 다르게 적어 발급하는 등의 경우	영수증에 적힌 금액의 2%
기부자별 발급명세 미작성·미보관 가산세	기부자별 발급명세를 작성·보관하지 않은 경우	미작성·미보관 발급명세금액의 0.2%
지급명세서 미제출가산세	소득세법 제164조에 따라 지급명세서를 제출할 종교단체가 종교인소득 등 지급명세서를 다음해 3월 10일까지 제출하지 않은 경우 *종교인소득 등으로 원천징수하지 않은 경우도 제출의무가 있음	제출하지 않은 소득분 지급금액의 1%(제출기한이 지난 후 3개월 이내에 제출하는 경우 지급금액의 0.5%)
지급명세서 불성실제출가산세	제출된 종교인소득 등의 지급명세서가 불분명한 경우에 해당하거나 제출된 지급명세서에 기재된 지급금액이 사실과 다른 경우	불분명하거나 사실과 다른 소득분 지급금액의 1%
원천징수납부 불성실가산세	원천징수 납부해야 할 세액을 납부하지 않거나 과소납부한 경우	미납세액 × 3% + (과소·무납부세액 × 3/10,000 × 경과일수)* *미납세액의 10% 한도

10 세무조사를 받을 여지를 만들지 마라

Tag 종교단체 세무조사, 부정한 방법에 관여하는 경우, 종교활동비 항목, 사전 수정신고 안내, 종교인소득 관련 장부, 수익사업을 직접 영위하는 종교단체

납세자 종교단체는 어떤 경우에 세무조사를 받게 되나요?

세무사 사실 종교단체가 세무조사를 받는 경우는 거의 없습니다. 종교단체에 대해서는 일반적으로 세무관서에서 거의 모든 세금을 면제해주거나 비과세해주고 있고, 광범위하게 조세지원을 해주고 있으니까요. 하지만 종교단체에서 수익사업을 영위하거나 기부금영수증을 허위로 발급하여 일반인의 탈세를 돕는 등 부정한 방법에 관여하는 경우에는 해당 사안에 대해 세무조사를 받을 수 있습니다. 한마디로 세무관서에서 싫어하는 일만 하지 않으면 세무조사를 받을 일은 거의 없다고 볼 수 있습니다.

납세자 종교인소득이나 종교활동비에 대한 세무조사는 어떻게 이루어

지나요?

세무사 기본적으로 종교단체에서는 종교인소득에 대한 지급명세서를 관할 세무서에 제출할 때 종교활동비 항목을 추가하여 관련 금액을 기재해야 합니다. 특혜 시비가 있지만, 세무당국에서 이러한 종교활동비 등 종교인소득에 대한 질문·조사권을 행사하려면 반드시 사전에 수정신고를 안내하는 자기시정기회를 부여해야 합니다. 또한 실제 세무조사를 하더라도 조사대상은 종교인소득 관련 장부로 제한하고 있습니다. 그런데도 혹시나 세금을 무기로 정부가 종교를 감시하거나 통제할 우려가 있다면 선진국에서 시행하는 협의과세제도 등 완충장치를 마련할 필요가 있을 것입니다.

납세자 그럼 수익사업을 영위하는 종교단체에 대한 세무조사대상은 어떻게 되나요?

세무사 수익사업을 직접 영위하는 종교단체의 경우 부가가치세 과세, 법인세 과세, 취득세 과세, 재산세 과세 등을 종합적으로 검토하여 명백한 탈루혐의가 있으면 세무조사대상으로 삼을 수 있으며, 종교인소득 등 원천징수사항까지 추가로 검토할 수도 있습니다.

Part 3
종교인소득과 근로장려금·자녀장려금

종교인소득에 대한 과세제도가 시행됨에 따라 이제 종교인들도 일반 근로자들과 동일하게 일정 요건을 충족하는 경우 근로장려금과 자녀장려금을 받을 수 있게 되었습니다. 현재 현실적으로 대부분의 종교인들이 저소득자임을 감안해보면 상당히 반가운 일임에는 틀림없는 듯합니다.

Part 3에서는 종교인소득을 받는 종교인들을 기준으로 근로장려세제와 자녀장려세제에 대한 전반적인 사항에 대해 살펴보겠습니다.

- 근로장려세제와 자녀장려세제의 개념과 각각의 장려금을 받으려면 어떤 요건들을 충족해야 하는지에 대해 살펴봅니다.

- 근로장려금과 자녀장려금은 언제까지 어떻게 신청해야 하며, 자신이 신청 및 수급대상인지 여부를 어떻게 확인할 수 있는지에 대해 살펴봅니다.

- 근로장려금과 자녀장려금을 부당하게 받은 경우 어떤 불이익을 받게 되는지 살펴봅니다.

01 근로장려세제(EITC)란 무엇인가?

Tag 근로장려세제, 근로장려금, 근로연계형 소득지원제도, 근로장려금 신청요건

납세자 근로장려세제가 무엇인가요?

세무사 국가에서 제공하는 일종의 사회안전망이라고 할 수 있습니다. 기초생활수급자에게 지급하는 국민기초생활보장제가 1차 사회안전망이라면, 저소득층을 위한 근로장려세제는 2차 사회안전망이라고 할 수 있습니다. 그리고 일반 국민에 대한 사회보험은 3차 사회안전망에 해당하지요.

근로장려세제는 소득이 적은 근로자나 자영업자 가구 등에 대해 근로소득·사업소득·종교인소득 수준에 따라 산정된 장려금(근로장려금)을 지급하는 것으로, 근로 유인효과를 높이고 실질소득을 지원하는 근로연계형 소득지원제도입니다. 근로장려세제는 저소득자들에게서 세금을 걷었다가 더 많은 소득세를 환급해준다는 개념을 가지고 있기 때문에 '부(負(−))

의 소득세'라고 불리지요.

납세자 종교인과세가 시행되면 종교인도 근로장려금을 받을 수 있나요?
세무사 예, 요건에 부합하는 저소득 종교인들도 근로장려금을 받을 수 있게 되었습니다.

납세자 종교인에 대해서는 언제부터 혜택이 적용되는 건가요?
세무사 2018년 기준 소득에 따라서 2019년부터 신청이 가능합니다. 다만 반드시 '본인이 직접 신청'해야 혜택을 받을 수 있습니다.

납세자 근로장려금을 신청할 수 있는 요건이 어떻게 되나요?
세무사 근로장려금은 거주자를 포함한 1세대의 가구원 구성에 따라 정한 부부합산 총급여액 등을 기준으로 지급하며, 현재 연간 가구별로 지급하는 근로장려금 최대액은 250만 원입니다. 구체적으로는 다음 표와 같은 가구원, 소득, 재산 등 3가지 요건을 모두 충족해야 근로장려금을 받을 수 있습니다.

수급요건	세부내용
가구요건	① 배우자나 부양자녀(18세 미만) 또는 70세 이상의 부 또는 모가 있는 가구이거나 ② 30세 이상 단독가구(중증장애인은 연령제한 없음)

소득요건	① 근로소득이나 사업소득 또는 종교인소득이 있을 것 ② 부부합산 연간 총소득(근로, 사업, 기타, 이자, 배당, 연금, 종교인소득의 합계)이 가구원 구성에 따라 정한 다음 총소득 기준금액 미만일 것 	가구원 구성	연간 총소득 기준금액	지급액	 |---|---|---| 	단독가구	1,300만 원	3~85만 원	 	홑벌이 가구	2,100만 원	3~200만 원	 	맞벌이 가구*	2,500만 원	3~250만 원	 *맞벌이 가구의 경우 배우자의 사업소득(총수입금액×업종별 조정률), 근로소득, 종교인소득을 합한 금액이 300만 원 이상인 가구
재산요건	가구원 전원의 재산합계액*이 1억 4,000만 원 미만일 것 *재산합계액은 주택, 토지와 건축물, 승용자동차, 전세금(임차보증금), 금융재산, 현금, 유가증권, 회원권, 부동산을 취득할 수 있는 권리 등을 포함

납세자 위의 요건만 충족하면 누구나 근로장려금을 받을 수 있는 건가요?

세무사 아니요, 위의 요건들을 모두 충족하더라도 다음에 해당하는 경우 근로장려금을 받을 수 없습니다.

① 근로장려금 산정대상 연도 12월 31일 기준 대한민국 국적을 보유하지 않은 자(대한민국 국적을 가진 자와 혼인한 자는 제외)
② 근로장려금 산정대상 연도 중 다른 거주자의 부양자녀인 자

02 자녀장려세제(CTC)란 무엇인가?

Tag 자녀장려금, 자녀장려금 신청요건, 자녀세액공제, 기초생활법에 의한 생계급여

납세자 자녀장려세제는 무엇인가요?

세무사 2015년부터 도입된 자녀장려세제는 소득이 적은 근로자나 자영업자 가구 등에 대해 출산을 장려하고 양육비를 지원하기 위해 자녀장려금을 지급하는 제도입니다.

납세자 종교인들도 자녀장려금을 받을 수 있나요?

세무사 예, 종교인소득의 신고·납부방법과 무관하게 2018년에 종교인소득을 성실히 신고하고 자녀장려금 신청요건을 충족하는 종교인이라면 2019년 5월에 자녀장려금을 신청할 수 있습니다.

납세자 자녀장려금을 신청하려면 어떤 요건을 갖추어야 하나요?

세무사 다음 표와 같은 가구원, 소득, 재산 등 3가지 요건을 모두 충족해야 받을 수 있습니다. 다만 지급대상자가 자녀세액공제를 받은 경우 자녀장려금에서 해당 공제세액이 차감되며, 기초생활보장법에 의한 생계급여를 받은 경우에는 자녀장려금을 지급하지 않습니다.

수급요건	세부내용		
가구요건	부양자녀(18세 미만)가 있을 것		
소득요건	① 근로소득이나 사업소득 또는 종교인소득이 있을 것 ② 부부합산 연간 총소득(근로, 사업, 기타, 이자, 배당, 연금, 종교인소득의 합계)이 가구원 구성에 따라 정한 다음 총소득 기준금액 미만일 것		
	가구원 구성	연간 총소득 기준금액	지급액 (자녀 1인당)
	단독가구	–	–
	홑벌이 가구	4,000만 원	30~50만 원
	맞벌이 가구*		
	*맞벌이 가구의 경우 배우자의 사업소득(총수입금액 × 업종별 조정률), 근로소득, 종교인소득을 합한 금액이 300만 원 이상인 가구		
재산요건	가구원 전원의 재산합계액*이 2억 원 미만일 것 *재산합계액의 계산방법은 근로장려세제와 동일		

03 근로·자녀장려금의 신청방법과 지급액 기준은?

Tag 기한 후 신청, 국세청 신청안내문 발송, 장려금 신청방법, 전자신청, 서면신청, 국세 체납이 있는 경우, 감액, 허위신청자에 대한 불이익

납세자 근로장려금과 자녀장려금을 받으려면 언제까지 신청해야 하나요?

세무사 근로·자녀장려금을 받으려면 5월 1일부터 5월 31일까지 주소지 관할 세무서장에게 신청해야 합니다. 이 기간 동안 신청하지 못한 사람은 기한 후 신청기간인 6월 1일부터 11월 30일까지 6개월 동안 신청할 수 있습니다. 다만 기한 후 신청을 하는 경우에는 장려금의 10%가 감액됩니다.

납세자 그럼 기한 후 신청기간까지 지나면 장려금을 받을 수 없는 건가요?

세무사 예, 근로장려금과 자녀장려금은 국가가 대상요건을 파악하여

직권으로 지급하는 방식이 아니라 수급요건에 해당하는 사람이 직접 정부에 신청하여 장려금을 지급받는 제도이기 때문에, 기간이 경과하면 수급요건 해당 여부에 관계 없이 신청할 수 없습니다.

납세자 근로장려금이나 자녀장려금 수급대상자인지 여부를 확인할 수 있는 방법이 있나요?

세무사 예, 기본적으로 국세청에서 수급대상자들에게 신청안내문을 우편으로 발송하고 있습니다. 만일 신청안내문을 받지 못했다면 국세청 홈택스나 국세청 모바일 앱을 통해 신청대상 여부 및 예상수급액을 미리 확인할 수 있습니다.

납세자 근로장려금과 자녀장려금을 받으려면 어떻게 신청해야 하나요?

세무사 장려금 신청방법에는 '전자신청'과 '서면신청'이 있습니다. 전자신청은 세무서를 방문하지 않고 국세청 홈택스, ARS, 국세청 모바일 앱을 이용하여 신청하는 방법을, 서면신청은 신청서와 첨부서류를 주소지 관할 세무서장에게 제출하는 방식을 말합니다. 장려금 신청과 관련한 자세한 사항은 다음 쪽 표의 내용과 같습니다.

근로·자녀장려금 신청 관련 사항

신청방법 선택	신청방법	신청 확정	대상
전화(ARS)신청 (안내문 수령+인증번호)	ARS 1544-9944에 통화	신청자격 확인으로 완료	안내문 받은 사람만 가능
모바일 앱 신청	국세청 모바일 통합 앱에서 근로(자녀)장려금 아이콘 선택	신청자격 확인으로 완료	안내문 받은 사람만 가능
인터넷 신청 (아이디나 공인인증서 로그인 필요)	국세청 홈택스 www.hometax.go.kr	신청서 작성 및 제출로 완료	안내문 받지 않은 사람도 가능
세무서 방문 신청	접수창구에서 신청서 제출	접수증 수령으로 신청 완료	

납세자 근로장려금과 자녀장려금을 신청하면 언제 받을 수 있나요?

세무사 신청서와 첨부서류를 심사하여 장려금을 결정한 후 9월 말까지 지급하고 있습니다. 다만 신청내용이 사실과 다르면 지급대상에서 제외되거나 지급액이 감액 또는 증액될 수 있습니다. 또한 국세 체납이 있는 경우에는 지급액의 30%를 한도로 체납액에 우선 충당하고 남은 금액을 지급하게 됩니다.

납세자 어떤 경우에 감액이 되나요?

세무사 가구원 재산합계액이 1억 원 이상이면 장려금의 50%를, 기한 후 신청하면 10%를 차감하여 지급하고, 자녀장려금과 이미 공제받은 자녀세액공제가 중복되는 경우 해당 공제금액을 차감하여 지급합니다.

납세자 허위신청자에 대한 불이익도 있나요?

세무사 신청자가 신청요건에 관한 사항을 사실과 다르게 신청한 경우에는 지급한 장려금을 이자상당액(1일 0.03%)을 가산하여 환수하고, 향후 지급제한 등의 불이익을 줄 수 있습니다. 또한 고의 또는 중대한 과실로 사실과 다르게 신청한 경우에는 2년간 지급이 제한되고, 사기나 그 밖의 부정한 행위를 사용하여 사실과 다르게 신청한 경우에는 5년간 지급이 제한될 뿐만 아니라 조세범처벌법에 따라 처벌을 받을 수도 있습니다.

Part 4
종교단체의 노무관리

종교단체는 그동안 노동법이 적용되는 대상이 아니라고 판단했으나, 최근 법원의 판결에 따라 종교단체 역시 근로기준법(노동법)이 적용되는 대상임이 확인되었습니다. 여기에 종교인소득에 대한 과세가 시행되면서 종교단체 소속 직원에 대한 원천징수 등에 따른 노동문제가 발생할 가능성이 높아지고 있습니다. 따라서 이제는 종교단체 역시 노동법을 기준으로 한 노무관리의 필요성을 인식해야 하는 시점이 되었다고 할 수 있습니다.

Part 4에서는 종교단체 입장에서는 다소 생소할 수도 있는 노무관리에 관한 개념과 핵심적인 점검사항들을 살펴보겠습니다.

- 종교단체에 노무관리가 필요한 이유와 함께 고용노동부의 사업장 지도점검 항목들을 중심으로 종교단체에서 해야 하는 주요 노무관리 사항을 알아봅니다.

- 국민연금, 건강보험, 고용보험, 산재보험 등 4대 사회보험과 관련하여 종교단체에서 어떤 경우에 의무적으로 가입해야 하는지 알아보고, 보험요율을 포함한 각 사회보험별 주요 내용에 대해 살펴봅니다.

■ 종교단체의 퇴직금 지급 및 퇴직연금 가입과 관련한 기본 사항을 살펴봅니다.

01 종교단체의 주요 노무관리 사항은?

Tag 근로계약, 근로자의 지위 인정, 실질적인 종속관계, 노동법 기준 노무관리, 근로계약서, 취업규칙, 영세사업장에 대한 주요 노무관리 사항

납세자 종교인도 근로자에 해당하나요?

세무사 종교단체와의 '고용관계 없이' 종교활동을 집행하는 승려·목사·신부 등의 종교인의 경우 원칙적으로 근로기준법 및 고용보험법의 적용에 있어서 근로자로 볼 수 없습니다. 하지만 종교단체와 '근로계약을 통해' 종속적 지위에서 근로를 제공한 종교인은 근로기준법상 '근로자의 지위가 인정'됩니다. 민법상 고용계약이든 도급계약이든 형식과 관계없이 '실질적인 종속관계'에서 사용자에게 근로를 제공했다면 '근로자'로 보아야 한다는 취지이지요. 더구나 종교단체의 규약이나 의결기구의 의결사항에 소속 종교인의 선임, 휴직, 해임, 정년 등에 관한 규정이 있고 퇴직금 지급방법 등을 구체적으로 정하고 있다면 해당 종교단체에서 일하고 있는 종교인은 '근로자'로 보아야 합니다.

납세자 그럼 종교단체에서도 노무관리가 필요하겠군요.

세무사 예, 당연히 필요합니다. 실제로 최근 종교단체도 '근로기준법 등 노동법이 적용되는 영역'이라는 법원의 판결이 있기도 했습니다. 물론 종교적 관점에서는 종교적 신념에 따라 종교활동을 하는 종교인을 근로자로 인식하는 데 대한 거부감이 있을 수 있습니다. 하지만 종교단체에 소속된 종교인 역시 근로기준법 및 산재보험 등에 의해 당연히 보호를 받아야 하는 대상이라는 인식이 필요합니다. 또한 종교인소득 과세의 시행으로 종교단체 소속 직원에 대한 원천징수 등에 따른 노동문제가 발생할 가능성이 높아지고 있는 만큼 종교단체 역시 노동법을 기준으로 한 노무관리가 필요한 시점이라고 볼 수 있습니다.

납세자 영세한 종교단체에서도 노무관리가 필요할까요?

세무사 소속 종교인의 소득을 '종교인소득(기타소득)'으로 원천징수하는 경우에는 노무관리가 필요하지 않습니다. 반면에 해당 소득을 '근로소득'으로 원천징수하고 있다면 '의무적'으로 노무관리를 해야 합니다.

납세자 종교단체에서 해야 하는 노무관리 업무에는 어떤 것들이 있나요?

세무사 기본적으로 근로계약서(207쪽 서식 참조), 취업규칙 등의 필수서류를 구비해야 합니다. 고용노동부에서 지도점검하는 영세사업장에 대한 주요 노무관리 사항을 정리해보면 다음 쪽 표와 같습니다.

영세사업장에 대한 주요 노무관리 사항

주요 점검항목	주요 내용 요약
근로계약서 작성 및 교부	① 근로자에게 근로계약서를 반드시 서면으로 교부 ② 위반 시 500만 원 이하의 벌금 적용
취업규칙 게시 및 신고	① 10인 이상 사업장 필수 의무
임금대장 및 근로자 명부 확인	① 임금대장이 없는 경우 급여이체 통장을 확인 ② 실급여와 신고금액, 근로계약서 금액 대조
4대 보험 가입 여부 확인	① 단기간 근로자 4대 보험 가입 여부 확인
연차 사용 및 연차수당 지급 확인	① 연차 사용 및 미사용 연차수당 지급 여부 확인
주휴, 휴일근로, 야근근로수당 지급 확인	① 1주 만근 시 1일치 수당 추가지급 확인 ② 야간 및 휴일근로에 대한 50% 가산수당 지급 확인
최저임금 지급 확인	2018년 7,530원, 2017년 6,470원
근로시간, 휴게시간 확인	① 연장근로 동의 및 수당 지급 여부 확인 ② 휴게시간 확인
근로자의 날 휴무 확인	① 근로자의 날 휴무 여부 확인
프리랜서 계약서 확인	① 계약서 확인을 통한 근로자로의 전환 가능

표준근로계약서

_____(이하 '사업주'라 함)과(와) _____(이하 '근로자'라 함)은 다음과 같이 근로계약을 체결한다.

1. 근로계약기간 :   년 월 일부터   년 월 일까지
   ※ 근로계약기간을 정하지 않는 경우에는 '근로개시일'만 기재
2. 근 무 장 소 :
3. 업무의 내용 :
4. 소정근로시간 : __시__분부터 __시__분까지 (휴게시간 : 시 분~ 시 분)
5. 근무일/휴일 : 매주 __일(또는 매일단위)근무, 주휴일 매주 __요일
6. 임 금
   - 월(일, 시간)급 : _____원
   - 상여금 : 있음 (   ) _____원, 없음 (   )
   - 기타급여(제수당 등) : 있음 (   ), 없음 (   )
     · _____원, _____원
     · _____원, _____원
   - 임금지급일 : 매월(매주 또는 매일) _____일(휴일의 경우는 전일 지급)
   - 지급방법 : 근로자에게 직접지급(   ), 근로자 명의 예금통장에 입금(   )
7. 연차유급휴가
   - 연차유급휴가는 근로기준법에서 정하는 바에 따라 부여함
8. 사회보험 적용여부(해당란에 체크)
   □ 고용보험 □ 산재보험 □ 국민연금 □ 건강보험
9. 근로계약서 교부
   - 사업주는 근로계약을 체결함과 동시에 본 계약서를 사본하여 근로자의 교부요구와 관계없이 근로자에게 교부함(근로기준법 제17조 이행)
10. 기 타
    - 이 계약에 정함이 없는 사항은 근로기준법령에 의함

                    년   월   일

(사업주) 사업체명 :   (전화 :   )
        주   소 :
        대 표 자 :   (서명)

(근로자) 주   소 :
        연 락 처 :
        성   명 :   (서명)

02 종교단체의 4대 사회보험 관리는?

Tag 4대 사회보험, 각 보험별 주요 내용, 종교단체의 4대 보험 가입의무, 4대 보험 직장가입대상 소득, 국민연금·건강보험 직장가입대상, 종교인의 소득신고 유형별 4대 보험 가입기준, 각 사회보험별 보험요율

납세자 4대 보험의 종류와 각각의 내용이 어떻게 되나요?

세무사 우리나라의 4대 사회보험으로는 국민연금, 건강보험, 고용보험, 산재보험이 있으며 각 보험별 주요 내용은 다음 쪽 표와 같습니다.

납세자 종교단체도 반드시 4대 보험에 가입해야 하나요?

세무사 종교단체가 종교인소득(기타소득)으로 원천징수하느냐 근로소득으로 원천징수하느냐, 종교인이 직접 종합소득세 과세표준 확정신고를 하느냐(근로소득)에 따라 원천징수의무자인 종교단체의 4대 보험 가입의무 등이 달라질 수 있습니다.

4대 보험 개요

구분		국민연금	건강보험	고용보험	산재보험
목적		소득보장(노령, 장애)	질병 치료	실업 및 고용안정	산업재해 보상
대상		전 국민	전 국민	근로자	근로자
자격관리		• 사업장가입자 • 지역가입자	• 사업장가입자 • 지역가입자	• 사업장가입자	• 사업장가입자
보험료 산정	부과기준	기준소득월액	보수월액	월 평균보수	월 평균보수
	부담주체 (지역가입자는 본인이 보험료 전액을 부담)	회사와 근로자가 각각 1/2씩 부담	회사와 근로자가 각각 1/2씩 부담	• 실업급여 : 회사와 근로자가 각각 1/2씩 부담 • 고용안정·직업능력개발 : 전액 회사 부담	전액 회사 부담
납부방법		매월	매월 부과고지 납부(건설업은 연 1회 자진신고·납부)		
		정산	없음	보수총액 신고에 의한 정산	

납세자 종교단체에서 종교인소득(기타소득)으로 원천징수하는 경우에는 어떻게 되나요?

세무사 현행 법령상 4대 보험 직장가입대상 소득은 '근로소득'만 해당합니다. 따라서 종교단체에서 '종교인소득(기타소득)'으로 원천징수하는 종교인의 경우 직장가입을 할 수 없고 '지역가입만 가능'합니다. 이와 관련하여 종교인소득(기타소득)을 받는 종교인이 근로·자녀장려금을 받을 수 있도록 한 만큼 사회보험 혜택도 받을 수 있도록 제도를 개선할 필요가 있어 보입니다. 국민연금과 건강보험의 지역가입대상 요건은 다음 쪽 표와 같습니다.

국민연금과 건강보험의 지역가입대상 요건

구분	국민연금	건강보험
적용 대상	국내에 거주하는 18세 이상 60세 미만의 국민으로서 사업장가입자가 아닌 자	• 국내에 거주하는 국민 • 취득요건을 갖춘 외국인 및 국내거소 신고를 필한 재외국민 중 공단에 건강보험의 적용을 신청한 자
제외 대상	• 타 공적연금 가입자 • 노령연금수급권을 취득한 자 중 60세 미만의 특수직종 근로자 • 조기노령연금 수급권을 취득하고 그 지급이 정지되지 않은 자 • 퇴직연금 등 수급권자 • 18세 이상 27세 미만인 자로서 학생이거나 군복무 등으로 소득이 없는 자(연금보험료를 납부한 사실이 있는 자는 제외) • 기초수급자 • 사업장가입자, 지역가입자 및 임의계속가입자, 별정우체국직원, 타 공적연금 가입자, 노령연금수급권자 및 퇴직연금 등 수급권자의 배우자로서 별도 소득이 없는 자	• 의료급여법에 따라 의료급여를 받는 수급자 • 직장가입자 및 그 피부양자 • 유공자 등 의료급여대상자 (본인 의사에 따라 가입 및 탈퇴 가능)

납세자 그럼 종교단체에서 근로소득으로 원천징수하거나 종교인 본인이 종합소득세 과세표준 확정신고를 하는 경우에는 어떻게 되나요?

세무사 두 경우 모두 '근로소득'에 해당하므로 당연히 국민연금 및 건강보험 직장가입대상이 됩니다. 종교인이 이렇게 근로자 지위를 얻어 국민연금 및 건강보험 직장가입자로 가입하면 종교단체에서 총보험료 등의 50%를 부담하므로 해당 종교인 입장에서는 지역가입자인 경우보다 보험료 부담을 줄일 수 있습니다.

이와 관련하여 종교인의 소득신고 유형별 4대 보험 가입기준을 정리해 보면 다음 표와 같습니다.

종교인의 소득신고 유형별 4대 보험 가입기준

소득신고 유형	구분	국민연금	건강보험	고용보험	산재보험
종교인소득 원천징수 및 연말정산	종교단체	×	×	×	×
	종교인	○	○	×	×
근로소득 원천징수 및 연말정산 종합소득세 과세표준 확정신고	종교단체	○	○	○	○
	종교인	○	○	○	×

납세자 4대 보험 각각의 보험요율이 어떻게 되나요?

세무사 각 사회보험별 보험요율은 다음 표와 같습니다.

4대 보험 유형		부과기준	보험요율	보험료 분담비율	
				근로자	사업자
국민연금		기준소득월액	9.00%	4.5%	4.5%
건강보험	건강보험료	보수월액	6.24%	3.12%	3.12%
	장기요양 보험료	건강보험료	7.38%	7.38%	

→ 표 다음 쪽으로 연결

고용보험	실업급여	기준소득월액		0.65%	0.65%
	고용안정·직업능력 개발사업	150명 미만			0.25%
		150명 이상 (우선지원대상 기업)			0.45%
		150~1,000명			0.65%
		1,000명 이상 기업, 국가, 지자체			0.85%
산재보험	농축산업	보수총액	2.65%		2.65%
	제조업	보수총액	0.95~4.35%		0.95~4.35%
	건설업	보수총액	4.05%		4.05%
	운수·보관업	보수총액	1.05~2.95%		1.05~2.95%
	기타 업종	보수총액	0.95~3.15%		0.95~3.15%

03 종교단체의 퇴직연금 가입은?

Tag 확정급여(DB)형, 확정기여(DC)형

납세자 종교단체도 퇴직연금에 가입해야 하나요?

세무사 종교단체도 종교인을 포함한 임직원이 있는 경우 규약 등에 따라 퇴직금 산정기준을 정해 지급근거를 유지하고 그 기준에 따라 퇴직금을 지급해야 합니다. 다만 퇴직연금 가입 여부는 각 종교단체에서 선택할 수 있습니다.

납세자 퇴직연금에 대해 설명해주세요.

세무사 퇴직연금은 퇴직금을 보장받을 수 있도록 회사 외부에 연금형태로 적립하도록 한 것으로, 영리기업인 경우 세법상 손금인정을 받을 수 있습니다.

퇴직연금은 다음 쪽 표와 같이 2가지 방식으로 운용되는데, 먼저 확정급여(DB)형은 종교단체 등 사용자가 직접 외부 금융회사를 통해 운용하는 것으로 해당 종교단체 등의 자산으로서 표시·관리됩니다. 이에 비해 확정기여(DC)형은 종교단체 등 사용자가 외부 적립을 위해 퇴직연금에 불입하여 외부 적립이 되면 근로자에게 퇴직금을 지급한 것으로 처리됩니다.

퇴직연금의 2가지 운용방식

구분	내용
확정급여형 (DB형)	• 근로자가 퇴직 시 받을 퇴직급여가 사전에 확정 • 사용자가 매년 부담금을 금융회사에 적립하여 책임지고 운용하며, 운용결과와 관계없이 근로자는 사전에 정해진 수준의 퇴직급여 수령
확정기여형 (DC형)	• 사용자가 납입할 부담금이 사전에 확정 • 근로자가 직접 적립금을 운용하며, 근로자 본인이 추가 납입도 가능. 사용자가 납입한 부담금과 운용손익을 최종급여로 수령

Part 5
종교단체에 대한 과세제도와 절세비법

1장
종교단체에 대한 소득세 과세제도와 절세비법

소득세는 소득을 과세대상으로 한다는 점에서는 법인세와 동일하지만, 법인세는 '법인'의 소득에 대해 과세하는 반면 소득세는 '개인'의 소득에 대해 과세한다는 차이가 있습니다. 이런 의미에서 보면 소득세는 개인소득세, 법인세는 법인소득세라고 표현하는 것이 더 적합할 수 있습니다.

소득세의 납세의무자는 종합소득, 양도소득, 퇴직소득이 있는 거주자와 비거주자로 나뉘는데, 거주자는 국내 및 국외 원천소득에 대해 무제한적 납세의무가 있는 반면 비거주자는 국내 원천소득에 대해서만 납세의무가 있습니다. '법인이 아닌 종교단체'의 경우 '거주자'로서 소득세를 신고·납부해야 합니다.

앞서 Part 2에서 종교인소득에 대한 과세제도를 설명하면서 소득세와 관련한 전반적인 내용들을 살펴보았는데, 여기서는 종교단체 관련 소득세 과세제도 및 절세에 대한 핵심적인 사항들만을 모아 다시 한 번 짚어보겠습니다.

- 소득세와 관련한 주요 개념과 소득세 계산 및 납부방법에 대해 알아봅니다.

- 종교단체가 법인격이 있느냐 없느냐, 수익사업을 하느냐 하지 않느냐에 따라 양도소득세를 포함한 소득세 납세의무가 어떻게 달라지는지 알아봅니다.

- 원천징수 및 연말정산에 대한 핵심적인 내용을 알아보고, 종교인소득과 관련하여 종교단체에서 해야 할 원천징수 및 연말정산 관련 의무사항들을 알아봅니다.

- 종교인소득에 대한 종교단체의 지급명세서 작성 및 제출의무에 대해 알아봅니다.

01 소득세란 무엇인가?

Tag 소득세의 납세의무자, 거주자, 비거주자, 포괄주의, 열거주의, 과세대상 소득의 종류, 소득세 계산방법, 소득세 신고·납부기간, 초과누진세제도

납세자 소득세가 무엇인가요?

세무사 소득세는 개인의 소득을 과세대상으로 하여 신고·납부하는 조세입니다. 소득을 과세대상으로 한다는 점에서는 법인세와 동일하지만 법인세는 '법인'의 소득에 대해 과세하는 반면, 소득세는 '개인'의 소득에 대해 과세한다는 차이가 있습니다. 엄밀한 의미에서 소득세는 개인소득세, 법인세는 법인소득세라고 표현하는 것이 더 적합할 수 있지요.

납세자 소득세의 납세의무자는 누구인가요?

세무사 소득세의 납세의무자는 종합소득, 양도소득, 퇴직소득이 있는 '거주자'와 '비거주자'로 나눠집니다. 거주자는 국적에 관계없이 국내에 주소를 두거나 183일 이상 거소(주소지 이외의 장소 중 상당 기간에 걸쳐 거주하

는 장소)를 둔 개인을 말하는데, '국내 및 국외 원천소득에 대해 무제한적 납세의무'를 지게 됩니다. 이에 비해 비거주자는 '국내 원천소득에 대해서만 납세의무'를 지게 되지요.

납세자 앞서 법인세와 소득세는 모두 소득을 과세대상으로 한다고 했는데, 과세상의 차이가 어떻게 되나요?

세무사 법인세는 모든 소득에 대해 과세하는 '포괄주의'를, 소득세는 과세대상이 되는 소득을 소득세법에서 일일이 열거하는 '열거주의'를 적용하고 있습니다. 즉, 소득이 있어도 소득세법에 과세대상으로서 열거되어 있지 않으면 과세하지 않는다는 것이지요. 예를 들어 소액주주가 주식을 양도하고 얻은 차익에 대해서는 소득세가 부과되지 않습니다. 최소한 소득세에 있어서만큼은 '소득이 있는 곳에 세금이 있다'라는 말이 틀린 말이 되는 것이지요. 소득세법에서는 과세대상 소득의 종류를 다음 쪽 그림과 같이 열거하고 있습니다.

납세자 그럼 종교인소득은 어떤 소득으로 분류되나요?

세무사 종교인소득은 기본적으로 기타소득에 해당하지만, 근로소득으로 신고할 수도 있습니다. 종교인 또는 종교단체가 2가지 소득유형 중에서 하나를 선택할 수 있는 것이지요.

납세자 소득세는 어떻게 계산하나요?

세무사 다음과 같이 해당 과세기간의 총수입금액에서 필요경비와 소득

소득의 구분

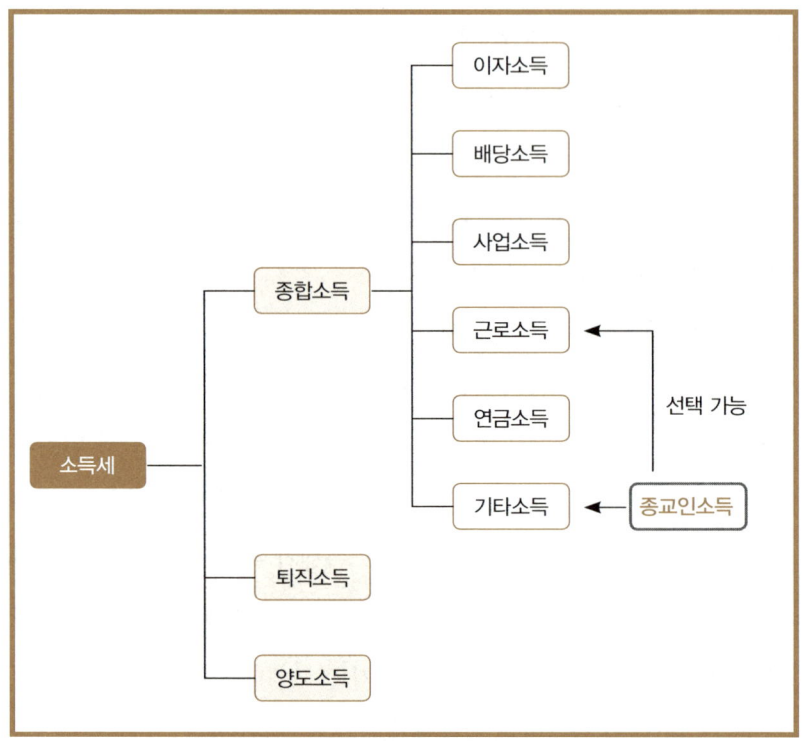

공제를 빼서 과세표준을 계산하고, 이 과세표준에 세율을 곱해서 세액을 산출합니다. 산출세액에서 각종 세액공제(감면)를 빼면 결정세액이 산출되지요. 여기서 과세기간은 원칙적으로 1년(1월 1일~12월 31일)을 의미합니다.

소득세의 계산방법

- 과세대상 소득 – 필요경비 – 소득공제=과세표준
- 과세표준 × 세율경비 – 소득공제=산출세액
- 산출세액 – 세액공제(감면)=결정세액

납세자 소득세는 언제 신고·납부하나요?
세무사 종합소득이 있는 사람은 소득이 발생한 해의 다음해 5월 1일~5월 31일까지 신고·납부하면 됩니다. 종교인소득이나 근로소득만 있는 사람은 매월 원천징수한 세액에 대해 연말정산을 해서 다음해 3월 10일까지 신고·납부하면 5월에 종합소득세 과세표준 확정신고를 하지 않아도 됩니다.

납세자 우리나라의 소득세 제도의 특징에 대해 설명해주세요.
세무사 앞서 설명했듯이 우리나라의 소득세법에서는 과세대상 소득을 일일이 열거하는 열거주의 방식을 채택하고 있습니다. 또한 소득규모에 따라 세율을 최저 6%에서 42%까지 차등 적용하는 초과누진세제도를 적용하고 있는데, 이는 과세표준이 낮은 사람에게는 낮은 세율을, 과세표준이 높은 사람에게는 높은 세율을 적용한다는 응능부담(應能負擔)의 원칙에 의해 일종의 소득재분배 기능을 부여하는 의미가 있습니다. 그 외에도 우리나라의 소득세 제도는 종합과세제도, 개인을 과세단위로 하는 개인별 과세제도, 신고납부제도, 종합소득공제제도라는 특징을 가지고 있습니다.

02 종교단체의 소득세 및 양도소득세 납세의무는?

Tag 수익사업이 있는 종교단체, 종교용 부동산의 양도차익, 원천징수의무, 비영리법인, 법인으로 보는 단체, 양도소득세 계산방법

납세자 종교단체도 소득세 납세의무가 있나요?

세무사 부동산임대업 등 수익사업을 하지 않고 고유목적사업만 하는 종교단체는 소득세 납세의무가 없습니다. 반면에 수익사업이 있는 종교단체의 경우 '법인세 또는 소득세 납세의무'가 있습니다.

납세자 수익사업을 하는 종교단체가 어떤 경우에 법인세 또는 소득세 납세의무를 지게 되나요?

세무사 종교단체가 법인이거나, 세법상 법인으로 보는 단체, 신청에 의해 법인으로 보는 단체에 해당하는 경우 '×××-82-×××××' 형식의 고유번호가 부여되는 고유번호증을 받게 되는데, 이런 종교단체가 수익사업을 하는 경우 '법인세' 납세의무를 지게 됩니다. 반면에 법인격이 없는

개인(거주자)인 종교단체는 '×××-89-×××××' 형식의 고유번호가 부여되는 고유번호증을 받게 되는데, 이런 종교단체가 수익사업을 하게 되면 소득세법에 따라 '소득세' 납세의무를 지게 되지요.

납세자 법인과 개인 중 어느 쪽이 절세 측면에서 유리한가요?

세무사 법인이 유리합니다. 종교단체의 경우 비영리법인으로서 수익사업을 하는 편이 절세 측면에서 개인인 경우보다 유리하지요. 특히 종교용 부동산의 양도차익에 대해 법인은 고유목적사업에 3년 이상 사용하면 세금이 '면제'되지만, 개인은 면제적용을 받지 못합니다.

납세자 종교단체가 법인이냐 개인이냐에 따라 원천징수의무도 달라지나요?

세무사 다음 표와 같이 적용되는 법률이 다를 뿐 종교단체가 법인이든 개인(거주자)이든 원천징수의무는 똑같이 적용됩니다.

종교단체의 원천징수의무

종교단체 구분	적용법률	소득과세	고유번호	원천징수의무
법인	법인세법	법인세 (수익사업)	×××-82-×××××	있음
세법상 법인으로 보는 단체	법인세법	법인세 (수익사업)	×××-82-×××××	있음
신청에 의해 법인으로 보는 단체	법인세법	법인세 (수익사업)	×××-82-×××××	있음
개인(거주자)	소득세법	소득세	×××-89-×××××	있음

납세자 종교단체도 소유하던 부동산을 처분하면 양도소득세를 내야 하나요?

세무사 종교단체가 개인(거주자)이면 당연히 내야 합니다. 반면에 비영리법인이나 법인으로 보는 단체에 해당하는 종교단체인 경우('×××-82-××××× ' 형식의 고유번호를 부여받는 경우) 원칙적으로는 양도소득세를 내야 하지만, 해당 부동산을 3년 이상 고유목적사업에 사용했다면 양도소득세를 '면제'해줍니다.

납세자 종교단체가 재산을 처분했을 때와 개인이 처분했을 때 양도소득세 계산방법이 각각 달라지나요?

세무사 아니요, 종교단체가 재산을 양도했을 때도 개인(거주자)이 재산을 양도할 때와 똑같은 계산방법이 적용됩니다.

03 종교단체의 종교인소득에 대한 원천징수와 연말정산의무는?

Tag 원천징수제도, 원천징수대상 소득, 원천징수세율, 연말정산, 종교인소득의 연말정산 흐름(의무)

납세자 원천징수제도에 대해 설명해주세요.

세무사 원천징수제도는 소득이 있는 본래의 납세의무자가 직접 세금을 납부하지 않고, 소득을 지급하는 자가 소득자에게 지급하는 소득에서 일정한 세금을 징수하여 세무서에 대신 납부하는 제도입니다. 국가 입장에서 원천징수제도는 조세채권을 조기에 확보하고 징세업무 부담을 덜 수 있으며, 소득을 지급하는 당시에 미리 세금을 징수함으로써 조세의 탈루를 방지한다는 측면에서 매우 편리한 제도라고 할 수 있습니다.

납세자 원천징수한 세금은 어떻게 납부해야 하나요?

세무사 위의 설명에서 소득을 지급하는 자를 원천징수의무자라고 하는데, 원천징수의무자는 그 징수일이 속하는 달의 다음달 10일까지 '원천징수이행상황신고서'를 작성해서 관할 세무서장에게 신고하고 금융기관에 세금을 납부해야 합니다. 종교인소득의 경우 종교인소득을 지급하는 종교단체가 원천징수의무자가 되며 소득을 지급받는 종교인이 납세의무자가 되지요.

납세자 원천징수대상 소득에는 어떤 것들이 있나요?
세무사 이자소득, 배당소득, 사업소득(주로 인적 용역), 근로소득, 연금소득, 기타소득, 퇴직소득이 원천징수대상 소득에 해당합니다.

납세자 원천징수세액은 어떻게 산출하나요?
세무사 원천징수세율은 원천징수대상 소득유형에 따라 달라집니다. 종교단체에서 소속 종교인의 소득을 '종교인소득'으로 신고하는 경우 '종교인소득 간이세액표'에 따라 세액을 산출하고, 소속 종교인의 소득을 '근로소득'으로 신고하거나 종교단체에서 근무하는 종사직원에게 '근로소득'을 지급하는 경우에는 '근로소득 간이세액표'에 따라 세액을 산출하면 됩니다.

납세자 그럼 연말정산의 개념은 무엇인가요?
세무사 위에서 설명했듯이 근로소득이 있는 사람은 매월 급여를 지급받을 당시에 간이세액표에 따라 산출된 소득세를 원천징수당하게 됩니다. 그런데 이것은 연간 총소득에 따른 과세표준을 기초로 산출된 세액이 아니고 월급여에 대해서 개략적으로 산출된 세액인데다 소득공제(인적공제와 물적공제) 사항이 정확히 반영되어 있지 않기 때문에 연말인 12월 말 현재로 세액을 다시 정산하게 되는데, 이를 연말정산이라고 합니다.

납세자 연말정산은 언제 하나요?

세무사 연말정산은 당해연도의 다음연도 2월분 급여를 지급할 때 합니다. 이때 2월분 근로소득을 2월 말일까지 지급하지 않은 경우 2월 말일에 지급한 것으로 봅니다.

납세자 종교인소득을 기준으로 연말정산의 흐름을 설명해주세요.

세무사 종교인소득(또는 근로소득)에 대해 원천징수를 한 종교단체는 다음해 2월분 소득을 지급할 때 연말정산을 해야 하는데, 이때 연말정산대상 종교인에게서 소득·세액공제신고서와 증빙서류를 제출받아 최종적인 세액을 산출하고, 이미 원천징수한 세액과 정산하여 추가로 원천징수하거나 환급해주어야 합니다.

납세자 종교단체가 법인이든 개인이든 상관없이 연말정산의무를 지게 되나요?

세무사 예, 원천징수의무와 마찬가지로 법인이든 개인이든, 고유번호를 부여받았든 받지 않았든 종교인과 종사직원에 대한 종교단체의 연말정산의무는 동일합니다. 다만 '소속 종교인'에 대해서는 '종교인소득(기타소득) 또는 근로소득'으로 연말정산을 할 수 있는 반면, '종사직원'에 대해서는 '근로소득'으로 원천징수를 해야 한다는 차이가 있습니다.

04 종교단체의 종교인소득에 대한 지급명세서 작성 및 제출의무는?

Tag 지급명세서 제출의무, 지급명세서 제출 제외 소득, 지급명세서 제출기간, 가산세

납세자 원천징수와 관련해서 원천징수의무자가 지켜야 할 의무사항이 있나요?

세무사 원천징수는 말 그대로 소득이 발생하는 원천에서 세액을 징수하는 제도이므로, 이를 통해 소득자의 인적사항 및 그 소득의 크기 등의 과세정보를 가장 정확하고 용이하게 파악할 수 있습니다. 따라서 원천징수대상 소득에 대해서는 조세의 누락이 사실상 불가능하며, 수집된 과세자료를 토대로 근거과세 실현이 가능하지요. 이때 과세자료의 파악을 위해 원천징수의무자는 원천징수세액의 납부와 함께 원천징수대상 소득 및 내역에 대해 지급명세서를 제출하는 의무를 이행해야 합니다.

납세자 종교단체에게도 동일한 의무가 적용되나요?

세무사 예, 종교인에게 종교인소득을 지급하는 종교단체 역시 반드시 법령에서 정한 기한까지 '지급명세서'를 작성하여 제출해야 합니다. 또한 종교단체에서 종교인소득에 대해 '연말정산을 하지 않더라도' 지급명세서는 반드시 제출해야 합니다.

납세자 지급명세서 제출대상에서 제외되는 소득도 있나요?

세무사 예, 식대 등 비과세항목에 해당하는 소득의 경우 지급명세서 제출의무가 면제됩니다. 다만 종교인소득에 있어서 종교인 개인통장으로 입금하는 종교활동비는 지급명세서를 작성하여 제출해야 합니다.

납세자 종교단체는 종교인소득에 대한 지급명세서를 언제까지 제출해야 하나요?

세무사 종교인소득을 지급한 종교단체는 그 지급일이 속하는 과세기간의 다음연도 3월 10일까지 지급명세서를 제출해야 합니다. 종교단체가 휴업 또는 해산한 경우에는 휴업일, 폐업일 또는 해산일이 속하는 달의 다음달 말일까지 원천징수 관할 세무서장에게 지급명세서를 제출해야 합니다. 해당 기간까지 지급명세서를 제출하지 않거나 제출한 지급명세서의 내역이 불분명하면 가산세를 물게 됩니다.

Part 5
종교단체에 대한 과세제도와 절세비법

2장
종교단체에 대한 법인세 과세제도와 절세비법

법인세는 앞서 설명했듯이 법인의 소득에 대해 부과하는 세금입니다. 거주자가 아닌 세법상 법인으로 취급되는 종교단체 역시 일반적인 비영리법인과 마찬가지로 고유목적사업(종교활동) 이외에 수익사업을 영위하는 경우 법인세 부과대상이 됩니다. 다만 종교단체를 포함한 비영리법인의 경우 영리법인에 비해 법 적용상에 차이가 있고, 과세특례가 적용되는 사항이 있는 만큼 법인세법의 전반적인 사항을 이해하는 것이 절세에 있어서 큰 도움이 됩니다.

Part 5 2장에서는 종교단체를 포함한 비영리법인의 수익사업과 비수익사업의 범위를 알아보고, 고유목적사업 이외에 수익사업을 병행하는 경우 어떤 절차가 필요한지 알아봅니다. 또한 법인세 신고·납부절차와 함께 부동산을 양도하는 경우를 포함하여 어떤 경우에 종교단체에서 법인세를 신고·납부해야 하는지에 대해 살펴보겠습니다. 이와 관련하여 종교단체의 회계장부 작성 및 보관의무 및 종교단체에 대한 세무조사와 관련한 전반적인 사항까지 살펴보겠습니다.

- 법인 및 법인세의 기본적인 개념과 함께 종교단체에 법인세 납세의무가 적용되는 경우에 대해 살펴봅니다.

- 법인세 신고절차와 필요서류, 법인세 계산방법에 대해 알아봅니다.

- 수익사업과 비수익사업을 구분하는 방법과 종교단체를 포함한 비영리법인이 고유목적사업 이외에 수익사업을 병행하기 위해서는 어떤 절차가 필요한지 알아봅니다. 또한 비영리법인에게만 적용되는 법인세 과세특례 규정에 대해 살펴봅니다.

- 부동산 양도 시 법인으로 취급되는 종교단체인지 아닌지에 따라, 해당 부동산이 종교용도로 사용되었는지 아닌지에 따라 과세적용이 어떻게 달라지는지에 대해 살펴봅니다.

- 수익사업을 병행하는 종교단체에서 세법상 의무적으로 작성해야 하는 장부의 종류를 알아보고, 이와 관련하여 종교단체에 대한 세무조사의 일반적인 사항에 대해 살펴봅니다.

01 법인세란 무엇인가?

Tag 법인세 납세의무자, 법인세법상 법인의 유형, 과세대상 소득의 범위, 법인격을 가진 종교단체

납세자 법인세는 어떤 세금인가요?

세무사 법인세는 '법인격'을 가진 기업이 일정 기간 벌어들인 소득에 대해 부과하는 세금을 말합니다.

납세자 소득세와는 어떤 차이가 있나요?

세무사 소득을 과세대상으로 한다는 점에서는 소득세와 동일하지만 몇 가지 중요한 차이가 있습니다. 먼저 소득의 주체가 개인이 아닌 '법인'이라는 차이가 있습니다. 또한 소득세는 소득세법에 열거된 소득에 대해서만 과세하는 '열거주의(소득원천설)'를 따르는 반면, 법인세의 경우 소득의 원천은 묻지 않고 순자산을 증가시키면 과세대상이 된다는 '포괄주의(순자산증가설)'에 의해 과세소득의 범위가 결정된다는 차이가 있습니다.

납세자 법인세의 납세의무자는 누구인가요?

세무사 당연히 '법인'이지요.

납세자 법인에도 여러 유형이 있나요?

세무사 예, 법인은 다음 쪽 그림과 같이 '설립목적'에 따라 '영리법인'과 '비영리법인'으로, 소재지에 따라 '내국법인'과 '외국법인'으로 분류됩니다. 이렇게 유형을 구분하는 이유는 어느 법인유형에 해당하느냐에 따라 과세대상 소득의 범위가 달라지기 때문입니다.

먼저 '영리 내국법인'은 그 소득이 국내에서 생기느냐 국외에서 생기느냐에 상관없이 해당 법인에게 귀속되는 모든 소득에 대해 무제한적 납세의무가 있는 반면, 외국에 본점 또는 주사무소를 둔 '영리 외국법인'은 국내에서 생긴 국내 원천소득에 대해서만 법인세 납세의무가 있습니다. 이에 비해 '비영리법인'의 경우 수익사업에서 생긴 소득에 대해서만 납세의무가 있습니다.

납세자 그럼 종교단체의 경우 법인세가 어떻게 적용되나요?

세무사 법인격을 가진 종교단체 역시 수익사업을 하는 경우 법인세 납세의무가 생깁니다. 이와 관련한 자세한 내용은 240쪽 '03 종교단체의 수익사업에 대한 법인세 납세의무는?'을 참고하기 바랍니다.

법인세법상 법인의 유형

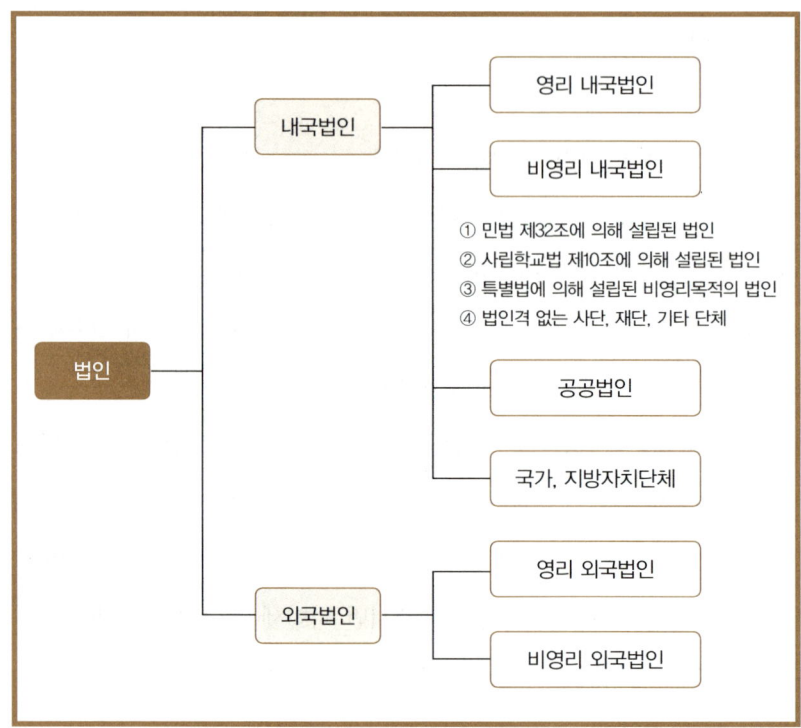

02 법인세의 과세기간과 신고·납부기한은?

Tag 법인세의 과세기간(신고·납부기한), 사업연도, 법인세 신고서류, 법인세율, 법인세 계산방법

납세자 법인세의 과세기간은 어떻게 되나요?

세무사 법인세의 과세기간은 과세대상 법인의 회계연도를 따르는데, 이를 법인세법에서는 '사업연도'라고 합니다. 해당 법인의 정관상에 규정되어 있는 '회계연도'가 바로 '사업연도'가 되는 것이지요. 이때 법인의 회계연도는 '1년'을 초과할 수 없습니다.

납세자 그럼 법인세의 신고·납부기한은 어떻게 되나요?

세무사 법인세의 신고·납부기한은 사업연도 종료일이 속하는 달의 말일부터 3개월 이내입니다. 예를 들어 해당 법인의 회계연도(사업연도)가 1월 1일부터 12월 31일까지라면 다음연도 3월 말까지가 신고·납부기한이 됩니다.

납세자 법인세를 신고할 때 어떤 서류를 준비해야 하나요?

세무사 법인세를 신고할 때는 법인세 신고서와 함께 해당 법인의 재무제표(재무상태표, 손익계산서, 이익잉여금처분계산서(또는 결손금처리계산서), 현금흐름표(외부회계감사대상 법인에 한함) 및 세무조정계산서)를 첨부해야 합니다.

납세자 법인세 세율과 납부세액 계산방법은 어떻게 되나요?

세무사 다음 표와 같은 과세표준에 따라 10%에서 최고 25%의 세율이 적용됩니다.

법인세의 세율체계

구분	과세표준			
	2억 원 이하	2억 원 초과~ 200억 원 이하	200억 원 초과~ 3,000억 원 이하	3,000억 원 초과
일반 법인	10%	20%	22%	25%
조합 법인	20억 원 이하 : 9%(당기순이익 과세) 20억 원 초과분 : 12%(당기순이익 과세)			

법인세 납부세액 계산방법은 다음 쪽 그림과 같은 법인세 결정흐름표를 참고하기 바랍니다.

참고로 미국의 경우 법인세 최고세율이 35%에서 20%로, 프랑스의 경우 33.3%에서 25%로 하향하는 추세에서 우리나라의 경우 기존 22%에서 25%로 최고세율이 인상되었는데, 이로 인해 재계에서는 최소 2~3

조 원의 세금이 추가로 발생할 것으로 추정하고 있습니다.

신고납부제도 하에서의 법인세 결정흐름

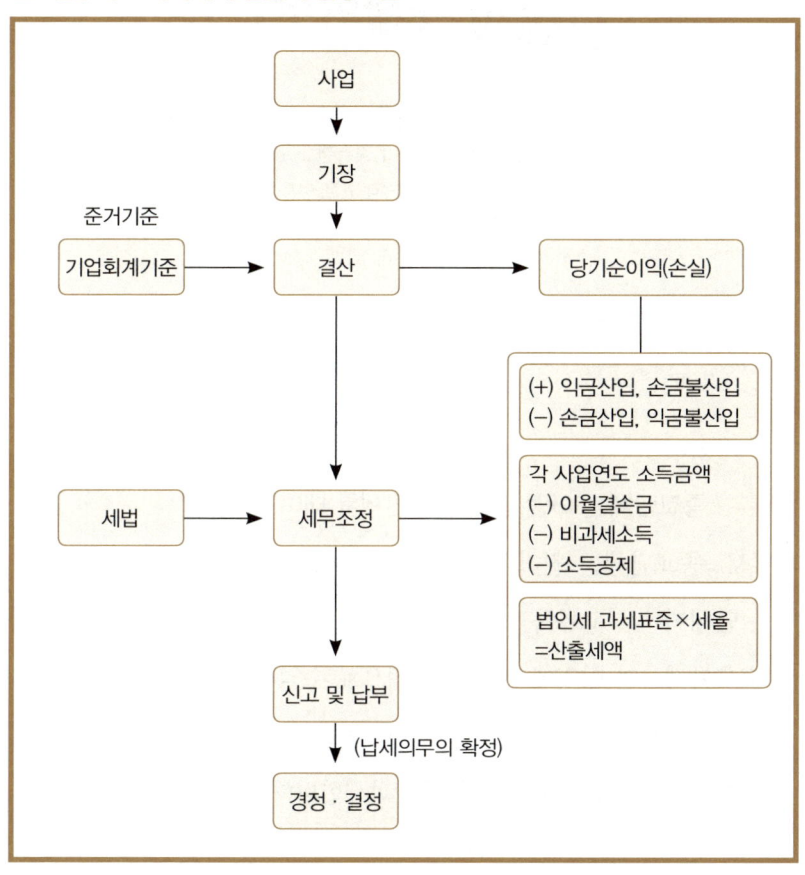

03 종교단체의 수익사업에 대한 법인세 납세의무는?

Tag 고유목적사업준비금, 수익사업과 비수익사업의 구분, 기획재정부령으로 정하는 사업, 정기간행물 발간사업, 회보 광고 게재, 종교단체의 구내식당 운영, 종교단체의 법인세 납세의무·과세특례 규정, 이자소득 신고특례, 원천징수한 이자소득세 환급, 구분경리

납세자 종교단체는 어떤 경우에 법인세를 내야 하나요?

세무사 종교단체는 원칙적으로 종교의 보급 및 기타 교화를 목적으로 하는 단체이므로 고유목적사업에 대해서는 과세를 하지 않습니다. 하지만 고유목적사업 이외에 '계속 반복적으로 수익사업을 영위하는 경우'에는 해당 수익사업에서 발생한 소득에 대해 종교단체의 성격에 따라 법인이면 '법인세', 개인이면 '소득세'를 과세합니다.

납세자 고유목적사업준비금에 대해 설명해주세요.

세무사 주무관청에 등록한 종교단체는 그 소속단체를 포함해서 고유목적사업이나 지정기부금에 지출하기 위해 고유목적사업준비금을 손금계상한 경우, 이자·배당소득과 수익사업의 50%를 손금산입함으로써

원천납부세액을 환급받을 수 있습니다.

납세자 종교단체에서 하는 사업이 수익사업인지 비수익사업인지를 어떻게 구분하나요?

세무사 부가가치세법 제26조 제1항 제18호에 따라 종교, 자선, 학술, 구호, 그 밖의 공익을 목적으로 하는 단체가 공급하는 다음의 재화 또는 용역은 '비수익사업'으로 봅니다.

> ① 주무관청의 허가 또는 인가를 받거나 주무관청에 등록된 단체로서 종교의 보급 및 기타 교화에 현저히 기여하는 사업 또는 기획재정부령으로 정하는 사업을 하는 단체가 그 고유의 목적사업을 위해 일시적으로 공급하거나 실비 또는 무상으로 공급하는 재화 또는 용역
> ② 문화재보호법에 따른 지정문화재(지방문화재 포함, 무형문화재 제외)를 소유하거나 관리하고 있는 종교단체(주무관청에 등록된 종교단체로 한정)의 경내지 및 경내지 안의 건물과 공작물의 임대용역

참고로 위의 내용 중에서 '기획재정부령으로 정하는 사업'이란 비영리법인의 사업으로서 종교, 자선, 학술, 구호, 사회복지, 교육, 문화, 예술 등 공익을 목적으로 하는 사업을 말합니다.

그 밖에 종교단체가 고유목적사업을 달성하기 위해 회보 등을 발간하고 회원이나 불특정 다수인에게 무상으로 배포하는 정기간행물 발간사업을 하거나, 수익사업으로 보지 않는 회보에 광고를 게재하는 경우 해당 광고수입은 수익사업으로서 '과세대상'이지만, 광고수입을 초과하는 회

보발간비는 비수익사업의 비용으로서 '손금인정'이 됩니다.

납세자 종교단체에서 구내식당을 운영하는 경우에는 어떻게 되나요?
세무사 종교단체에서 교인에게 실비로 식사를 제공함으로써 발생하는 구내식당 운영수입은 '비수익사업'에 해당합니다. 반면에 구내식당을 운영하면서 교인이 아닌 외부인에게 식사를 제공하거나 교인에게 실비를 초과하는 금액으로 식사를 제공하는 용역은 '수익사업'에 해당합니다. 이밖에 종교단체가 운영하는 유치원이나 학교, 사회복지시설에 대한 비수익사업도 있습니다.

납세자 종교단체의 법인세 납세의무는 어떻게 되나요?
세무사 앞서 설명했듯이 종교단체는 기본적으로 일반 비영리법인과 마찬가지로 수익사업이 있는 경우 해당 수익사업에 대해서만 법인세 신고·납부의무를 지게 됩니다.

납세자 비영리법인인 종교단체에 적용하는 법인세법상 과세특례 규정이 있나요?
세무사 예, 법인세법에서는 종교단체를 포함한 모든 비영리법인에 대해 다음 쪽 표와 같은 과세특례 규정을 두고 있습니다.

비영리법인에 대한 법인세 과세특례 규정

과세특례	주요 내용
고정자산 처분수입 비과세	고정자산 처분일 현재 3년 이상 고유목적사업에 계속해서 사용한 부동산에 대해 법인세 비과세
고유목적사업준비금 손금산입	• 수익사업 등 법인세 과세소득의 50%를 손금산입 • 이자소득(비영업대금의 이익은 제외) 100% 손금산입
자산양도소득신고 특례	고정자산 양도에 따른 소득신고 시 다음 중 선택 • 소득세법에 따른 양도소득세 • 법인세법에 따른 법인세 신고방법
이자소득신고 특례	이자소득에 대한 원천징수 시 법인세 신고 제외

납세자 위의 내용 중에서 이자소득 신고특례에 대해 좀 더 자세히 설명해주십시오. 예를 들어 종교단체가 이자소득만 있는 경우에는 어떻게 되나요?

세무사 종교단체를 포함한 비영리법인이 수익사업을 하려면 수익사업 개시신고를 해야 하지만 이자소득만 있는 경우에는 수익사업 개시신고를 해야 할 의무가 없습니다. 비영리 내국법인은 이자·할인액 및 이익 등 이자소득(비영업대금의 이익은 제외, 투자신탁의 이익은 포함)으로서 원천징수된 이자소득에 대해서는 법인세 과세표준 신고를 하지 않아도 됩니다.

납세자 그럼 고유목적사업 외에 이자소득만 있는 비영리법인의 경우 법인세 과세표준 신고를 하지 않아도 된다는 건가요?

세무사 예, 위와 같은 비영리법인의 경우 해당 '이자소득에 대해 과세표준 신고방법'과 '원천 분리과세 방법' 중 하나를 선택해서 처리할 수 있습니다. 만일 원천 분리과세 방법을 선택한다면 원천징수로써 과세절차를 종결하고 별도로 법인세 신고를 하지 않아도 됩니다. 다만 이런 경우 당연히 환급받을 수 있는 이자소득세를 포기해야 합니다. 법인세 과세표준 신고를 하지 않은 이자소득에 대해서는 경정청구나 기한 후 신고를 통해서도 환급받을 수 없습니다.

납세자 그럼 금융기관에서 원천징수한 이자소득세를 환급받으려면 어떻게 해야 하나요?

세무사 12월 말 법인인 경우 법인세 신고기한인 매년 3월 말까지 법인세 과세표준 신고를 하면서 고유목적사업준비금을 설정하여 원천징수된 이자소득세를 환급받으면 됩니다. 다만 '법인으로 보는 개별 종교단체(×××-82-×××××)'는 고유목적사업준비금을 설정할 수 있지만, '개인으로 보는 사단·재단·기타 단체(×××-89-×××××)'는 고유목적사업준비금을 설정할 수 없기 때문에 후자의 경우 '법인으로 보는 단체로 전환해야만' 이자소득세를 환급받을 수 있습니다.

납세자 종교단체에서 고유목적사업 이외에 수익사업을 영위하려면 어떻게 해야 하나요?

세무사 종교단체에서 수익사업을 하려면 먼저 '수익사업 개시신고'를 하고 고유번호증을 '사업자등록증'으로 바꾸어야 합니다(93~95쪽 내용 참조). 또한 종교단체가 고유목적사업 외에 임대업이나 서점운영 등의 상품판매업이나 카페운영업(휴게음식점), 구내식당 운영업 등 수익사업을 계속 반복적으로 영위하는 경우 법인세를 신고·납부해야 하므로 자산·부채 및 손익과 관련된 사항을 '수익사업회계'와 '고유목적사업회계'로 구분경리하여 장부를 기록해야 합니다.

납세자 구분경리가 무엇인가요?

세무사 말 그대로 '사업을 구분해서 경리를 한다'는 의미입니다. 구분경리를 할 때는 구분해야 할 사업이나 재산별로 자산·부채 및 손익을 각각 '독립된 계정과목으로 구분기장'해야 합니다. 다만 각 사업 또는 재산별로 구분할 수 없는 '공통된 익금과 손금'은 세법에서 정한 방식으로 안분계산을 합니다.

04 종교단체의 부동산 양도에 따른 법인세 납세의무는?

Tag 비영리법인인 종교단체, 양도소득 신고특례, 수익사업에 사용하는 종교용 부동산

납세자 법인으로 취급되는 종교단체가 보유하던 부동산을 양도하면 법인세를 내야 하나요?

세무사 종교단체가 보유한 부동산을 매각하는 경우 원칙적으로 매각에 따른 양도차익에 대한 법인세가 '면제'됩니다. 다만 해당 부동산을 고유목적사업에 계속해서 3년 이상 사용하지 않은 경우에는 양도차익에 대해 법인세를 납부해야 합니다. 이때 해당 부동산의 유지·관리 등을 위한 관람료나 입장료 수입 등의 '부수수익'이 있더라도 해당 수익을 고유목적사업에 사용한 것으로 보아 수익사업을 영위한 것으로 보지 않습니다.

납세자 비영리법인인 종교단체가 부동산 등의 고정자산을 처분했을 때

발생하는 양도소득의 신고는 어떻게 하나요?

세무사 비영리법인인 종교단체에서 고정자산을 처분하면서 발생한 양도소득에 대해서는 다음 2가지 신고방법 중에서 하나를 선택할 수 있는 신고특례를 주고 있습니다.

> ① '소득세법'에 따른 '양도소득세' 신고방법
> ② '법인세법'에 따른 '법인세' 신고방법

납세자 그럼 법인으로 취급되는 종교단체가 아닌 경우에는 어떻게 되나요?

세무사 법인으로 취급되는 종교단체가 아닌 종교단체 또는 종교단체의 대표자 명의의 부동산은 고유목적사업에 3년 이상 사용했더라도 '양도소득세 과세대상'이 됩니다.

납세자 만일 법인으로 보는 종교단체에서 보유 부동산 중 일부를 수익사업에 사용한 경우에는 양도소득세를 어떻게 해야 하나요?

세무사 법인으로 보는 종교단체에서 보유한 부동산의 일부를 직영 카페, 식당, 임대 등의 수익사업에 사용하는 경우에는 '비영리사업에 사용한 부동산과 구분해 안분계산'을 하고 수익사업에 사용한 부동산에 대한 양도차익에 대해서는 세금을 내야 합니다. 이에 대해서는 '7장 종교단체의 부동산 양도에 따른 과세제도와 절세비법'(317쪽)에서 더 상세히 설명하겠습니다.

05 종교단체의 장부 작성·비치의무는?

Tag 세법에 따른 기장의무, 구분기장, 출연 받은 재산 등에 대한 장부작성 의무, 종교인소득에 대한 기장, 종교단체회계, 종교인회계

납세자 종교단체도 회계장부를 기록·비치해야 하나요?

세무사 고유목적사업만을 영위하는 종교단체는 종교활동 등으로 발생하는 헌금 등에 대해 소득세 또는 법인세 신고납부 의무가 없으므로 기본적으로 세법에 따른 기장의무를 적용받지 않습니다. 물론 고유목적사업 이외에 수익사업을 한다면 당연히 구분기장을 해야겠지요.

납세자 위의 사항에 대한 예외는 없나요?

세무사 예외적으로 종교단체 설립 당시 법령 및 정관에 따라 필요한 장부 또는 종교단체 내부 규정에 따른 장부는 기록해야 합니다. 이밖에 종교단체가 세법에 따라 해야 할 기장·보관의무는 다음과 같습니다.

> ① 기부금영수증을 발급하는 경우 기부자별 발급명세서를 작성하여 발급한 날로부터 5년간 보관
> ② 상속세 및 증여세법에 따라 출연 받은 재산이 있는 경우 그 보유·운용 상태 등에 대한 기장의무

납세자 위의 사항 중 '출연 받은 재산 등에 대한 장부작성 의무'에 대해 좀 더 설명해주세요.

세무사 공익법인 등은 소득세 과세기간 또는 법인세 사업연도별로 출연 받은 재산 및 공익사업 운용내용 등에 대한 장부를 작성해야 한다는 것입니다. 또한 장부와 관계있는 중요한 증명서류를 갖추어야 합니다. 이때 기장은 '복식부기'여야 하고, 중요한 증빙서류에는 '수혜자에 대한 지급명세서'가 포함되어야 합니다. 장부와 중요한 증명서류는 해당 공익법인 등의 소득세 과세기간 또는 법인세 사업연도 종료일로부터 '10년간' 보존해야 합니다. 다만 다음 중 어느 하나에 해당하면 장부를 작성·비치한 것으로 봅니다.

> ① 이중으로 대차평균하게 기표된 전표와 이에 대한 증빙서류가 완비되어 재산의 보유 및 운용상태와 수입 및 지출내용을 빠짐없이 기록한 경우
> ② 당해 수입과 지출에 대한 계산서와 세금계산서, 영수증 등에 의해 재산의 보유 및 운용상태와 수입 및 지출내용의 변동을 빠짐없이 보관하고 있는 경우

다만 종교단체와 같은 공익법인이 불특정 다수인에게서 출연 받은 재산 중 출연자별로 출연 받은 재산가액을(부동산, 주식 제외) 산정하기 어려운 경우에는 사후관리대상에서 제외(271쪽 참조)하고 있습니다.

납세자 그럼 종교인소득에 대한 기장은 어떻게 해야 하나요?

세무사 종교단체의 종교인소득의 경우 기장의무 사항은 아닙니다. 하지만 세무조사 시에 종교단체의 장부를 제시하지 않으려면 종교단체의 활동과 종교인소득으로 지출한 금품에 대해서는 구분기장을 할 필요가 있습니다. 특히 종교단체의 수입보다는 '지출'에 대한 장부가 중요합니다. 종교단체의 지출내용이 '종교인소득'에 해당되는지 여부에 따라 과세냐 비과세냐가 결정되니까요.

납세자 종교단체 지출에 대한 과세 여부는 어떻게 판단하면 되나요?

세무사 위에서 설명했듯이 종교단체의 고유목적사업에 대한 지출은 과세대상이 아닙니다. 하지만 종교인이나 종교단체에서 종사하는 직원에 대한 지출은 '과세대상'에 해당합니다. 이때 종교인에 대한 지출은 종교인소득(기타소득)이나 근로소득으로, 종사직원에 대한 지출은 근로소득으로 과세합니다.

납세자 그럼 종교인이나 종사직원에 대한 지출과 그 외의 종교활동에 따른 지출내역을 구분해서 관리하면 되겠군요.

세무사 그렇지요. 다음 쪽 표의 기준에 따라 종교인소득 등 소득세 과세대상 소득을 관리하는 것이 좋습니다.

종교단체의 지출(소요비용)		소득 귀속
① 종교인에게 지급하는 보수 중		
– 종교인에게 귀속되는 것	→	종교인의 종교인소득으로 귀속
– 종교인에게 종교활동을 위해 지출하는 비용	→	종교인소득으로 귀속되나 비과세
② 종사직원에게 지급하는 보수 등	→	종사직원의 근로소득 등으로 귀속
③ 종교시설 유지 또는 증축비용 (전기요금, 수도요금, 건물보수비 등)	→	과세대상 아님

납세자 종교단체회계와 종교인소득에 대한 회계를 어떻게 구분기장하는 것이 좋을까요?

세무사 종교단체회계는 종교인에게 귀속되는 지출을 포함하여 종교단체의 고유목적사업의 수입과 지출을 전반적으로 기록하고, 종교인소득에 대한 회계는 종교단체의 지출 중 '종교인에게 귀속되는 금액만' 기록하여 원천징수대상 소득을 파악하면 효과적입니다. 그리고 종교단체는 종교인에게 지출한 금액을 과세, 비과세, 과세 제외 항목으로 분류하고 과세대상 소득에 대해 원천징수를 하면 되겠지요.

06 종교단체에 대한 세무조사는?

Tag 구분기장, 수정신고 안내, 구분기장하지 않은 경우

납세자 종교단체에 대해 세무조사를 할 수 있나요?

세무사 앞서 설명했듯이 고유목적사업 외에 수익사업을 하지 않는 종교단체에 대해서는 원칙적으로 세무조사를 할 수 없습니다.

납세자 그럼 종교인소득과 관련해서는 종교단체에 대한 세무조사가 가능하나요?

세무사 소득세법 시행령에서는 '종교활동'에 대한 국세청의 세무조사를 막기 위해, '종교단체는 소속 종교인에게 지급한 금품과 그밖에 종교활동과 관련하여 지출한 비용을 구분하여 기록·관리'하도록 하는 '선언적 규정'을 두고 있습니다. 이에 따라 종교단체에서 종교활동에 대한 지출과 종교인소득에 대한 지출을 구분기장했다면 '종교인소득과 관련된 부

분에 한해서만' 세무조사를 할 수 있으며, 그 밖에 종교활동과 관련하여 지출한 비용을 구분하여 기록·관리한 장부나 서류에 대해서는 조사 또는 제출을 명할 수 없습니다.

또한 종교인소득에 대해 세무조사를 할 필요가 있을 때도 반드시 '사전에' 해당 납세의무자인 종교인과 원천징수의무자인 종교단체에 종교인소득에 대한 탈루근거를 제시하여 수정신고 안내를 해야 하며, 이에 불응하거나 관련 조치가 미미한 경우에 한해서만 세무조사를 할 수 있습니다.

납세자 그럼 일반적인 세무조사의 경우는 어떤가요?

세무사 일반적인 경우 소득세에 관한 사무에 종사하는 공무원이 그 직무수행상 필요하다고 판단되면 납세의무자나 원천징수의무자, 지급명세서 제출의무자 등에 대해 '수정신고 안내 절차 없이' 세무조사대상으로 선정해 질문을 하거나 관련 장부·서류 또는 그 밖의 물건을 조사할 수 있습니다.

납세자 그럼 종교인소득에 대해서는 일종의 특혜를 주었다고 볼 수 있겠군요.

세무사 예, 종교단체와 종교인에 대한 세무조사 제한은 엄연히 위헌소지가 있는 특혜라고 할 수 있습니다.

납세자 그럼 종교단체가 종교활동과 종교인소득에 대한 지출을 구분기장하지 않은 경우에는 세무조사를 어떻게 하나요?

세무사 구분기장하지 않은 경우에도 소득세법에서는 '원칙적으로' 종교활동과 관련해 지출한 비용에 대해서는 세무조사를 금하고 있습니다.

납세자 결국 종교단체 입장에서는 설사 고유목적사업만 하고 있더라도 종교인소득 관련 세무조사 시에 소속 종교인에게 지급한 금품 외의 종교활동을 위해 지급한 금품에 대한 세무조사를 피하려면 구분기장을 할 필요가 있겠군요.

세무사 예, 그렇습니다.

Part 5
종교단체에 대한 과세제도와 절세비법

3장
종교단체에 대한 상속세 · 증여세 과세제도와 절세비법

상속은 상속이 개시된 때, 즉 재산을 물려주는 사람이 사망했을 때 상속인에게 재산을 물려주는 것을, 증여는 살아있을 때 물려주는 것을 말합니다. 절세 측면에서 상속과 증여 중 어떤 것이 유리할지는 여러 가지 변수에 따라 달라질 수 있기 때문에 상속세 또는 증여세 부과기준이 되는 재산이 있는 경우에는 사전에 철저하게 절세전략을 세워놓을 필요가 있습니다.

Part 5 3장에서는 상속 및 증여와 관련된 일반적인 사항과 관련 세금에 대해 알아보고, 종교단체에 출연하는 상속 또는 증여재산에 대한 과세상의 혜택에 대해서 살펴보겠습니다.

- 상속과 증여의 차이와 함께 어떻게 상속 또는 증여를 해야 절세 측면에서 유리한지에 대해 살펴봅니다.

- 상속의 우선범위와 함께 상속세 및 증여세의 세율과 계산방법, 상속세 및 증여세가 면제되는 조건에 대해 알아봅니다.

- 이혼위자료에 대한 증여세 적용 여부와 이혼위자료를 현금이 아닌 부동산 등의 재산으로 지급했을 때 증여세, 양도세 등이 어떻게 과세되는지에 대해 알아봅니다.

- 종교단체에 출연하는 상속·증여재산에 대한 과세 적용 여부와 종교단체 입장에서 출연재산 사후관리에 따른 유의점에 대해 살펴봅니다.

01 상속세가 유리할까, 증여세가 유리할까?

Tag 상속세·증여세 10년 단위 합산, 증여세 면제요건

납세자 상속과 증여는 어떻게 다른가요?

세무사 '상속'은 상속이 개시된 때, 즉 사망했을 때 재산을 물려주는 것을, '증여'는 살아있을 때 재산을 물려주는 것을 의미합니다. 그래서 증여를 '사전상속'이라고도 합니다.

납세자 상속세와 증여세 중 어느 쪽이 절세효과가 큰가요?

세무사 어느 쪽이 절세 측면에서 유리할지는 여러 변수에 따라 달라집니다. 사망일이 언제인지, 세법이 어떻게 바뀔지, 재산규모가 어떻게 변화할지 등을 알 수 없기 때문이지요. 하지만 재산이 많다면 상속세와 증여세는 10년 단위로 합산을 하기 때문에 10년 이상의 장기적인 절세계획을 세워놓을 수 있습니다.

납세자 상속세는 부모의 사망을 전제로 하는데 자녀가 계획을 세우기는 곤란하지 않을까요?

세무사 예, 그렇지요. 그래서 '피상속인'이 장기적으로 세금계획을 세워야 합니다. 현재 세법으로 상속세를 내야 할 정도로 물려줄 재산이 많다면 당연히 미리 증여하는 것이 유리하지요. 반면에 상속공제 이하의 재산이 있다면 미리 증여세를 내면서 증여할 필요는 없겠지요. 물론 증여세가 면제되는 배우자 6억 원, 자녀 5,000만 원(미성년자 2,000만 원) 이하의 증여라면 별 문제가 없습니다(262~263쪽 참조).

납세자 미리 증여할 때 현금이나 주식, 부동산 등 중에서 어떤 재산을 물려주는 것이 절세에 유리할까요?

세무사 상속세를 고려하여 시간이 지남에 따라 가격이 급등할 가능성이 큰 주식이나 부동산을 미리 증여하면 세금을 줄일 수 있겠지요. 다만 이런 경우 최소한 증여에 따른 증여세만큼은 '현금'으로 증여하는 것이 좋습니다.

02 상속의 우선순위는?

Tag 민법상 상속의 우선순위, 공동상속에서의 법정상속지분, 유류분

납세자 상속의 1순위는 배우자인가요?
세무사 아니요, 직계비속(자녀 및 손자녀)과 배우자가 '공동 1순위'가 됩니다.

납세자 상속순위에 대해 좀 더 자세히 설명해주세요.
세무사 피상속인이 유언으로 상속인을 지정하는 경우에는 그것이 우선순위가 되고, 유언이 없는 경우에는 민법에서 정한 다음 쪽 표와 같은 순위에 따릅니다.

민법에서 정한 상속의 우선순위

상속순위	상속대상	비고
1순위	직계비속과 배우자	항상 상속인이 된다.
2순위	직계존속과 배우자	직계비속이 없는 경우에 상속인이 된다.
3순위	형제자매	1, 2순위가 없는 경우에 상속인이 된다.
4순위	4촌 이내의 방계혈족	1, 2, 3순위가 없는 경우에 상속인이 된다.

이때 직계존비속이 없는 경우에는 '배우자'가 '단독 상속인'이 되며, '태아'는 상속순위를 결정할 때는 '이미 출생한 것'으로 봅니다.

납세자 공동상속인에 대한 상속지분은 어떻게 되나요?

세무사 공동상속에서 법정상속지분은 기본적으로 동일하지만, 배우자의 경우 직계존비속에 비해 5할(0.5)을 가산합니다. 예를 들어 피상속인에게 자녀가 2명 있다면 상속지분은 자녀 각각 2/7, 배우자는 3/7이 되는 것이지요.

납세자 법정상속인에 해당하는데도 피상속인이 유언을 통해 상속인으로 지정하지 않으면 한 푼도 상속받지 못하는 건가요?

세무사 그렇더라도 법정상속인에 해당하면 최소한의 상속분을 받을 수 있는데, 이를 '유류분'이라고 합니다. 따라서 이런 경우에도 배우자와 직계비속은 법정상속분의 1/2, 직계존속과 형제자매는 1/3을 받을 수 있습니다. 아무리 미운 자식이라도 부모를 해(害)하지 않은 이상 상속을 해주어야 한다는 것이지요.

03 상속세와 증여세의 차이 및 면제조건은?

Tag 상속세 면제조건, 증여재산공제, 여러 명에게서 받은 증여, 상속부동산 취득가격

납세자 상속재산에 대한 상속세 면제조건이 어떻게 되나요?

세무사 상속세의 경우 배우자공제 5억 원, 자녀가 1명이라도 있으면 일괄공제로 5억 원을 받을 수 있습니다. 따라서 배우자와 자녀가 있으면 최소 10억 원의 상속공제를 받을 수 있으므로 '상속재산 10억 원'까지는 상속세를 걱정할 필요가 없습니다. 또한 배우자만 있더라도 피상속인 기초공제 2억 원과 배우자공제 5억 원을 합한 '7억 원'까지, 배우자가 없이 자녀만 있어도 '5억 원'까지는 상속공제를 받을 수 있습니다.

납세자 그럼 재산을 증여할 때는 공제를 얼마나 받을 수 있나요?

세무사 증여재산공제는 '친족공제'라고도 하는데, 증여대상이 배우자인 경우 6억 원, 직계존비속(그 배우자 포함)인 경우 5,000만 원(미성년자는

2,000만 원), 기타 친족(6촌 이내의 혈족, 4촌 이내의 인척)인 경우 1,000만 원을 공제받을 수 있습니다.

납세자 1명이 아니라 여러 명에게서 증여를 받는 경우에도 각 증여재산별로 위의 기준이 적용되나요?

세무사 아니요, 수증자(증여를 받는 사람)를 기준으로 10년 이내에 증여받은 재산과 공제액을 모두 합산합니다. 즉, 각각의 친족에게서 받은 증여재산에 대해 각각 별도로 공제받는 것이 아니라 친족에게서 받은 증여재산 총합계액에 위에서 설명한 공제기준을 적용한다는 점에 주의해야 합니다.

납세자 상속재산 중에 부동산이 있는 경우 상속세 신고를 어떻게 하는 것이 절세에 도움이 되나요?

세무사 일반적으로 세법상 상속재산의 평가금액이 시가보다 낮은 경우가 많습니다. 만일 시가로 평가한 부동산을 포함한 총 상속재산가액이 상속공제액보다 적어서 상속세가 없는 상황이라면 감정평가사에 의뢰하여 부동산에 대한 상속재산가액을 높여놓는 것이 향후 '양도소득세 절세' 측면에서 유리합니다. 양소소득세는 부동산을 양도했을 때 가격에서 취득했을 때 가격을 공제해서 계산하는데, 상속부동산의 경우 '상속 당시의 부동산가격'을 취득가격으로 봅니다. 따라서 감정평가를 통해 부동산에 대한 상속재산가액을 시가보다 높여놓으면 그만큼 양도소득이 줄어들어서 양도소득세 절세효과를 얻을 수 있기 때문이지요.

04 이혼위자료에 대한 증여세 과세 판단은?

Tag 배우자공제, 이혼위자료에 대한 대물변제, 재산분할청구, 부동산 공동명의 취득

납세자 이혼할 때 받는 위자료도 증여세를 내야 하나요?

세무사 예, 이혼위자료 역시 증여재산에 해당합니다. 따라서 배우자공제 6억 원을 공제한 나머지 위자료에 대해서는 증여세를 내야 하지요. 다만 이때 '이혼을 하기 전'에 위자료를 주어야, 즉 증여를 해야만 배우자공제를 받을 수 있다는 점에 주의해야 합니다. 아무리 부부라도 이혼한 후에는 남남이 되므로 재산을 증여하는 경우 타인에 대한 증여가 되어 배우자공제를 받지 못하고 억울하게 증여세를 내야 할 수도 있습니다.

납세자 이혼위자료를 대신하여 주택 등의 부동산을 등기이전해주는 경우에는 어떻게 하나요?

세무사 이혼위자료에 대한 대물변제를 원인으로 집이나 부동산을 등기이전하는 경우(등기원인을 '이혼위자료 지급'으로 하는 경우)에는 '유상양도'로 보아서 해당 부동산을 넘겨주는 쪽에서 '양도소득세'를 내야 합니다. 다만 '1세대 1주택 비과세요건'을 갖춘 경우에는 양도소득세가 과세되지 않습니다.

납세자 세금을 내지 않고 이혼하는 방법은 없을까요?

세무사 물론 있습니다. 바로 증여세나 양도소득세를 내지 않고 이혼위자료를 주는 방법, 즉 '재산분할청구'에 의한 방법이 그것입니다. 말 그대로 부부간에 재산을 나누어 갖는 것으로, 이는 이혼위자료가 아닌 '부부공동으로 만든 재산을 환원 받는 것'으로 보기 때문에 과세대상이 되지 않습니다. 특히 부동산의 경우 당초부터 공동명의로 취득하면 절세도 되고 재산분할에 따른 계산도 쉬워지겠지요. 다만 '혼인 후 형성된 재산'에 대해서만 위의 사항이 적용된다는 점에 주의해야 합니다.

05 상속세와 증여세의 계산방법은?

Tag 상속세·증여세 계산방법

납세자 상속세와 증여세는 어떻게 계산하나요?

세무사 먼저 상속세 계산방법은 다음 표와 같습니다.

계산구조	비고
상속재산가액 + 증여재산가액 − 공과금 − 장례비용 − 채무	→ 상속재산가액 + 유증·사인증여한 재산가액 → 피상속인이 상속개시일 전 5년(10년) 이내에 증여한 재산가액 → 상속인에게 승계된 조세·공공요금 등 → 500~1,000만 원 → 피상속인이 상속개시일 전 5년(10년) 이내에 진 증여채무는 제외
= 상속세과세가액 − 기초공제 − 기타 인적공제	• 기초공제와 기타 인적공제 대신 일괄공제 선택 가능

계산구조	비고		
− 배우자상속공제 − 금융재산상속공제 − 재해손실공제	• 상속세율(증여세율과 동일)		
	과세표준	세율	누진공제액
	1억 원 이하	10%	−
= 과세표준 × 세율	1억 원 초과~5억 원 이하	20%	1,000만 원
	5억 원 초과~10억 원 이하	30%	6,000만 원
	10억 원 초과~30억 원 이하	40%	1억 6,000만 원
= 산출세액	30억 원 초과	50%	4억 6,000만 원

증여세 계산방법은 다음과 같습니다. 참고로 상속세와 증여세의 세율은 동일합니다.

계산구조	비고	
증여재산가액 − 증여재산공제액	• 증여세율(상속세율과 동일)	
	과세표준	세율
	1억 원 이하	과세표준의 10%
= 과세표준 × 세율	1억 원 초과~5억 원 이하	1,000만 원+1억 원 초과금액의 20%
	5억 원 초과~10억 원 이하	9,000만 원+5억 원 초과금액의 30%
= 산출세액 − 공제감면세액	10억 원 초과~30억 원 이하	2억 4,000만 원+10억 원 초과금액의 40%
= 자진납부할 세액	30억 원 초과	10억 4,000만 원+30억 원 초과금액의 50%

06 종교단체 출연재산에 대한 상속세·증여세는?

Tag 공익법인에 대한 상속재산 출연

납세자 상속재산을 종교단체에 출연하는 경우에는 상속세가 어떻게 되나요?

세무사 피상속인이나 상속인이 종교·자선·학술 등 공익을 목적으로 하는 사업을 영위하는 공익법인 등에 상속세 신고기한(상속개시일이 속하는 달의 말일부터 6개월) 이내에 상속재산을 출연하는 경우에는 상속인에게 '상속세'를 부과하지 않습니다. 이때 재산을 출연 받은 공익법인에도 '증여세'를 부과하지 않지요. 다만 공익법인이 출연 받은 재산을 '공익목적에 사용하지 않으면' 증여세가 부과됩니다.

납세자 그럼 종교단체에 증여를 하는 경우에도 세금이 없겠네요.
세무사 예, 증여받은 종교단체에 대해 증여세를 면제해줍니다.

07 종교단체 출연재산에 대한 사후관리 의무는?

Tag 세법상 분류하는 공익법인, 재산을 출연 받은 경우, 출연재산을 매각하는 경우, 다수에게서 출연 받아 출연자별 재산가액 산정이 어려운 경우, 공익법인의 의무

납세자 종교단체도 '공익법인의 설립·운영에 관한 법률'에 의한 공익법인에 해당하나요?

세무사 아니요, '공익법인의 설립·운영에 관한 법률'은 재단법인이나 사단법인 등 비영리법인 중에 사회 일반에 이바지하기 위해 학자금·장학금, 연구비의 보조·지급, 학술, 자선에 관한 사업을 하는 법인을 공익법인으로 구분하고 있습니다. 따라서 공익법인이란 민법상 비영리법인 중 '공익법인의 설립·운영에 관한 법률'에서 정한 요건을 갖추어 공익법인으로 설립허가를 받은 법인을 말합니다. 이에 비해 종교단체를 공익법인으로 보는 것은 '세법상 분류'일 뿐이고 '공익법인의 설립·운영에 관한 법률'에 의한 공익법인에는 해당하지 않습니다.

납세자 세법상 분류하는 공익법인이라는 것이 어떤 의미인가요?

세무사 상속세 및 증여세법에서는 비영리법인 중에서 종교·자선·학술 관련 사업 등 공익성을 고려하여 공익사업을 영위하는 법인을 공익법인으로 보아 세법상 혜택을 부여하고 엄격한 사후관리를 하고 있습니다. 이 중에서 종교단체는 '종교의 보급 및 기타 교화에 현저히 기여하는 사업'을 하는 공익법인으로서 제반 권한과 의무를 갖게 되는 것이지요.

납세자 종교단체가 세법상 공익법인으로서 받는 혜택은 무엇인가요?

세무사 앞에서 설명했듯이 종교단체에 출연한 상속재산과 증여재산에 대해서는 상속세 및 증여세 과세가액에 산입하지 않는 혜택(상속세 및 증여세 과세가액 불산입)과 지정기부금 혜택 등을 주고 있습니다.

납세자 그럼 종교단체가 세법상 공익법인으로서 지는 책임과 의무는 무엇인가요?

세무사 세법상 혜택에 대한 '사후관리 의무'를 지게 됩니다. 재산을 출연받은 경우 해당 출연재산을 3년 내에 직접 고유목적사업에 사용해야 하는데, 해당 목적에 사용하지 않은 금액이나 미사용금액에 대해서는 '증여세'를 부과합니다. 또한 출연재산을 매각하는 경우 해당 매각금액은 1년 내에 30%, 2년 내에 60%, 3년 내에 90% 이상을 고유목적사업에 사용해야 하고, 이 기준에 미달하는 금액에 대해서는 '증여세'를 부과합니다.

납세자 그럼 만일 종교단체에서 불특정 다수인에게서 출연 받아 출연자별로 출연 받은 재산가액을 산정하기 어려운 경우에는 어떻게 해야 하나요?

세무사 그런 경우에는 출연재산 사후관리 대상에서 '제외'합니다. 하지만 부동산이나 주식으로 출연 받는 경우에는 각 출연자별로 재산가액을 산정하여 사후관리를 해야 합니다.

납세자 종교단체가 헌금을 받아 별도의 종교단체에 출연하는 경우에도 사후관리대상에서 제외되나요?

세무사 아니요, 그런 경우에는 사후관리대상에서 제외되지 않습니다.

납세자 그 외에 공익법인의 의무로는 어떤 것들이 있나요?

세무사 공익법인은 수입 및 지출의 투명성을 담보할 수 있도록 다음과 같은 의무를 지게 됩니다.

> ① 직접 공익목적사업과 관련한 수입과 지출의 전용계좌 사용
> ② 재무상태표 등 결산서류의 작성 및 국세청 홈페이지 공시
> ③ 외부전문가의 세무확인
> ④ 외부감사 등

하지만 공익법인 사업 중에서 '종교의 보급 및 기타 교화에 현저히 기여하는 사업'에 해당하는 경우 회계투명성 제고를 위한 의무를 대부분 면제하고 있습니다.

Part 5
종교단체에 대한 과세제도와 절세비법

4장
종교단체에 대한 부가가치세 과세제도와 절세비법

부가가치세는 사업자가 재화와 용역을 공급하는 과정에서 창출되는 부가가치에 대해 부과하는 세금(소비세)으로, 해당 재화나 용역을 최종 소비하는 소비자가 부담하는 간접세입니다. 영리 목적에 관계없이 사업상 독립적으로 재화 또는 용역을 공급하는 사업자는 모두 부가가치세 납세의무자가 됩니다. 다만 영위하는 사업의 유형에 따라 사업자의 구분이 과세사업자, 면세사업자, 과세와 면세 겸영사업자로 분류되어 각각 부가가치세의 과세방법이 달라집니다.

종교단체 역시 과세대상이 되는 재화나 용역을 거래하는 경우 부가가치세 납세의무자가 되는데, 다만 종교단체를 포함한 공익단체가 고유의 사업목적을 위해 일시적으로 공급하거나 실비 또는 무상으로 공급하는 재화 또는 용역에 대해서는 부가가치세를 면제해주고 있습니다.

Part 5 4장에서는 부가가치세와 관련한 핵심적인 내용들과 함께 종교단체 등 공익단체에 주어지는 부가가치세 면제조건 등에 대해 살펴보겠습니다.

- 부가가치세의 의미와 과세사업자, 면세사업자, 과세와 면세 겸영 사업자의 의미 및 과세상의 차이에 대해 살펴봅니다.

■ 종교단체 등 공익단체의 과세대상 거래에 대해 부가가치세가 과세 또는 면제되는 조건을 알아봅니다.

■ 부가가치세의 신고·납부 및 환급에 대한 핵심적인 내용을 살펴봅니다.

01 부가가치세란 무엇인가?

Tag 부가가치세율, 부가가치세의 과세대상(납세의무자), 사업자의 유형, 과세사업자, 면세, 면세대상

납세자 부가가치세가 무엇인가요?

세무사 부가가치세는 사업자의 사업활동, 즉 재화와 용역의 공급과정에서 창출되는 부가가치에 대해 과세하는 세금을 말합니다. 부가가치세는 소비세로서 간접세이므로 최종 소비자가 부담하는 조세에 해당합니다. 부가가치세율은 10%인데, 누구나 똑같이 10%를 부담하므로 말 그대로 '부자든 가난한 사람이든 같이(가치) 부담하는 세금'이라고 할 수 있습니다.

납세자 부가가치세의 과세대상과 납세의무자는 어떻게 되나요?

세무사 재화의 공급, 용역의 공급, 재화의 수입이 부가가치세의 과세대상이 됩니다. 납세의무자는 영리목적에 관계없이 사업상 독립적으로 재

화 또는 용역을 공급하는 자(이를 '사업자'라고 함)인데, 개인과 법인뿐만 아니라 법인격 없는 사단·재단·기타 단체, 심지어 국가나 지방자치단체도 납세의무자가 될 수 있습니다.

납세자 위에서 말한 사업자의 유형은 어떻게 구분되나요?

세무사 사업자는 크게 '과세사업자'와 '면세사업자', '과세와 면세 겸영사업자'로 구분됩니다. 과세사업자는 다시 '일반과세자'와 '간이과세자'로 나누어지지요. 해당 사업자는 사업자등록을 하고 사업자등록증을 교부받아야 합니다.

납세자 위의 구분에서 면세가 무엇인가요?

세무사 면세란 특정한 재화 또는 용역의 공급과 재화의 수입에 대해 부가가치세의 납세의무 자체를 '면제'하는 것을 말합니다. 대표적인 면세 대상은 다음과 같습니다.

① 미가공 식료품, 농·축·수·임산물, 수돗물, 연탄 등의 기초생활필수품 및 용역
② 의료보건용역 등 국민후생용역
③ 예술창작품이나 도서 등 문화 관련 재화나 용역
④ 기타 국가나 지방자치단체, 공익단체 등이 무상으로 공급하는 재화나 용역 등

02 종교단체에 대한 부가가치세 부과 및 면제조건은?

Tag 종교단체에 대한 부가가치세 면제(과세)조건, 실비

납세자 종교단체도 수익사업으로서 과세대상 거래를 하면 부가가치세 납세의무자가 되나요?

세무사 예, 그렇습니다. 하지만 종교단체 등 공익법인이 하는 재화·용역의 공급에 대해서는 부가가치세를 면제하는 경우가 있습니다.

납세자 종교단체는 어떤 경우에 부가가치세를 면제받게 되나요?

세무사 종교단체가 주무관청의 허가 또는 인가를 받거나 주무관청에 등록된 단체로서 고유의 사업목적을 위해 일시적으로 공급하거나 실비 또는 무상으로 공급하는 재화 또는 용역에 대해서는 부가가치세가 '면제' 됩니다.

납세자 위의 설명에서 '실비'의 기준은 어떻게 판단하나요?

세무사 판례에 따르면 '실비란 용역을 공급받은 자로부터 받은 금액 등의 경제적 대가가 해당 용역의 공급업무에 필요한 비용을 초과하지 않음을 의미한다'라고 되어 있는데, 이를 기준으로 종합적으로 판단해보아야겠지요.

납세자 그럼 어떤 경우에 종교단체에 부가가치세가 과세되나요?

세무사 주무관청에 등록된 종교단체 등 공익단체라도 수익사업을 영위하면 부가가치세 과세대상이 됩니다. 예를 들어 종교단체에서 소유 부동산으로 임대 및 관리사업을 하면 과세가 되고, 종교단체가 소유한 상가건물을 점포 및 주차장 등으로 임대하고 그 중 일부를 종교단체가 사용하는 경우 임대한 부분에 대해 부가가치세가 과세됩니다. 또 종교단체가 자체 기금을 조성하기 위해 계속적으로 운영·관리하는 카페나 식당, 생활필수품이나 고철 등을 공급하는 사업 등도 과세사업에 해당합니다.

납세자 그 밖에 과세대상이 되는 경우가 있나요?

세무사 앞서 종교단체가 고유의 사업목적을 위해 일시적으로 공급하거나 실비로 공급하는 재화와 용역에 대해서는 부가가치세를 면제한다고 했습니다. 하지만 종교단체나 특정인이 종교집회에 참석하는 신도들에게 사업상 독립적으로 재화 또는 용역을 공급하면 과세가 됩니다.

03 종교단체의 재화·용역공급에 대한 면세적용은?

Tag 납골시설, 주차장, 경내 입장료

납세자 종교단체에서 납골시설을 운영하는 경우에는 부가가치세가 어떻게 적용되나요?

세무사 주무관청에 등록된 종교단체 또는 재단법인이 납골시설을 설치·운영하면서 시설이용자에게서 그 대가를 '실비'로 받는 경우에는 부가가치세가 '면제'됩니다.

납세자 종교단체가 주차장을 운영하면서 신도들에게서 주차료 대신 자율적인 헌금 등을 받는 경우에는 어떻게 되나요?

세무사 교회 등의 종교단체가 주차장을 설치·운영하면서 그 이용자에게서 대가를 받는 경우에는 부가가치세가 '과세'되지만, 해당 종교단체 건물에 설치된 주차장을 이용하는 교인에게서 그 고유의 목적사업을 위해 자율적인 이용료로 헌금 등을 받는 경우에는 부가가치세가 '면제'됩니다.

납세자 종교단체의 경내 입장료 등은 부가가치세 면제대상인가요?
세무사 예, 문화재보호법에 따른 지정문화재(지방문화재 포함, 무형문화재 제외)를 소유하거나 관리하고 있는 종교단체의 경내지(境內地) 및 경내지 안의 건물과 공작물의 임대용역에 대해서는 부가가치세가 '면제'됩니다. 아울러 종교단체 소재지의 경내 입장료를 직접 징수하거나 입장료 징수권을 타인에게 위탁하고 그 수탁자에게서 받는 수입금에 대해서도 부가가치세가 '면제'됩니다.

04 부가가치세 환급 및 신고·납부기한은?

Tag 종교단체가 공급받는 재화·용역, 매입세액공제(환급), 종교단체의 수익사업 관련 운영비·관리비, 면세사업 관련 비용

납세자 종교단체가 공급받는 재화와 용역에 대해서는 부가가치세가 어떻게 적용되나요?

세무사 종교단체든, 지방자치단체든 국가든 재화나 용역을 공급받는 경우 모두 부가가치세를 부담해야 합니다.

납세자 그럼 종교단체의 수익사업에 필요한 재화나 용역을 공급받고 부담한 부가가치세는 매입세액공제나 환급을 받을 수 있나요?

세무사 예, 물론입니다. 종교단체가 부동산임대업, 카페업, 구내식당업(교인에게서 실비로 받는 식대는 제외) 등의 수익사업을 시작할 때 인테리어, 사업장비 구입 등 관련 시설투자를 하거나, 수익사업에 소요되는 원자재, 상품 등을 매입하면서 종교단체 사업자등록번호로 세금계산서, 신

용카드 매입전표, 현금영수증 등을 받으면 매출세액에서 '매입세액을 차감'하거나 '매입세액을 환급'받을 수 있습니다.

납세자 종교단체가 수익사업을 운영하면서 지출하는 관리비나 운영비에 대해서도 같은 혜택을 받을 수 있나요?

세무사 예, 종교단체의 수익사업과 관련한 운영비, 관리비 지출에 대해서도 종교단체 사업자등록번호로 세금계산서, 신용카드 매입전표나 현금영수증을 받으면 '매입세액공제'를 받을 수 있습니다.

납세자 예외는 없나요?

세무사 물론 있습니다. 종교단체에서 서점 등 부가가치세 '면세사업'을 하면서 지출한 관련 비용에 대해서는 매입세액공제나 환급을 받을 수 없습니다.

납세자 부가가치세의 과세기간과 신고·납부기한이 어떻게 되나요?

세무사 부가가치세의 과세기간은 1기와 2기로 나누어지며 각각의 과세기간과 신고·납부기한은 다음 표와 같습니다.

구분	과세기간	신고·납부기한
1기	1월 1일~6월 30일	7월 1일~7월 25일
2기	7월 1일~12월 31일	다음해 1월 1일~1월 25일

Part 5
종교단체에 대한 과세제도와 절세비법

5장
종교단체의 부동산 취득에 따른 과세제도와 절세비법

부동산을 거래할 때는 일반적으로 거래금액이 크고 그에 따라 많은 세금이 발생하기 때문에 반드시 사전에 세금에 대한 대책을 세워놓아야 합니다. 종교단체에 대해서는 고유목적사업에 사용하기 위해 부동산을 취득·보유하는 경우 원칙적으로 국세와 지방세 등 모든 세금을 면제해주고 있지만, 고유목적사업에 사용하는 기간 등 일정 요건을 충족하지 못한 부동산을 처분하는 경우에는 양도차익에 대한 세금부과는 물론, 취득과 보유기간 중 면제된 세금을 추징당할 수 있다는 점에 유의할 필요가 있습니다.

Part 5 5장에서는 부동산 취득·보유·양도에 따라 발생하는 세금에 대한 일반적인 내용을 살펴보고, 종교단체가 취득하는 부동산에 대한 세금혜택 등에 대해서 알아보겠습니다.

- 부동산을 거래할 때 알아야 하는 기본상식과 함께 부동산의 취득·보유·양도에 따라 발생하는 세금에 대한 기본적인 내용들을 살펴봅니다.

- 취득세를 포함하여 부동산을 취득했을 때 발생하는 세금의 종류와 관련 가산세에 대해 살펴봅니다.

- 종교단체가 취득하는 부동산에 대한 취득세 면제조건과 면제받은 취득세를 추징당하게 되는 경우에 대해 살펴봅니다.

01 종교단체의 부동산 취득·보유·양도에 따른 세금은?

Tag 고유목적사업에 3년 이상 사용하지 않은 종교용 부동산, 국세·지방세 면제, 종교단체 취득 부동산의 등기

납세자 종교단체가 부동산을 취득, 보유, 양도하는 경우 세금이 어떻게 적용되나요?

세무사 종교단체가 고유목적사업에 사용하기 위해 부동산을 취득·보유하는 경우에는 원칙적으로 국세와 지방세 등 '모든 세금이 면제'됩니다. 하지만 고유목적사업에 3년 이상 계속 사용하지 않은 부동산을 처분하는 경우에는 '양도차익에 대해 세금이 부과'되고, 부동산 보유기간 중 고유목적사업이 아닌 수익사업에 사용한 부분에 대해서도 취득·보유·양도에 따른 세금을 모두 부담해야 합니다.

납세자 구체적으로 어떤 세금을 면제받을 수 있나요?

세무사 국세 측면에서는 부동산 등의 출연 받은 재산에 대한 증여세, 종

합부동산세, 양도차익에 대한 법인세가 비과세됩니다. 지방세 측면에서는 취득세, 재산세, 지역자원개발세, 주민세 균등분이 면제됩니다.

납세자 종교단체가 부동산을 취득할 때 부동산 등기는 어떻게 하면 되나요?

세무사 교단(종단)의 소속 종교단체가 부동산을 취득하는 경우 부동산의 소유권 이전등기는 교단(종단)이나 개별 종교단체의 대표자 명의로 할 수도 있지만 대부분 개별 종교단체가 시장, 군수 등 지방자치단체의 장으로부터 '부동산등기용 등록번호'를 부여받아 등기를 하고 있습니다.

다만 이와 관련하여 종교단체의 종교활동에 사용하는 건물과 그 부지를 개별 종교단체 대표 자신의 명의가 아니라 소속교단 명의로 등기하는 경우 소속교단에 대한 신표(信標) 등의 취지로써 한 것으로 일종의 '명의신탁'으로 보는 대법원 판례가 있습니다.

02 부동산 거래의 기본상식은?

Tag 잔금청산일, 부동산거래의 일반적인 흐름, 인지세, 매수자·매도자 부담 세금, 부부공동명의 등기, 증여세 면제한도

납세자 부동산을 거래할 때 반드시 고려해야 할 사항은 무엇인가요?

세무사 부동산 매매계약을 할 때는 반드시 사전에 '세금문제'를 검토해야 합니다. 일단 매매계약을 하고나면 계약내용 수정이 어렵기 때문에 사전에 세금은 얼마나 내야 하는지, 절세방안이 있는지 등을 살펴보아야 하는 것이지요. 특히 잔금청산일을 언제로 정하느냐는 매도인·매수인 모두에게 매우 중요한 의미를 갖습니다.

납세자 잔금청산일이 거래 쌍방에게 중요한 이유는 무엇인가요?

세무사 잔금청산일이 '납세의무가 성립하는 취득시기 및 양도시기'로서 세법 적용의 기준일이 되기 때문이지요. 즉, 양도소득세의 세율 적용, 각종 공제 및 감면, 재산세 및 종합부동산세의 과세기준일(6월 1일), 취득

시기에 따른 세율 적용의 차이 등에 매우 중요한 영향을 미칩니다.

납세자 일반적인 부동산거래의 흐름은 어떻게 되나요?

세무사 부동산거래의 일반적인 흐름은 다음 그림과 같습니다.

납세자 부동산 매매 시 매도인과 매수인은 각각 어떤 세금을 내야 하나요?

세무사 매매계약서를 작성할 때 반드시 인지를 첨부해서 '인지세'를 내야 하는데 대부분 이런 사실을 몰라서 탈세를 하게 됩니다. 매매계약 체결 후에는 각각 매수자는 '취득세와 등록면허세'를, 매도자는 '양도소득세'를 신고·납부해야 합니다.

납세자 부동산을 취득할 때 부부공동명의로 등기하면 세금 측면에서 유리한가요?

세무사 절세 측면에서 매우 바람직하고 권장할 만한 방법입니다.
우선 '부동산 취득자금에 대한 소명'이 필요할 때 부부 각자의 소득과 취득지분에 따라 소명하면 되므로 자금출처 조사에 대처하기가 쉬워집니다. 또한 어느 한 쪽 배우자에게 자금출처가 전혀 없더라도 6억 원까지는 증여세가 면제되므로 증여세 면제한도를 고려하여 취득지분가액을 분배하면 세금을 안 내거나 최소화할 수 있습니다.

'부동산 보유세' 측면에서도 재산세나 종합부동산세는 세대별 합산이 아닌 인별로 합산하여 누진세율을 적용하므로 부부공동명의로 등기하면 단독등기의 경우보다 낮은 세율이 적용되어 유리합니다.

나중에 부동산을 양도할 때 '양도소득세' 측면에서도 당연히 절세가 됩니다. 양도소득이 분산되어 단독인 경우보다 낮은 세율을 적용 받을 수 있기 때문이지요.

또 상가나 주택의 임대소득에 대한 '종합소득세' 측면에서도 절세가 되고, 나중에 '상속세'를 계산할 때도 상속인 명의 지분은 상속대상에서 제외되므로 두루두루 절세가 됩니다.

한마디로 부부가 부동산을 공동명의로 등기하면 절세뿐만 아니라 부부 금실도 좋아지니 꿩 먹고 알 먹는 일이라고 할 수 있겠지요.

03 취득세란 무엇인가?

Tag 신고불성실가산세, 납부불성실가산세, 취득세 외의 비용, 부동산 취득에 따른 세금의 세율

납세자 취득세는 어떤 세금인가요?

세무사 취득세란 부동산 등 일정 자산을 취득했을 때 그 취득자에게 부과하는 지방세입니다. 취득세는 '소유권 이전 여부와 상관없이' 해당 자산을 취득한 날(잔금청산일)로부터 60일 이내에 해당 시·군·구청에 납부해야 하며, 이 기한을 넘기면 가산세를 물어야 합니다.

납세자 신고기한을 넘겼을 때 추징하는 가산세는 얼마나 되나요?

세무사 신고불성실가산세 20%와 함께 미납세액에 1일 3/10,000의 이율(연리로는 10.95%)을 적용한 납부불성실가산세를 내야 합니다.

납세자 부동산을 취득했을 때 취득세 외에 기본적으로 드는 비용이 어

떻게 되나요?

세무사 부동산을 취득하면 기본적으로 취득세와 함께 등록면허세, 농어촌특별세(농특세)를 내야 하며, 그 외에 법무사 등기대행수수료, 부동산중개수수료 등이 들어갑니다. 이런 비용들을 감안하면 부동산 취득 시 보통 매매가액의 6% 정도의 자금이 필요하다고 볼 수 있습니다. 이 중에서 부동산 취득에 따른 세금의 세율은 다음 표와 같습니다.

부동산 취득 관련 세금의 세율

부동산 취득의 종류		구분	취득세	농특세	교육세	합계
주택 (유상취득)	6억 원 이하	85㎡ 이하	1.0%		0.10%	1.10%
		85㎡ 초과	1.0%	0.2%	0.10%	1.30%
	6억 원 초과 9억 원 이하	85㎡ 이하	2.0%		0.20%	2.20%
		85㎡ 초과	2.0%	0.2%	0.20%	2.40%
	9억 원 초과	85㎡ 이하	3.0%		0.30%	3.30%
		85㎡ 초과	3.0%	0.2%	0.30%	3.50%
주택 외 유상취득		–	4.0%	0.2%	0.40%	4.60%
농지의 유상취득		–	3.0%	0.2%	0.20%	3.40%
원시취득(신축)		–	2.8%	0.2%	0.16%	3.16%
상속으로 인한 취득		농지	2.3%	0.2%	0.06%	2.56%
		농지 외	2.8%	0.2%	0.16%	3.16%
증여로 인한 취득		–	3.5%	0.2%	0.30%	4.00%

04 종교단체의 부동산 취득에 따른 세금혜택은?

Tag 종교단체 대표자 명의 취득 부동산, 부동산 취득세 면제혜택, 성직자 주거용 사택, 비과세 적용기준 제외 판례, 부동산을 일시적으로 종교행위 등에 사용하는 경우, 종교목적 건물 신축

납세자 종교단체에서 부동산을 취득했을 때 받는 세금혜택이 있나요?

세무사 주무관청의 허가를 받은 종교단체나 그 소속 종교단체가 '종교행위'를 목적으로 하는 사업에 직접 사용하기 위해 타인으로부터 매매 또는 증여 등을 원인으로 취득하는 부동산에 대해서는 취득세를 '면제'해줍니다.

납세자 그럼 종교단체가 아니라 종교단체 대표자 명의로 취득하는 경우에는 어떻게 되나요?

세무사 종교단체의 대표자 개인 명의로 등기를 하거나 종교단체가 거주자(×××-89-×××××)로 취급되는 경우에는 취득세 면제혜택을 받을 수 없습니다. 위에서 설명한 대로 부동산 취득세 면제혜택을 받으려면 주

무관청의 허가를 얻은 종교단체나 그 소속 종교단체에 해당되어야 합니다.

납세자 종교단체가 담임목사 등 성직자의 주거용으로 구입한 사택의 경우에도 취득세가 면제되나요?

세무사 비과세가 되기는 하는데, 비과세를 받으려면 다음 표와 같은 일정 기준에 해당해야 합니다.

구분		비과세 적용기준
주택면적	단독주택	1호당 660㎡ 이내
	공동주택	1세대당 132㎡ 이내
	1동의 공동주택이 5세대 미만인 경우	660㎡를 해당 동의 세대수로 나눈 면적 이내
성직자의 범위	개신교	목사, 부목사, 전도사
	천주교	신부, 수녀, 수사
	불교	승려, 법사

납세자 위의 기준에서 예외는 없나요?

세무사 다음과 같이 종교단체에서의 역할비중에 따라 비과세 적용기준에서 제외한 일부 대법원 판례들이 있습니다. 예를 들어 '부목사는 교회의 필요에 따라 당회장인 위임목사를 보좌하기 위해 수시로 노회(장로교회의 상급기관)의 승낙을 받아 임명되어 임의로 시무하는 목사라는 점에서, 그 교회의 종교활동에 필요불가결한 중추적인 지위에 있다고 할 수 없으므로 부목사가 사용하는 주택은 비과세대상에서 제외한다'라는 대법원 판례가 있습니다.(대법원 1989.11.14. 선고, 89누2608 판결)
또 '원로목사들이 설교, 강연, 심방 등의 사목활동을 하고 있더라도, 정기적으로 주일에 예배를 집도하고, 교회 공동체 전체를 통솔하면서 교회를 관리·책임지고 있는 담임목사와는 달리 설교나 전도, 심방업무 등을 보조하고 교인들의 신앙생활 일부분을 지도하는 업무를 수행하는 데 불과하므로 담임목사처럼 필요불가결한 중추적인 지위에 있다고 할 수 없다'라는 판례도 있습니다.

납세자 그럼 종교단체에서 취득한 부동산을 일시적으로만 종교행위 등에 사용하는 경우에는 취득세 감면대상에서 제외되나요?

세무사 예, 종교단체에서 취득한 부동산에 대해 취득세를 감면받으려면 해당 부동산에 종교의식, 예배축전, 종교교육 및 선교 등 종교목적에 사용될 수 있는 예배시설을 갖추고 '상시적으로' 종교목적에 사용되어야 합니다. 이와 관련하여 '기도원이나 수양원 등의 내부에 종교의식 등을 할 수 있는 십자가, 설교대, 헌금함 등이 비치되어 상시적으로 종교의식에 직접 사용되는 경우에는 취득세 감면대상이 되지만, 종교시설이 갖추어지지 않은 주택 등의 형태이고 일시적으로만 종교목적에 사용된 경우에는 감면대상에서 제외한다'라는 심판례(조세심판 결정사례)가 있습니다.

한편, '시내에 위치한 사찰부지가 협소하여 법회나 승려수행을 위한 사찰공간을 확장하기 위해 인근 부동산을 매입하여 소속 사찰의 운영과

포교활동을 지원하는 총본산 종단소속 법사승려 등이 사찰을 방문할 때 숙소 및 수행공간으로 사용하면 해당 부동산은 종교목적에 직접 사용되는 부동산에 해당한다'라는 판례도 있습니다.

납세자 종교목적 건물을 신축 중이라서 종교목적에 사용하지 못하는 경우에도 취득세 감면이 되나요?

세무사 종교목적 건물을 신축하기 위해 설계가 진행 중이었고 이와 근접한 시점에 실제로 건축이 진행된 경우 설계와 건축에 상당한 기간이 소요되었더라도 과세기준일(6월 1일) 당시 해당 부동산이 종교목적사업에 직접 사용되지 않았다면 '취득세 부과대상'이 됩니다.

05 종교단체에서 면제받은 취득세를 추징당하는 경우는?

Tag 취득세 추징, 종교단체 부동산 임대(증여)

납세자 종교단체가 부동산을 취득할 때 면제받은 취득세를 추징당하는 경우도 있나요?

세무사 예, 다음과 같은 경우에 해당하면 부동산 취득 시 면제받은 취득세를 전부 또는 일부 추징당하게 됩니다.

① 해당 부동산을 취득한 날로부터 5년 이내에 수익사업에 사용하는 경우
② 정당한 사유 없이 그 취득일로부터 3년이 경과할 때까지 해당 용도로 직접 사용하지 않은 경우
③ 해당 용도로 직접 사용한 기간이 2년 미만인 상태에서 매각·증여하거나 다른 용도로 사용하는 경우에는 그 해당 부분

이와 관련하여 '해당 용도에 직접 사용'의 의미는 종교목적에 직접 사용되고 있는 경우만을 지칭하는 것으로, '해당 사업에 직접 사용하기 위한 준비를 위해 사용되었음에 불과한 경우에는 추징사유에 해당되며, 현실적으로 해당 사업에 직접 사용하지 못한 데 대해 귀책이 없더라도 이를 정당한 사유가 있다고 해석할 수는 없다'라는 판례가 있습니다.

납세자 종교단체가 취득한 부동산을 다른 종교단체에서 임대하여 종교용도로 사용해도 취득세가 추징되나요?

세무사 종교단체가 종교용으로 취득한 부동산을 취득 후 2년이 경과하지 않은 상태에서 다른 종교단체에 유상으로 임대하고 임차한 종교단체에서 해당 부동산을 종교용도로 사용하더라도 당초 보유한 종교단체 입장에서는 고유목적사업이 아닌 수익용도로 사용한 것에 해당하므로 취득세를 '추징'합니다.

납세자 그럼 종교단체가 취득한 부동산을 산하 종교단체에 증여하고, 산하 종교단체에서 해당 부동산을 종교용도에 계속 사용하는 경우에도 취득세가 추징되나요?

세무사 종교단체가 부동산을 취득한 후 2년 내에 별도의 정관을 둔 독립된 종교단체인 산하 종교단체에 증여하는 경우, 산하 종교단체가 해당 부동산을 종교용도에 계속 사용하더라도 당초 부동산을 취득한 종교단체는 소유자로서의 지위를 상실하므로 취득세를 '추징'당하게 됩니다.

Part 5
종교단체에 대한 과세제도와 절세비법

6장
종교단체의 부동산 보유에 따른 과세제도와 절세비법

부동산을 보유하게 되면 기본적으로 재산세 등의 지방세가 부과되며, 부동산 가격에 따라 국세인 종합부동산세가 부과될 수 있습니다. 보유세는 과세기준일(6월 1일) 현재의 소유자를 납세의무자로 보기 때문에 부동산을 취득하거나 신축건물의 사용검사필증을 받는 시기를 신중히 결정할 필요가 있습니다.

종교단체의 경우 부동산을 고유목적사업에 이용하면 재산세를 면제해주지만, 수익사업에 이용하게 되면 재산세가 부과된다는 점에 유의해야 합니다. 또한 종교단체가 재산세 등의 지방세를 감면받으려면 관할 지방자치단체장에게 일정 기간 내에 감면신청을 해야 한다는 점에도 유의해야 합니다.

Part 5 6장에서는 부동산 보유에 따른 세금에 대한 전반적인 내용들과 함께 종교단체가 보유한 부동산에 대한 세제혜택 등에 대해 알아보겠습니다.

■ 부동산을 보유했을 때 부과되는 세금의 종류와 세금부과의 기준이 되는 부동산 가격의 산정방법, 종합부동산세와 재산세 등의 신고·납부와 관련한 주요 내용들을 살펴봅니다.

- 종교단체가 보유한 부동산을 고유목적사업에 사용하는 경우와 부동산의 일부 또는 전부를 수익사업에 사용하는 경우의 세금부과상의 차이에 대해 살펴봅니다.

- 종교단체가 취득·보유한 부동산에 대한 취득세 등 지방세의 감면조건과 감면신청방법에 대해 살펴봅니다.

01 부동산 보유에 따른 세금은?

Tag 종합부동산세, 재산세 과세대상, 토지, 잔금청산일, 사용검사필증을 받은 날, 일할·월할계산, 개별공시지가, 주택 보유세, 공동(개별)주택가격

납세자 부동산을 보유하고 있을 때는 어떤 세금을 내야 하나요?
세무사 부동산 등의 보유재산의 가격에 대한 세금으로는 '국세'인 종합부동산세와 '지방세'인 재산세와 지역자원시설세가 있습니다.

납세자 종합부동산세는 어떤 세금인가요?
세무사 한마디로 부자들이 내는 보유세라고 할 수 있습니다. 종합부동산세는 과세기준일(6월 1일) 현재 주택은 가격 6억 원 이상, 비사업용 토지는 3억 원 이상, 사업용 토지는 40억 원 이상인 경우에 과세대상이 되니까요.

납세자 종합부동산세의 신고·납부기한은 어떻게 되나요?

세무사 매년 12월 1일부터 15일까지입니다.

납세자 그럼 재산세는 어떤 세금인가요?
세무사 과세기준일(6월 1일) 현재 시·군·구의 과세대장상에 소유자로 등재된 재산명의자에게 부과하는 세금입니다. 토지·건축물·선박·항공기 등이 재산세 과세대상에 해당하지요. 특히 토지의 경우 종합합산 과세대상 토지, 별도합산 과세대상 토지, 분리과세대상 토지로 나누어서 과세하고 있습니다.

납세자 재산세는 언제 납부하나요?
세무사 건축물은 7월 16일~7월 31일, 토지는 9월 16일~9월 30일, 주택은 7월과 9월에 각 50%씩 나누어서 냅니다.

납세자 보유세의 경우 '과세기준일'이 중요하다는데, 왜 그런 건가요?
세무사 부동산을 매매할 때 취득시기와 양도시기의 기준은 '잔금청산일'이 되는데, 잔금청산일이 6월 1일 이전이냐 이후냐에 따라 매도자와 매수자 중에 누가 재산세와 종합부동산세를 부담하는지가 달라지기 때문이지요. 부동산을 신축할 때도 마찬가지입니다. 신축건물은 사용검사필증을 받은 날을 부동산 취득시점으로 보기 때문에 준공일자를 6월 1일 이후로 연기하면 그해의 보유세를 납부하지 않아도 됩니다. 보유세의 경우 보유기간에 따라 일할 또는 월할계산을 하지 않기 때문이지요.

납세자 그럼 개별공시지가에 따라서 보유세 납부금액이 달라지겠군요.
세무사 예, 그렇습니다. 재산세와 종합부동산세는 과세표준에 세율을 곱하여 계산하는데, 이때 토지의 과세표준은 개별공시지가에 따라 결정되거든요. 그래서 개별공시지가가 올라가면 '보유세 폭탄을 맞는다'라는 표현을 하곤 합니다.

납세자 개별공시지가는 어떻게 산정하나요?
세무사 시장·군수·구청장이 표준지공시지가를 기준으로 인근 토지의 가격을 산정하여 필지별 단위 면적당 토지가격을 매년 5월 31일까지 결정하여 공시합니다. 개별공시지가는 관할 시·군·구청에서 조회할 수 있습니다.

납세자 주택의 경우 보유세를 어떻게 산정하나요?
세무사 공동주택은 '공동주택가격', 단독주택은 '개별주택공시가격'에 따라 결정됩니다. 결국 보유세 절세의 시작은 개별공시지가나 주택의 공시가격을 확인해서 의견제출을 하거나 이의신청을 해서 납부금액을 낮추는 데 있다고 할 수 있습니다.

납세자 공동주택가격은 어떻게 결정되나요?
세무사 국토교통부장관은 공동주택에 대해 매년 공시기준일(1월 1일) 현재의 적정가격을 조사·산정하여 매년 4월 30일까지 공시하도록 되어 있습니다. 만일 해당 공시가격에 이의가 있으면 공시일로부터 30일 이

내에 소유자나 이해관계인이 이의신청을 할 수 있습니다. 이렇게 공시된 **공동주택가격**이 공동주택에 대한 종합부동산세와 재산세뿐만 아니라 상속세 및 증여세에 대한 과세표준이 됩니다.

납세자 그럼 개별주택가격은 어떻게 결정되나요?

세무사 **개별주택가격**은 시장·군수·구청장이 관할구역 안의 단독주택가격을 조사·결정하여 고시하고 있습니다. 국토교통부장관이 표준주택의 가격을 산정하면 이것을 기준으로 비교하여 하나하나의 개별주택가격을 산정하게 됩니다. 참고로 표준주택과 개별주택가격을 표시하는 표를 '주택가격비준표'라고 합니다. 개별주택가격 역시 단독주택에 대한 종합부동산세와 재산세뿐만 아니라 상속세 및 증여세 등에 활용됩니다.

02 종교단체의 부동산 보유에 따른 세금혜택은?

Tag 건축 예정 건축물의 부속토지, 사찰림, 전통사찰보존지

납세자 종교단체가 보유하는 부동산에 대한 세금혜택이 있나요?

세무사 종교단체가 종교목적 사업에 직접 사용하기 위해 부동산을 취득·보유하고, 실제로 해당 부동산을 종교목적에 상시 사용하는 경우 종합부동산세, 재산세, 지역자원시설세 등을 면제해주고 있습니다. 만일 해당 사업에 직접 사용할 건축물을 건축 중인 경우와 건축허가 후 행정기관의 건축규제 조치로 인해 건축에 착공하지 못하는 경우에는 건축 예정 건축물의 부속토지에 대해서도 동일한 혜택을 받을 수 있습니다.

납세자 보유세의 경우에도 종교단체에서 소유 부동산을 수익사업에 사용하면 면제가 되지 않겠지요?

세무사 예, 그렇습니다. 종교단체에서 보유한 부동산을 수익사업에 사

용하거나 유료로 사용되는 경우에는 보유세가 면제되지 않습니다. 또한 해당 부동산의 일부가 종교용도로 사용되지 않는 경우 그 일부에 대해서는 보유세가 면제되지 않습니다.

납세자 사찰림(寺刹林, 사찰에서 소유하고 있는 산림)에 대해서도 재산세를 면제해주나요?

세무사 예, 사찰림과 '전통사찰의 보존 및 지원에 관한 법률'에 따라 전통사찰이 보유하고 있는 전통사찰보존지에 대해서도 '재산세가 면제'됩니다. 물론 이 경우에도 해당 산찰림 등을 수익사업에 사용하거나 유료로 사용하면 보유세가 면제되지 않습니다. 또 사찰림 등의 일부를 종교용도로 사용하지 않는 경우 그 일부에 대해서는 재산세를 면제해주지 않습니다.

납세자 교회 등에서 주차공간 부족으로 인근 대지를 취득해서 주차장으로 사용하는 경우에도 재산세를 면제받을 수 있나요?

세무사 그런 경우와 관련해서 '교회 내의 공간 및 기존 주차장만으로는 주차공간이 부족하여 교회에서 약 80m 떨어진 위치에 대지를 취득하여 교인들을 위한 주차장으로 사용한 경우 재산세를 면제해야 한다'라는 대법원의 판례가 있습니다.

03 종교용도로 취득한 부동산을 수익사업 등의 용도로 전용하면?

Tag 종교용 부동산의 카페 운영, 부목사 사택용 부동산, 선교사 거주용 부동산, 병원 내 종교시설

납세자 종교단체의 부동산 일부를 카페로 운영해도 재산세를 면제받을 수 있나요?

세무사 아니요, 종교단체가 종교용도로 취득한 부동산의 일부 내부공간을 교인들에게 음료 등을 판매하는 카페로 만들어 운영하는 경우 해당 용도로 사용된 면적에 대해서는 이미 면제된 취득세를 추징하고 재산세를 부과합니다.

납세자 교회에서 부목사가 사용하는 사택용 부동산에 대해서도 재산세가 감면되나요?

세무사 앞서 언급했듯이 '교회 운영상 담임목사 외에 부목사가 필요하더라도 부목사는 교회의 종교활동에 필요불가결한 중추적인 지위에 있

다고 할 수 없으므로 재산세 감면대상이 아니'라는 판례가 있습니다.

납세자 그럼 선교사 거주용 부동산의 경우에는 종합부동산세나 재산세가 면제되나요?

세무사 기본적으로 종교단체가 종교목적사업에 직접 사용하는 부동산의 경우 종합부동산세와 재산세가 면제됩니다. 하지만 종교단체에서 단지 구성원의 편의를 위해서 숙소를 제공하거나, 숙소를 이용하는 구성원의 체류목적이 직무수행과 크게 관련되어 있지 않은 경우에는 해당 숙소를 목적사업에 직접 사용하지 않은 것으로 봅니다.

납세자 병원 내에 있는 종교시설에 대해서는 재산세를 감면해주나요?

세무사 병원 내의 일부 시설을 과세기준일 현재 종교단체가 직접적인 종교활동에 '무상으로' 사용하고 수익사업에 사용하고 있지 않다면 해당 일부 시설의 경우 '재산세 감면대상'으로 볼 수 있습니다. 다만 그렇더라도 해당 종교시설의 경우 종교단체가 아니라 제3자가 소유한 부동산에 해당하므로 '취득세' 감면대상은 되지 않습니다.

04 종교용도 부동산의 취득세와 재산세의 상관관계는?

Tag 취득세와 재산세의 상호관계, 수익사업 여부 판단기간, 직접 사용 여부 판단기간, 종교용도로 사용한 통산기간, 건축물을 건축 중인 기간

납세자 종교단체 부동산의 취득세와 재산세는 어떤 상호관계가 있을까요?

세무사 종교단체의 부동산에 대해서는 취득세를 면제하고, 재산세 과세기준일(6월 1일) 현재 고유목적사업에 직접 사용하는 부동산에 대해서는 재산세를 면제해줍니다.

납세자 취득세와 재산세의 추징에도 상호관계가 있나요?

세무사 취득세는 종교단체에서 부동산을 취득한 후 5년 이내에 수익사업에 사용하거나, 정당한 사유 없이 취득일로부터 3년이 경과할 때까지 종교목적 용도로 직접 사용하지 않거나, 종교목적 용도로 직접 사용한 기간이 2년 미만인 상태에서 매각·증여하거나 다른 용도로 사용하

는 경우에 '추징'합니다. 재산세는 종교단체가 보유재산을 '과세기준일 현재' 수익사업에 사용하는 경우와 해당 재산이 유료로 사용되는 경우에 그 해당 부분에 대해서는 재산세 면제대상에서 '제외'합니다.

납세자 수익사업 여부에 대한 판단기간에 대해 좀 더 자세히 설명해주세요.

세무사 중요한 질문입니다. 먼저 수익사업 여부 판단기간 '5년'에 대해서는 유예기간이 없고 정당한 사유도 인정되지 않습니다. 이에 비해 직접 사용 여부 판단기간인 '취득 후 3년'에 대해서는 유예기간은 없으나 정당한 사유는 인정이 됩니다. 종교용도로 사용한 통산기간 '2년'에 대해서는 대상기간에 대한 제한 없이 보유기간 중 통산 사용한 기간만으로 판단합니다. 이를 표로 정리해보면 다음과 같습니다.

종교단체 보유 부동산 (과세시점)		취득세 (취득 시)	재산세 (매년 6월 1일 현재)
종교용도 유예기간 (취득 후 3년)	종교용도 사용	면제	면제
	종교용도 미사용	면제(3년 유예기간)	과세
수익사업 금지기간 (취득 후 5년)	수익사업 미사용	면제	–
	수익사업 사용	추징(5년 유예기간)	과세
종교용도 사용기간 (통산 2년)	종교용도 사용	면제	–
	종교용도 미사용	추징(통산 2년)	과세

납세자 종교용도 부동산의 직접 사용기간에 건축 중인 경우도 포함되나요?

세무사 토지에 대한 감면규정을 적용했을 때 감면대상 업무에 사용할 건축물을 건축 중인 기간도 직접 사용기간에 포함됩니다.

납세자 재산세가 추징되면 취득세가 추징되고, 취득세가 추징되면 재산세가 추징되는 건가요?

세무사 반드시 그렇지는 않습니다. 재산세가 부과되더라도 취득세 추징대상에 해당하지 않을 수 있고, 취득세가 추징되더라도 과세기준일 현재 해당 사업에 직접 사용하는지 여부에 따라 재산세 부과 여부가 달라집니다. 예를 들어 종교단체에서 2016년 1월 1일에 종교목적으로 토지를 구입했다고 가정했을 때 사례별 취득세 및 재산세 등의 과세 여부는 다음 표와 같이 달라질 수 있습니다.

종교용 부동산 상황	취득세	재산세, 지역자원시설세
취득 후 직접 사용하다가 2018년 1월 1일에 다른 종교단체에 임대 개시	취득 후 5년 내 수익사업에 사용했으므로 취득세 추징	임대한 기간 동안(2018~) 재산세 등 과세
취득 후 종교용 건축물 설계를 진행하여 2019년 7월 1일에 건축 착공	취득 후 3년 내 종교용도에 직접 사용하지 않았으므로 취득세 추징	종교용도에 직접 사용하지 않은 기간 동안(2016~2018) 재산세 등 과세
나대지 상태로 보유하다가 2017년 7월 1일에 다른 사람에게 매각	2년 미만 기간 동안만 직접 사용 후에 매각했으므로 취득세 추징	종교용도에 직접 사용하지 않은 기간 동안(2016~2018) 재산세 등 과세

05 종교단체의 지방세 감면신청은?

Tag 지방자치단체장 직권 감면, 지방세 세목별 감면신청기간

납세자 종교단체에서 취득세 등 지방세를 감면받으려면 어떻게 해야 하나요?

세무사 관할 지방자치단체장에게 감면신청을 해야 합니다. 종교단체 등으로부터 감면신청을 받은 단체장은 감면 여부를 결정하여 '감면에 따른 위반의무사항을 위반하는 경우 감면 받은 세액이 추징될 수 있다'라는 내용과 함께 그 결과를 서면으로 통지해줍니다.

납세자 종교단체에서 직접 신청을 하지 않았는데 지방자치단체장이 감면을 해주는 경우도 있나요?

세무사 감면대상을 알 수 있을 때는 지방자치단체장이 직권으로 감면해 줄 수도 있습니다. 다만 '종교단체가 그 목적사업에 직접 사용하는 재산

이라 할지라도 그 재산에 대한 재산세를 면제받기 위해서는 감면신청을 해야 하며 그렇지 않는 경우 재산세가 면제되지 않는다'라는 판례(광주고법 1971.11.25 선고, 71구13판결)가 있다는 점에 유의할 필요가 있습니다.

납세자 각각의 지방세에 대한 감면신청기간은 어떻게 되나요?
세무사 지방세 세목별 감면신청기간은 다음 표와 같습니다.

감면세목		감면신청기간	비고
취득세		감면대상을 취득한 날로부터 60일 이내	
등록면허세	등록분	등록 전까지	
	면허분	면허증서를 발급받거나 송달받기 전까지	
주민세	균등분	과세기준일로부터 10일 이내	
	재산분	과세기준일로부터 30일 이내	
	종업원분	급여지급일 다음달 10일 이내	
재산세 및 지역자원시설세		과세기준일로부터 30일 이내	
자동차세		과세기준일로부터 10일 이내	자동차의 사용본거지가 아닌 시장·군수·구청장에게도 신청 가능

Part 5
종교단체에 대한 과세제도와 절세비법

7장
종교단체의 부동산 양도에 따른 과세제도와 절세비법

양도소득세는 토지나 건물 등의 부동산을 매각했을 때 발생하는 소득에 대해 부과하는 세금입니다. 또한 부동산 외에도 아파트 당첨권 등 부동산에 관한 권리, 대주주 등이 양도하는 상장주식·코스닥주식·비상장주식, 골프장이용권과 같은 특정 시설물의 이용권·회원권 등이 모두 양도소득세 과세대상에 해당합니다. 다만 법인이 양도소득세 과세대상이 되는 부동산 등을 양도하는 경우에는 양도소득세가 아닌 법인세가 부과됩니다.

종교단체 역시 부동산이 대표자 개인 명의로 되어 있거나 종교단체가 거주자로 취급되면 양도소득세를 내고, 법인이나 법인으로 보는 종교단체는 법인세법에 의한 신고·납부를 하거나, 양도소득세 규정을 준용하여 계산한 법인세를 부과하도록 규정되어 있습니다. 다만 종교단체가 부동산을 고유목적사업에 3년 이상 사용하면 법인세가 부과되지 않습니다.

Part 5 7장에서는 양도소득세와 관련한 주요 내용들과 함께 종교단체가 부동산을 양도했을 때 법인세를 면제받을 수 있는 기준에 대해 살펴보겠습니다.

- 양도소득세의 부과기준과 양도소득세 계산방법을 알아보고, 종교단체에 대해서는 양도소득세가 어떻게 적용되는지 살펴봅니다.

- 공익사업용으로 부동산이 수용되었을 때 얻을 수 있는 양도소득세 감면혜택에 대해 알아봅니다.

- 주택을 양도했을 때 양도소득세가 비과세되는 기준을 알아봅니다.

- 주식이나 오피스텔을 취득·보유·양도했을 때 발생하는 세금과 부과기준에 대해 알아봅니다.

01 양도소득세란 무엇인가?

Tag 양도소득세 과세대상 자산, 법인세, 종교단체에 대한 양도소득세 부과기준, 양도소득세 신고·납부기한, 신고불성실(납부불성실)가산세

납세자 양도소득세는 어떤 세금인가요?

세무사 개인이 토지나 건물 등의 부동산을 팔 때 발생하는 소득에 대해 부과하는 세금입니다. 양도세 과세대상 자산으로는 아파트 당첨권 등 부동산에 관한 권리, 대주주 등이 양도하는 상장주식·코스닥주식·비상장주식, 골프장이용권과 같은 특정 시설물의 이용권·회원권 등이 있습니다. 다만 '법인'이 해당 과세대상 자산을 양도했을 때는 양도소득세가 아닌 '법인세'가 부과됩니다.

납세자 종교단체에 대해서는 양도소득세 부과기준이 어떻게 적용되나요?

세무사 부동산이 종교단체 대표자 개인 명의로 되어 있거나 거주자로

취급되는 종교단체(×××-89-×××××)인 경우에는 '양도소득세'가 부과되고, 법인이나 법인으로 보는 종교단체(×××-82-×××××)인 경우에는 법인세법에 의한 신고·납부를 하거나, 양도소득세 규정을 준용하여 계산한 '법인세'가 부과됩니다. 좀 더 자세한 내용은 '07 종교용도 부동산을 양도할 때 양도소득세는?'(335쪽)을 참조하십시오.

납세자 양도소득세의 신고·납부기한은 어떻게 되나요?

세무사 부동산을 팔고 잔금을 받은 달의 말일부터 2개월 이내에 주소지 관할 세무서장에게 '양도소득세 예정신고'를 해야 합니다. 그렇지 않으면 20%의 신고불성실가산세와 함께 1일 0.03%(연리로는 10.95%)의 납부불성실가산세를 추징당합니다.

02 양도소득세의 계산방법은?

Tag 양도소득세 계산방법, 양도소득세 세율

납세자 양도소득세는 어떻게 계산하나요?

세무사 양도소득세는 다음과 같이 양도소득세 과세표준에 세율을 곱하여 계산합니다.

취득가액
– 필요경비

= 양도차익
– 장기보유특별공제

= 양도소득금액
– 양도소득 기본공제(연간 250만 원)

= 양도소득 과세표준
× 세율

= 산출세액
– 세액공제 · 감면

= 자진납부할 세액

장기보유특별공제	
보유기간	공제율
3년 이상~5년 미만	양도차익의 10%
5년 이상~10년 미만	15%
10년 이상	30%
15년 이상*	45%

*1세대 1주택 과세 시 해당

납세자 양도소득세의 세율은 어떻게 되나요?

세무사 양도소득세의 경우 다음 표와 같이 부동산에 대한 여러 여건에 따라 다양한 세율이 적용됩니다.

양도소득세 세율(2018년 기준)

구분		일반지역		조정지역(투기지역) 2주택, 3주택(2018.4.1.~) 비사업용 토지(투기)		
	과세표준	세율	누진공제	세율		누진공제
2년 이상 보유 (주택은 1년 이상 보유)	1,200만 원 이하	6%		16%	26%	
	4,600만 원 이하	15%	108만 원	25%	35%	108만 원
	8,800만 원 이하	24%	522만 원	34%	44%	522만 원
	1억 5,000만 원 이하	35%	1,490만 원	45%	55%	1,490만 원
	1억 5,000만 원 초과	38%	1,940만 원	48%	58%	1,940만 원
	3억 원 초과	40%	2,540만 원	50%	60%	2,540만 원
	5억 원 초과	42%	3,540만 원	52%	62%	3,540만 원

① 과세표준 5억 원 초과 42%는 2018년 1월 1일 이후 적용
② 조정(투기)지역 주택은 2주택 10%, 3주택 20% 추가세율 → 2018년 4월 1일부터 적용(장기보유특별공제 배제)
③ 비사업용 토지 10%P 추가세율은 2016년 1월 1일부터 적용하며,
  투기지역 토지 20%P 추가세율은 2018년 1월 1일부터 적용,
  장기보유특별공제는 취득 시부터 소급적용(2017.1.1)

비사업용 토지	일반	장기보유특별공제 적용	누진세율	(16~52%)
	투기	장기보유특별공제 적용		(26~62%)

→ 표 다음 쪽으로 연결

	미등기자산	장기보유특별공제 배제	70%	
	지방소득세	양도소득세	10%	
	* 2009. 3. 16~2012. 12. 31 취득 비사업용 토지는 2016. 1. 1. 이후 양도 시에도 일반지역은 10%P 추가세율 배제			
단기 매매	1년 미만	토지 · 상가 등	50%	1년 이상 2년 미만	토지 · 상가 등	40%
		주택	40%		주택	6~42%

※주의 ① 단기 매매 세율 1년 미만 40%, 1년 이상 누진세율 적용은 주택의 양도에만 적용
② 조합입주권(승계 조합입주권 포함)의 1년 미만 양도도 40% 세율 적용
③ 토지, 기타 건축물, 분양권의 단기 양도는 1년 미만 50%, 1년 이상 2년 미만 40% 적용

03 부동산이 공익사업용으로 수용되었을 때 세금혜택은?

Tag 양도소득세 감면혜택, 비사업용 토지, 공익사업용 토지, 공익사업용 토지에 대한 양도소득세 감면혜택

납세자 공익사업용으로 부동산이 수용되는 경우 양도소득세에 대한 감면혜택이 있나요?

세무사 예, 부동산 소유자의 자의가 아닌 공익을 목적으로 강제 수용되는 경우 그에 대한 보상 차원에서 양도소득세 감면혜택을 주고 있습니다.

납세자 비사업용 토지에 해당하는 경우에도 혜택을 받을 수 있나요?

세무사 앞서 양도소득세 비교표에서 살펴보았듯이 비사업용 토지의 경우 양도소득세 일반세율에 10%가 추가되기 때문에 불리한 점이 많기는 하지만, 공익사업법에 의해 공익사업용 토지로 협의매수 또는 수용되는 경우에는 각종 혜택을 주고 있습니다.

납세자 양도소득세 감면혜택을 받을 수 있는 공익사업용 토지에 대해 좀 더 자세히 설명해주세요.

세무사 '공익사업을 위한 토지 등의 취득 및 보상에 관한 법률 및 기타 법률'에 의해 매수 또는 수용되는 토지로서, 2016년 12월 31일 이전에 사업인정고시된 지역의 토지이거나 사업인정고시일로부터 2년 이전에 취득한 토지는 무조건 공익사업용 토지에 해당합니다.

납세자 공익사업용 토지에 해당했을 때 받을 수 있는 양도소득세 감면혜택은 얼마나 되나요?

세무사 공익사업에 수용된 부동산에 대해 '채권보상'을 받았을 때는 양도소득세의 15%를, '현금보상'을 받았을 때는 10%를 감면해줍니다. 또한 채권을 3년 이상의 만기까지 보유하기로 특약을 체결한 경우에는 30%를, 5년 이상은 40%의 양도소득세 감면혜택을 받을 수 있습니다.

납세자 그 외에 다른 혜택은 없나요?

세무사 수용 후 1년 이내에 수용보상금으로 일정 요건을 갖춘 부동산을 취득하는 경우 '취득세'를 면제해줍니다. 다만 고급주택·별장 등을 취득하거나 부동산 소재지에 거주하지 않는 자가 대체 취득하는 경우에는 취득세를 부과하고, 대체 취득하는 부동산의 가액이 종전 부동산 가액을 초과하는 경우 그 초과액에 대해서는 취득세를 부과합니다.

04 주택 양도에 따른 양도소득세 비과세 판단은?

Tag 1세대 1주택 비과세 혜택, 1세대의 범위, 잔금청산일에 따른 절세, 1세대 2주택에 대한 비과세 혜택

납세자 1세대 1주택 비과세 혜택에 대해 설명해주세요.

세무사 1세대가 양도일 현재 1주택을 2년 이상 소유(2017년 8월 3일 이후 조정지역 내 취득 시에는 2년 거주요건 추가)하고 팔았을 때는 양도소득세가 부과되지 않습니다. 다만 1세대 1주택을 판정할 때 고가주택이나 종업원 기숙사, 임대사업자의 임대주택 등은 주택으로 보지 않습니다.

납세자 1세대의 범위는 어떻게 되나요?

세무사 '주민등록상 동거가족'을 1세대의 범위로 봅니다. 따라서 절세에 있어서 부모와 자녀가 각자 주택을 소유하고 있는 경우 주민등록을 동일세대로 하느냐 분리세대로 하느냐가 매우 중요한 의미를 갖습니다. 다만 '부부'의 경우 각각 단독세대를 구성하고 있더라도 '같은 세대'로 봄

니다.

납세자 장인, 장모도 생계를 같이하는 경우 1세대를 구성하는 가족의 범위에 포함되나요?

세무사 예, 장인·장모뿐만 아니라 처남·처제·사위·며느리도 생계를 같이하는 경우 1세대를 구성하는 가족의 범위에 포함됩니다. 다만 잔금 청산일을 기준으로 주민등록이 분리되어 있으면 '별도 세대'로 취급된다는 점에 유의해야 합니다.

납세자 부동산 매매를 할 때는 잔금청산일이 상당히 중요하겠군요?

세무사 그렇습니다. 잔금청산일 하루 차이로 1세대 1주택 비과세, 8년 자경농지의 감면, 장기보유특별공제, 세율 적용 등이 달라질 수 있으니까요. 잔금청산일이 재산세 과세기준일(6월 1일) 이전이냐 이후냐 하는 것도 중요하고요. 따라서 부동산 매매 시에는 잔금청산일에 따른 절세 여부를 사전에 충분히 검토해야 합니다.

납세자 1세대 2주택인데도 비과세 혜택이 가능한 경우가 있나요?

세무사 1세대 2주택인 경우 원칙적으로 먼저 양도하는 주택에 대해서는 양도소득세가 부과되고, 나머지 주택을 양도하는 시점에 비과세요건을 충족하고 있다면 비과세가 됩니다. 다만 1세대 2주택이라도 다음의 경우에는 비과세 혜택을 받을 수 있습니다.

① 이사를 가기 위해 일시적으로 2채의 집을 소유하게 될 때
② 상속으로 2채의 집을 소유하게 되어 일반주택(상속주택이 아닌 주택)을 양도할 때
③ 한 울타리 안에 주거용으로 사용하는 2채의 집이 있을 때
④ 노부모를 동거·봉양하기 위해 세대를 합친 경우 각각 주택이 있을 때
⑤ 결혼으로 2채의 집이 될 때

05 주식을 양도할 때 양도소득세는?

Tag 비상장주식, 상장주식의 장내 매도, 대주주(법인)의 보유주식 양도, 소액주주와 대주주의 기준, 증권거래세율, 주식 취득·보유에 따른 세금

납세자 주식을 양도할 때도 양도소득세를 내야 하나요?

세무사 개인이 '비상장주식'을 양도하면 양도차익에 대해 과세표준의 20% 또는 30%(중소기업의 경우 10%)에 해당하는 양도소득세를 내야 합니다. 다만 현재 '상장주식'의 장내 매도의 경우 양도소득세 부과대상에서 '제외'하고 있습니다. 이는 주식시장의 활성화를 위한 조치로서 부여하는 주식시장에 대한 특혜라고 볼 수 있지요. 하지만 이러한 특혜는 '소득이 있는 곳에 세금이 있다'라는 기본원칙에도 어긋나고, 부동산 등의 다른 자산소득과의 형평성에서도 불합리한 측면이 있다고 할 수 있으므로 장기적으로는 양도소득세를 부과하는 것이 당연하다고 볼 수 있습니다.

납세자 위의 내용에 대한 예외사항이 있나요?

세무사 '대주주'의 경우 보유주식을 양도하면 상장주식이든 비상장주식이든 상관없이 '양도소득세'를 내야 합니다. 또한 '법인'이 보유주식을 양도하면 양도차익에 대해 '법인세'를 내야 합니다.

납세자 소액주주와 대주주의 기준은 어떻게 되나요?
세무사 코스피의 대주주 기준은 지분율 1% 이상 또는 시가 25억 원 이상이고, 코스닥은 지분율 2% 이상 또는 시가 20억 이상입니다. 코넥스의 대주주 기준은 지분율 4% 또는 시가 10억 원 이상이고요.
다만 2018년 4월 1일부터는 대주주 요건이 강화되어 코스피와 코스닥의 시가기준이 15억 원 이상으로 같아졌습니다. 코스닥의 지분율 요건은 2% 그대로지만 시가요건이 15억 원으로 변경된 것이지요. 현재 금융당국의 코스닥 대주주 강화 로드맵에 따르면 2020년 4월 1일에는 지분율 2% 이상이거나 시가 10억 원 이상, 2021년 4월 1일에는 지분율 2% 이상이거나 시가 3억 원 이상으로 대주주 요건이 변경될 것으로 예상되고 있습니다. 코스피 역시 지분율 요건은 1%로 그대로지만 시가는 코스닥과 동일하게 변경될 예정입니다.

납세자 증권거래세율은 어떻게 되나요?
세무사 현재 증권거래세율은 다음 쪽 표와 같습니다.

증권거래세율

구분	증권거래세율	농어촌특별세
상장주식	0.15%	0.15%
코스닥주식	0.3%	0
비상장주식	0.5%	0

납세자 주식을 취득할 때나 보유할 때 내는 세금은 없나요?

세무사 개인이 주식을 취득할 때는 증권거래수수료만 납부하면 되고, 주식을 보유하는 경우에 배당을 받게 되면 배당소득세(14%)와 지방소득세(1.4%)를 납부하면 됩니다.

06 오피스텔의 취득 · 보유 · 양도에 따른 세금은?

Tag 주거용 · 업무용 오피스텔, 부가가치세 환급, 오피스텔 양도 시 차이

납세자 오피스텔에 대한 세금은 어떻게 적용되나요?

세무사 오피스텔은 세금의 두 얼굴을 가지고 있습니다. 오피스텔은 주거용이냐 업무용이냐에 따라 취득·보유·양도 시의 세금문제가 완전히 달라지기 때문이지요. 이때 '사업자등록'이 되어 있느냐 '주민등록'이 되어 있느냐가 업무용·주거용 여부를 판단하는 중요한 요건이 됩니다.

납세자 그래요? 그럼 오피스텔을 취득했을 때 주거용이냐 업무용이냐에 따라 세금이 어떻게 달라지나요?

세무사 먼저 오피스텔을 '업무용'으로 사용하기 위해 분양계약을 체결(취득)한 후 사업자등록을 하고 계약내용에 따라 계약금·중도금·잔금을 지급하면서 세금계산서를 받으면 부가가치세를 환급받을 수 있습니다.

반면에 당초부터 '주거용'으로 오피스텔을 취득했다면 부가가치세를 환급받을 수 없습니다. 다만 업무용으로 취득했다가 주거용으로 전환하면 환급 받은 부가가치세를 납부해야 합니다.

납세자 그럼 오피스텔 보유 시에는 어떤 차이가 있나요?
세무사 오피스텔을 '업무용'으로 사용하면 취득 시에 납부한 부가가치세를 환급 받고 이후 보유하면서 부가가치세를 내면 됩니다. 이에 비해 '주거용'으로 사용하면 보유한 오피스텔을 주택으로 보기 때문에 해당 오피스텔 외에 별도의 주택을 보유하고 있는 경우 다주택자가 되어 다주택 보유에 따른 재산세 및 양도세 중과 적용을 받을 수 있습니다.

납세자 그럼 오피스텔 양도 시에는 어떤 차이가 있나요?
세무사 오피스텔이 주거용이냐 업무용이냐에 따라 양도 시에 가장 확연한 차이가 생깁니다. 무주택자가 오피스텔을 주거용으로 사용하면 1세대 1주택 비과세 혜택을 받을 수 있지만, 오피스텔 외에 다른 주택이 있으면 2주택 혹은 다주택자가 되어 양도세 중과 적용을 받을 수 있습니다. 실제로 주거용 오피스텔 때문에 다른 주택을 양도할 때 1세대 1주택 비과세 혜택을 받지 못해서 억울해 하는 경우가 많습니다. 따라서 오피스텔을 양도하거나 오피스텔 외의 다른 주택을 양도할 때는 오피스텔의 용도를 업무용 또는 주거용으로 전환하는 지혜가 아주 중요합니다. 즉, 주민등록을 옮겨 주택으로 할 것이냐 사업자등록을 해서 업무용으로 사용할 것이냐, 그것이 문제인 것이지요.

07 종교용도 부동산을 양도할 때 양도소득세는?

Tag 거주자·법인으로 보는 종교단체가 양도하는 부동산, 3년 이상 고유목적사업에 사용한 기산일, 법인세 비과세 요건, 고유목적사업에 전입 후 처분

납세자 종교단체가 소유 부동산을 양도했을 때도 양도소득세를 내야 하나요?

세무사 법인으로 보는 종교단체냐 아니냐에 따라 차이가 있습니다. 먼저 법인으로 보는 종교단체가 아닌 '거주자(×××-89-×××××)로 보는 종교단체'가 보유한 부동산을 양도하면 3년 이상 고유목적사업에 사용한 부동산이라도 '양도소득세'를 신고·납부해야 합니다.

납세자 그럼 법인으로 보는 종교단체가 양도하는 부동산의 경우에는 어떻게 되나요?

세무사 법인으로 보는 종교단체가 '3년 이상 고유목적사업에 사용한 부동산'을 양도하는 경우 원칙적으로는 양도소득세가 '면제'됩니다. 하지만

3년 이상 고유목적사업에 사용하지 않은 경우에는 양도차익에 대한 세금을 내야 합니다.

납세자 그럼 3년 이상 고유목적사업에 사용하지 않았다면 '양도소득세'를 내야 하는 건가요?
세무사 아니요, 그런 경우 법인세법에 의한 신고·납부를 하거나, 양도소득세 규정을 준용하여 계산한 '법인세'가 부과됩니다.

납세자 위의 내용들이 모든 종교단체에 적용되는 건가요?
세무사 아니요, 앞서 설명했듯이 법인으로 보는 종교단체(×××-82-×××××)인 경우에는 양도차익에 대한 법인세를 면제하지만, 법인으로 보는 종교단체가 아니고 거주자(×××-89-×××××)인 경우나 대표자 개인 명의 부동산은 3년 이상 고유목적사업에 사용했다 하더라도 '양도소득세 과세대상'이 됩니다. 또한 법인으로 보는 종교단체라도 종교용도 부동산의 일부를 카페나 식당, 임대 등 수익사업에 사용한 경우에는 '안분계산'을 해서 세금을 내야 합니다.

납세자 3년 이상 고유목적사업에 사용한 기산일은 어떻게 되나요?
세무사 종교단체에서 해당 부동산을 취득한 날이 기산일이 됩니다. 이러한 기산일을 기준으로 종교단체에서 보유 부동산을 처분한 날로부터 소급하여 '3년 이상 중단 없이 계속하여 고유목적사업에 직접 사용한 경우'에 법인세가 면제됩니다. 다만 '보유기간 중 부득이하게 고유목적사업에 직접 사용하지 못한 사유'에 대해서는 법인세 면제조건으로 인정하지 않습니다.

납세자 그럼 개인으로 보는 종교단체가 보유한 부동산을 고유목적사업에 직접 사용하다가 추후 법인으로 승인을 받았다면 해당 부동산에 대한 법인세 면제 기산일은 어떻게 되나요?
세무사 그런 경우 해당 부동산을 고유목적사업에 직접 사용한 날부터 기산하게 됩니다.(서면법인 2016-4066, 2016.9.9)

납세자 종교단체가 부동산을 양도한 경우 법인세 비과세 적용을 받을 수 있는 요건을 정리해주세요.
세무사 종교단체가 부동산을 양도한 경우의 법인세 비과세 요건을 정리해보면 다음과 같습니다.

> ① 법인으로 보는 단체일 것
> ② 처분일로부터 소급해서 3년 이상 계속
> ③ 정관에 규정된 고유목적사업에 직접 사용할 것
> ④ 보유기간 중 부득이하게 고유목적사업에 사용하지 못한 사유는 인정하지 않음

납세자 만일 종교단체에서 수익사업에 사용하던 부동산을 고유목적사업에 전입한 후에 처분하는 경우에는 어떻게 되나요?
세무사 전입시점의 시가로 평가한 가액을 해당 부동산의 취득가액으로

보고, 이 취득가액을 기준으로 처분으로 인한 양도차익을 계산합니다. 고유목적사업에 전입한 후 3년이 지나면 물론 법인세가 면제되지요.

Part 5
종교단체에 대한 과세제도와 절세비법

8장
종교단체 관련 기부금제도

기부금의 법적인 의미는 '업무와 관련 없이 타인에게 무상으로 증여하는 금전 등 일체의 자산'입니다. 세법에서는 기부금이 부당한 조세회피수단으로 사용될 수 있음을 감안하여 기부처에 따라 필요경비 산입에 일정한 제한을 두고 있습니다. 이러한 취지에 따라 현재 기부금은 법정기부금, 지정기부금, 기타기부금으로 종류가 구분되어 있는데, 종교단체에 대한 기부금은 지정기부금에 해당합니다.

세법상 종교단체에 대한 지정기부금으로 인정받기 위해서는 종교단체의 설립과 기부금의 사용방법에 따라 일정한 요건을 갖추어야 합니다. 이런 식으로 인정받은 지정기부금에 대해서는 세액공제 혜택을 주는 반면, 종교단체에는 기부금에 대한 기부금영수증 발급 등의 의무를 부과하고 있습니다.

Part 5 8장에서는 기부금에 대한 법적 관련 사항에 대한 전반적인 내용과 함께 종교단체에서 기부금과 관련하여 이행해야 하는 의무사항에 대해 살펴보겠습니다.

- 기부금의 법적인 의미와 유형, 종교단체에 대한 기부금을 지정기부금으로 인정받기 위한 요건 등에 대해 살펴봅니다.

- 지정기부금에 대한 필요경비 인정 및 세액공제와 관련한 전반적인 내용을 살펴봅니다.

- 기부금영수증 발급, 기부금영수증 발급명세서 작성 등 지정기부금과 관련하여 종교단체가 이행해야 하는 의무사항에 대해 알아봅니다.

- 기부금영수증 발급과 관련하여 종교단체에 부과될 수 있는 가산세와 세무조사에 대해 살펴봅니다.

01 기부금이란 무엇인가?

Tag 기부금의 법적인 의미, 기부금의 종류, 종교단체에 대한 기부금, 지정기부금, 지정기부금 인정요건, 개별 종교단체에 대한 기부금, 설립 중인 종교단체에 대한 기부금, 건축헌금, 지정기부금 사후관리

납세자 기부금의 법적인 의미가 어떻게 되나요?
세무사 기부금이란 업무와 아무 관련 없이 타인에게 무상으로 증여하는 금전 등 일체의 자산을 의미합니다. 세법에서는 기부금이 임의로 지출할 수 있는 성격의 금전으로서 부당한 조세회피의 수단으로 사용될 수 있음을 감안하여 '기부처에 따라 필요경비 산입에 일정한 제한'을 두고 있습니다.

납세자 기부금의 종류가 어떻게 되나요?
세무사 기부금의 종류는 법정기부금, 지정기부금, 기타기부금으로 구분됩니다.

납세자 종교단체에 대한 기부금은 어떤 기부금에 해당하나요?

세무사 지정기부금에 해당합니다. 다만 세법상 종교단체에 대한 지정기부금으로 인정받기 위해서는 일정 요건을 갖추어야 합니다.

납세자 종교단체에 대한 지정기부금으로 인정받기 위한 요건이 어떻게 되나요?

세무사 주무관청인 문화체육관광부장관의 허가를 받아 설립한 종교단체(그 소속단체 포함)에 지출한 기부금으로, 종교단체가 종교활동 등 고유목적사업비로 지출하는 데 충당한 기부금이어야 '지정기부금'으로 인정합니다. 반면에 주무관청으로부터 민법 제32조의 규정에 의한 비영리법인의 설립허가를 받지 못하고 임의로 조직한 종교단체에 지출하는 기부금은 지정기부금으로 인정하지 않습니다. 적법한 기부금단체가 되려면 총회 또는 중앙회 등의 명칭으로 주무관청에 등록되어야 하는 것이지요.

납세자 그럼 교회·성당·사찰 등 개별 종교단체에 지출하는 기부금은 어떻게 되나요?

세무사 종교의 보급 및 기타 교화를 목적으로 주무관청에 등록된 단체에 소속되어 있는 교회·성당·사찰 등 개별 종교단체에 지출하는 기부금은 모두 '지정기부금'에 해당합니다.

납세자 설립허가를 받기 전에 설립 중인 종교단체에 지출한 기부금은 공제를 받을 수 있나요?

세무사 그런 경우 설립허가를 받은 연도에 기부금영수증을 발급받아 공제를 받을 수 있습니다.

납세자 건축헌금도 지정기부금에 해당하나요?

세무사 예, 당연히 해당합니다.

납세자 종교단체에 대한 기부금도 국세청에서 사후관리를 하나요?

세무사 불특정 다수인이 출연한 기부금은 공익법인 출연금 사후관리 대상이 아니지만, 출연자 명의를 알 수 있거나 부동산이나 주식 등을 출연한 경우에는 사후관리 대상이 됩니다.

02 기부금의 필요경비(손금) 공제는?

Tag 지정기부금 공제, 종교인소득이 있는 경우 기부금세액공제, 부양가족의 기부금, (지정)기부금의 세액공제한도, 기준소득금액

납세자 종교단체에 기부한 지정기부금은 얼마나 공제받을 수 있나요?

세무사 기부자가 '개인사업자'인 경우 소득세법에 따른 필요경비로 인정되거나(필요경비 산입) 소득세법에 따른 기부금세액공제를 받을 수 있으며, '법인'인 경우 법인세법에 따른 지정기부금 손금으로 인정(손금 산입)됩니다. 만일 '지정기부금의 규모가 필요경비 또는 손금한도를 초과'하게 되면 그 초과액은 해당 과세기간의 다음 과세기간 개시일로부터 5년 이내 종료하는 과세기간에 이월하여 손금(필요경비)에 산입할 수 있습니다. 이와 관련한 자세한 사항은 다음 쪽 표와 같습니다.

구분	지정기부금 손금(필요경비) 인정	연간 한도액
법인	법인이 지출한 지정기부금은 한도액인 ① 해당 사업연도의 소득금액(양도손익은 제외, 법정기부금과 지정기부금을 손금산입하기 전의 소득금액)에서 ② 법정기부금으로서 손금산입 기부금과 법인세법상 결손금을 뺀 금액에 10% 범위에서 손금산입 • 한도액=해당 사업연도 소득금액-법정기부금 손금산입액-이월결손금×10%	• 지정기부금의 손금산입 한도 초과액은 5년 이내 각 사업연도에 이월하여 초과금액을 손금산입
개인	개인이 지출한 지정기부금은 한도액 범위에서 필요경비 산입 • 종교단체에 기부금액이 있는 경우 : 한도액=[해당 과세기간의 소득금액(법정기부금과 지정기부금을 필요경비 산입하기 전의 소득금액)-필요경비에 산입하는 기부금과 이월결손금]×10%+[(해당 과세기간 소득금액-법정기부금 등)×20%와 종교단체 외에 지급한 금액 중 적은 금액] • 한도액=기준소득금액-이월 결손금-법정기부금 등×10%+(다음 ①, ② 중 적은 금액) ① 기준소득금액-이월 결손금-법정기부금 등×20% ② 종교단체 외에 지급한 금액	• 지정기부금 필요경비 산입 한도 초과액은 5년 이내 각 과세기간의 미달범위에서 이월산입(소득세법 34조 ③)

납세자 종교인소득이 있는 경우에도 연말정산 시 기부금세액공제를 받을 수 있나요?

세무사 예, 종교인소득이 있는 경우에도 당연히 근로소득과 마찬가지로 기부금세액공제를 받을 수 있습니다.

납세자 부양가족의 기부금도 세액공제대상에 포함되나요?

세무사 예, 기본공제를 받지 않은 다른 거주자의 기부금도 공제대상에 포함되며, 특히 기부금공제의 경우 기부자의 나이 제한을 받지 않습니다.

납세자 기부금의 세액공제한도가 어떻게 되나요?
세무사 먼저 연말정산 시 세액공제대상 기부금은 다음과 같이 계산됩니다.

> • 세액공제대상 기부금=(법정기부금+지정기부금)-사업소득금액 계산 시 필요경비에 산입한 기부금

위와 같이 계산된 금액을 기준으로 2,000만 원까지는 15%를, 2,000만 원 초과분에 대해서는 30%를 적용하여 계산합니다.

납세자 그럼 지정기부금의 경우 세액공제한도를 어떻게 계산하나요?
세무사 지정기부금의 경우 종교단체 기부금이 있느냐 없느냐에 따라 한도가 달라집니다. 즉, 다음 쪽 표와 같이 종교단체 기부금이 없는 경우에는 지정기부금의 30%를 공제한도로 하는 반면, 종교단체 기부금이 있는 경우에는 해당 기부금의 10%와 기준소득금액의 20% 또는 종교단체 외 지정기부금의 합계액 중 적은 금액을 합한 금액을 공제한도로 합니다. 이때 기준소득금액이란 종합소득금액에서 지정기부금 외의 기부금을 뺀 금액을 말합니다.

세액공제대상 지정기부금의 범위 및 계산

세액공제대상 지정기부금의 계산	다음 ①, ② 중 적은 금액 ① 지정기부금 해당액 ② 지정기부금 한도액	
	종교단체 기부금이 있는 경우	(기준소득금액* × 10%) + (다음 ①, ② 중 적은 금액) ① 기준소득금액* × 20% ② 종교단체 외 지정기부금
	종교단체 기부금이 없는 경우	기준 소득금액* × 30%
	*기준소득금액=종합소득금액 – 정치자금기부금·법정기부금 – 우리사주조합기부금	

03 기부금영수증의 발급과 보관의무는?

Tag 기부금영수증의 의미, 종교단체의 기부금 관련 의무, 기부금영수증, 기부금영수증 발급명세서

납세자 기부금영수증의 정확한 의미가 무엇인가요?

세무사 기부금영수증은 종교단체가 기부금을 낸 자에게 기부자와 기부 내용 등을 기재하여 발행하는 서류를 말합니다. 기부자는 연말정산이나 종합소득세 또는 법인세 신고 시 기부금세액공제 등을 받기 위해 기부금영수증을 첨부하여 제출하게 됩니다.

납세자 종교단체에서는 기부금과 관련해서 어떤 의무를 이행해야 하나요?

세무사 종교단체에서는 기부금과 관련하여 기본적으로 '기부금영수증'(351쪽 서식 참조)을 발급하고, '기부자별 발급명세서'(352쪽 서식 참조)를 작성·보관해야 하며, '기부금영수증 발급명세서'(353쪽 서식 참조)를 관할 세

무서장에게 제출해야 합니다. 이때 기부자별 발급명세서에는 기부자의 성명, 주민등록번호 및 주소(법인인 경우 법인명, 사업자등록번호와 본점 등의 소재지)와 기부금액, 기부일자, 기부금영수증 발급일자 등을 기재해야 합니다.

납세자 기부금영수증은 언제까지 보관해야 하나요?

세무사 종교단체는 기부자별 발급명세서를 작성하고 기부금영수증을 발급한 날로부터 5년간 보관해야 합니다. 또한 국세청의 요구가 있는 경우에는 '기부자별 발급명세서'를 제출해야 하고요.

납세자 기부금영수증 발급명세서에는 어떤 내용을 기재하며, 언제까지 제출해야 하나요?

세무사 '기부금영수증 발급명세서'에는 해당 사업연도에 발행한 기부금영수증의 총 발급건수 및 금액 등을 기재해야 하며, 해당 사업연도의 종료일로부터 6개월 이내에 관할 세무서장에게 제출해야 합니다.

■ 소득세법 시행규칙 [별지 제45호의2서식] <개정 2017. 3. 10.>

일련번호	

기 부 금 영 수 증

※ 아래의 작성방법을 읽고 작성하여 주시기 바랍니다.

❶ 기부자

성명(법인명)		주민등록번호 (사업자등록번호)	
주소(소재지)			

❷ 기부금 단체

단 체 명		사업자등록번호 (고유번호)	
소 재 지		기부금공제대상 기부금단체 근거법령	

❸ 기부금 모집처(언론기관 등)

단 체 명		사업자등록번호	
소 재 지			

❹ 기부내용

유형	코드	구분	연월일	내 용				기 부 금 액		
				품명	수량	단가	합계	공제대상 기부금액	공제제외 기부금	
									기부장려금 신청금액	기타

「소득세법」 제34조, 「조세특례제한법」 제75조·제76조·제88조의4 및 「법인세법」 제24조에 따른 기부금을 위와 같이 기부하였음을 증명하여 주시기 바랍니다.

년 월 일

신청인 (서명 또는 인)

위와 같이 기부금을 기부받았음을 증명합니다.

년 월 일

기부금 수령인 (서명 또는 인)

작성방법

1. ❷ 기부금 단체는 해당 단체를 기부금공제대상 기부금단체로 규정하고 있는 「소득세법」 또는 「법인세법」 등 관련 법령을 적어 기부금영수증을 발행해야 합니다.(예, 「소득세법 시행령」 제80조제1항제5호, 「법인세법 시행령」 제18조제1항)
2. ❸ 기부금 모집처(언론기관 등)는 방송사, 신문사, 통신회사 등 기부금을 대신 접수하여 기부금 단체에 전달하는 기관을 말하며, 기부금단체에 직접 기부한 경우에는 적지 않습니다.
3. ❹ 기부내용의 유형 및 코드는 다음 구분에 따라 적습니다. 이 경우 "법정", "지정", "종교단체" 유형에 해당하는 기부금 중 「조세특례제한법」 제75조에 따라 기부장려금단체에 기부장려금으로 신청한 기부금도 "법정", "지정", "종교단체" 유형으로 분류합니다.

기부금 구분	유형	코드
「소득세법」 제34조제2항, 「법인세법」 제24조제2항에 따른 기부금	법정	10
「조세특례제한법」 제76조에 따른 기부금	정치자금	20
「소득세법」 제34조제1항(종교단체 기부금 제외), 「법인세법」 제24조제1항에 따른 기부금	지정	40
「소득세법」 제34조제1항에 따른 기부금 중 종교단체기부금	종교단체	41
「조세특례제한법」 제88조의4에 따른 기부금	우리사주	42
필요경비(손금) 및 세액공제 대상에 해당하지 않는 기부금	공제제외 기타	50

4. ❹ 기부내용의 구분란에는 "금전기부"의 경우에는 "금전", "현물기부"의 경우에는 "현물"로 적고, 내용란은 현물기부의 경우에만 적습니다.

210mm×297mm[백상지 80g/㎡(재활용품)]

■ 법인세법 시행규칙 [별지 제75호의2서식] <개정 2014.3.14>

기부자별 발급명세서

사업연도	~			법인명	
				사업자등록번호	

일련번호	기부일	기부자 성명 (상호)	주민등록번호 (사업자등록번호)	기 부 명 세			발급명세	
			주 소 (본점 소재지)	내 용	코드	금 액	발급번호	발급일

작 성 방 법

※ 코드란에는 법정기부금(10), 「조세특례제한법」상 기부금(30), 지정기부금(40)으로 구분하여 작성합니다.

210mm×297mm[백상지 80g/㎡ 또는 중질지 80g/㎡]

■ 법인세법 시행규칙 [별지 제75호의3서식] <개정 2012.2.28.>

기 부 금 영 수 증 발 급 명 세 서

사업연도 (과세기간)	. . ~ . .

1. 기부금 영수증 발급자(단체)	① 단 체 명		② 대 표 자	
	③ 사업자등록번호 (고유번호)		④ 전화번호	
	⑤ 소 재 지			
	⑥ 유 형 (해당란에 √)	□ 정부등 공공 □ 교육 □ 종교 □ 사회복지 □ 자선 □ 의료 □ 문화 □ 학술 □ 기타		

2. 해당 사업연도(과세기간)의 기부금영수증 발급현황

(단위: 원)

⑦ 구 분 ⑫ 기부자	⑧ 합 계		⑨ 법정기부금		⑩ 특례기부금		⑪ 지정기부금	
	건수	금액	건수	금액	건수	금액	건수	금액
법 인								
개 인								

「소득세법」 제160조의3제3항 및 「법인세법」 제112조의2제3항에 따른 기부금 영수증 발급명세서를 제출합니다.

년   월   일

제출인   (서명 또는 인)

세무서장   귀하

작성방법

1. 이 서식은 기부금영수증을 발급하는 자가 해당 사업연도(과세기간)의 종료일이 속하는 달의 말일부터 6개월 이내에 관할세무서장에게 제출하여야 합니다.
2. ⑥ 유형란: 기부금 영수증 발급자(단체)에 해당하는 유형을 선택합니다.
3. ⑧ ~ ⑪ 란: 해당 사업연도의 해당 기부금영수증 총 발급건수 및 총 발급금액을 적습니다.

210mm×297mm[백상지 80g/㎡ 또는 중질지 80g/㎡]

04 기부금 관련 세무조사와 가산세는?

Tag 기부금 관련 가산세, 기부금영수증 허위발급 등에 대한 세무조사

납세자 기부금과 관련해서 종교단체가 가산세를 추징당하는 경우도 있나요?

세무사 예, 기부금영수증을 사실과 다르게 허위발급(기부금액 또는 기부자의 인적사항 등 주요 사항을 기재하지 않고 발급하는 경우를 포함)하거나 기부자별 명세서를 작성·보관하지 않으면 가산세를 '추징'당합니다.

납세자 각각의 경우에 가산세가 얼마나 부과되나요?

세무사 기부금영수증에 기부금을 사실과 다르게 적어 발급한 경우에는 사실과 다르게 발급된 금액의 2%, 기부자의 인적사항 등을 사실과 다르게 적어 발급하는 경우에도 2%의 가산세를 부과합니다. 기부자별 발급명세서를 작성·보관하지 않은 경우에는 작성·보관하지 않은 금액의

0.2%를 가산세로 부과합니다.

납세자 기부금영수증과 관련해서 종교단체에 대한 세무조사가 가능한가요?

세무사 예, 세무공무원은 기부금영수증 부정발급 확인 등 직무수행상 필요한 경우 기부금영수증을 발급하는 종교단체에 대해 질문하거나 해당 장부·서류 또는 그 밖의 물건을 조사하거나 그 제출을 명할 수 있습니다. 특히 기부금영수증 허위발급 등에 대한 세무조사는 종교인소득에 대한 원천징수의무자로서의 종교단체에 대한 세무조사와는 달리 종교단체에 대한 '직접적인 세무조사 성격'을 띠며, 사전 소명요구나 수정신고 안내 없이도 가능합니다.

Part 5
종교단체에 대한 과세제도와 절세비법

9장
종교단체에 대한 조세지원제도

종교단체는 종교의 보급 및 기타 교화를 목적으로 설립된 단체라는 특수성이 있는 만큼 법적으로 다양한 조세혜택을 부여하고 있습니다. 다만 그러한 혜택을 받기 위해서는 종교단체의 설립 및 활동에 있어서 일정 요건을 갖추어야 합니다.

Part 5 9장에서는 앞서 분야별로 나눠 설명했던 종교단체에 대한 조세혜택과 관련한 핵심적인 내용들을 모아서 다시 한 번 살펴보고, 현재 사회적으로 특혜 또는 위헌 의견이 제기되고 있는 종교인 과세 관련 제도에는 어떤 것들이 있는지 알아보겠습니다.

- 종교단체에 대한 국세 관련 조세지원제도에 대해 살펴봅니다.

- 종교단체에 대한 지방세특례제한법 관련 조세지원제도에 대해 살펴봅니다.

- 종교단체에 대한 기타 세법상의 조세지원제도에 대해 살펴봅니다.

- 종교인소득 관련 특혜 또는 위헌 의견이 제기되고 있는 사항들에 대해 살펴봅니다.

01 종교단체에 대한 국세의 조세지원제도는?

Tag 법인세법·상속세 및 증여세법상 종교단체에 대한 조세지원제도

납세자 법인세법상 종교단체에 대한 조세지원제도로는 어떤 것들이 있나요?

세무사 법인으로 승인을 받은 종교단체(×××-82-×××××)는 우선 고유목적사업에 사용한 부동산의 양도차익에 대해 비과세 혜택을 받습니다. 수익사업을 영위하지 않는 종교단체는 부동산 등의 매매에 따른 양도소득에 대해 법인세로 신고·납부할 수 있는데, 이때 3년 이상 계속하여 고유목적사업에 직접 사용한 부동산의 경우 양도에 따른 양도차익에 대해 비과세 혜택을 주는 것이지요.

또 종교단체가 고유목적사업이나 지정기부금에 지출하기 위해 고유목적사업준비금을 손금으로 계상한 경우에는 일정한 범위 내에서 해당 사업연도의 소득금액 계산상 손금에 산입을 허용하고 있습니다.

만일 이자소득만 있는 종교단체라면 고유목적사업준비금을 설정하고 법인세 과세표준을 신고하여 원천징수된 이자소득세를 환급받을 수도 있습니다. 이자소득은 과세표준 및 세액의 신고를 하지 않을 수도 있는데, 그런 경우 위와 같은 환급혜택을 스스로 포기하는 행위가 됩니다.

납세자 상속세 및 증여세법상 종교단체에 대한 조세지원제도도 있나요?
세무사 상속세에 있어서 피상속인이나 상속인이 상속세 과세표준 신고기한(상속개시일이 속하는 달의 말일부터 6개월) 내에 종교단체에 출연한 재산의 가액은 상속세 과세가액에 산입하지 않습니다. 다만 상속세 과세가액에 산입하지 않은 이후에 해당 상속재산이나 이익이 상속인과 특수관계인에게 귀속되는 경우에는 상속세를 추징하도록 규정하고 있습니다.

증여세에 있어서도 종교단체가 출연 받은 증여재산가액은 증여세 과세가액에 산입하지 않습니다. 다만 세법에서 규정하고 있는 출연재산 등의 사용 및 각종 보고의무 등을 위반하는 경우에는 증여세 등을 추징합니다.

02 종교단체에 대한 지방세특례제한법상 조세지원제도는?

Tag 재산세 면제, 지방세특례제한법상 종교단체에 대한 조세지원제도

납세자 지방세특례제한법상 종교단체에 대한 조세지원제도로는 어떤 것들이 있나요?

세무사 종교단체가 과세기준일 현재 고유목적사업에 직접 사용(종교단체가 무상으로 제3자의 부동산을 고유목적사업에 사용하는 경우 포함)하는 부동산(일정한 건축물의 부속토지 포함)에 대해서는 재산세를 면제해줍니다.

이와 함께 사찰림과 전통사찰의 보존 및 지원에 관한 법률 제2조 제1호에 따른 전통사찰이 보유하고 있는 전통사찰보존지에 대해서도 재산세를 면제해줍니다.

납세자 위의 설명에서 과세기준일이 세금부과에 어떤 영향을 미치게 되나요?

세무사 재산세와 종합부동산세의 납세의무자는 과세기준일인 매년 6월 1일 현재 재산세 과세대장상에 소유자로 등재된 재산명의자가 됩니다. 따라서 6월 1일 이후에 부동산을 취득한 경우에는 그 해의 재산세와 종합부동산세를 내지 않아도 되지요.

납세자 그밖에 어떤 조세지원제도들이 있나요?

세무사 그밖에도 종교단체가 지방세특례제한법상 받는 조세지원제도는 매우 다양합니다. 대표적인 조세지원제도들은 다음과 같습니다.

- 종교단체가 그 사업에 직접 사용하기 위한 면허에 대해 등록면허세 면제
- 종교단체에 대한 주민세 재산분 및 종업원분 면제
- 종교의식을 하는 교회·성당·사찰·불당·향교 등에 대해 주민세 균등분 면제
- 유치원이나 어린이집으로 사용하는 부동산으로서 해당 부동산의 소유자가 종교단체이면서 사용자가 해당 종교단체의 대표자이거나 종교법인인 경우 해당 부동산에 대한 취득세와 재산세 면제
- 종교단체의 무료 노인복지시설용 부동산에 대해 취득세 면제
- 과세기준일 현재 노인복지시설에 직접 사용하는 부동산에 대해 재산세 50% 경감
- 재단법인인 종교단체가 의료법에 따른 의료기관 개설을 통해 의료업에 직접 사용할 목적으로 취득하는 부동산에 대해 특별시·광역시 및 도청소재지인 시 지역인 경우 취득세 20% 경감, 그 밖의 지역인 경우 취득세의 40% 내에서 지자체별로 조례로 정한 율을 경감

03 종교단체에 대한 기타 세법상 조세지원제도는?

Tag 국세징수법·지방세징수법·부가가치세법·종합부동산세법·조세특례제한법·지방세법상 종교단체에 대한 조세지원제도

납세자 그 외에 종교단체에 대한 조세지원제도로는 어떤 것들이 있나요?

세무사 국세징수법·지방세징수법상 종교의식 물건의 압류금지 규정이 있습니다. 종교단체가 소장하고 있는 상품 또는 골동품이 아닌 제사·예배에 필요한 제구 등은 압류할 수 없다는 것이지요.

납세자 부가가치세법에 의한 조세지원제도도 있나요?

세무사 예, 공익법인에 대한 부가가치세 면제규정이 있습니다. 종교단체를 포함하여 종교·자선·학술·구호 또는 그 밖의 공익을 목적으로 하는 공익법인에서 공급하는 일정한 재화 또는 용역과 일정한 재화의 수입에 대해서는 부가가치세를 면제해주고 있습니다.

납세자 종합부동산세법에 의한 조세지원제도도 있나요?

세무사 예, 종교단체가 과세기준일(6월 1일) 현재 고유목적사업에 직접 사용(종교단체가 제3자의 부동산을 무상으로 고유목적사업에 사용하는 경우를 포함)하는 부동산(건축물의 일정한 부속토지를 포함)에 대해 종합부동산세를 면제해주고 있습니다.

납세자 조세특례제한법에 의한 조세지원제도도 있나요?

세무사 개별 종교단체가 소유한 주택이나 토지를 해당 종교단체가 속해 있는 종교단체(향교재단 포함) 명의로 조세포탈 목적 없이 명의신탁이나 등기하는 경우 실제 소유한 개별 종교단체를 각각 주택분과 토지분 재산세 납세의무자로 보아 개별 종교단체에서 종합부동산세 신고가 가능하도록 하고 있습니다.

납세자 지방세법에 의한 조세지원제도도 있나요?

세무사 재산세는 보유 부동산에 부과하는 지방세로 위의 명의신탁과 같은 경우 재산세도 면제해줍니다. 전통사찰이 소유하고 있는 경우로서 전통사찰보존지에 대해서도 재산세를 면제해줍니다. 또한 종교단체가 종교행위를 목적으로 하는 사업에 직접 사용하기 위해 취득하는 부동산에 대해서는 취득세를 면제해주고, 그 외에도 종교단체에 대한 등록면허세, 주민세 재산분 및 종업원분, 주민세 균등분, 지역자원시설세 면제 등의 혜택이 있습니다.

04 종교인소득 관련 특혜 또는 위헌 논란의 대상은?

Tag 특혜 또는 위헌 논란이 불거진 사항

납세자 종교인소득에 대한 과세제도가 시행되면서 이에 따른 특혜 또는 위헌 논란도 있다고 하는데 구체적으로 어떤 사항들인가요?

세무사 특혜 또는 위헌 논란이 불거진 사항들은 다음 표와 같습니다.

항목	내용	논란사유
소득세법 12조 5호	종교인소득을 근로소득이 아닌 기타소득으로 분류	• 필요경비 공제액이 늘어남에 따라 직장인과의 형평성 논란 • 조세법률주의에 따른 과세 명확성 원칙 위배
소득세법 시행령 19조 3항	비과세소득의 범위를 종교단체 스스로 결정하게 함으로써 무제한 비과세 가능	• 종교단체가 세금범위를 자의적 결정하게 한 데 따른 논란 • 시행령 위임범위를 벗어나는 특혜라는 논란

➜ 표 다음 쪽으로 연결

소득세법 시행령 222조 2항	소속 종교인에 지급한 금품과 종교활동비를 구분해서 기록·관리할 경우 종교활동비 장부는 세무조사 및 제출대상에서 제외	• 장부에 대한 보고의무가 있는 비영리법인과의 형평성 논란 • 시행령 위임범위를 벗어나는 특혜라는 논란
소득세법 시행령 222조 3항	종교인소득 신고 관련 탈루나 오류가 있는 경우 세무조사 전에 종교단체에 수정신고를 우선 안내	• 탈세 가능성에 대한 우려

이중언어
그림책
레시피

엄마와 함께하는
이중언어 그림책
여행

이중언어 그림책 레시피

강서윤 지음

CONTENTS

프롤로그
어쩌다 다문화교육센터로   06

1부 내가 마주했던 '다문화?!'   11

내가 만난 아이들 - 교실 속, 제주 속 다문화   12
Down & Up   16
파견생활 그리고 첫 한국어 프로젝트   19

2부 엄마와 함께하는 이중언어 그림책 여행   35

1기 서부권 프로젝트 이야기   36
2기 동부권 프로젝트 이야기   78
달콤과 살벌의 그 어디쯤, 프로젝트 찐 이야기   132

3부 프로젝트의 주인공 『엄마와 함께하는 이중언어 그림책』소개   167

1기 서부권 가족들의 이중언어 그림책 이야기   176
꽃처럼 빛나고 싶어요 • 홍세윤 학생과 엄마 라마다나마야 씨   178
동물원 • 유수영 학생   180
내가 좋아하는 것 • 홍효린 학생과 엄마 쿠아토마리진 씨   182
우리 아빠와 동생 이야기 • 해일리 학생과 남동생 말릭   184
아프리카 • 해일리 학생 아빠 마이클 씨   186
우리 나라 • 해일리 학생 엄마 캐롤라인 씨   188

CONTENTS

2기 동부권 가족들의 이중언어 그림책 이야기 — 190
- 토마토는 맛있어 • 강윤지 학생과 엄마 강예원 씨 — 192
- 우리 학교는 최고야! • 강윤희 학생과 엄마 강예원 씨 — 194
- 마음 색깔 • 김수연 학생과 엄마 한예진 씨 — 196
- 나도 한때는 어린아이였어 • 김수연 학생의 엄마 한예진 씨 — 198
- 나의 가족 • 이환 학생과 엄마 이가은 씨 — 200
- 나의 인생 이야기 • 김나주 학생의 이모 로즈마리 씨 — 202
- 시장 국수 팔기 • 양보경, 양홍근 학생의 엄마 이소윤 씨 — 204
- 낚시하러 가요 • 양홍근 학생과 아빠 양상진 씨 — 206
- 웃음꽃 가족 • 양보경 학생과 엄마 이소윤 씨 — 208

4부 9권의 그림책, 그리고 그 후 — 211

- 나를 변화시키는 힘 — 212
- 이중언어 그림책이 남긴 것, 위기와 인생의 덤 — 215
- 그림책과의 인연, 그리고 책축제 — 221
- 가족들과의 재회 — 228

못다 한 이야기
- 〈손글씨로 배우는 한국어〉 수업 엿보기 — 232
- 3개의 다문화 프로젝트 – 8년 만의 재회, 단풍국에서? — 238

에필로그
- 파견 종료, 다시 학교로 — 250

\?/
어쩌다
다문화교육센터로

2022년 가을과 겨울의 중간쯤, 제주국제교육원에서 파견교사 선발 공문이 학교로 내려왔다. 제주시 전농로에 위치한 제주국제교육원은 외국어교육이 주로 이뤄지는 도교육청 직속 기관으로 당시 2명의 중등(영어과) 교사를 파견으로 선발하고 있었다. 그런데 2023년에는 국제교육부에 중등교사 1명, 다문화교육부(제주다문화교육센터)에 초등교사 1명을 선발한다는 내용으로 바뀌었다. 다문화학생[1]이 점점 증가하고 있는 상황에서 이들을 지원하는 사업도 많아지니 이 분야로 파견교사를 선발해야 하는 상황을 반영한 것이다. 그런데 이곳에 내가 지원해서 가게 될 것이라고

---

[1] 이주배경학생이란 다문화학생보다 포괄적인 개념으로 학생 본인 또는 부모가 외국 국적이거나 외국 국적을 가졌던 적이 있는 학생을 의미한다. 2023년 9월 교육부에서는 다문화에 대한 부정적인 선입견을 제거하고 포용과 통합 강조를 위해 기존의 '다문화학생'에서 '이주배경학생'으로 용어를 변경하였다. 다문화학생을 의미하는 이주배경학생을 본 책에서는 '다문화학생' 혹은 '다문화 배경을 가진 학생'이라고 표기하였다. 아직은 학교 현장이나 사회에서 익숙한 용어라고 하기에는 이른 시점이라고 판단했기 때문이다. 그리고 '다문화'에 대한 잘못된 개념(다문화를 다민족 또는 다인종으로 한정시켜 인식하는)으로 형성된 선입견이 단순히 용어를 바꿨다고 해서 해결될 문제는 아니라고 생각하기 때문이다.

는 생각하지 못했다. 인생은 한 치 앞을 알 수 없는 것이다.

 방학은 아예 통으로 사라지고 월급도 줄어들지, 6시 퇴근에 나만의 공간, 독무대인 내 교실도 없어진다. 게다가 엎어지면 코 닿을 지척의 학교를 놔두고 함덕(정확히 조천읍 신흥리에 위치)까지 간다는 것은 메리트가 없는, 아니 오히려 마이너스인 생활이 아닌가? 이렇게 앞으로의 난관이 뻔히 보이는데, 결국 파견을 가기로 결정했다는 게 지금 생각하면 의아하기만 하다. 나는 어쩌다 제주다문화교육센터로 출근하게 되었을까?

 2022년 9월로 거슬러 올라가 본다. 제주다문화교육센터에서는 9월부터 11월까지 약 3개월 동안 다문화학생의 한국어교육을 위한 한국어 교재 선정 사업이 진행되고 있었다. 교재 선정을 위한 TF팀이 꾸려졌고 거기에 내가 있었다. 다문화학생 한국어 지도 경험 혹은 다문화교육지원단 경력 또는 한국어교육을 전공했던 이력이 있는 교육 관계자들로 구성되었다. 나는 대학원에서 한국어교육을 전공한 이력으로 참여하게 되었다. 바쁜 와중에 열심히 한국어 교재를 발굴하고 선정, 검토 등의 작업을 하였다. 그때 그 기회로 나도 다양한 국어, 한국어 교재를 찾아보기도 하고 살펴보는 시간을 가질 수 있었다. 주말이나 퇴근 후에 학교 인근 서점에 들러 다양한 한글 교육 교재, 교구 등을 살펴보았다. 이때까지 나는 저학년(2022학년도까지 주로 3~6학년 담임 위주의 교육경력을 갖고 있었음)에서 쓰는 한글 교육자료를 잘 몰랐고 솔직히 관심도 많지 않았다. 이 활동을 계기로 저학년 선생님들께 한글 익히기로 어떤 교재가 좋았었는지, 다문화학생 학습멘토링 지도교재로 어떤 책이나 교구를 쓰는지 물어보기도 하였다. 그러한 과정들을 거치면서 학교에서 반응이 좋았던 교재, 시중에서 잘 나가는 교재, 교사 입장에서 구성이 잘 되어 있는 교재들을 모아 분석하였다. 같은 TF팀 멤버였던 선생님들과 분석한 결과에 대해 의견을 나누고 선정

가능성이 높은 교재 목록을 작성하던 시간이 있었다. 지금 생각해 보면 이 활동이 내 파견의 시초가 되었던 것 같다.

그렇게 TF팀 업무가 끝날 즘 11월이 되었고 슬슬 학년 활동 마무리로 바쁘게 지내고 있었다. 2022년을 정신없이 달려 2학기 막바지 시점에 닿았던 때였다. 다음 해인 2023년에 대한 생각과 함께 내 나이, 내 경력에서 새로운 경험, 무언가가 필요했던 시점이었다. 이런 고민 속에서, 파견교사 선발 공문을 받았다. 결론적으로 선택했던 가장 큰 이유라면 늘 내 마음속에 품었던 해외 파견이 당장 실현되지 않아 나름의 대안으로서 센터 파견을 선택했던 것 같다. 다른 소박한 이유는 대학원에서의 전공(외국어로서의 한국어교육)을 살릴 수 있는 기회가 생각보다 학교 현장에서 없었기 때문에(2023학년도까지 제주에는 한국어학급이 없었음.) 지금이 그 기회가 될 수 있지 않을까 하는 기대감이 있었다. 내가 직접 지도하진 않지만 한국어교육 지원 연결고리가 있는 다문화교육센터 근무를 생각하게 되었다. 내 입장에서나 제주교육 입장에서 조금이나마 도움이 되지 않을까 하는 기대감과 함께.

실제로 근무하는 동안, 대학원 시절 공부했던 내용들이 떠오르는 순간을 만나기도 했다. 그때는 제대로 이해가 안 되거나 피상적으로 그렇구나 하고 넘어갔던 부분들이 제줏말로 제라지게(제대로) 이해가 되는 순간들이 몇 번 있었다. 또한 아쉬웠던 점도 당연히 있었다. 센터에 근무하면서 대학원을 다녔더라면 좋았을 부분들이 있었다. 진짜 해볼 만한 연구 주제들이 떠오를 때가 있었고 실제로 내가 프로그램을 실행할 수 있는 부분들이 있어서 이걸 가지고 뭔가를 했었으면 좋았겠다는 생각이 들 때도 있었다. 물론 현실적으로 매우 힘들었을 것이다. 끝나고 나서야, 겪어보고 나서야 보이는 것들이 있다.

12월 어느 날엔가 나는 면접을 보고 있었고 일주일 후에 선정됐다는 공문을 받았다. 그렇게 겨울방학을 맞이했다. 파견 생활이 시작되기 전인 1월에 다문화업무를 살짝 맛보는 경험을 가졌다. 한국어교재 선정 TF 활동을 하면서 안면을 익혔던 센터 연구사님이 1월 초에 전화 연락을 주셨다. 1월 중순에 대학생 한국어 멘토링 수업 현장 점검을 나가는데 같이 가보면 좋겠다고 하셨다. 제주국제교육원 인근에 있는 삼성초등학교로 가서 수업을 참관하였다. 이때 2학년 남자아이의 한글 수업을 보고 잠깐 인사를 나눴다. 5개월 후 6월 중순에 다시 이 학교를 방문하게 되었다. '찾아가는 한국어교육' 수업을 점검하러 갔는데 1월에 봤던 그 아이를 다시 보게 되었다. 한글도 많이 늘었고 표정도 밝아 보였다. 아이들은 금방 큰다는 것을 잘 알고 있었지만 현장에서 한 번 더 실감했다. 이렇게 해서 다문화교육센터에서 학교 현장으로 나가는 다문화학생 지원 상황을 사전에 경험할 수 있었다. 1월 중순부터 벌써 뭔가 시작된 그런 느낌적 느낌이랄까? 그렇게 1월이 갔다. 곧 3월, 앞으로 다문화교육센터에서 어떤 그림이 펼쳐질까 기대가 되었다.

이중언어
그림책
레시피

1막

내가
마주했던
'다문화?!'

내가 만난 아이들
교실 속, 제주 속 다문화

2023년 3월, 다정다감 프로그램2 운영을 위한 전출금을 학교로 교부하기 위해 지인들을 통해 부탁했던, 그야말로 과감하게 적극성을 발휘해야만 했던 때가 있었다. 이때 처음으로 느꼈다. 교육전문직(장학사 또는 연구사)이 되면 어떻게든 밀어붙여 내야만 하는 상황을 맞이할 수도 있겠구나. 결코 녹록지 않은 생활이겠다 하고 현실을 맛보기로 느껴본 시간이었다. 이때 나는 세 명의 지인 찬스를 썼다. 어찌어찌 학교를 모집했고 전출금을 무사히 보낼 수 있었다. 그리고 완전히 잊을 만할 즘인 5월 초에 전화가 왔다. 지인 찬스를 썼던 세 명 중 한 명으로부터의 전화였다.

"언니, 그 다정다감 프로그램 운영으로 교사 대상 다문화 연수를 진행할 건데요. 연수해 주실 거죠? 주제는 당연히 다문화교육이고 알아서 강의를 잘 준비해서 오세요. 그럼 끊습니다요."

---

2 다문화학생과 비다문화학생 간의 학급 내 어울림 및 정서 지원을 통해 다문화감수성을 향상시키기 위한 2022~2023년 제주다문화교육센터의 프로그램.

오고가는 것이 인지상정이라 나는 곧 연수 준비를 해야만 했다. 강의 원고를 준비하면서 무슨 이야기부터 꺼내면 좋을까 고민이 되었다. 자연스럽게 교직 생활 동안 만났던 아이들, 다문화배경을 가졌던 그때 그 아이들을 한 명씩 떠올렸고 그 아이들 이야기로 강의를 시작해야겠다고 정했다.

교직 생활을 시작하면서 만나왔던 아이들을 쭈욱 생각해 본다. 2008년 함덕초등학교에서 탈북 학생을 만났다. 당시 함덕초는 농구 종목이 교기였는데 이 친구는 운동 능력이 뛰어났고 악착같은 기질도 있어서 농구부 선수로 바로 낙점되었다. 탈북 학생 대상 멘토링 사업이 처음 들어왔던 해였다. 그해 영어전담이라 이 학생을 대상으로 국어와 영어 학습멘토링 프로그램을 진행했다. 문화체험의 일환으로 크리스마스 시즌 토요일에 시내 영화관에 가서 영화도 보고 짜장면을 먹었던 추억이 있다. 다음 해에는 이 학생이 반장까지 되어서 어머니가 학교 교무실로 북한 전통 떡을 보내왔던 기억이 난다. 화려하진 않지만 제주도의 오메기떡처럼 수수하면서도 맛이 담백했던 것으로 기억에 남아있다.

2016년에는 (현재 근무하고 있는) 이도초등학교에서 6학년 담임으로 근무하고 있었다. 정말 텐션이 높고 요란했던 남학생들이 많아서 힘에 부쳤던 해였다. 이때는 다문화 업무도 맡았었는데 우리 반에는 미국, 캐나다 출신의 아빠를 둔 남학생 2명이 있었다. 한국어는 물론이고 둘 다 영어를 너무 잘했다. 둘 다 축구를 잘해서 주말 자율축구 대회에도 응원을 갔던 사진이 아직도 내 스마트폰에 저장되어 있다.

2017년 동남초 근무 시절, 베트남 출신 엄마를 둔 3학년 남자아이를 만났다. 이때 다문화학생 학습지원 멘토링(2023년까지 운영된 사업)을 했다. 머리 쓰는 것이 너무 싫어 방과후 공부를 하기 싫어했다. 멘토링이 있는 날에는 요리조리 어떻게 하면 빠져 볼까 하고 잔머리 굴리던 이 친구를 떠올리니 웃음이 난다.

2018년에는 중국 상하이 출신 5학년 여학생(외국인 가정) 1명, 필리핀 출신 엄마를 둔 통합교육 대상 남학생 1명을 맡게 되었다. 여학생은 외국인 가정이라 4학년 때까지 한국어가 아예 되지 않았었다. 내가 맡았던 5학년 때, 1학기까지 노둣돌 한국어 수업3을 주 2회 받았다. 언어 감각이 있어 한국어가 빨리 늘었고 영어를 잘하는 학생이라 수업 시간 이해가 안 될 때는 영어로 대화를 주고받았다. 남학생은 특유의 '불통 고집'이 있고 잘 토라지는 성향이 있어서 어울림반(특수교육 학급) 선생님, 아버지와 자주 상담을 했었다. 담임교사로서 완급 조절(달래주는 선생님 VS 엄격한 선생님)을 잘 해야만 했었다. 어떤 날은 하루 종일 토라져서 나와 한마디도 하지 않은 날도 있었다. 그 학생은 보통이 아니었다. 주변의 똘똘한 여학생 친구들도 그 고집을 이길 순 없었다.

2022년에 다시 이도초등학교에서 근무를 하게 되었다. 이때, 베트남 출신 엄마를 둔 3학년 남학생을 만났다. 아버지 나이가 꽤 있었는데 아들과 소통이 잘 되지 않아 아이 입장에서도 아버지 입장에서도 안타까웠다. 하지만 너무도 재미있는 학생이었다. '짓궂으면서 말과 행동이 재미로 무장된 독특한 캐릭터 소유자'. 갖가지 사고도 치고 말을 예쁘게 하지 않아 얄미울 때도 있었지만 결코 미워할 수 없는 매력을 지닌 아이였다.

2023년에는 다문화교육센터에서 정말 다양한 국적의 가족들을 만났다. 그 부분은 프로젝트 소개 부분에서 자세하게 다룰 것이다.

2024년 나는 다시 학교로 돌아왔다. 올해 만난 학생은 일본인 엄마를 둔 1학년 샤이보이 남학생이다. 매주 2회씩 수업이 끝나고 한글 공부(학습역량 프로그램)를 하고 있는데 이때 이 학생과 일과 중에 들을 수 없는 학교생활 이야기, 가족 이야기, 주말 이야기 등을 나눈다. 그런 시간을 통해 이 학생은 한국어 실력이 늘고 한국어로 대화하는 것에 자신감도 부쩍 늘었다.

---

3   제주다문화교육센터 '찾아가는 한국어교육' 프로그램의 명칭.

이제까지 만나 온 아이들은 부모님의 출신 국가도 달랐고 출생 상황도 달랐다. 가정에서 부모의 교육 관심도도 천차만별이었다. 100% 다 들어맞는 건 아니지만 아이들의 대략적인 성향들을 파악할 수 있었다. 예를 들면 부모의 출신 국가 및 사용 언어, 이중언어 사용 정도에 따라 아이들의 언어 능력이 다른 양상을 보였다.

다문화 배경을 가진 아이들을 만나온 지 거의 20년이라는 시간이 흘러온 지금, 내가 들은 소식에 따르면 어떤 아이의 가족은 캐나다로 모두 떠났고, 고향인 상하이(국제학교)로 간 친구도 있다. 또 지금 고등학교에 가서 열심히 진로를 고민하는 친구도 있다고 소식을 전해 들었다. 그 아이들이 모두 각자의 자리에서 잘 성장해 주길 바란다. 선생님이 너희들의 꽃길(중간중간 자갈길도 있어야겠지)을 위해 기도할게!

이 중에 아빠의 나라(캐나다)로 이민을 간 한 학생을 올해 여름방학인 8월에 만날 수 있는 기회를 얻게 되었다. 여름방학 중에 캐나다로 국외 출장을 열흘 정도 다녀올 수 있는 일정이었다. 이 학생과는 2017년 2월 졸업식을 마지막으로 8년 동안 보지 못했다. 정말 궁금하다. 지금쯤이면 캐나다에서 대학에 다니고 있을 나이다. 단풍국에서 제자와의 만남은 어땠을까? 그 이야기는 이 책을 마치면서 소개하려고 한다.

Down & Up

　제주특별자치도교육청 교육통계자료에 따르면 2023년 4월 기준 제주도내 다문화학생 비율은 전체 학생수 대비 4%가 되었다. 2022학년도에는 3.6%였는데, 1년 사이에 0.4%나 늘어난 셈이다. 2024학년도 다문화학생 현황**4**은 초·중등 전체 학생 77,647명 중 3,332명으로 다시 4.3%로 늘어났다. 다운(Down) 앤드 업(Up)을 쓴 이유는 교육통계 결과가 앞으로의 우리 사회 모습을 분명하게 말해주고 있기 때문이다.

　뉴스를 보면 여당이든 야당이든 저출산, 인구 급감에 대해 언급하고 그와 관련된 수많은 정책들을 제시하고 있다. 그것이 효과가 있든 없든 간에 일단 내던지고 본다. 그만큼 대한민국의 가장 뜨거운 감자이고 심각한 문제임에는 틀림없기 때문이다. 출산율이 떨어지면서 학령인구가 감소하고 대한민국의 성장 동력이 될 노동

4　제주특별자치도교육청 통계자료(2024. 4. 1. 현재).

인구도 줄어들기에 국가 경쟁력 측면에서 엄청난 사회 문제로 떠오르고 있다.

반면 대한민국의 다문화학생과 그 가족, 다양한 이유로 한국으로 들어오는 사람들(유학생, 노동자 등)의 유입은 점점 증가하고 있다. 속도도 꽤 빠른 편이다. 2023년 제주도내 다문화학생 비율이 4.0%인데 2024년 교육통계에서는 4.3%를 보인다. 앞으로 2~3년 이내에 본격적인 다문화사회 진입의 지표인 5%를 돌파할 것으로 예상해본다.

최근 서울시와 고용노동부가 필리핀 가사도우미 시범 사업을 발표하여 9월부터 도입한다고 한다. '필리핀 이모'가 한국으로 들어온다는 기사는 올해 초부터 여러 번 접했었는데 곧 시행될 시점에 와 있다. 이번에 들어오는 가사도우미는 100명인데 신청한 가구가 많은 상황(경쟁률이 5대 1)이다. 가사도우미들은 20~30대의 필리핀 여성으로 고교 졸업 이상 학력을 가졌고 필리핀 정부가 인증하는 돌봄 자격증을 딴 사람들이라고 한다. 그리고 유창한 영어, 일정 수준 이상의 한국어가 가능하여 어린아이를 둔 부모 입장에서 돌봄과 더불어 영어 교육까지 고려하니 경쟁률이 높아졌을 거란 생각이 든다. 이 부분은 우리 사회의 인구 변화, 노동 시장의 변화를 단적으로 보여주는 장면이 아닐까?

전체 인구수와 학령인구는 줄어드는데 다문화학생의 비율은 높아지고 있다. 국가 경쟁력 측면이나 사회 정서적인 측면 등 이에 대한 대비 또는 준비가 발 빠르게 진행되어야 한다. 그리고 이미 다문화사회로 진입한 제주, 대한민국에서 어떻게 이를 준비해서 지원하고 있는지 살펴볼 필요가 있다.

초임 시절, 2000년 초·중반까지만 해도 한 학교에 다문화학생이 한두 명 있을 정도였는데, 2010년대에는 한 학년에 소수(1~3명 정도)가 있었다. 그리고 현재 2020년대에는 한 학급에 1~3명이 있을 정도로 그 숫자가 늘고 있다. 내가 교실에서 체감하는 숫자는 이렇게 10년 주기로 그 숫자와 단위가 바뀌고 있다. 이렇게 늘어나는 숫자와 함께 교육청이나 학교 차원에서 이를 위한 지원 사업이 많이 시행되고 있다. 학습적·정서적·문화적 지원 등 다양한 방면의 지원들이 시도되거나 진행되고 있다. 대한민국에서 다 같이 살아 나갈 사회 구성원으로서 출발선이 엇비슷하게라도 같게 만들어 주는 소위 '평탄화 작업' 단계가 중요하다고 생각한다. 각자 처한 상황이 다름을 알고 함께 설 수 있도록 그리고 나아갈 수 있도록 같은 방향을 바라보는 것이 우리 모두에게 필요한 마인드셋(Mindset)이 아닐까.

파견생활
그리고
첫 한국어 프로젝트

〈1부〉에서는 2023년 제주다문화교육센터에서 새롭게 시작되었던 '한국어 프로젝트'를 자세히 소개하려고 한다. 이 프로젝트는 내가 다문화교육센터 파견 근무 시작과 동시에 가장 고민했던 업무이자 숙제였다.

1년 동안 맡았던 여러 업무 중에서 가장 공들이면서도 동시에 신경을 썼었다. 제주특별자치도교육청 〈2024 우리 선생님 책 출판 지원사업〉에 공모하기로 결심한 계기 중 하나는 이 프로젝트의 탄생과 여정, 결과를 여러 사람들에게 소개하고 공유하면 좋을 것 같다는 생각이 들었기 때문이다. 그리고 끝까지 함께했던 아홉 가족과의 여정을 (겉으로 드러나지 않았던 과정까지) 세심하게 담고 싶었다. 그렇게 해서 하나의 아카이빙 역할을 하는 자료로 남겨졌으면 하는 바람도 있었다. 제주에서 처음으로 가족이 참여해서 만든 이중언어 그림책이기에 기록으로 남길 만한 특별한 가치가 있다고 생각했다. 다양한 가족들과 이중언어 그림책에 얽힌 나의 스토리텔링이 기대되었다.

신흥리의 봄과 시작된 파견 라이프

혹시 이 책을 읽는 분 중에 교사로서 '파견'을 고민 중이거나 고려 중이라면 조금이나마 도움이 되길 바란다. 물론 어느 기관에 가서 어떤 일을 하느냐가 가장 중요한 요소라고 생각한다. 나의 경우는 이전에 다문화교육센터로 파견교사가 간 경우가 없어서 전임자의 경험을 들을 수가 없었다.

2023년 2월은 참 마음이 불편한 달이었다. 여느 해 같았으면 학년 배정, 부장 배정, 업무 배정 혹은 어느 학교로 전입이 되었는지로 관심이 가고 신경이 쓰일 때다. 그러나 내 상황은 달랐고 파견 가기 전 어찌 보면 마지막 여유 시간일 수 있는 시기였다. 겨울방학이 끝나갈 2월 중순, 교육과정 수립 주간에 동료 교사들이 바쁠 때 나는 육체적으로는 한가하고, 마지막 여유 부릴 수 있는 시기, 그러나 머릿속은 복잡했다. 가서 내가 생각했던 것과 다른 상황이면 어떡하지? 내가 감당할 만한 업무가 주어질 것인지? 내가 과연 파견을 결정한 게 옳은 것이었나? 별별 생각이 다 났던 때였다.

2월 초에 3월 정기인사가 확정되었다. 학교는 교사라는 '같은' 직군이 대부분이라면, 내가 파견 간 제주다문화교육센터는 전혀 다른 직군들이 모여 일을 하는 곳이다. 이러한 상황이 정말 익숙하지 않을 것임을 알지 못했다. 그리고 전임 연구사님이 해주신 몇 마디의 말이 계속 맴돌기만 하였다. 신규사업을 내가 맡게 될 것이고 이게 아무것도 되어 있는 게 없는 상황이니 그냥 선생님이 하고 싶은 대로 해라, 예산도 꽤 있으니 원하는 방식이 있으면 다 해봐라, 그리고 어떤 프로그램으로 할지 미리 생각을 해둬라.

위의 몇 마디가 머릿속에서 떠나질 않고 빙빙 돌았다. 그러면서 시간은 3월 2일이 되었고 새하얀 책상 앞에, 갓 리모델링을 마친 화이트 톤의 사무실에 내가 앉아 있었다.

　첫날이 어떻게 지나갔는지 모르겠다. 새 냄새가 나는 책상 서랍에 개인 짐들을 정리했다. 메신저 등록, 업무포털 등 업무를 하기 위한 기본 세팅 완료!

　그리고 급식 얘기를 절대 뺄 수 없다. 센터 근무를 하면서 가장 마음에 들었던 부분이 급식이 1순위라고 말할 정도다. 점심을 어떻게 먹는지가 궁금했다. 다행히도 함덕고등학교의 맛있는 급식을 숟가락만 얹는 느낌으로 먹을 수 있어서 감사함을 느꼈다. 비유하자면 '초딩용 건강식'에서 일반식으로 바뀐 것이라 너무 좋았다. 함덕고등학교 홈페이지에 급식이 올라오는 날이면 인쇄해서 형광펜으로 좋아하는 메뉴를 한눈에 들어오게 표시하였다. 사무실 냉장고에 자석으로 붙이는 게 내 월말, 월초 루틴 중 하나였다. 그렇게 붙이고 나면 한 달 뱃속이 미리 든든해진 느낌이었다.

　만족도가 높은 급식도 있었지만 내 머릿속은 '내가 맡은 업무 파악에 대한 이해 정도에 대한 물음표, 사무실이라는 바뀐 근무 환경에 대한 낯설음, 신규사업 기획에 대한 부담감'으로 가득 찼다.

　다문화교육센터의 분위기에 조금씩 스며들며 그렇게 1~2주가 훅 지나갔다. 6시에 퇴근하는 것이 익숙하지 않았다. 6시부터 시내로 들어오는 도로인 연북로가 막히는 시간대라 7시가 다 되어 집에 도착했다. 학교 근무인 경우라면 특별한 일이 없을 경우 5시면 집에 도착했다. 이전까지 루틴으로 다녔던 운동을 주기적으로 갈 수가 없어서 이때 나는 왜 파견을 선택했는가? 하고 헛헛한 자성의 소리를 자주 했었다.

　센터 환경에 익숙해질 즘 함덕고등학교에서 신흥리 바닷가로 가는 길에 벚꽃이 흐드러지게 피어 벚꽃잎이 마구마구 날리고 있었다. 벚꽃 엔딩 시즌이야말로 센터로 오가는 풍경이 가장 예뻤던 시기였다. 함덕고등학교 버스정류장에서 센터와 신흥리 바닷가까지 길가 양쪽으로 길게 줄 서 있는 벚꽃 나무의 모습이 아직도 생생하게 남아있다. 매일 급식을 먹으러 오가며 걸어온 길이 신흥리의 사계절을 가장 잘 보여주었다. 어느새 그 길에 정들어 있었다.

제주다문화교육센터 이야기

　제주의 북동쪽인 조천읍 신흥리에 위치한 제주다문화교육센터는 폐교된 신흥분교 공간을 새롭게 단장하여 2012년에 개원했다. 그래서 작은 시골 초등학교의 느낌이 그대로 남아 있고 아기자기하면서도 정감 있는 곳이다. 주차장도 넓고 무엇보다 초록 초록한 잔디밭이 센터의 자랑이자 상징이라고 말할 수 있다. 잔디 운동장과 건물 주변으로 꽃과 나무들이 꽤 많이 심겨 있고 잘 정비되어 있는데 이렇게 깔끔하게 정리된 모습은 누군가의 손길, 사랑이 있기 때문이다. 나중에 알게 되었는데 버스 운전 하시는 정○○ 선생님이 그 누군가였다. 센터로 버스 운행이 잡힌 날에 간간이 짬을 내어 예초기도 돌리고 가지치기도 하고 제초 작업도 하시는 모습을 자주 볼 수 있었다. 초록 단정한 센터 전경이 눈에 딱 들어올 수 있었던 것은 이렇게 숨은 우렁각시가 있었기 때문이다. 어느 곳에서나 숨은 우렁각시들이 있기 마련인데 공기처럼 늘 존재하고 당연하다고 여겨서 그런 걸까? 우리는 그것을 잘 알아 차리지 못한다.

　내부는 예전 초등학교 건물이라 일반 교실이나 특별실 느낌이 그대로 남아 있다. 50명 정도 수용할 수 있는 다목적 강당이 있고 여기에서 '1기 이중언어 그림책 기념회'를 가졌다. 그리고 하이라이트 공간으로 꼽을 수 있는 요리 체험실이 있다. 학교에서 센터로 '세계 음식 체험' 프로그램을 신청하면 음식을 만들어서 맛볼 수 있는 장소이다. 체험이 있는 날이면 고소한 튀김 냄새가 솔솔 풍겨오고 도마 소리가 들려왔다.

　2층에는 연수가 진행되는 강의실과 다문화 의상, 악기, 도구들이 있는 문화 체험실이 있다. 세계 각국의 의상을 입고 배경 장소(외국 명소)를 설정하여 즉석에서 사진을 찍어 바로 받아볼 수 있는 코너가 마련되어 있다. 화려한 원색의 아오자이(베트남 민속 의상)를 차려입고 논라(베트남 전통 모자)를 멋지게 써서 사진 한 장 남기고 올걸, 지금은 살짝 후회가 된다.

'맨땅에 헤딩하기'는 이럴 때 쓰는 말

사업비(예산), 운영 지역, 다문화가족 지원 - 이 세 가지 조건만 주어지고 프로젝트는 아무 실체가 없었다. 운영 예산 ○○○원, 프로젝트 운영 지역은 읍면 지역(동부와 서부), 사업 목적이나 취지는 다문화가족을 지원하는 것.

어떻게 지원하라는 것인가! 가장 중요한 무엇을 하라는 것이 없어 참으로 난감했다. 이 조건만 가지고 해보지 않았던 사업을 기획하고 운영하는 것이 파견교사의 임무였다. 파견이 시작되기도 전인 2월부터 엄청난 부담감을 안고 시작된 고민이 3월에도 여전히 이어졌다. 3월 초부터 센터에서 내부적으로 회의를 했지만 뾰족한 수가 나타나지 않았다. 더군다나 이 프로그램의 실제적인 타깃은 다문화 초등학생(가족 포함)이기 때문에 초등학교의 사정을 뻔히 아는 나로서는 더욱 현실적인 고민을 할 수밖에 없었다. 3월 중순까지만 해도 이 프로젝트의 주요 내용을 한국어 강좌로 할 것인지, 주중 방과후에 할 것이지, 주말에 할 것인지, 동부 지역에서 먼저 할 것인지 아니면 서부 지역에서 먼저 할 것인지 아무것도 정하지 못했고 동전 앞뒤 뒤집기마냥 뒤집히고 또 뒤집히고를 반복하고 있었다.

3월 한 달간 두통에 시달렸고 회의만 하면 머리가 아팠다. 수없이 뒤집혔던 회의, 전화와 메신저 쪽지를 통한 사전 모니터링, 전임 연구사님과의 통화 등을 통해 내가 내린 결론은 하나였다. 이건 내가 오롯이 맡게 된 사업이고 아무도 해본 적 없는 신규사업이니 전 연구사님 말대로 "내가 하고 싶은 대로, 해보고 싶었던 것을 그냥 하자." 이제는 저스트 고, 마이 웨이로 밀고 나가는 수밖에 없었다. 나의 스타일로, 오롯이 나의 색깔로 한 겹씩 겹쳐가며 수채화 완성하듯 해나가야 했다.

결국은 모든 것을 내가 하나하나 만들어 가야 할 과정이었다. 이 결론이 나름 서는 순간 반쯤은 명확해졌다. 그 이후로 하얗게 뜬 컴퓨터 모니터 화면에 한 글자씩 채워 나가기 시작했다. 물론 그 전에 수없이 많은 색깔과 모양의 메모 포스트잇이 내 책상에 어지럽게 덕지덕지 붙어 있었다. 어떤 메모지는 접착 수명을 다하여 땅에 떨어져 있기도 했다. 맨땅에 헤딩하기가 지금 내가 하고 있는 이것이구나를 하루에도 여러 번 느꼈지만, 그 이후의 과정은 헤딩 한 번 했다고 끝난 게 아님을 알게 되었다. 다시 한번 또 다른 땅에 헤딩하기가 연이어 기다리는 흡사 '도장 깨기'와 비슷한 것이었다. 새로운 땅을 찾아 우물을 계속 발견해야 하는 그런 과정이었다.

다문화가족을 위한 한국어 프로젝트

3월 한 달간의 지지부진 속, 초조함 속에서 더 이상은 지체할 시간도, 여유도 없었다. 그냥 내가 생각한 대로, 머릿속에서 그려나가는 대로 해야 했다. 프로그램 내용, 운영 지역(동부와 서부 중에서) 선정, 강사 섭외 문제, 적정 인원수(가족수)와 선정 기준에 대해 정리해야 했다. 가장 문제가 되었던 운영 요일과 시간대는 어떻게 하면 좋을 것인가? 이 모든 것들이 내가 우선 결정하고 처리해야 할 첫 번째 고개였다.

▬▷ **프로젝트 프로그램** _ 프로젝트의 성공 여부를 결정짓는 중요 요소는 바로 프로그램의 주제와 내용이다. 프로그램을 무엇으로 할 것인지가 프로젝트 기획할 때 가장 고민되는 부분이었다. 가장 신경을 많이 썼고 오래 고민하였다. 1~2월부터 고민했던 부분이 주요 프로그램을 무엇으로 할 것인가였는데 이때 막연하게 들었던 생각은 '가족이 함께 책을 만들어 보는 과정을 경험하게 하는 것'이었다. 여기에서 확장되어 여러 번의 미팅, 고민의 시간을 거쳐 '가족 - 그림책 - 이중언어'로 까지 생각하게 되었다. 그림책으로 잡게 된 데에는 2022학년도 3학년 부장으로 근무하면서 학년 전

문적 학습공동체 운영 주제를 그림책으로 했던 영향이 컸다. 이때 '제주도서관친구들' 책보따리 연수도 2회나 신청하여 책보따리 경험을 다양하게 할 수 있었다. 동학년 선생님들과 같이 그림책을 깊게 이해하고 책을 통해 평소에는 절대 들을 수 없었던 옆반 선생님들의 마음속 이야기를 깊게 공유할 수 있었다. 2학기에는 그 당시 제주의 서쪽 마을 광령에 있었던 '노란우산 그림책방'을 방문하여 미니북 만들기 체험을 하고 다양한 그림책을 살펴보는 시간을 가졌다. 최근 몇 년동안 전문적 학습공동체로 그림책 동아리를 운영했던 경험이 이 프로젝트를 기획하는 데 가장 큰 도움이 되었다. 이때 알게 된 노란우산 책방지기이자 그림책 작가인 이진 대표와 인연이 되어 프로그램 지도강사로까지 위촉하게 되었다.

3월 중순에 작가님께 전화를 드려 직접 만나서 본격적인 미팅을 하고 싶다고 전하였다. 3월의 어느 따뜻한 봄날 오후에 새롭게 이전한 책방으로 찾아갔다. 이진 작가님께 이 프로젝트의 성격, 기획 의도를 먼저 설명하였다. 가족이 함께 만드는 그림책 제작까지 생각하고 있다고 하니 참여 가족 인원수나 연령대, 학년 등이 어떻게 될지를 물어왔다.

"작가님, 그건 아무도 알 수 없어요."가 나의 솔직한 대답이었다. 몇 가족이 신청할지, 신청했으나 실제 그분들이 오실지, 아무도 모르는 상황임을 가감 없이 툭 터놓고 말했다. 최선을 다해 열심히 모집을 하겠지만 많지는 않을 것 같다고, 하지만 소수가 될지라도 첫 사업에 첫 기수라 엄청 공을 들여야 하고 처음 1회기부터 마지막 회기까지 꾸준하게 운영되는 것이 중요하다고 전했다. 작가님도 이에 적극 동의했고 그림책 제작을 어떻게 해나갈지, 어떤 형태로 제작될 수 있는지에 대해 대략적으로 이야기를 주고받았다. 이날의 미팅을 바탕으로 해서 사업명을 공감 프로젝트로 잡고 '엄마와 함께하는 이중언어 그림책 여행'이라는 타이틀로 프로그램을 만들게 되었다. 아빠도 있는데 하필 '엄마'라는 타이틀을 달았을까 하고 문제를 제기할 사람들도 있을 것 같다. 물론 그 생각을 하지 않았던 것은 아니다. 이 프로젝트의 상징적인 의미로서 '엄마'를 강조하고 싶었다. '결혼이주여성'이라는 용어에서도 바로 알 수 있듯이 결혼으로 인해 한국으로 이주한 사람들 중 어느 쪽의 성비가 더 높을까? 당연히 여성이다. 결혼과 동시에 '한국'이라는 낯선 땅에 무조건 정착해야 했던 그녀들이다. 다문화학생의 부모님과 대할 때마다 느꼈던 것은 바로 '엄마들의 언어'가 중요하다는 것이었다. 엄마에게도 아이에게도 너무도 중요한 것은 정서적 교감과 더불어 바로 소통할 수 있는 '언어'였다.

가족 중에서도 '엄마' 그리고 그들의 언어에 초점을 맞추어 프로그램을 진행해 나가고 그림책도 그렇게 나왔으면 한다는 바람을 말했는데 이에 이진 작가님도 적극 동의했다. 엄마들의 모국어로 나와도 좋을 것 같다는 작가님의 말 한마디가 불쏘시개가 되어 '이중언어로?'까지 생각하게 되었다. 반신반의하면서도 너무도 이상적일 그 그림책들을 잠시나마 상상해 보았다. 그냥 흡족했다. 이로써 '가족 이중언어 그림책'이라는 거대한 목표를 세우게 되었다.

그렇게 프로젝트의 메인 프로그램이 확정되었다. 마음이 한결 가벼워졌다. 나머지 한 프로그램을 무엇으로 하면 좋을까 생각하면서 떠오르는 것들을 정리해 보았다. 몇 가지 꼭 충족해야 할 조건이 있었다.

최대 1시간을 넘지 않을 것, 그림책 강좌보다는 좀 더 활동적이고 바로바로 결과물이 나오거나 즐거움을 느낄 수 있을 것, 가볍게 할 수 있는 것, 한국어를 함께 익힐 수 있는 것!

이러한 조건(염두해 둔 점)들이 1년간의 프로젝트를 운영해 본 결과 정말 중요한 포인트라는 것을 알게 되었다.

처음에는 댄스나 요가 등의 움직임이 있는 놀이체육 활동이나 노래나 악기 등 음악 활동을 생각하기도 했었다. 붓글씨나 한국화 그리기까지 생각하고 있었다. 그러던 중에 당시 센터장님이 손글씨를 배우고 있었는데, 손글씨를 넣어보면 어떻겠냐고 의견을 내주셨다. 덕분에 유명한 캘리그라피 김효은 작가님을 강사로도 초빙할 수 있게 되었다. 이제 1차 미션은 끝이 났다.

운영 프로그램 확정!!

이렇게 해서 한국어·예술교실로 캘리그라피(손글씨)를 하기로 결정되었고 강좌명을 '손글씨로 배우는 한국어'로 이름 지었다. 이 책의 후반부에 이야기가 더 나오겠지만 이 시간에는 한국어만 배우는 것이 아니라, 제주어(흔히들 한국에서 외국어라 할 수 있는)까지 같이 배우는 알찬 시간이 되었다.

▶ **운영 요일과 시간** _ 프로그램 내용에 이어 고민된 부분, 어려웠던 부분이 운영 요일과 시간대였다. 여러 가지 의견, 초등학교를 대상으로 한 모니터링 결과를 바탕으로 주말인 토요일 오전 시간대로 정했다. 이렇게까지 결정되는 과정은 정말 엎치락뒤치락 그 자체였다. 아무튼 이로써 나는 주 6일 근무자로 확정된 셈이다. 웃어야 할까? 울어야 할까?

▶ **모집 대상** _ 1기 운영 장소로 서부 지역을 먼저 하기로 결정되었다. 한림에 있는 서부외국문화학습관을 운영장소로 정하고 서부외국문화학습관 관할 학교를 대상으로 하기로 했다. 서쪽 끝 고산초등학교를 시작으로 애월읍 더럭초등학교까지가 대상 학교가 되었다.
 - 한경면, 한림읍, 애월읍 소재 유·초·중·고등학교

▶ **모집 인원, 대상, 선정 기준** _ 초등학생 및 가족을 주요 대상으로 삼기로 했다. 그래서 홍보하러 다닐 때도 주로 초등학교 중심으로 방문했다. 다문화 유관기관도 같이 방문했는데 인터넷 지도를 보며 유관 기관들을 찾아봤다. 실제로 다양한 기관들이 있음을 확인할 수 있었다. 이 시기에 홍보하러 다닐 일이 없었다면 다문화교육센터에 근무하면서도 실제로 관심을 갖고 직접 찾아보며 방문할 일은 없었을 것 같다. 어쩌다 서쪽을 다 훑게 되었다. 이를 계기로 다문화교육센터 입장에서도 목록에 없었던 새로운 유관 기관들을 추가할 수 있었다.

■➡ **강사 선정 및 위촉** _ 앞서 언급했듯이 주요 프로그램인 공감 프로젝트 〈엄마와 함께하는 이중언어 그림책 여행〉 강사는 그림책 작가로 섭외를 완료했다. 그리고 두 번째 프로그램인 〈손글씨로 배우는 한국어〉 운영에 캘리그라피 작가를 알아봤다. 다행히 강사 일정이 가능하고 작업실도 서쪽에 있어서 이동하기에 나쁘지 않은 상황이었다. 이렇게 해서 강사 섭외까지 완료되었다.

이제 겨우 한 고개를 넘었다.

대차게 기다리고 있던
또 다른 고개

나는 '해님과 달님' 전래동화에 나오는 인절미 떡을 자꾸 뺏기는 어머니와 같은 처지였다. 첫 번째 고개를 겨우 넘고 나니 다음 고개에서도 무시무시한 호랑이가 나를 떡하니 기다리고 있었다. 그것은 바로 모집과 홍보 전쟁이었다. 결과적으로 근 1년 동안 동부와 서부로 제주도 한 바퀴를 뛴 셈이 되었다.

이 책을 통해 제주다문화교육센터 운영팀장 김명숙 님께 '특별히' 감사 인사를 전한다. 1기 홍보 기간이었던 2023년 4월 중순과 2기 홍보 기간인 8월 말에 직접 운전 역할을 자원했다. 그리고 모집과 홍보를 위해 온몸과 온 마음으로 지원해 주셨다. 작년 4월은 왜 그리 더웠는지 날씨에게 야속함을 느꼈다. 더운데 황사와 미세먼지까지 겹쳐서 학교와 유관 기관을 돌아다니는데 몸이 힘들 수밖에 없었다. 고산초부터 더럭초까지, 한경면과 한림읍, 애월읍까지 정말 부지런히도 다녔다. 포스터와 홍보 물품을 싣고 학교마다 일일이 교무실을 찾아가서 모집을 부탁했던 장면이 잊히지 않는다. 서부권 지역 20여 군데 넘는 곳을 2일 동안 돌았으니, 지금 생각해 보면 엄청난 에너지였고 무모, 무지했던 것 같다. 지금 하라고 하면 솔직히 "Nope(강력한 아니요!)"이라고 답하겠다. 함덕에서 제주도 반 바퀴를 돌아 무릉초·중학교를 가는 날에는 중산간도로에 안개가 잔뜩 껴서 팀장님이 바들바들 떨면서 운전을 했다. 미안한 마음이 컸다.

학교에서의 반응은 천차만별이었다. 여러 곳을 방문하다 보니 첫 반응, 표정만 봐도 가늠할 수 있었다. 관리자 또는 업무 담당, 담임 선생님들의 관심이 그로 이어질 신청, 참여 정도를 짐작하게 했다. 예정된 모집 마감일이 다 되었는데 4가족만 신청서가 들어온 상황이었다. 서부권 학교에 다시 도교육청 메신저를 통해 쪽지를 보내거나 다문화업무 담당 선생님들께 전화를 드려 한 번 더 신청 안내를 부탁드렸다. 마감은 지났지만 다행히 3가족의 신청이 더 들어왔다. 마음이 천당과 지옥을 오고 갔다.

이 홍보와의 전쟁 시기에 서부권(1기)과 동부권(2기) 기관을 방문하면서 배우고 느낀 것들이 생각보다 많았다. 기관 방문 에티켓과 더불어 입장을 바꾸어 내가 외부에서 온 방문객을 맞이할 때의 표정과 분위기에 대해 생각해 보게 되었다. 역지사지! 이 말을 몸으로 배웠던 '제주도 한 바퀴, 홍보와의 대전쟁'이었다.

▶ **프로젝트 기획, 첫 홍보 포스터** _ 다음 장의 자료(문서)는 석 달 동안 나를 끊임없이 채찍질했던 나의 첫 프로젝트 기획안이다. 〈2023 다문화가족 한국어·예술교실 및 공감프로젝트〉 기획서 중 프로그램 설명 및 신청과 관련된 일부 내용이다.

학교에만 근무했더라면 전혀 경험해 보지 못했을 미지의 분야들이 꽤 있었다. 그중 하나가 홍보 분야였다. 처음으로 홍보 포스터 제작 업무를 맡게 된 것이다. 홍보 포스터는 어떤 느낌이어야 하는지, 어떤 내용이 필수로 들어가야 하는지 실제적인 홍보 업무를 경험할 수 있었다. 디자인을 고르지 못해 밤 10시까지 카톡으로 디자이너와 업무를 진행하고 밤 늦게 센터장님께 어떤 시안이 더 좋은지 의견을 구하기도 했었다. 물론 시간에 쫓기기도 했지만 이때의 열정을 다시 내가 가질 수 있을까?

프로젝트 기획서

2023 다문화가족 한국어·예술교실 및 공감프로젝트 운영 계획
『다문화가족 한국어프로젝트, 그림책과 캘리그라피로 꽃 피우다!』

□ **배경**

○ 교육적, 문화적 수혜가 어려운 동·서 읍면 지역 다문화학생 및 다문화 가족을 위한 다양한 지원 프로그램 부족

○ 다문화학생 가족간의 언어 소통, 화합 및 정서 지원 강화로 제주사회에 적응력향상 필요성 증가

○ 이중언어교육에 대한 교육적 관심 확대 및 공유로 다문화가족의 자긍심 고취를 위한 환경 조성

□ **사업 개요**

○ 사업명: 2023 다문화가족 한국어·예술교실 및 공감프로젝트

○ 슬로건: **다문화가족 한국어프로젝트, 그림책과 캘리그라피로 꽃 피우다!**

○ 사업 내용

▶ 한국어·예술교실 프로그램 『손글씨로 배우는 한국어』

캘리그라피라는 예술 분야를 언어학습에 접목시켜 한국어 및 부모의 모국어 등 다양한 나라의 언어를 소재로 언어와 예술이 융합된 활동으로 구성

▶ 공감프로젝트 『엄마와 함께하는 이중언어 그림책 여행』

참여하는 부모와 아이의 제작 부담을 줄이고, 모국에 대한 자존감 향상을 위해 부모님은 출신국의 언어, 아이는 그림 그리기와 한국어로 그림책 제작에 참여

○ 사업기간: 2023. 4. ~ 2023. 12. 매주 토요일 09:00 ~ 12:00(12회~13회)

○ 지원대상: 동·서부외국문화학습관 인근 초·중·고 다문화가족

○ 운영장소: 동·서부외국문화학습관

프로젝트 기획서

□ 세부 추진 일정

○ 1기(서부외국문화학습관)

구분	추진 내용	시기	비고
1	사업 계획 수립	3월	모집 대상 학교 전화모니터링 실시
2	프로그램 관련 강사 섭외 및 위촉 유관 기관 유사 사업 벤치마킹	3월~4월 초	관련 분야 전문가 제주시가족센터
2	프로그램 안내 및 신청 (학교 공문 발송)	4.7.(금) 공문발송 4.10.(월)~4.17.(월)	[서식 1], [서식 2]
3	참가자(참가학생 또는 가족) 확정	4. 18.(화) 예정	내부결재
4	참가자 확정 결과 안내	4. 19.(수) 예정	제주국제교육원 →학교
5	프로그램 운영 및 지원 (12회기, 매주 토요일 오전 운영)	4월 ~ 7월 (4월 22일 시작)	서부외국문화학습관 협조 다문화교육부 인력 지원
6	이중언어 그림책 및 캘리그라피 작품 전시(온/오프라인)	8~9월	서부외국문화학습관 제주다문화교육센터 홈페이지 활용
7	1기 사업 종료 만족도 조사 실시 중간 보고서 작성	8월 중순	내부결재

> 프로젝트 기획서

[붙임 1] 가정통신문[예시]

2023 다문화가족 한국어·예술교실 및 공감프로젝트 참가 신청 안내

안녕하십니까?

   제주다문화교육센터에서는 물리적 환경으로 인해 교육적, 문화적 수혜가 어려운 지역인 서부 읍면 지역 다문화학생 및 다문화가족을 대상으로 다양한 프로그램을 제공하고자 2023 다문화가족 한국어·예술교실 및 공감프로젝트를 기획·운영하게 되었습니다.

   프로그램에 참가를 희망하는 가족(학생, 학부모)은 참가 신청서를 4월 (   )일까지 담임선생님께 보내주시기 바랍니다.

1. 운영 기간 : 2023. 4. 22.(토) ~ 7. 15.(토)
2. 운영 시간: 매주 토요일 09:10~11:40, 총 12회기
3. 대상 : 서부(한림읍, 한경면, 애월읍) 초·중·고등학교 다문화 10가족
       내외(모집인원 초과 시 추첨)
4. 장소 : 제주서부외국문화학습관(제주시 한림읍 한림로4길 16)
     (※그림책방 현장체험학습 1회 운영 예정)

5. 프로그램 및 일정

시간	프로그램
09:10~10:00 (50분 수업)	한국어·예술교실 『손글씨로 배우는 한국어』
10:00~10:20	쉬는 시간
10:20~11:40 (80분 수업)	공감프로젝트 『엄마와 함께하는 이중언어 그림책 여행』
11:40~	정리 및 귀가(집으로 가기)

2023. 4. .
○○초등학교장

1기 포스터

2기 포스터

Poster

이중언어
그림책
레시피

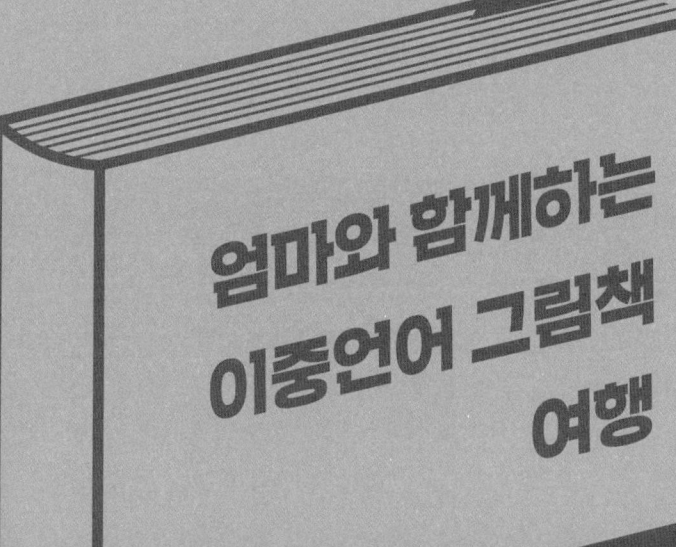

1기
서부권 프로젝트
이야기

> **코리안 타임은
> 어디에나 있다!**

　7개국(중국, 필리핀, 베트남, 라오스, 네팔, 미국, 짐바브웨), 8가족, 총 23명. 그것이 1기 프로젝트에 신청한 최종 가족이다. 개강식 첫날 예정된 시간에 온 가족은 단 한 팀도 없었다. 물론 3일 전, 1일 전 안내 문자를 여러 번 보냈었고, 또한 지각할 거란 예상도 했지만 막상 또 맞닥뜨리고 보니 담당자 입장에서 초조함을 감출 수 없었다. 다양한 문화적 배경을 지닌 다문화가족들인데 이곳은 한국! 코리안 타임이 예외 없이 적용되었다.

　첫 사업의 첫 개강식이라 제주국제교육원 원장님이 기다리고 계셨다. 예정된 시간보다 15분 늦게 온 가족이 1팀, 그로부터 1시간 동안 뜨문뜨문 한 가족씩 학습관으로 들어오기 시작했다. 첫 가족이 얼마나 반갑고 고마웠는지 모른다. 위치를 찾지 못해 30분 이상 헤매다 보니 늦어진 가족도 있었다. 당연히 개강식은 30

개강식

강사 위촉장 수여

분 늦게 시작했고 팀장님도 나도 신청 가족들에게 개별적으로 전화를 돌리느라 정신이 없었다. 지도 강사들에게 위촉장도 수여하고 기념사진도 찍고 원장님의 격려 인사 등 어떻게 개강식이 지나갔는지 모르겠다. 정말 진땀을 쪽 뺀 1시간이었다. 아무튼 그렇게 첫 개강식이 지나갔다. 참여 가족들의 100% 출석은 아니었지만 다섯 가족이나 나왔으니 첫 출발치고는 제법 괜찮은 스타트라고 자체 평가 내리고 싶다.

〈손글씨로 배우는 한국어교실〉 수업은 캘리그라피 작가로 유명한 김효은 작가님이 강사로 위촉되었는데 첫 수업을 무엇으로 할지 같이 고민했었다. 첫날이라

손글씨 수업(황제나)

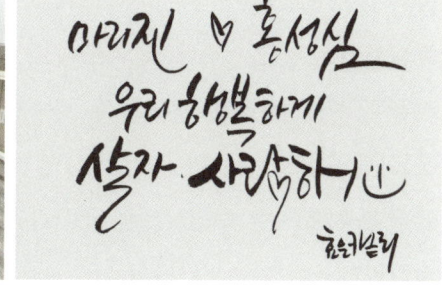
손글씨 수업

개강식도 있으니 실제 수업 시간이 길지 않고, 가벼운 마음으로 뭔가 호기심을 자극할 거리가 있으면 좋겠다고 했다. 캘리그라피를 처음 접하는 사람들이 많을 것 같으니 첫 수업 작가 이벤트로 엽서에 참가자 이름을 써서 선물해 주는 시간을 갖기로 했다. 결론적으로 너무 반응이 좋았다. 자기 이름이 멋진 손글씨로 샤샤샥 써지는 것을 직접 보고 한 명씩 나와서 엽서를 선물로 받았다. 다들 얼굴이 환해지고 눈이 커지는 것을 볼 수 있었다.

한림초에 다니고 있는 제나(엄마의 출신국이 미국)가 가장 좋아했던 기억이 난다. 한국어와 영어로 자신의 이름과 엄마의 이름이 써지는 장면을 신기하게 쳐다보던 엄마와 딸의 모습이 생생하다.

〈엄마와 함께하는 그림책 여행〉 수업에서는 첫 시간이라 그림책에 대한 설명부터 시작하였다. 그림책 몇 권을 직접 강사가 소리내어 읽어주고 각자의 느낌을 말하는 시간을 가졌다. 나도 그림책 관련 강의를 여러 번 듣긴 했지만 이 기회로 가족들과 함께 들으니 그동안의 프로젝트 세팅으로 소진되었던 마음이 조금씩 편안해지고 치유받는 느낌이었다. 그림책을 처음 접하는 아버지도 계셨고 한국어가 서툰 한 어머니는 자세한 내용은 모르지만 그림과 분위기로 내용을 이해하려고 집중하는 모습이었다. 몇 년 전 미국으로 파견연수를 갔던 시절이 떠올랐다. 모든 내용을 100% 다 이해할 수 없는 신학기 교사 연수에서 한 마디라도 더 알아들으려고 온 신경을 집중했던 나의 모습이 떠올랐다. 왜 미국 교장선생님의 발화 속도는 그렇게 빠른지, 그리고 왜 그렇게 질문은 많이 하시는지. 시차도 적응되기 전, 출근 첫날부터 한국어로 전달해도 어려웠을 내용들로 내가 미국에 온 것을 두 귀로 실감한 날이었다. 충분히 이분들(외국에서 들어온 지 오래되지 않은 부모)의 고충을 이해하고도 남는다. '언어'는 삶의 원초적 도구라는 생각이 들었다. 누군가의 삶을 좌지우지할 수 있을 정도로 강력한 힘을 지닌 존재임을 해외파견 기간 동안 처절하게 느꼈다.

이렇게 첫 개강식을 무사히 마쳤다. 2회기부터는 본격적인 수업이 진행될 것이라 2회 참여율도 걱정 반, 기대 반이었다. 첫 주가 이렇게 지나고 다행히도 며칠 후에 2가족이 더 참가 신청서를 보내왔다. 국가 리스트에 네팔, 중국이 추가되었다.

그림책 첫 수업 - 그림책 개념 설명

그림책 첫 수업 - 첫 그림책 읽기

추억 속
1기 가족

씩씩했던
수영이와 세윤이
혼자서도 잘해요!

세윤이와 엄마

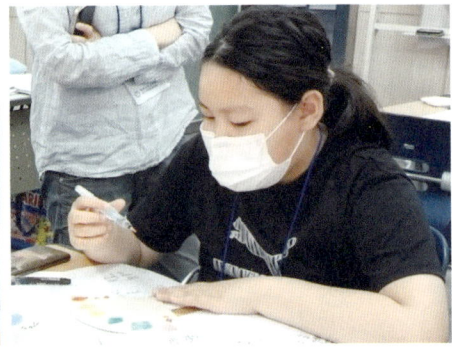
수영이

　네팔 출신의 엄마가 있는 한림초 홍세윤 학생은 1학년인데도 혼자서 씩씩하게 수업을 받으러 왔고 내가 "세윤아, 혼자 해도 괜찮겠어?"라고 물어봤을 때 자신 있게 혼자서도 괜찮고 다음 주에도 나올 거라고 씩씩하게 대답했다. 엄마가 주말에도 일을 나갈 때가 있어서 엄마가 쉴 때는 같이 올 수 있다고 요망지게(다부지게) 말도 잘하는 친구였다. 같은 학교 한림초 3학년 유수영 학생도 엄마가 생후 3개월인 동생이 있어서 혼자 나올 거라고 했다. 이 두 명은 정말 대단한 학생들이다. 이 학생들은 주로 혼자 나왔지만 끝까지 프로젝트를 완벽하게 수행한 영광의 주인공들이 되었다. 물론 출석률도 90% 이상이었다.
　이렇게 수영이는 끝까지 혼자서도 토요일마다 나와 집중해서 활동에 전념하였다. 세윤이는 3회차부터 혼자서 오는 날도 있었고 엄마와 함께, 언니와 함께 오는 날도 있었다.

> 추억 속
> **1기 가족**

말릭, 해일리, 마이클, 캐롤라인
모두가 참여했던 가족

  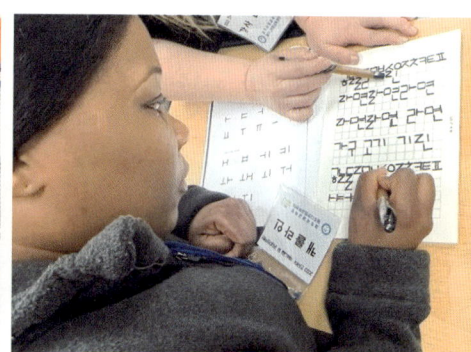

왼쪽부터 말릭, 해일리, 캐롤라인

첫날 개강식에 30분 넘게 늦었던 그 가족은 아프리카 대륙에 있는 짐바브웨에서 온 가족이었다. 금악초 5학년 해일리 학생과 이시돌 어린이집에 다니는 말릭(6세)의 가족이었다. 이 가족은 한 번 빼고 4명 모두 참여한 '완벽한 출석률'을 자랑하였다. 주로 아빠 마이클과 연락을 주고받았는데, 한국어가 서툴러 주로 영어로 문자를 보내거나 통화를 하고 구글 지도로 주소(현장학습 장소 등 안내할 때)를 보냈다. 엄마인 캐롤라인은 그림책 수업 내용은 세세하게 이해하기 어려워했으나 집중하고 번역기를 돌리는 성실한 모습이 인상적이었다. 손글씨 수업에서 자음, 모음 쓰기 연습에 온 집중을 다했다. 현장학습에서 인터뷰 영상을 찍은 적이 있었다. 이 프로젝트의 특별한 점이 무엇이냐고 물었을 때, 이렇게 답했다. "캘리그라피를 통해 한국어를 다양한 스타일로 쓸 수 있다는 점이 인상적이에요."

"그림책 수업에서는 내가 느끼는 것을 어떻게 표현해야 할지 배울 수 있어서 좋아요."

말릭은 1~4회차까지는 너무 조용하고 눈치를 보는 아이라고 생각했었다. 그러나 어느 정도 주말 프로그램에 익숙해지니 본연의 장난기를 자연스럽게 보여주었다. 재미있는 그림을 그려 웃음을 준 아이였다. 누나인 해일리를 참 좋아했다. 어린이집을 다니고 있었는데 한국말을 너무 잘했다. 그림책 수업, 손글씨 수업 모두 가족 단위로 책상을 모둠 구성하여 앉게 했다. 해일리 가족은 한국어와 영어를 모두 사용했다. 아이들이 부모님과 대화를 할 때는 영어를, 누나와 동생이 대화를 할 때는 한국어를 썼다. 엄마와 아빠가 이해를 못 하면 해일리가 센스 있게 영어로 바로 통역을 하였다.

추억 속
1기 가족

위기에 강한 엄마와 딸, 효린이네 가족
서로를 알게 해준 그림책

홍효린 학생 가족

　5학년 여학생 효린이와 엄마 쿠아토마리진 씨는 거의 매회 수업에 참여했다. 효린이의 남동생 2명도 같이 왔지만 책 만들기에는 효린이와 엄마만 참여하게 되었다. 효린이 엄마는 딸과 함께 둘만 오기에도 벅찼을 텐데 어린 아들 2명까지 데리고 왔고 처음부터 끝까지 참여한 대단한 분이다. 주중에 일을 하고 주말에 아이 3명을 데리고 프로그램에 참여하는 일은 쉽지 않다.

　필리핀 출신인 쿠아토마리진 씨는 처음에는 이 프로젝트에 참여하고 싶지 않았다고 했다. 효린이 아빠가 덜컥 신청하여 엄마 입장에서는 반 강제적으로 시작하게 된 것이다. 그렇지만 하다 보니 점점 재미를 느꼈고 스스로 참여하게 되었다고 말했다. 효린이는 처음에 어떤 주제로 자신의 그림책을 만들지 쉽게 결정하지 못했다. 하지만 많은 고민, 이것저것 계속 끄적여 보는 시간을 겪고 나서야 주제를 확정하게 되었다. '나'에 대한 이야기로 시작해 '가족'으로 까지 이어지는 글을 쓰게 되었다. 효린이도 효린이 엄마도 확고한 자기 스타일이 있는 성격이라 한번 마음 먹으면 집중해서 작업을 했다. 반면에 각자의 확고한 스타일로 의견 충돌이 생기기도 했다. 확실한 적극성을 보여줬던 이 모녀에게는 어딘지 모르게 제주 여성의 강한 기질도 스며들어 있다. 더미북 제작하기, 방송 인터뷰와 같은 위기, 어려운 상황에서 강한 면을 보여준 멋진 엄마와 딸이다.

추억 속 1기 가족

따뜻했던
다연이네 가족
부부의 웃음, 아기와 함께

구엄초 1학년 다연이네 가족은 처음 4회 정도 참여하다가 중간에 하차해서 아쉬운 가족이다. 끝까지 함께하지는 못했지만 프로그램 참여 사진을 들여다보면 따뜻했던 장면이 유독 많았던 가족이다. 농사일로 바쁜 와중에 2회 정도 아버지가 같이 참여했었다. 그때 오랜만에 연필을 잡아본다는 아버지의 말, 부부가 함박웃음을 짓던 순간, 엄마가 어린아이를 안고서 손글씨에 집중하던 모습이 참 정겨웠다.

첫 현장학습, 그림책방으로 봄나들이 가다

처음 이 프로젝트 기획안을 작성할 때 염두에 둔 점이 한 가지 있다. 현장학습을 넣어 색다른 곳에서 프로그램을 운영해 보는 것이었다. 처음 3월에 그림책방에 갔을 때, 이전 책방보다 더 넓은 곳이어서 이 정도 공간이면 여기에서 진행해도 좋겠다는 생각을 했다. 책방지기이자 강사인 작가님과 어떻게 공간을 활용하면 좋을지 얘기를 나눴다. 가족별로 테이블에 앉게 하고 수업을 진행하기로 했다. 브레이크 타임에 간식도 먹고 차도 마시고, 마지막에는 두 권씩 그림책을 골라서 가지고 갈 수 있도록 계획하였다. 새로운 환경에서 하는 신선한 맛도 느낄 수 있지만 이 기회를 통해 참여 가족들 간의 친목 도모를 다지기 위한 의도가 더 컸다. 가족에 따라 서점, 책방을 가족과 가보지 못한 경우도 있을 것 같았다. 5월 가정의 달을 맞아 가족 책방 봄나들이 콘셉트로 현장학습계획을 기획하였다.

다행히 많은 가족들이 참여 신청을 하였다. 당일 제나네 가족이 20분 정도 늦었는데 충분히 일어날 수 있는 어쩔 수 없는 사연이 있었다. 분명히 책방 위치를 주소로 안내했음에도 불구하고, 관광대점이 아닌 안덕점(같은 그림책방이 안덕에도 있었다.)으로 갔던 것이다. 안덕에서 관광대로 돌아와야 했다. 제나 아빠와 통화를 하면서 '아, 혹시나 했던 문제가 발생했구나.' 싶었다. 그래도 그렇게 먼 거리가 아니라서 많이 늦지는 않았다. 다행이었다. 행사에서는 이런 변수가 늘 따라 다녔다.

가족별로 테이블에 앉고 커피와 차 주문을 먼저 받았다. 날씨가 계속 좋다가 이 날은 애석하게도 안개가 많이 끼고 비가 추적추적 내리는 흐린 날이었다. 가족별로 따뜻한 차와 붕어빵을 먹으면서 손글씨가 들어간 냉장고 자석을 만들었다. 자석에 들어갈 글은 자신이 평소 좋아하는 문구나 가족에게 하고 싶은 메시지로 하였다. 다 만들고 나니 제법 멋진 작품들이 나왔다.

현장학습 기획서

[붙임 1] 가족 대상 안내 및 배부용

2023 다문화가족 한국어·예술교실 및 공감프로젝트 현장학습 운영계획

『다문화가족 한국어프로젝트, 그림책방 나들이가다』

안녕하십니까?

제주다문화교육센터에서는 2023 다문화가족 한국어·예술교실 및 공감프로젝트를 지난 4월부터 서부외국문화학습관에서 운영해 오고 있습니다. 이 프로젝트의 일환으로 가정의 달 5월을 맞이하여 프로젝트 참여 가족을 대상으로 **현장학습『다문화가족 한국어프로젝트, 그림책방 나들이가다』**를 실시하고자 합니다. 현장학습에 참여를 희망하는 가족은 아래 내용을 참고하여 **참가신청서를 5월 9(화)일까지 제주다문화교육센터 업무담당자에게 제출(직접 또는 문자-사진 전송)**하여 주시기 바랍니다.

1. 운영 개요

구분	내용
일정	2023. 5. 13.(토) 08:40 ~ 12:40
장소	**그림책카페노란우산(관광대점)** / 서부외국문화학습관(집결 장소) (주소: 제주시 애월읍 평화로 2715)
대상	2023 다문화가족 한국어·예술교실 및 공감프로젝트 참여 가족
참가비	**무료**(전액 제주다문화교육센터 부담)
준비물	개인 물병, 운동화 및 간편한 복장, 모자, 우산(우천시), 마스크(미세먼지)

2. 프로그램 내용 및 일정

일자	프로그램내용	비고
5월 13일(토) (08:40~12:40)	■ 손글씨로 배우는 한국어 (캘리그라피 작품 활동) ■ 그림책방 둘러보기, 그림책 고르기, 그림책 소개하기, 가족 이야기(스토리) 구상하기 ■ 가족간 대화 나누기(간단한 점심 제공)	※**08:50**까지 서부외국문화학습관으로 가족별로 집결 / 가족별 그림책방으로 **9시 20분까지 집결**

2023년 5월 2일

제 주 국 제 교 육 원　다 문 화 교 육 센 터

① - 1기 현장학습 전체 기념사진
② - 해일이네 가족
③ - 효린이네 가족
④ - 손글씨 작품 모음- 냉장고 자석
⑤ - 제나네 가족
⑥ - 세윤이네 가족

현장학습을 다녀오고 나서 준비 과정은 어려웠지만 정말 하길 잘했다고 스스로에게 칭찬을 했는데 그 이유 중 하나는 바로 '엄마들의 이야기' 때문이었다.

현장학습에서 어떤 활동을 하면 좋을지 그림책 강사님(책방지기)과 대화를 하다가 2022년에 책방에서 동학년 선생님들과 했던 미니북 만들기를 했으면 좋겠다는 결론을 내렸다. 미니북 만들기는 간단하면서도 책을 직접 만들어볼 수 있는 좋은 활동이다. 우선 A4 사이즈의 (색이 들어간) 종이로 직사각형 4장을 만든다. 4장의 종이로 만들면 작은 직사각형 16면이 나오게 된다. 16면의 종이에 다양한 점들을 찍는다. 말 그대로 점들의 잔치다. 그리고 점이 그려진 그림에 자신의 이야기를 덧붙인다. '점 그림책'이 만들어지는 것이다. 그런데 점이 있는 그림에 이야기(문장)를 바로 만들기엔 무리가 있다. 그래서 미니북을 만들기 전에 강사님이 그림책 한 권을 읽어주신다. 피터 레이놀즈 작가의 《점》이라는 아주 유명한 그림책이다. 이 책을 읽고 나서 각자 자신만의 방식으로 16개의 작은 종이에 점을 그리고 싶은 대로 그린다. 그리고 그 점 그림을 이용하여 자신의 이야기를 순서대로 만들어 나가는 것이다.

2022년 11월에 그림책방에 와서 이 활동을 해보니 점만으로 그림을 그린다는 것이 생각보다 쉽지 않았다. 그리고 거기에 내 이야기를 이어 나가는 것이 엄청 어색했었다. 그럼에도 불구하고 이 활동을 프로젝트 1기 가족들과 해보기로 정한 이유가 있다. 이 활동을 먼저 경험해보니 '나'에 대해 집중하는 시간을 만들어주고 나의 이야기를 다른 사람들과 공유하면서 나에 대해 명확하게 알아가는 시간이 되었다. 그리고 여러 감정에 공감해 보면서 마음의 힐링이 느껴지기도 했다. 이러한 경험을 프로젝트 참여 가족들도 한 번쯤 가져봤으면 하는 마음이 컸기에 현장학습 주요 활동으로 넣게 되었다.

처음에는 그림 그리기에 공을 들이더니 후반에는 자신의 이야기를 적어 가면서 몰입하는 분위기가 만들어졌다. 특히 엄마들이 곰곰이 생각에 젖어 들어갔다. 한 글자, 한 문장씩 한국어로 적어나가는데 너무 진지해서 말을 걸 수가 없을 정도였

피터 레이놀즈 작가의 《점》

해일리 미니북

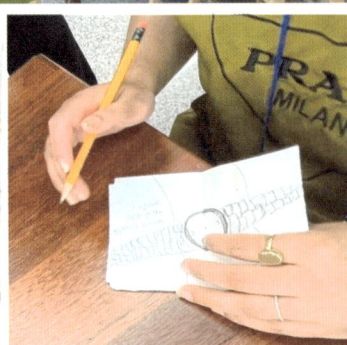
라마다나마야 미니북

다. 시간이 부족하긴 했지만 부족한 대로, 완성하지 못해도 발표하는 시간을 갖기로 했다. 해일리는 너무 부끄러워서 발표할 때 목소리가 작았지만 하나의 스토리를 완성하였다. 라마다나마야(한림초 세윤이의 엄마) 씨는 그림을 엄청 섬세하게 그렸고 세윤이 또한 이런 엄마의 모습을 보고 불타는 자극을 많이 받았다. 엄마의 열정을 쏙 빼닮은 세윤이었다.

드디어 어머니들의 낭독 순서가 되었다. 베트남에서 온 박하연(구엄초 다연이의 엄마)

씨는 덤덤하게 자신의 이야기를 발표하였다. 필리핀에서 온 쿠아토마리진(금악초 효린의 엄마) 씨는 필리핀에서 자신의 성장 과정, 가족 이야기, 제주에서의 삶의 느낌을 이야기로 발표하였다. 중간에 고국(필리핀) 이야기를 할 때는 눈물이 그렁그렁 맺혀 마지막까지 겨우 발표를 마칠 수 있었다. 마음이 참 애잔해지는 순간이었다. 네팔에서 오신 라마다나마야 씨는 섬세한 그림과 함께 눈물 없이는 들을 수 없는 드라마틱한 자신의 인생 이야기를 들려주었다. 엄마들의 눈시울이 붉어지고 아이들은 놀란 눈으로 분위기를 살피는 그런 장면이었다.

　중간 쉬는 시간에 라마다나마야 씨의 이야기를 듣게 되었다. 이런 미니북을 만들어 발표해 보니 처음엔 어렵고, 자신의 이야기를 공개하는 게 마음이 아픈 점도 있지만 속이 후련해지고 다양한 사람들의 이야기를 들을 수 있어 매우 좋았다는 소감을 전했다. 현장학습을 하고 나서 서로 잘 몰랐던 가족들, 조금은 가까워진 느낌이었다.

　각자 자신의 고향에서 먼 길을 떠나 제주로 온 씩씩하고 당당한 엄마들, 정말 대단하게 느껴졌다. 지금까지 잘 버텨왔고 앞으로도 살아온 것처럼 파이팅하기를 기원하는 마음이 절로 나왔다.

미니북 발표(박하연)

미니북 발표(쿠아토마리진)

① - 미니북 표지(쿠아토마리진)
② - 미니북(쿠아토마리진 - 타갈로그어)
③ - 미니북(황샤나 - 영어)
④ - 미니북(라마다나마야 - 네팔어)

◇ 줄어드는 참여율,
◇ 책은커녕 종강까지 갈 수 있을까?

나의 불길한 촉은 예외 없이 적중했다. 처음에는 온 가족이 나왔지만 3회기부터 포기한 가족이 나오기 시작했다. 프로그램 4~5회기(현장학습)까지 최고점(최대 8가족)을 찍었다가 중반부가 지나면서 한 가족씩 점점 하차하는 하강 곡선을 보여줬다. 이 패턴은 2기 때도 마찬가지였다. 하지만 동시에 기대감을 주는 사인도 들어왔다. 인생은 플러스와 마이너스의 절묘한 조합 같기도 하다.

여름이 다가오고 장마철에 돌입하면서 여러 가지 이유로 하차하는 가족들, 결석하는 가족들이 많아졌다. 6월 어느 토요일에는 3가족만 나와서 한숨이 그냥 나왔다. 후반부를 향해 달려가고 있던 나에게 기세를 확 꺾는 그런 시기가 이때였다. 7~8회차부터는 본격적으로 스토리보드를 완성해 나가고 그림도 그려나가야 하는데 오히려 출석률과 참여율은 쭉쭉 떨어지고 있으니 조들지(조바심내다) 않을 수가 없었다. 꺼져가는 불씨를 살려내야만 했다. 그러나 현실은 정말 참담했다. 하차한다는 가족의 학교로 담임 선생님께 협조 전화도 드려봤지만 쉽지 않았다. 6월이 되면서 서부권 지역은 농사일로 점점 더 바빠졌고 토요일에도 일을 나가는 엄마들은 시간을 내기가 쉽지 않음을 잘 알기에 무턱대고 나오라고만 할 수도 없었다. 그렇지만 내가 할 수 있는 것들은 다 동원하려고 무척이나 애를 태웠다. 일주일에 한 번 보내던 문자도 시간대와 요일을 세심하게 골라 두세 번 보냈고 금요일 오후에는 아예 전화를 다 돌렸다. 한 가족이라도 한 명이라도 더 참여를 해야 뭔가가 될 동말동하기 때문이다. 그래도 어려운 상황 속이지만 끝까지 참여하는 가족들이 있어 포기하지 않았던 것 같다.

1기 참여 가족 중 끝까지 가지 못한 가족들이 있었다. 그중에서 가장 아쉬웠던 가족은 한림초 황제나 학생 가족이었다. 5월까지 잘 나왔었는데 6월부터 제나가

감기에 걸려 학교도 못 갈 정도로 아팠다. 엄마도 같이 감기에 걸리면서 한두 번씩 못 나오더니 6월 중순에는 제나 아버지께서 하차의 뜻을 밝혀 왔다. 너무 아쉽고 안타까웠다. 제나네 가족의 이야기도 그림책으로 나오면 참 좋았을 텐데 하는 아쉬움이 컸다. 2024년 초여름에 이 책의 집필을 위해 가족별로 동의서를 받으러 제주의 서쪽과 동쪽을 한 번 더 순회해야 했다. 한림의 한 카페에서 프로젝트에 참여했던 가족들을 면담했었는데, 이때 1년 만에 제나와 제나의 아빠를 잠깐 볼 수 있었다. 제나 아빠는 깜짝 놀라셨다. 그때 끝까지 프로젝트에 참여했던 가족들은 그림책을 만들었고 2기 동부권 가족들도 책을 만들었다고 하니 엄청 놀란 표정을 지으셨다. 참여했더라면 이중언어 그림책을 만들 수 있었을 텐데 당연히 많이 아쉬웠을 것이다.

이렇게 하차하는 가족, 아이만 나오는 가족 등 적신호가 켜지면서 이제는 책을 만들 수 있는 가족을 추려내고 강사와 긴급 대책 회의를 해야만 했다. 매달 센터에서는 사업별 추진 실적(참여율 및 참여수, 횟수 등)을 보고하게 되었는데 점점 줄어드는 숫자를 보고 선생님들도 걱정을 많이 하셨다. 다들 속으로 이런 생각을 하셨을 거다. '책은 만들어질 수 있을까? 2기에 이 프로젝트 할 수는 있을까?'

6월 중순이 되면서 이제 5회기 정도밖에 남지 않았으니 가족들에게 남은 일정과 함께 빡빡하게 수업이 이뤄질 것임을 힘주어 안내했다. 그리고 끝까지 갈 만한 가족들을 추려보았다. 효린이네, 세윤이네, 해일리네, 그리고 혼자지만 꿋꿋하게 나오는 수영이. 이렇게 네 가족으로 1기 프로젝트의 결과물을 어떻게 만들어내야 할 것인지에 대한 구체적인 그림책 제작 계획이 나와야 할 때였다. 참여 가족 수, 이야기 수, 책의 권수, 제작 방법, 부수 등에 따라 제작 관련 예산이 크게 차이 나기 때문에 다양한 경우의 수를 생각해 보았다. 예산을 어떻게 쓸지 요리조리 머리를 굴려보고 계산기도 두드렸다. 그림책 디자인, 편집, 인쇄를 담당할 업체 대표와 연락을 주고받으며 논의했다. 여러 번의 견적이 오가고 모든 것을 오롯이 내가 결정

아젠나

해야 했다. 모든 과정이 결정의 연속이었다. 내가 내린 결론은 이 가족들의 이야기에 가장 어울리는 스타일, 최대한의 만족감을 줄 수 있는 방향으로 가야 한다는 것이었다. 제주다문화교육센터의 첫 이중언어 그림책이기도 한 역사적인 기록이 될 것이므로 '세련되고 고급지게!'로 결론을 내렸다. 실제로 그림책은 그렇게 나왔다. 하나 더 제작 콘셉트를 추가하자면, '비비드(Vivid)!'

제나의 엄마 샤나

◊◊◊◊ 급기야 터져버린 모녀간의 불화,
◊◊◊◊ 그러나 모두 빛의 속도로 스케치하라!

결과적으로는 내 마음에 쏙 들게 책이 나왔다. 고급지고 비비드(vivid)하게 책은 잘 나왔지만 그 과정은 순탄치 않았다. 제주도 중형급 이상의 태풍처럼 엄청 역동적이었다. 그야말로 휘몰아치는 과정이었다.

1기 프로젝트 마무리 한 주를 남겨둔 7월 초였다. 그림을 다 완성해서 빨리 스캔작업을 시작해야 하는 그런 촉박한 시간이었다. 그리고 마지막 12회차 수업일이었다. 효린이의 스토리도 완성이 되고 그림도 완료되어 더미북(수제로 만드는 책)을 만드는 마지막 단계였다.

완성 전 단계에서 결정할 게 많아지면서 함께 참여한 학생과 부모 간에도 의견 충돌이 발생한 것이다. 수업 중에 효린이와 엄마 사이에서 그만 큰소리가 나고 급기야 강의실 밖으로 나가버렸다. 순간 정적이 한 5초간 흘렀던 것 같다. 나는 이때 컴퓨터로 더미북에 붙일 이중언어(한국어와 엄마들의 모국어) 원고를 작업하고 있었다. 전날인 금요일 저녁까지 완성된 파일(그림책에 들어갈 문장)을 수정하여 인쇄한 후 자르고 그야말로 정신없이 작업하고 있을 때였다. 순간 상황을 파악하지 못한 나는, 강사님과 같이 업무지원 해주셨던 센터 선생님을 통해 사태를 파악하게 되었다. 다행히 5분 정도 지나고, 서로 아이싱 타임을 갖고 나니 누그러졌다. 오늘밖에 더미북을 만들 시간이 없고, 서로 잘하려고 충돌이 생긴 것이니 엄마와 딸, 둘 다 서로를 이해하라고 말할 수밖에 없었다. 이렇게 해서 두 모녀는 냉전기를 가졌지만 이내 돌아와 줘서 고마웠다. 마지막에 이런 돌발상황이 벌어질 줄이야! 전혀 예상하지 못했던 일이다. 이런 추억이 서린 효린이네 그림책이다. 그림책 출간기념회 이야기에서 다루겠지만, 이 사건을 계기로 엄마는 딸을 더 알 수 있게 되었다고 소감을 밝혔다.

효린이네는 그렇게 대형 태풍이 한 번 휘몰아쳤다. 한 번은 겪어야 할 그런 필수 코스였던 것 같다. 그렇다고 다른 가족들이 순탄하게 진행된 건 아니다. 다 나름의 고충과 돌발상황들이 있었다.

여덟 살 세윤이는 혼자 꿋꿋이 꽃 그림을 정성을 다해 잘 그려오던 어느 날, 갑자기 울상을 짓기 시작했다. 나는 무슨 큰일이 있는 줄 알았는데 알고 보니 너무 힘들어서 눈물이 나올 것 같다고 했다. 세윤이는 쉬는 시간에 잘 쉬지도 않고 다양한 꽃들을 온 열정을 다해 그려왔었다. 수박꽃이 어떻게 생겼는지 모른다고 해서 내가 스마트폰으로 검색해서 이미지도 보여주고 색깔, 생김새에 대해 설명해 주기도 했었다. 그렇게 집중하면서 잘 그리던 중에 순간 고단함이 한순간에 폭발해 버린 것이다. 1학년인 세윤이를 어르고 달래야만 했다. 그래도 다시 정신을 차리고 꽃 그림에 매진하는 우리 세윤이, 너무 요망지고 아꼽다(야무지고 귀엽다). 이런 1학년

① - 번역 작업 중인 엄마 쿠아토마리진 ② - 벚꽃 그리는 홍세윤 ③ - 엄마와 효린 ④ - 엄마(라마다나마야)와 딸(세윤)

해일리네 가족(마이클, 캐롤라인, 해일리, 말릭)

이 세상에 또 어디 있을까!

　말릭과 해일리, 이 오누이는 6월 중순까지도 갈팡질팡했다. 해일리는 아빠의 이야기를 스토리로 잡았는데 이야기 이어 나가기를 참 어려워했다. 아빠도 자신의 작품을 만들어 나가느라 온 집중을 다하고 있는데 해일리에게 자신의 이야깃거리도 제공해야 하니 이 집안도 정신없이 작업되었고 순탄하지 않았다. 아빠가 해일리에게 영어로 자신의 어린 시절을 이야기해 주면 해일리는 한국어로 적었는데, 아무래도 초등학생이다 보니 이게 쉽지 않았다. 1차로 내가 그 작업에 함께 해야만 했다. 해일리와 대화를 주고받으면서, 문장을 하나씩 채워 나가고 틀린 글자도 같이 교정하면서 만들어 나갔다. 여기에 우리의 개구쟁이 말릭의 작품도 어떻게든 같이 엮고 싶었다. 이때 강사님이 말릭이 엄청 재밌는 그림을 잘 그리니 몇 개 넣어 보는 게 어떻겠냐고 제안해 주셨다. 이때부터 나는 말릭에게 알파벳이나 숫자를 한번 재밌게 그려보라고 했다. 그런데 너무 익살스럽게 잘 그려왔다. 스토리와 주요 그림은 해일리가 담당하고 동생 말릭에 대한 그림은 말릭 자신이 그리도록 했다. 말릭은 엄청난 빛의 속도로 알파벳, 어몽어스, 숫자, 크리스마스트리를 느낌 있게 그려냈다. 이렇게 해서 오누이의 이중언어 그림책도 만들어진 것이다. 휴유~

오누이 책도 미션 클리어!

　그나마 가장 순탄하게 진행됐던 그림책은 수영이었다. 혼자 나와서 작업하니 제일 걱정이 되었는데 실상 그렇지 않았다. 말수가 거의 없는 수영이었지만 작업만큼은 집중력이 너무 좋았다. 동물원의 동물들을 너무 귀엽게 잘 표현했고 작업 속도도 진도에 맞춰서 척척이었다. 다만 번역 부분을 엄마가 해주시면 좋겠다고 생각했지만, 엄마의 사정이 여의찮아 이 부분을 무척 고민했었다. 제주도교육청에 소속된 중국어 원어민 선생님을 추천받았다. 통번역을 전공하셨고 경험이 많다고 해서 이분께 번역을 의뢰하기로 했다. 두 달 후에 수영이와 이 선생님은 그림책 출간 기념회에서 만나 같이 이중언어 낭독을 하기도 했다. 물론 가족과, 엄마와 함께 하면 좋았을 테지만 혼자여도 괜찮다고 생각했다. 이렇게 가족은 아니지만 같은 나라의 출신인 그 누군가와 협업하는 것도 쉽게 접하지 못할 인생의 귀한 경험이지 않을까?

　그렇게 그림들이 완성되었다. 7월 1일과 8일, 그리고 종강식이 있었던 15일, 이 3회 동안은 정말 미친 듯이 몰아치는 그림 작업을 했다. 가족들이 몰아치는 작업을 하는 동안 나 또한 폭풍 속인 것은 마찬가지였다. 한국어 원고 문장을 다듬고 교정을 여러 번 받아가며 마무리 짓고 있었다.

동물원 그림을 그리는 유수영

3인방(효린, 수영, 세윤)

바쁜 엄마들,
번역만큼은 제가 대신 할 수 없습니다!!!

7월 15일 토요일, 대망의 1기 프로젝트 공식 일정이 끝나는 날이 왔다. 마지막 날에는 종강식을 나름 조촐하게 준비하였다. 사전에 한림의 한 베이커리에서 예쁜 쿠키세트를 주문해서 완주한 가족들에게 선물하였다. 그리고 종강식 며칠 전부터 열심히 준비한 영상을 보여주었다. 내가 만들었지만 내가 봐도 감동적이었다. 영상도 보고 서로가 만든 더미북(수제본 그림책)도 공유했다. 기념 촬영을 하면서 더미북이 진짜 책으로 만들어질 날을 기대하며 그렇게 공식 일정은 마무리되는 듯했다. 그렇지만 이때부터가 진짜 책 만들기 여정의 시작이었다. 나도 이때는 알지 못했다. 지금부터는 나의 전쟁이라는 것을! 10회기부터는 가족들 특히 어머니들께 강조해서 다음 사항을 전달하였다. 한국어와 모국어 두 개의 언어로 그림책에 표기되어야 해서 각자 또는 아이들이 쓴 글을 엄마들의 모국어로 번역해 와야 한다고 했다. 가족별 과제이기도 했지만 엄마들의 숙제인 것이다. 1차는 아이들의 등판이었다면 이제는 엄마들이 2차 끝내기 선수로 등판해야 할 때가 온 것이다.

효린이 엄마는 타갈로그어로 번역하기, 세윤이 엄마는 네팔어로 번역해 오기, 수영이 것은 전문가에게 의뢰하기. 해일리네 가족은 영어와 한국어가 동시에 되어야 해서 1차 번역은 내가 맡기로 했다. 2차 번역은 중국어와 마찬가지로 도교육청 소속 영어 원어민 선생님께 의뢰하기로 했다. 그렇다 하더라도 영어로 타이핑해서 파일로 내게 보내오는 것은 부부(해일리 부모님)가 해야 했다. 그림책 글밥은 다행히 긴 편이 아니라 한국어는 내가 다 타이핑을 했다. 그런데 영어 외의 언어는 답이 없었다. 자판(키보드) 타이핑 부터가 될 수 없는 상황이다. 아무튼 엄마들이 수기로 쓰든 타이핑을 하든 번역을 해서 내게 보내와야 했다. 수기로 받았을 경우, 다시 이것을 2차 번역을 해 주시는 분들께 개별 요청(타이핑)을 해야 해서 정말 번거롭고 신경 쓰이는 일이었다. 결국은 영어 원고도 수기로 쓴 종이를 사진으로 찍어 보내와서 그 사진을 보고 내가 타이핑해야만 했다.

그렇게 문자로, 통화로, 구두로 숙제(번역)를 전달했으나 제때 받을 수가 없었다. 밤에도 여러 번 전화를 했지만 전화를 받지 않는 경우도 발생했다. 호락호락 단번에 되지를 않았다. 몰아치는 그림 작업으로 그림책에 들어갈 그림 스캔 파일은 가까스로 기한에 맞게 편집팀에게 넘어갔다. 차근차근 순서대로 진행되는 듯 하다 브레이크가 걸렸다. 문제는 이중언어 번역이었다. 가장 어려운 단계가 오리지널 원고(보통은 한국어 원고)와 이중언어 원고(번역본)가 완성되어 편집 담당자에게로 넘어가는 과정이다. 일단은 한국어로 된 원고도 내가 우선 한글 파일로 작성하고 나서 기본적인 교정 작업을 한다. 그리고 그림책 지도강사와 통화, 문자, 이메일 등을 통해 애매한 부분들을 잡아 나가고 최종적으로 지도강사가 매끄럽게 문장을 다듬는다. 이렇게 한국어 원고가 마무리되면 이 원고들을 전문번역가 또는 번역을 해야 할 엄마들에게 보낸다. 여기까지도 힘들긴 하지만 어찌어찌 된다. 그런데 엄마들에게 간 숙제로부터 메아리가 없다. 기한을 절대 지키지 않는다. 결국 모든 가족이 다 늦었다. 늦은 데다가 원작자의 의도가 훼손된다거나 타이핑을 하지 않고 수기로 써서 사진을 찍어 보내온다. 그러면 나는 또 타이핑 요청을 따로 해야 한다. 이런저런 문제가 발생하기 때문에 2차로 전문가의 번역 및 검수 과정을 꼭 거쳐야만 한다.

여기서 나의 고민과 결정은 또 시작된다. 언어마다 번역 적임자를 찾는 것이다. 제주시나 서귀포시 가족센터, 제주대학교 소속 유학생, 제주다문화교육센터에 소속된 다문화강사, 번역 인력풀 중에서 가장 적합한 사람을 찾는 것도 또한 나의 역할이었다. 중국어와 영어인 경우 앞서 말했듯이 도교육청 소속 원어민 강사를 선택했다. 두 분의 선생님들은 도교육청 메신저가 있어서 확실히 연락하기가 수월했고 일정도 잘 지켜주셨다. 교육청 사업(번역 등)을 했던 경험이 있으니 척하면 척이었다. 무엇보다 나의 의도, 그림책의 문장 느낌을 잘 파악해서 최대한 원문을 잘 살려 번역을 해주셨다. 손발이 참 잘 맞는 느낌이었다.

　1기 프로젝트에서 가장 어려웠던 언어는 네팔어였다. 세윤이 엄마가 1차 번역을 하긴 했지만 이것을 제대로 교정받기가 어려웠다. 제주도에서는 일정 수준의 네팔어 번역가를 찾기가 쉽지 않았다. 결국 중앙다문화교육센터까지 전화를 하게 되었다. 5월 대전 출장에서 이중언어말하기대회 요강을 안내받은 적이 있었다. 그때 번역이 어려운 경우 한국외국어대학교를 통해 도움을 요청할 수 있다는 내용이 내 머리를 탁 치고 지나가는 것이 아닌가! 그렇게 해서 중앙다문화센터를 통해 한국외국어대학교 통번역 인력풀 도움을 받게 되었다. 이때 나는 절실히 느꼈다. 내가 지금 무슨 일을 하고 있는 거지? 이렇게 엄청난 프로젝트에 감히 내가 손을 댔었던 것인가! 겁도 없던 나였다. 이 과정을 거치면서 '안 되면 되게 하라'를 무의식 중에 주입시켰던 것 같다.

Our Colorful Stroy -되돌아보기 영상

종강식 기념촬영(족자 작품과 함께)

1기 종강식(Our Colorful Stroy 감상)

완성된 더미북(수제북)과 기념 촬영

① - 쿠아토마리진, 홍효린
② - 라마다나마야, 홍세윤
③ - 캐롤라인, 말릭, 해일리, 마이클
④ - 유수영, 강서윤

첫 이중언어 그림책 5권,
진짜 나왔어?

앞서서 말했듯이 이중언어 번역의 늪, 시간과의 싸움으로 여름의 한복판인 7월 3주간을 우당탕탕 보냈다. 8월 초·중순에는 작가 소개, 번역가 소개, 그림책 소개 등 그림책 전반에 관한 구성, 디자인 결정으로 바빠졌다. 계속 수정, 점검, 연락, 확인, 최종 수정, 검토의 시간이었다. 그렇게 여름의 무더위가 한풀 꺾일 무렵 5개의 완성 파일이 이메일로 도착했다. 물론 이전에도 초안이 오긴 했지만 확실히 느낌이 달랐다. 컬러로 뽑아놓고 여러 번 살펴보고 했던 파일인데 최종이라니! 이제 최종 확인 후 인쇄를 확정하면 내 손을 떠나는 것이다. 정말 벅찬 순간이었다. 그림책을 받았을 때보다 이때가 더 가슴 벅찬 순간이었다.

최종 파일을 풀 컬러로 인쇄하여 센터 선생님들께 보여드렸더니 선생님들 눈이 다들 휘둥그레졌다. 이게 실화냐고, 이렇게 고급지고 예쁘게 나왔다니, 그때 그 그림들이 맞는 건지, 너무 잘 나왔다고 다들 흥분을 감추지 못했던 그날 그 순간을 잊지 못한다.

3월에 그림책방에서 막연하게 그렸던 그때의 흐릿한 상상이, 이미지가 내 눈앞에 또렷하고 생생하게 다섯 권의 그림책으로 나타났다. 솔직히 나조차도 그림책이 실제로 이렇게 나오게 될 거라는 확신이 없었다. 과연, 나올까? 하고 생각했었다. 그런데 맨땅에 헤딩을 계속하다 보니, 한 고비 한 고비 넘고 넘다 보니 진짜 영화 제목처럼 ○○이의 상상은 현실이 되고 있었다.

생각보다 너무 요망지게 (알차게) 나온 이중언어 그림책을 밋밋하게 전달할 수 없었다. 사전에 학교로 연락하여 그림책 전달 방문이니 아이들을 꼭 만날 수 있게 마련해달라고 요청을 드렸다. 금악초등학교를 방문하여 교장실에서 전달하고 책도 같이 보는 시간을 가졌다. 아이들이 너무 좋아했는데 특히 헤일리가 그렇게 환하

첫 이중언어 그림책은 총 5권으로 이 중 한 권은 양면으로 구성되어 있다.

게 웃는 모습은 지난 몇 달 동안 본 적이 없었다. 아이들도 교장선생님도, 업무 담당선생님도 이렇게 멋지게 나올 줄 몰랐다는 반응을 보여주었다.

이중언어 그림책 전달을 위한 금악초등학교(해일리, 홍효린 학생의 학교) 방문

◆ 다섯 가족과의 콜라보,
첫 출간기념회를 갖다

　처음에는 출간기념회 같은 것을 하려고 하지 않았고 생각조차 없었다. 앞에서도 말했듯이 책이 나오기나 할 수 있을까 하는 초조함과 걱정이 많았기 때문에 출간 자체도 될 수 있을지 확신이 안 되는 상황에서 출간기념회 행사는 당연히 꿈같은 일로만 여겨졌다. 그런데 어느새 나는, 2023년 9월 26일에 이 큰 행사를 치르고 있었다.

　8월 말, 이렇게 요망진(알찬) 5권의 이중언어 그림책을 받고 나니 생각이 이전과 달라진 계기가 되었다. 이 아이들(책들)을 어떻게 좀 빛내어 볼까? 가족들에게 어떻게 전달하면 그 감동이 더 커질까?

　시기는 바야흐로 8월 말, 가장 바빴었다. 9월 초에 있을 2기 동부권 가족 개강도 준비해야 했고 갓 나온 이 책들에 대한 홍보도 동시에 추진해야 했기 때문이다. 9월 초에는 참여 가족들을 초대해서 그림책을 전달하고 소감을 나누는 시간 정도로 정말 '조촐하게' 자리를 마련하려고 했었다. 그래서 센터 선생님들께 처음에는 가볍게 업무 협조를 부탁드렸다. 그런데, 이게 준비를 하나씩 하다 보니 욕심도 생기고, 판이 조금씩 조금씩 커지기 시작했다. 흥부네 집 지붕 위의 박씨 크듯이 커져가고 있었다. 나는 이때 이것을 감지하지 못했다. 너무 정신없이 돌아갔기 때문이다. 이 큰 행사를 할 수 있었던 것은 내 뒷자리에 앉았던 김명숙 운영팀장님이 많은 아이디어와 내가 해보지 않았던 홍보 업무 처리 과정을 공유해 주셨기 때문에 가능했다다. 바람잡이 역할을 잘해주셨다. 팀장님도 이렇게 행사가 커질 줄은 몰랐다고 했다. 하다 보니 나도 팀장님도 조금 더 신경 쓰고 멋지게 잔칫상을 꾸며 보자라는 간절한 마음에서 시작된 것이 판이 커져 버렸다. 참여 가족들에게 완벽하진 않지만 최고의 잔칫상을 차려주고 싶었다. 가족들은 행사장에 와서 이렇게 큰 행사일 거라 생각하지 못했다고 했다. 인생에서 꼭 남을 순간이라고 말하였다.

행사일을 처음에는 9월 중순으로 잡았다가 9월 26일 추석 연휴를 앞둔 시기로 다시 잡았다. 9월 중순에 하기에는 그림책도 추가 인쇄되기에 시간이 부족했고 나머지 행사 준비 상황도 시간이 너무 촉박했기 때문이다. 가족들도 낭독 준비를 해야 하는데 이 모든 것들이 박자가 딱딱 맞기에는 불가능한 일정이었다.

센터의 강당에서 행사를 진행하기로 하고 행사 현수막을 제작해야 하는데 엄청 고민이 되었다. 일반적인 긴 가로형을 하기에는 너무 밋밋했다. 특별한 무언가가 필요했다. 그래서 팀장님의 아이디어로 대형 현수막을 강당 전면에 배치하기로 했다. 정말 엄청난 사이즈의 대형 현수막, 그 안에 그림책의 주요 장면을 다 담아내고 싶었다. 그러면서도 따뜻하고 발랄한, 다양한 문화와 언어의 느낌도 주고 싶었다. 이 대형현수막 제작으로 꼬박 일주일이 걸렸다. 이메일로 수많은 요구사항을 담아 수십 번 시안 수정이 오고 갔다.

행사 제목을 어떻게 정해야 할까? 내 머릿속에 든 모든 어휘들을 다 쏟아냈다. 〈엄마와 함께하는 이중언어 그림책 아카이빙 기념회〉로 최종 결정했다. 행사명을 무엇으로 할지 어휘가 달려서 그림책 인쇄 및 편집을 담당해 주셨던 우○○ 대표님께 도움을 요청했다. 아시다시피 그림책 출간 행사인데, 어떤 문구, 타이틀이 좋을까요? '아카이브, 아카이빙'이라는 워딩이 트렌드인 시기였기에 이 표현이 적절

기념회장 대형 현수막

한지 의견을 물어가며 만들어 낸 타이틀이다. 남들이 보기엔 별것 아닌 것으로 보일 수 있겠지만 난 모든 걸 하나하나 다 만들고 정해야 했고 그 어느 하나도 대충 하고 싶지 않았다. 그래서 이 시기에 2주간 초과근무를 할 수밖에 없었다. 자업자득이었다. 하지만 처음부터 하나하나 내 손으로 일구어오다 보니 잘하고 싶은 마음과 조금이라도 더 나은 결과를 보여주고 싶은 마음이 커졌다.

이왕 이렇게 판이 커지는 상황에서 나의 배포도 커졌다. 배너까지 제작하게 되었다. 책은 5권이지만 이야기는 6개라서 3개씩 두 개의 배너에 책 표지 그림을 넣었다. 작가나 참여 가족을 부각하면 좋을 것 같았다. 결국 이 배너는 일회성 사용에 그치지 않았고 2회 기념회까지 끝나고 나서 다문화정보실(도서관) 뒤편에 나란히 (마치 역대 수상자 사진처럼) 걸려 있다. 배너 시안까지도 엄청 신경을 썼다. 모든 과정에 내 손을 확실하게 거쳐야만 했다.

여덟 살 1학년에겐
너무 버거웠던 방송 인터뷰

운영팀장님의 열정적인 업무 지원으로 지역 방송사(KCTV)에 연락을 하여 뉴스에까지 보도가 되었다. 먼저 방송사에 이번 그림책 출간 관련 정보를 공유하였다. 방송사로부터 대략적인 주요 인터뷰 질문을 받고 답안을 작성하여 가족들과 공유했다. 이런 질문들이 올 수 있으니 어떻게 대답할 것인지 대답해 보는 연습도 통화로 확인하는 과정이 필요했다. 저녁 식사가 끝난 늦은 저녁, 센터에서 훤히 뜬 초가을 달을 보며 전화통화로 가족들 인터뷰 훈련을 혹독하게 시켰다. 다행히 가족들은 인터뷰 질문도 잘 이해했고 같이 준비했던 예상 답변들도 실전에서 잘 말해주었다. 역시 준비된 프로들!

이 가족들 중에서 한 팀을 정해 이중언어로 낭독하는 장면을 영상으로 찍어야 했다. 제일 어렸지만 가장 다부지게 작업을 했던 세윤이, 한국어 말솜씨가 너무 유창했던 라마다나마야(세윤이의 엄마) 씨를 선택했다. 세윤이 같은 경우에는 한림초 1학년 담임선생님께 전화를 드려서 한국어 낭독 연습을 부탁드렸고 흔쾌히 응해주셨다.

세윤이와 엄마는 저녁마다 10분 이상 시간을 내어 일주일 동안 낭독 연습을 했다. 이건 다른 가족들도 마찬가지였다. 왜냐하면, 내가 매일 일주일 동안 저녁 시간마다 전화로 영상통화로 연습했는지 검사했기 때문이다. 센터에서의 역사적인 첫 출간 기념행사이고 방송사에서도 오는데 허투루 할 수 없었다. A부터 Z까지 모두 손을 거쳐야 하는 대여정이었다.

2023년 9월 26일, 행사 당일이 되었다. 세윤이네 가족이 제일 먼저 도착했다. 역시 준비된 어머니! 갈아입을 의상, 메이크업 도구들을 완벽하게 준비해 오셨다. 사전 인터뷰하기 전에 모녀는 의상, 헤어를 멋지게 풀세팅하였다. 도서관에서 이중언어 그림책을 딸과 엄마가 함께 읽는 장면을 촬영하기 시작했다. 읽는 장면은 그동안 연습한 대로 자연스럽게 나와서 촬영이 매우 순조로웠다. 다음은 인터뷰 순서였다. 엄마인 라마다나마야 씨는 준비한 대로 질문(이중언어 그림책을 딸과 함께 만들면서 좋았던 점 등)에 답을 잘해주셨다. 시선 처리, 목소리도 너무 좋았다. 문제는 세윤이었다. 방송국 기자가 세윤이에게 질문을 하자 순간 꿀 먹은 벙어리가 되었다. 카메라가 돌아가고 있고 처음 보는 아저씨가 질문을 하니 그 상황에 긴장을 할 수밖에 없었다. 1학년은 1학년이다. 세윤이는 대답하지 못하는 자신에게 화가 났었던 것 같다. 울어버렸다. 나는 세윤이를 달래주고 괜찮다고 말해주었지만 세윤이를 대상으로 한 인터뷰는 성공하지 못했다. 이날 울었던 인터뷰 경험이 세윤이에겐 어떤 기억으로 남아 있을까? 훗날 10년, 20년 후에 이날의 추억을 떠올릴 수 있을지.

카메라 시선 처리 테스트 장면

기자의 질문을 듣는 홍세윤

이중언어 낭독 촬영 장면(홍세윤, 라마다나마야)

KCTV 뉴스보도 첫 장면

뉴스 인터뷰

도서관에서 촬영했다. 그동안 연습한 대로 엄마인 라마다나마야 씨는 준비한 대로 질문에 답을 잘해주셨다. 하지만 1학년인 세윤이는 질문을 하자 순간 꿀 먹은 벙어리가 되었다.

https://www.youtube.com/watch?v=gPXJ3kW-omY

◊ 행사의 하이라이트,
◊ 감동의 이중언어 낭독

　세윤이네 가족이 한창 도서관에서 인터뷰 촬영을 하는 동안 1기 프로젝트 주인공 가족들이 도착하고 있었다. 한 가족이 도착하면 정신없이 인사를 나누고 좌석을 안내한 다음 바로 낭독 리허설에 들어갔다. 1시간이 빠르게 지나가고 있었다. 효린이와 효린이 엄마인 쿠아토마리진 씨도 아주 멋진 원피스를 입고 당당하게 무대로 나갔다. 효린이와 엄마의 이중언어 낭독 연습을 하고 추가 인터뷰를 진행하였다. 엄마는 물론이고 효린이가 인터뷰에 강한 모습을 보였다. 이제까지 봐 왔던 효린이가 아니었다. 훨씬 당당한 자세와 알찬 내용으로 답하였다. 이번 그림책 만들기 프로젝트에 참여하면서 좋았던 점, 에피소드 등에 대해 질문을 받았다. 효린이는 솔직하고 진지하게 답하였다.
　"저는 책 만들면서 엄마와 다툼도 있었지만 타갈로그어를 하니까 저도 뭔가 살짝 이해가 됐고 엄마 나라의 언어 타갈로그어에 관심도 가고…."
　"엄마와 다르다는 것도 알게 됐어요."
　브라보!! 너무도 완벽한 효린이의 생각과 말인 담긴 답이었다.
　엄마인 쿠아토마리진 씨의 인터뷰 대답은 이러했다.
　"저는 처음에 아빠의 신청으로 프로젝트에 참여하게 됐어요. 처음에는 하기 싫었는데 참여하다 보니 좋았어요. 그리고 딸과 참여하면서 딸이 무엇을 좋아하는지, 어떤 생각을 하며 살아가는지 알게 되었어요. 딸아이와 생각이 달라 충돌도 있었지만 그래서 더 서로에 대해 다른 점이 있다는 걸 깨달았어요."
　딸에 이어 엄마의 답은 '이보다 더 좋을 수 없었다.'로밖에 표현할 길이 없다.
　그림책 출간기념회 기획서를 작성할 때 가장 고심했던 부분은 무엇을 행사의 핵심 포인트로 잡을 것인가였다. 이중언어 그림책은 2개의 언어가 중심인 그림책이

니 소리내어 읽는 낭독이 백미가 아닌가!

그렇게 해서 출간기념회 2부의 주요 순서로 '이중언어 그림책 낭독'을 잡았고 가장 신경을 쓴 부분이다. 낭독을 누가 어떻게 할 것인지에 대한 낭독팀 구성, 작가 및 그림책 소개, 낭독 배경 음악, 그림책 낭독할 때 보여줄 화면 구성 등 정말 끝없는 과정이었다. 디테일의 끝판왕 작업이었다. PPT 샘플을 하나 만들어 보고 나서 주무관 선생님께 이 스타일대로 만들어달라고 업무 지원을 부탁드렸다. 그렇게 해서 낭독회 배경 화면(그림책 장면)은 완성이 되었다.

세윤이와 엄마, 효린이와 엄마는 프로젝트의 원 기획대로 엄마와 함께하는 이중언어 그림책 콘셉트에 딱 맞아떨어졌다. 엄마와 딸이 한국어와 모국어로 순서대로 낭독하면 된다. 문제는 해일리네 가족과 수영이었다. 해일리와 말릭이 쓴 그림책은 해일리가 영어와 한국어가 다 되니 문제가 없었지만 말릭은 한글을 읽을 수 없었다. 해일리가 한국어로 읽고 아빠가 영어로 읽기로 했다. 그렇게 정한 이유는 해일리가 쓴 이야기가 아빠의 어린 시절이기 때문이다.

엄마 캐롤라인의 경우에는 엄마와 딸 콘셉트로 해일리와 같이 낭독하기로 했다. 엄마의 경우 한국어가 서툴렀다. 그렇지만 평소 한국어를 배우려는 열의가 보였기 때문에 이번 기회에 한국어 낭독에 도전해 보는 것도 좋을 것 같았다. 캐롤라인에게 전화를 해서 이야기 반은 영어, 반은 한국어로 읽기가 가능한지 물어봤다. 그랬더니 자신은 없지만 도전해 보겠다고 하였다. 이날부터 일주일간 이 가족도 열심히 낭독 연습을 하였다. 해일리가 한국어, 캐롤라인이 영어, 나머지는 반대로 역할을 정해서 낭독을 하기로 했다. 어설프지만 한국어를 읽어가는 캐롤라인의 모습이 참 대견스러웠다.

해일리의 아빠 마이클은 자신의 고향인 아프리카 대륙에 대한 이야기를 썼다. 마이클이 영어로 읽을 때 누가 한국어로 읽으면 좋을지 곰곰이 인물들을 살펴보았다. 이번 프로젝트의 가장 큰 역할을 해주신, 그림책 지도강사로 선택했다. 지도강사와 마이클, 캐롤라인은 언어로 인해 명확한 의사소통은 어려웠지만 느낌으로, 마음으로 소통하려는 노력을 수업 때마다 느낄 수 있었다. 이렇게 해서 마이클이 영어로, 지도강사이자 그림책 작가인 이진 씨가 한국어로 낭독을 했는데 그 모습이 참 보기 좋았다. 이렇게 해일리네 가족 낭독 문제는 해결이 되었다.

수영이 같은 경우는 혼자 참여했기 때문에 1차 번역부터 외부로 맡겨야 했고 낭독도 엄마가 따로 수영이와 연습 시간을 내기 어려워 고민이 되었다. 다행히 번역을 해주셨던 제주도교육청 소속 중국어 원어민 서보염 선생님이 낭독도 기꺼이 해주시겠다고 했다. 너무도 감사했다. 수영이도, 원어민 선생님도 30분 먼저 와서 서로 합을 맞추고 리허설에 참여했다. 처음 만나는 사이인데도 어색해하지 않았다.

특히 수영이가 중국어로 읽고 말할 수 있어서 이 팀도 반반 나눠서 낭독하기로 했다. 수영이가 먼저 한국어로 읽으면 원어민 선생님이 중국어로, 후반부는 반대로 낭독을 했다. 리허설을 하면서 지도할 부분이 있으면 서보염 선생님이 중국어로 바로 수영이를 지도해 주셨다. 물론 나는 중국어를 알아들을 수 없었지만 현장의 감으로 바로 느낄 수 있었다.

  서귀포시와 제주시 가족센터 소속의 다문화 및 이중언어 강사님들, 교육청과 교육기관의 선생님들, 다문화 유관 기관에서 오신 내빈분들께서 격려도 많이 해주시

중국어, 한국어 낭독(유수영, 서보염)

네팔어, 한국어 낭독(홍세윤, 라마다나마야)

타갈로그어, 한국어 낭독(홍효린, 쿠아토마리진)

영어, 한국어 낭독(해일리, 캐롤라인)

고 박수도 아낌없이 보내주셔서 프로젝트에 참여했던 가족들도 나도 힘이 나는 순간이었다.

이날 낭독회가 없었다면 앙꼬 없는 찐빵이었을 것이다. 낭독 파트너 팀 구성도 좋았고, 배경 음악도, 그림책 장면도 모든 게 좋았다. 자화자찬이라도 어쩔 수 없다.

정신없이 2기 개강식도 했고 제주다문화교육센터의 역사적인 그림책 출간기념회도 치러냈다. 그렇게 9월이 지나가고 있었다.

작가 친필 사인회

기념회

엄마들과 함께, 우리끼리만

작가와의 대화

◇◇◇ 방명록에 대한 답글
◇◇◇ (1기 아카이빙 기념회 후기)

　이 책을 빌려 1기와 2기 기념회에 와주신 많은 분들께 진심으로 감사의 인사를 전합니다. 펜을 꾹꾹 눌러 축하의 메시지를 적어주셨네요! 덕분에 참여했던 가족들, 사업 담당자였던 제가 감동의 순간을 오래 간직할 수 있게 되었습니다. 행사가 끝나고 방명록을 펼쳐보며 잊지 않기 위해 사진으로 찍어두길 잘했다는 생각이 듭니다. 거의 1년이 지나고 다시 보니 또 감회가 새롭습니다.

　제주외국인근로자지원센터장님을 비롯해서 같이 일했던 작가님, 바쁜 가운데 함덕까지 찾아와 격려해 주셨던 여러 장학사(관)님들, 번역에 함께 참여했던 가족센터의 다문화강사님들, 참여 학교 선생님들, 눈발 날리는 날에 이중언어 수업 연수에 참여해 주셨던 예비 이중언어 강사님들. 정말 다양한 곳에서 손님들이 찾아와 주셨음을 한번 더 느끼게 해줍니다. 이러한 관심, 격려가 계속 이어지길 기대해 봅니다.

하느립니다.
-랑과 공감이 가득한
간이었습니다. 수고하셨습니다.

Cố Lên ♡

아이들
옆에주는
아카이빙
관계자님
축하드려요.

Giáo dục Song Ngữ
cho trẻ để trở
thành Nhân tài
Thế Giới ♡

화이팅

Mẹ của Su Hoan

2023. 9. 26.   수환의
이은서 ♡   엄마
2023.09.26

엄마나라. 아빠나라 말로 나의 이야기를
그림책으로 만들수 있어서
너무 귀한 시간이었습니다.
그동안 수고 많으셨습니다.

2023. 9. 26
'영미니어' 이진

함께 배려하고 더불어 사는
사회를 만드는데 ~ !!

출판 기념회를 참석하고 보니,
가족들의 노력의 여러 선생님의
애씀이 오롯이 느껴집니다. 너무나 멋진
프로젝트입니다!!

모두의 관심으로

다양하기 아닌
하나되기 되기를
기원합니다.

엄마와 함께 하는
이중언어 그림책 기념회
개최를 진심으로 축하드립니다.
문화다양성을 아름답게 표현했네요.

제주외국인근로자지원센터장 김용길

2기
동부권 프로젝트
이야기

◇◇◇ **초라했던 개강식,**
◇◇◇ **두 번의 개강식**

　다시 개강식이 돌아오고 있었다. 4~8월 한 사이클 동안 서부권 가족들과 함께 지지고 볶았다면 이제 9~12월은 동부권 가족들이 나를 기다리고 있었다. 8월 말, 1기 이중언어 그림책을 받고 감동에 빠져 있을 시간이 길지 않았다. 다시 2기 개강을 위한 준비에 박차를 가할 수밖에 없는 시간, 8월 말이 오고야 말았다. 1기를 했었으니 수월하겠지 했던 내 생각은 얼마 가지 않았다. 다시 리셋되었다. 지난 4월이, 전쟁 같았던 그 시간이 돌아온 것이다. 8월 말, 아직 늦더위가 가시지 않을 때였다. 다시 또 나의 팀메이트인 운영팀장님과 "이번엔 동쪽이다!"라고 의기투합하며 홍보를 뛰기 시작했다. 1기 때는 뭣도 모르고 무작정 했다면 이번에는 그래도 했던 가닥이 있어서인지 재빠르게 학교와 유관기관들에 발자국을 찍고 또 찍었다. 이번에는 정○○ 선생님께서 차량 운전 지원까지 해주셔서 훨씬 수월하게 다닐 수 있었다.

그리고 열흘 동안 참가 신청 공문을 기다리는데, 1기 서부지역보다 더 신청이 들어오질 않았다. 그야말로 비상이었다. 개강식 3일을 앞두고 또다시 불이 나도록 메신저, 전화를 돌리기 시작했다. 내 머릿속에 도돌이표가 떠올랐다.

도교육청 메신저로 동부권 학교에 계시는 선생님 이름을 쫘악 매의 눈으로 살펴보았다. 그때 딱 한눈에 들어온 선생님이 계셨다. 표선초에 계시는 이○○ 교육복지사님께 망설임 없이 바로 전화를 드렸다. 정말 오랜만의 연락이었다. 2017년 딱 1학기 동안 동남초등학교에서 같이 근무했었다. 그때도 우리 반에 다문화학생이 있어서 아이 지원에 대한 문제로 선생님과 많은 이야기를 나눈 기억이 있었기 때문에 용기 내어 연락을 드릴 수 있었다. 역시나, 그때의 좋았던 느낌과 선생님의 열정이 그대로임을 느낄 수 있어서 너무도 안심되고 반가웠다. 결과는 좋았다. 선생님께서 프로젝트 내용을 다 이해하고 두 가족 정도 추천할 만하다고 하셨고 우여곡절 속에 표선초등학교 두 가족이 신청을 했다.

이렇게 극적으로 신청한 가족도 있는 반면에 신청은 1등으로 했으나 개강식 전날에 집안 사정으로 프로젝트에서 바로 하차한다는 아쉬운 가족도 있었다. 개강식을 앞두고 총 5가족이 신청을 했다. 동부지역이 더 만만치 않았다. 1기 개강식 때의 진땀을 경험하고 싶지 않아 전날 전화도 드리고 문자도 여러 번 발송했다. 하지만 9월 2일 개강식 날은 정말 처참했다.

개강식 날은 공교롭게도 센터에서 이중언어말하기대회가 오후에 잡혀 있어서 지원 인력도 부족했고 모든 직원이 바빴던 날이었다. 2기 프로젝트에 대한 열정과 기대를 압축시켜 파이팅 정신으로 무장하고 1시간을 운전하여 동부외국문화학습관(성산읍)으로 돌격했다. 이번에는 가을 느낌으로 현수막을 제작하고 1기에는 없었던 행사 배너도 가을 톤으로 제작하였다. 1기 프로젝트에서 만들어진 이중언어 그림책들도 챙겨왔다. 결과물을 보여줘야 뭔가 비장한 각오가 가족들에게 심어지지 않을까? 하지만 이런 나의 기대감을 와장창 무너뜨린 첫 개강식 아침이었다.

9시가 되니 한 가족이 제 시간에 들어오고 있었다. 너무나 기뻤다. 지각도 하지 않고 미리 와준 가족이 있다니! 느낌이 좋았다. 하지만 그 후로도 30분이 지났지만 더 이상의 가족은 오지 않았다. 그 30분 동안 다시 나와 팀장님은 1기 때 개강식 날처럼 똑같이 전화를 돌리기 시작했다. 전화를 받지 않는 집, 갑자기 일이 생겼다는 집 등 다양한 사정이 있었다. 일단 한 가족이 왔으니 개강식을 진행했다. 다행히 동부외국문화학습관에 근무하는 남아프리카공화국 출신 원어민 선생님도 프로젝트에 참여하고 싶다고 해서 한 가족과 원어민 선생님을 대상으로 2기 프로젝트의 문을 열었다. 너무도 조촐해서 초라하다고 말할 수밖에 없는 그런 개강식이었다. 이날 이런 나의 기분을 느끼셨는지 유독 강사님들도 더 힘내서 강의를 해주시는 것 같았다. 그래도 첫 개강식이니 행사 진행 사진을 찍어둬야 하는데 너무 허전했다. 궁여지책으로 동부외국문화학습관 관장님을 비롯하여 센터 직원, 지도강사들까지 모두 총동원하여 자리를 채워가며 사진을 찍었다. 이렇게도 헛헛할 수 있을까.

그런데 이날 만난 이 아버지 한 분이 참으로 독특하게 느껴졌다. 투박함이 진하게 풍겨지는 전형적인 제주도 아버지였다. 츤데레 유형 같은데 알 듯 말 듯한 이 느낌은 무엇일까? 이 아버지와 끝까지 프로젝트를 갈 수 있을 거라고 이때는 전혀 상상하지 못했다. 세화초등학교 보경이와 홍근이의 아버지, 양상진 씨이다.

이렇게 기세 없이 개강식을 치르고 나서 동부권 학교의 지인 선생님들께 다시 한번 신청 협조를 '간곡히' 부탁드렸다. 그리고 간간이 센터에 와서 강의를 해주시는 다문화강사님들께도 홍보를 부탁드렸다. 결혼이주여성들이 주로 SNS로 연락을 한다는 걸 알고 홍보 배너를 게시해달라고 요청했다. 제주도 필리핀협회장인 다문화강사님을 통해서 한 가족을 더 추천받았다. 결국 이렇게 여러 선생님, 강사님들의 도움으로 2기 프로젝트 참여 가족 명단도 개강 2주차에 일단락되었다.

① - 개강식-오리엔테이션
② - 개강 기념사진(손글씨 첫 작품)
③ - 손글씨 첫 수업-자기 소개

2기 동부권 가족은 총 7가족 4개국(필리핀, 베트남, 캄보디아, 남아프리카공화국) 22명이 되었다. 프로그램에 끝까지 함께한 가족은 5가족 14명이니 시작은 미미했으나 창대하다고 말할 수 있지 않을까?

9월 9일 2회차 프로젝트가 시작되었다. 한 주 동안 추가 신청을 받았으니 2회차부터는 초라했던 개강식의 설움을 만회해야 할 텐데. 토요일 아침 성산으로 운전을 하며 마음을 다잡았다. 이날(2주차)은 혼자서 근무를 하겠다고 해서 마음을 완전히 비우고 간 날이다. 다행히 제주도 필리핀협회장이자 다문화강사인 김체린 씨가 참여 가족 격려 겸 운영 지원을 하러 한림에서 성산까지 와주시겠다고 한 날이다. 정말 김체린 선생님이 없었더라면! 너무 힘들었을 날이었다.

도착했는데 개강식 때 왔던 보경이와 홍근이네 가족이 와 있었다. 그리고 뜨문뜨문 한 가족씩 모여들기 시작했다. 하다 보니 한 가족 빼고 출석률이 거의 100%에 달할 정도였다. 준비해 둔 책상과 의자가 모자라서 2층 강의실까지 가서 날라와야만 했다. 강의실이 꽉 차서 몹시 당황스럽고 어리둥절했다. 출석 체크로 정신없었다. 김체린 선생님도 두 팔 걷어 출석도 확인해 주시고 가족별로 앉을 수 있게 자리 배치도 해주셨다. 타갈로그어로 필리핀 가족들에게 인사도 하며 소소한 부분까지 잘 챙겨주셨다.

나는 이때 본능적으로 느꼈다. 오늘만큼 참여율이 좋을 날이 다시 없을 것임을!! 그래서 오늘 다시 한번 개강식을 하기로 했다. 전반적인 프로젝트 내용 소개, 일정 안내, 이중언어 그림책 소개 등 오리엔테이션을 한 번 더 했다. 끝나고 기념사진도 찍고 2회차 개강식을 또 하게 된 셈이다. 예상치 못한 높은 참여율에 땀이 났지만 동시에 힘도 났던 날이었다. 잔칫집에 손님이 많이 와서 정말 왁자지껄 흥이 나는 그런 기분, 처음이었다.

두 번째 개강식

① - 두 번째 개강식 전체 기념사진(2023. 9. 9.)
② - 손글씨 수업: 글씨체 연습
③ - 운영진으로 활약 중인 김체린 선생님
④ - 그림책 수업: 이중언어 그림책 소개

두 번의 현장학습,
나가떨어지는 가족들

이렇게 해서 2기 가족들과도 첫 현장학습을 가게 되었다. 가을 책방 나들이 콘셉트로 표선면 세화리에 있는 '북살롱이마고'로 정하였다. 추석을 앞둔 주말이라 다들 분주한 시기였다. 가족들이 늦지 않고 다들 어느 정도 시간에 맞춰 도착했다. 두 개의 큰 테이블에 다섯 가족이 옹기종기 모여 앉았다. 차도 주문하고 미리 준비해 둔 간식도 먹으며 그림책 수업부터 시작했다. 아직 여름의 끝자락과 가을의 시작에 있는 시기라 그림책 강사님은 여름의 아쉬움을 표현한 《수박수영장》 그림책 읽기로 강의를 열어주셨다.

〈**손글씨로 배우는 한국어**(캘리그라피)〉 시간에는 가족이나 주변 사람들에게 전달할 덕담을 써서 작품으로 만드는 시간을 가졌다. 추석을 앞둔 시기라 그런지 고국에 있을 가족들을 생각하는 메시지들을 많이 볼 수 있었다.

두 개의 수업이 끝나고 가족들이 직접 읽고 싶은 책을 고르는 시간을 가졌다. 아이들은 마음에 드는 그림책 여러 권 중에서 무엇을 골라야 할지 무척이나 고심하였다. 어머니들도 신중하게 책을 골랐다. 정말 다양한 분야의 책들을 볼 수 있었다. 책을 종이가방에 넣어드리자, 한 어머니께서는 감사 인사를 전해주셨다. "선생님, 저 여기 오려고 아침부터 택시도 타고 진짜 힘들게 아이랑 왔어요. 그런데 와 보니 커피도 마시고 작품도 만들고, 이렇게 책까지 선물로 주시니 너무 고마워요. 선생님도 추석 잘 보내요!"라고 맞춤형 인사를 기분 좋게 하고 가셨다. 모든 가족들이 책을 선물 받고 책방을 나가면서 감사한 마음을 잘 전달해 주셨다. "어머니, 우리 10월에도 꼭 봐요! 연휴 끝나고 꼭 오셔야 해요."라고 크게 인사를 했다. 애절하고도 진심이 담긴 나의 목소리였다.

역시나 예상대로 첫 번째 현장학습이 끝나고 10월 첫 연휴를 지나 5회차 참여율

① - 2기 현장학습 기념 사진(북살롱이마고)
② - 그림책 《수박수영장》 수업
③ - 딸 보경, 엄마 이소윤 씨와 함께
④ - 강승민 전 국제교육원장님 격려
⑤ - 미니북 만들기
⑥ - 김태현, 로즈마리 - 조카와 이모

은 다시 조금씩 낮아졌다. 한 가족은 하차 소식을 확실하게 알려왔고 한 가족은 느낌상 곧 하차할 조짐이었다. 1기에 이런 흐름을 겪어봐서 그런지 덜 당황스러웠다. 그리고 여러 가족들을 유심히 살펴보게 되었다. 최대한 라포르(rapport)를 두텁게 형성하며 가족들이 끝까지 완주할 수 있도록 최대한 지원할 것이다.

두 번째
현장학습

이번이 나에게 마지막 프로젝트일 가능성이 크게 느껴졌다. 시간이 지날수록 뭔지 모를 아쉬움, 열정의 불씨가 남아 있었다. 그렇지 않아도 9월 말 첫 그림책 기념회라는 큰 행사를 치르고 난 후였다. 참여하는 가족들에게 하나라도 뭔가 더 남는 선물을 해주고 싶었다. 10월 말이 넘어가면 날도 추워지니 가을을 온전히 느낄 수 있는 10월을 넘기면 안 될 것 같았다. 나는 어느 순간 또 인터넷을 휘젓고 다니고 있었다.

그러다 좋은 뮤지컬 공연을 발견했다. 제주문예회관 옆에 공연 전용 극장이 있었다. 우선 주제가 너무 좋았다. 제주의 신화 '자청비'와 '영등할망'으로 아이들도 볼 수 있는 뮤지컬을 공연하고 있었다. 제주에 이주해서 살고 있는 엄마들이 제주의 역사, 문화를 깊이 알 수 있는 기회가 되었으면 했다. 그리고 아이들과 이 좋은 가을 주말에 좋은 공연을 보고 차도 마실 수 있으면 더 좋겠다는 생각으로 두 번째 현장학습을 기획하였다. '참 일을 만들어 하는 피곤한 스타일이다.'라는 주위의 평을 들을 만큼 나도 진심으로 이 프로젝트에 푹 빠져 있었다.

초등학교 3학년 교육과정부터 제주 신화에 대한 내용이 국어, 사회 교과에 나오기 시작한다. 2기 동부권 가족에는 현재 6학년이 최고 학년인데 대부분 3학년 이

현장학습 안내서

2023 다문화가족 한국어·예술교실 및 공감프로젝트(2기)
문화체험의 날 운영계획

『그림책 속 제주신화 이야기』 뮤지컬 관람

안녕하십니까?
　제주다문화교육센터에서는 2023 다문화가족 한국어·예술교실 및 공감프로젝트를 지난 9월 2일부터 동부외국문화학습관에서 운영해 오고 있습니다. 이 프로젝트의 일환으로 그림책과 함께하기 좋은 가을을 맞이하여 프로젝트 참여 가족을 대상으로 문화체험의 날 『그림책 속 제주신화 이야기-뮤지컬 관람』을 실시하고자 합니다. 문화체험에 참여를 희망하는 가족은 아래 내용을 참고하여 **참가신청서를 10월 19일(목)일까지 제주다문화교육센터 업무담당자에게 제출(문자-사진 전송 가능) 또는 전화 신청**하여 주시기 바랍니다.

1. 운영 개요

구분	내용
일정	2023. 10. 22.(일) 14:30 ~ 17:00
장소	제주영상문화산업진흥원 (BeIN 공연장) (주소: 제주시 신산로 82/ 일도이동, 제주민속관광타운)
대상	2023 다문화가족 한국어·예술교실 및 공감프로젝트 참여 가족
참가비	**무료**(전액 제주다문화교육센터 부담)
준비물	개인 물병, 운동화 및 간편한 복장, 우산(우천시), 마스크(미세 먼지 등)

2. 프로그램 내용 및 일정

일자	문화 체험	비고
10월 22일(일) (14:30~17:00)	■ 뮤지컬 관람하기 〈그림책 속 제주신화 이야기〉 ■ 가족간 대화 나누기(음료 제공) ■ 신산 도채비 빛축제(신산공원 일대) 체험	※14시 30분까지 가족별로 공연장 로비로 집결 (제주영상문화산업진흥원)

2023년 10월 00일

제 주 국 제 교 육 원 다 문 화 교 육 센 터

가족 문화체험 - 뮤지컬 관람 기념사진

뮤지컬 관람

일요일 오후에 피곤할 텐데 가족과 함께 제주시까지 문화공연을 보러 온 가족들. 아이들도 재밌게 공연을 봤지만 엄마들도 공연에 무척 집중하는 모습이었다.

보경, 홍근이네 가족

환이네 가족

나주, 태현이네 가족

하 어린애들이 많았다. 더구나 외국에서 오신 엄마들까지 고려하면 제주 신화 자체를 모를 가능성이 크고, 접했다 하더라도 자세히 알지는 못할 거라 판단했다. 공연 보기 전 사전교육이 필요했다. 현장학습 전주 그림책 수업에서 제주 신화 그림책을 읽어주면 좋을 것 같아 그림책 강사님께 특별히 부탁을 드렸다. 이 책을 꼭 좀 읽어주시라고. 강사님은 나와의 약속을 철저하게 지켜 주셨다.

제주시 문예회관 옆 극장으로 가족들이 도착했고 티켓을 배부했다. 가족별로 자리를 잡고 뮤지컬 공연을 관람했다. 아이들도 재밌게 공연을 봤지만 엄마들도 공연에 무척 집중하는 모습이었다.

일요일 오후에 피곤할 텐데 가족과 함께 제주시까지 문화공연을 보러 오는 것은 쉽지 않은 일이다. 그만큼의 보람이 있기를 바라며 나도 재미있게 제주 신화 뮤지컬을 감상했다. 제일 나이가 어렸던 표선에 사는 다섯 살 태현(표선초 김나주 학생의 동생)이가 어린이집에서 이 공연을 보러 왔었다고 한다. 공연장, 공연 내용에 대해 다 알고 있었고 내게 자세히 설명해주었다. 같은 공연을 두 번 보는 유일한 관람자였다.

공연을 보고 근처 카페로 가서 차도 마시면서 공연 소감도 나누었다. 오늘 공연을 보려고 스케줄을 조정했다는 이야기 등 담소를 나누며 가족별로 해산했다. 이날 행사를 끝내고 교육팀장님과 저녁을 먹으러 순댓국 식당에 갔다. 제법 깊은 가을에 들어서인지 뜨끈한 국물이 생각났던 일요일 저녁이었다. 개인적으로 친분이 깊었던 양○○ 팀장님이 말을 꺼냈다.

"서윤아, 오늘 이렇게 좋은 뮤지컬 공연도 다 보게 하고 진짜 이 가족들은 추억이 하나 더 생긴 거다. 나도 덕분에 좋은 공연 봤고 진짜 너 의미 있는 일 하고 있는거야."라고 따뜻한 격려의 말을 해주셨다.

이렇게 가을날은 깊어 가고 있었다. 어느덧 2기 프로젝트의 중반을 지나 후반기로 향해 가고 있었다. 11월이 되었다.

내가 간다 숙제 검사하러, 그녀들의 일터로!

1기 프로젝트에서 배운 것이 있다. 그야말로 경험치로 터득한 것이 있다. 기다리기만 해서는 안 되는 것들이 살다 보면 분명히 있다. 그중의 하나가 바로 엄마들의 숙제 검사였다. 터득했던 교훈은 무조건 쪼아야 한다는 것이다. 이번에는 지체할 시간도 없고 책으로 엮어낼 이야기 수도 더 많아졌으니 발 빠르게 움직여야 했다. 무조건 쪼아야 하는 작전으로 이번 책 만들기 프로젝트 막판 단계를 밀어붙였다. 그러지 않으면 일이 진척될 수가 없었다.

11월 중순, 프로젝트 수업 3회차가 남았다. 가족들의 이야기 수를 정하고 어떻게 구성할 것인지, 몇 권을 제작할지는 1차로 편집 담당 우○○ 대표와 회의를 마쳤다. 이제 다시 작업, 시간과의 싸움이다. 그림은 2회 수업이 남았으니 그 시간 동안 박차를 가해 마무리하면 될 것 같다. 문제는 스토리다. 1차적으로 스토리가 작성되기는 했다. 이걸 다듬고 교정하는 시간이 꽤 걸린다. 그리고 가장 중요한 것은 원작자(다문화가족)와 간간이 통화해서 확인도 해야 하고 수정 방향도 이야기를 나누면서 해야 하는데 전화를 잘 받지 않거나 문자를 보내면 답이 느리다.

세화초 보경이와 홍근이의 아빠인 양상진 씨께 개별 숙제를 내기까지 했다. 홍근이가 그림책을 '낚시'로 만들고 싶다고 해서 지도강사가 낚시와 관련된 그림들을 많이 그리도록 주문했다. 그리고 낚시와 관련된 경험을 말로 이것저것 쏟아내게 했다. 이것을 듣고 나는 아버지께 아들의 낚시 이야기를 간단한 문장으로 써오라는 쓰기 숙제를 냈다. 아버지가 과연 하실까? 당연히 아니다. 그래서 중간에 문자를 보내고 확인하고 전화로도 재촉하기 시작했다. 계속 재촉하니 그 다음주에 연필로 투박하게 쓴 종이를 엄마를 통해 보내오셨다. 제주의 돌, 바람, 바다처럼 야생의 거친 느낌이 그대로 묻어있는 문장들이었다. 고민이 되었다. 이것을 어떻게 살려내야 할까? 아버

▲ 홍근이 아빠의 초고 쓰기

지의 수기 초안을 보고 1차로 타이핑해서 수업 시간에 강사님께 봐달라고 요청을 했다. 역시 작가님은 다르다. 전문가는 다르다. 1차 잡아준 내용으로 수정을 하고 다시 또 편집자가 교정을 하고 다시 또 애매한 부분은 강사님, 편집자, 나를 거쳐서 완성도를 높여 갔다.

중간에 여러 번 수업에 빠진 한 가족이 있었다. 온평초에 다니는 강윤지, 강윤희 자매인데 엄마가 주말마다 커피숍에 일을 나가야 해서 자매만 중반부터 열심히 나왔다. 이 가족도 중반 이후에 나와서 속도를 엄청 올려야 했는데 다행히 윤희, 윤지가 잘 따라와 줬다. 문제는 윤희와 윤지의 이야기를 엄마인 강예원(마리아 페) 씨가 타갈로그어로 번역을 빨리 해주셔야 하는데 이게 또 쉽지가 않다. 한글 원고 종이를 잃어버려서 온평초 후배 선생님을 통해서 원고를 파일로 보내기도 했다.

동남초 이환 가족은 엄마가 빵집에 일을 다니셔서 격주로만 나올 수 있는 상황이었다. 그러다 보니 진도 맞추기가 쉽지 않았다. 원고는 대략 시간 내에 완성했는데 문제는 그림 그리는 시간이 턱없이 부족했다. 그래서 숙제를 낼 수밖에 없었다.

또한 엄마들이 본인들의 모국어로 1차 번역을 해주셔야 하는데 엄마들이 바쁘기도 했지만 번역한 것을 타이핑할 수 없는 경우가 많았다. 이럴 경우 수기로 쓴 종이를 직접 받든 사진으로 받든 해서 2차 번역을 할 번역가에게 넘겨야 했다. 이러니 시간이 걸릴 수밖에 없다.

이렇게 어머니든 아버지든 또는 가족들 각자의 사정으로 작업이 안 되어 있거나 작업물을 주고받는 과정이 순탄치 않았다. 그래서 나는 이렇게 조들(조바심 벨) 바에야 직접 찾아가는 방법을 선택했다. 엄마들의 일터로, 아버지의 일터로 그렇게 나는 쪼으러, 숙제 검사하러 동쪽으로 향했다. 이때 내가 직접 원고 체크하러 간다고 했을 때, 엄마들은 어떤 생각을 했을까? 그렇게 재촉하는 시간 속에서 엄마들과 나와의 정이 스며든 것만은 확실하다.

2023년은 학교를 떠나 '담임 선생님'에서 제외된 줄 알았는데 오히려 범위가 더 커진 느낌이다. 어느새 '가족들'의 담임이 되어 가고 있었다.

◆ 망고**
◆ **성심당
◆ ○○호텔

　윤희·윤지 엄마가 일하는 곳은 섭지코지가 있는 관광지 입구였다. 망고로 유명한 커피숍에서 일하시는데 주말마다 관광객이 많아 프로젝트에 오실 수 없었다. 1차 번역본을 빨리 받아야 해서 직접 찾아갔다. 동부외국문화학습관으로 딸들을 데려다주면서 두 번 정도 얼굴은 봤지만 정식으로 본 건 이날이 처음이었다. 윤희와 윤지가 쓴 한국어 원고(이야기)를 잘 읽어봤다고 말했다. 1차 번역을 수기로 한 종이를 건네셨다. "윤지 어머니, 이거 번역해 보니 어땠어요? 할 만했어요?" 물었더니, 윤지 엄마는 이렇게 답하셨다. "선생님, 처음에는 이거 어떻게 번역해야 하나 고민했는데 막상 한 문장씩 해보니 재미가 있어지는 거예요. 그리고 제가 한국어도 더 전문적으로 공부해야겠다는 마음이 생겼어요. 이제 이 프로그램이 거의 끝나가지만 저도 참여해 보고 싶어요."라고. 마지막 종강식에는 엄마도 꼭 같이 오라는 숙제를 남기고 나는 다시 성산읍 고성에 있는 ○○성심당 빵집으로 부지런히 움직였다.

　여기는 동남초 이환 학생의 엄마인 이가은 씨가 일하는 곳이다. 이 가족의 경우 한국어 원고와 베트남어 1차 번역은 제일 빨리 받았으나 그림 작업이 늦어져서 그림 숙제를 내러 방문한 것이었다. 센터에서 물감, 색연필, 붓, 환이네 가족이 작업한 스케치북을 바리바리 종이가방에 챙겼다. 환이 엄마에게 재료들을 건네면서, "환이 어머니, 이번 주 토요일에 오실 때 그림 4~5장 정도는 더 완성하고 오셔야 해요. 이번 주가 마지막 작업할 수 있는 시간이에요. 바쁘더라도 저녁에 환이랑 같이 그려주세요."라고 간곡히 부탁드렸다. "네, 선생님 죄송해요. 많이 못 그려서. 환이랑 집에서 열심히 해볼게요. 선생님이 여기까지 재료도 갖다주시고 정말 감사해요." 환이 엄마는 정말 부지런하고 약속을 잘 지키시는 분이었다. 그리고 매주 못 오시는 걸 많이 아쉬워했었다.

빵집에서 700m 정도 떨어진 곳에는 보경·홍근이의 엄마인 이소윤 씨가 일하는 ○○호텔이 있었다. 고성오일장에 차를 세우고 호텔 로비로 들어갔다. 10분쯤 기다렸을까? 호텔 직원용 유니폼을 입고 나타나셨다. 매주 학습관에서 보다가 이렇게 또 일터에서 보니 반갑기도 하고 느낌이 사뭇 달랐다. 아버지가 쓰신 낚시 이야기를 수기로 번역한 종이를 받았다. 늘 느꼈지만 이소윤 씨는 한국어 글씨를 예쁘게 썼는데, 내가 캄보디아어는 모르지만, 모르는 내가 봐도 캄보디아 번역 글씨도 너무 고왔다. 글씨에 곱다는 말을 잘 쓰진 않는데 이 엄마의 글씨체는 "곱닥하다(예쁘다)"가 딱 맞는 것 같다. 아버지인 양상진 씨를 만나러 고성우체국에 먼저 가볼 계획이었는데 아버지가 지금 우편 배달 중이라 어머니께 먼저 들렀다고 말하였다.

이렇게 해서 '찾아가는' 숙제 검사는 일단락되었다. 재촉의 과정은 있었지만 일단 완료된 것에 안도하며 숙제를 한 엄마들에게 '칭찬도장'을 진하게 찍어드리고 싶다.

그래도
종강식은 온다

저번 1기 종강식의 경험치가 있기에 이번에는 시간에 쫓기지 않기 위해 최대한 11회 수업(종강식 전주)까지 그림을 완성하려고 몰아칠 수밖에 없었다. 번역도 어느 정도 마무리되어야 마지막 시간에 더미북을 만들 수 있기 때문이다. 숙제 검사하러 엄마들을 찾아가서 만났고 번역 작업도 최대한 서둘렀다. 그럼에도 불구하고 여전히 종강식까지 시간이 매우 빠듯했다. 이 모든 상황을 짐작했기에 이번에는 종강식에 투입될 인력 1명을 더 모시고 가야만 했다. 운영팀장님, 교육팀장님 두 분 다 와야만 한다고 했다. 기꺼이 응해주셨고 보조 강사급 이상의 활약을 해주셨다.

〈손글씨로 배우는 한국어〉 시간에는 마지막 시간이기도 하고 12월 크리스마스를 미리 맞이하는 기분으로 크리스마스 트리가 있는 엽서를 제작하기로 했다. 다들 한 달 앞서서 연말 분위기를 느낄 수 있었다. 마지막 시간이라 강사님들도 많이 아쉬워했다. 이 아쉬움을 오래 간직하려고 최대한 활동사진을 많이 찍어 두었다.

〈엄마와 함께하는 이중언어 그림책 여행〉 마지막 수업은 세상에 단 하나밖에 없을 더미북을 만드는 시간으로 대미를 장식한다. 더미북은 수제로 만든 책이다. 인쇄되어 나오는 책은 얼마든지 여러 권 찍어낼 수 있지만 이 책은 단 한 권뿐이다. 그래서 더 의미가 있는 책이고 작업이지 않을까? 1기 종강식에는 한국어 문장과 모국어 문장을 둘 다 자르고 구분해서 나눠주느라 엄청 정신이 왁왁(귀눈이 캄캄할 만큼 정신이 하나도 없다.)했던 기억이다. 번역 문장이 달라질 수 있어서 다시 현장(수업이 이뤄지는 교실)에서 파일 수정 작업 후 인쇄를 하는 경우가 생긴다. 이것은 해보지 않은 사람은 모를 번거로움이다.

전날 사무실에서 미리 인쇄해 온 것을 작가(가족)별로 나눠주고 또 하루 사이 수정이 생긴 원고는 강의실 컴퓨터로 작업해서 인쇄하는 일을 맡았다. 이 작업은 나밖에 할 수 없는 일이었다. 그동안 두 분의 팀장님은 그림책 강사의 보조 역할을 했다. 사전에 스캔하고 인쇄해 둔 그림을 가족별로 나눠줬다. 그리고 강사의 시범을 보며 가족들도 센터 직원들도 다 함께 더미북 만들기에 본격 착수했다. 종이를 접고 붙이고 원고를 종이 사이즈에 맞게 자르는 작업을 무한 반복했다. 어떨 때는 숨소리, 종에 풀칠 하는 소리, 작두 소리만 났다.

이렇게 숨 가쁘게 90분간 작업을 했다. 중간에 커피 한 모금 마실 틈이 없었다. 또 이날은 제주특별자치도교육청에서 내년 교육청 사업들을 소개하는 홍보 영상을 촬영하러 온 날이라 더욱 분주했다.

이렇게 얼추 더미북을 완성하게 되었다. 완성된 책을 보니 가족들 눈빛이 "만족

더미북 제작 장면

① - 순서에 맞게 그림(인쇄본) 이어 붙이기
② - 그림과 이중언어 문장 맞춰가기
③ - 강윤지 - 완성된 더미북 기념사진
④ - 그림에 이중언어 원고 붙이기

종강식

① - 프로젝트 사후 설문 실시
② - 종강식 손글씨 작품(크리스마스 엽서-김태현, 김서진)
③ - 2기 종강식 전체 기념사진(2023. 11. 25.)
④ - 마지막 12회기 수업을 마치고

+ 성취 + 이젠 끝! + 나의 책이!" 이 모든 것을 종합한 표정으로 나타났다. 역시 뭐든지 끝까지 가봐야 아는 것들이 있다. 제줏말로 아맹(아무리) 고라봐야(말해봐야) 귀에 들어오지 않는 것들이 있다.

 2기 프로젝트를 끝까지 완주한 가족들을 위해 며칠 전부터 제주도에서 탑으로 꼽히는 스콘 가게에 스콘&쿠기 세트 주문 예약을 했다. 종강식을 준비하는 과정에서 가족들을 생각하며 하나하나 준비하는 것들이 꽤 많았다. 남들이 보기엔 소소할 수 있지만 내겐 그 어느 하나도 소소하지 않은 중요한 사항들이다. 작든 크든 이런 것들을 준비하고 마련하는 것은 분명 번거롭고 수고로운 일이긴 하다. 하지만 보람과 기쁨을 동시에 느끼는 일이기도 했다. 이건 내가 일 년간 2번의 프로젝트를 운영하면서 직접 몸과 마음으로 느낀 확실한 경험이다.

 내가 한 가족씩 이름을 부르면 제주국제교육원 원장님께서 선물 세트를 전달하고 기념 촬영도 했다. 가족들이 매우 뿌듯해하는 모습에 나도 마음이 참 따뜻해지는 시간이었다.

 10회기까지 같이 참여했던 셀와니 원어민 선생님이 같이하지 못해 아쉬웠다. 대신 그동안 1~11회기까지 함께했던 활동사진을 모아 'Our Joyful Journey'라는 제목의 영상으로 만들어 보여주는 되돌아보기 시간을 가졌다. 물론 단톡방을 통해 가족들, 셀와니 원어민 선생님에게도 파일을 보냈다. 1기 때도 그랬지만 며칠 전부터 사진을 추려내고 하루 이틀 밤을 거의 새우며 '되돌아보기 영상'을 만드는 것은 엄청난 에너지와 시간을 들여야만 하는 작업이다. 하지만 1기 가족도 그랬고 이번 2기 가족들, 또한 지도해 주셨던 강사님들까지도 감동했던 시간이라 내 몸은 너무 피곤하고 지쳤지만 그냥 건너뛸 수 없었다. 이게 마치 '중독' 같다.

 이렇게 종강식도 잘 마쳤으니 이제 다시 나의 시간이 온 것이다. 수합, 번역, 교정, 검수, 재검토, 작가 소개, 기획 의도 소개 등 다시 그림책 제작 과정을 거쳐야 했다.

Our Joyful Journey (되돌아보기 영상)

걱정 속에서 피어난
2기 이중언어 그림책 4권

드디어 11월이 왔고 이제 프로젝트 수업이 3번 남았다. 이 시점에서 나는 또 대결단을 내려야 했다. 몇 가족, 몇 개의 이야기로 이중언어 그림책을 만들어야 할지를. 10월 말까지 진행 상황, 가족 또는 개인 성향들, 출석률, 참여 태도 등 모든 요소를 총체적으로 분석해 보았다.

수연이네 가족
시크한 모녀의 이야기

김수연, 한예진

    토산초 김수연 학생은 시크한 2학년 여자아이다. 수연이는 말수는 적었지만 잘하려는 욕심은 누구보다 강해서 뭔가 해냄 직해 보였다. 수연이의 엄마인 한예진 씨도 말수는 적었지만 다부져 보였다. 호텔에 일을 나가면서도 출석률이 좋은 편이었다. 손글씨 활동도 그림책 활동에도 진지하게 참여해서 뭔가를 확실하게 하실 것 같았다. 엄마의 이야기와 딸의 이야기 2개를 앞뒤로 해서 한 권에 담기로 했다. 엄마는 고국 필리핀에서의 자신의 어린 시절을 주제로 잡았다. 이 엄마의 그림책 제목은 내가 가장 시간을 들여서 고민했었다. 최종 제목은 '나도 한때는 어린아이였어'로 정했다. 이렇게 정해지기까지 많은 수정이 있었다. 처음에 한예진 씨가 썼던 제목은 '나의 어린 시절 추억'으로 이야기와 그림에 비해서 너무 밋밋했다. 그림책을 더 살려줄 만한 훅(hook) 같은 제목이 필요했다. 제목을 정하느라 시간이 좀 걸렸지만 개인적으로 정말 마음에 들었고 이야기에 딱 맞아떨어졌다.

4부 그림책 소개에서도 얘기하겠지만 한예진 씨는 정말 타고난 그림꾼이다. 이렇게 그림을 아기자기하게, 캐릭터 전문가처럼 그려낼 줄 몰랐다. 그림이 너무 소녀답고 금방이라도 순정 만화나 동화책에서 튀어나올 것만 같은 그런 그림들이었다. 이 엄마의 솜씨가 보통이 아니었다. 기회가 된다면 한예진 씨가 그림 재능을 꼭 펼쳐보길 바란다.

수연이는 자신의 '마음'을 주제로 잡기로 정했다. 나의 변하는 마음, 다양한 마음을 색깔로 표현하기로 했다. 그 색깔을 어디에서 갖고 올지는 매회 수업이 진행되면서 조금씩 추가되었다. 수연이는 마음먹으면 한번에 많은 작업량을 소화할 수 있는 능력자였다. 후반부에 결석을 한 날이 있어서 다음 수업에서 그림을 많이 그려야 했었는데 앉은 자리에서 미동 없이 2시간 동안 엄청난 그림을 그려냈다. 수연이의 그림은 수연이의 평소 스타일대로 군더더기 없이 깔끔 그 자체였다. 글과 그림 모두 메시지가 명확했다.

추억 속 2기 가족

홍근이와 보경이네 가족
모든 가족 참여
찐 가족 그림책의 탄생

양홍근

양보경, 이소은

　누구보다 제일 열심히 참여하는 우리 이소연 씨는 세화초 양홍근, 양보경 학생의 엄마이다. 출석률 1등에 손글씨 꾸미기 활동을 아주 즐거워하셨다. '뭔가 이야기가 나올 것 같은데?!' 옥수수를 아주 인상 깊게 그렸다. 이야기를 단독으로 만들어 보고 싶다고 했다. 캄보디아에서의 어린 시절을 주제로 잡았다. 시장에서 국수를 만들어 팔던 이야기 등 가족들의 고단한 삶의 모습이 담긴 이야기로 제목은 '시장 국수 팔기'로 정하였다.

　딸인 보경이는 세화초 3학년에 다니는 활발한 성격의 여자아이다. 인사성이 너무 좋고 붙임성이 최고였다. 매주 토요일 보경이는 "안녕하세요, 선생님!" 활기찬 목소리와 함께 꼭 포옹을 해야 하는 친구였다. 보경이도 단독 이야기를 만들고 싶다고 해서 그렇게 하기로 했다.

잘할 것 같아 보였는데 실제로 수업이 진행되면서 순탄하게 되지는 않았다. 집중력의 문제도 있었지만 남동생인 홍근이와의 보이지 않는 신경전도 요인 중 하나였다. 가족끼리 앉게 했지만 시간이 지나면서 보경이는 표선초 3학년 친구인 나주와 앉고 싶어했다. 그래서 같이 앉기 시작했는데 이것이 결과적으로는 도움이 되지 않았다. 서로 친해지면서 그만큼 집중하지는 못했다. 처음에는 보경이가 야심 차게 이야기를 만들어 보겠다고 했지만 이야기 구성도 어려웠고 기승전결이 조금 애매했다. 또 그림도 진도에 맞게 딱딱 완성되지 않아서 보경이 작품이 이대로는 안 될 것 같다고 강사님과 이야기를 했을 정도였다. 하지만 부족한 대로 해내긴 했다. 보경이의 이야기는 창작 이야기로 가족의 소중함, 웃음의 가치를 전달하는 내용이다. 제목은 '웃음꽃 가족'으로 정했다.

이 프로젝트 과정을 거치면서 보경이가 말로 다 표현은 못 했지만 '과정'의 중요성을 깨닫지 않았을까? 1월에 그림책을 전달하러 집에 방문했을 때, 보경이가 말했다.

"선생님, 이렇게 진짜 책이 나올 줄 몰랐어요. 너무 이쁘고 좋아요. 근데 저 솔직히 제 이야기 잘하진 못했어요. 끝까지 제대로 했어야 했는데, 아쉬워요. 최선을 다 할걸…."

물론 그림책 속의 이야기와 그림이 더 완벽했으면 좋았겠지만 보경이의 말 자체가 이 프로젝트의 중요한 메시지라고 생각한다. 과정을 통해서, 그 과정을 통한 결과로서 아이들과 가족들이 성장하는 과정, 그것이 가장 중요한 것이 아닐까.

솔직히 처음에 이 가족들 중 가장 걱정되었던 인물은 홍근이었다. '남자 초등 1학년'이기도 하고 아직은 한글이 완벽하지 않아서 고민이 되었다. 간간이 모습을 보이는 홍근이의 아빠 양상진 씨도 함께하면 좋겠다는 생각이 커졌다. 아빠를 꾀어내어 아들과의 콜라보 작품을 탄생하게 하리라! 그런데 그게 그리 쉬울까? 만만치 않았던 이 아들과 아빠팀! 과정은 어려웠으나 결과는 창대했다. 홍근이가 먼저 주제 가닥을 잡았다. 아빠와 낚시하러 세화 바닷가에 가본 적이 있다고 말했는데 이진 그림책 강사님께서 이 부분을 잘 끄집어내 주셨다. 홍근이가 바닷가에 가서 아빠와 낚시했던 경험을 모티브로 잡아 점점 확장해 나가는 구조로 이어 나가기로 했다. 역시 작가는, 프로는 다르다. 여기에 재미를 더해 여러 가지를 낚는 장면을 추가하기로 했다. 그림은 아들인 홍근이가 그렸다. 큰 주제는 홍근이가 '아빠와의 바닷가 낚시'로 잡았다. 아버지가 수업에 오신 날, 아마 이때가 프로그램 8회차 정도였는데 아버지께 숙제를 냈었다.

"아버지, 오늘 집에 가서 홍근이랑 이야기 나누세요. 일단 첫 문장을 이렇게 강사님이 잡아 주셨으니 첫 문장에 이어서 15개 정도 문장을 추가로 만들어서 다음주에 보여줘야 합니다."

"이거 꼭 제가 해야 합니까? 홍근이가 해야 할 건데…."

"홍근이랑 해볼려고 했는데요 1학년이고 한글도 부족해서 도저히 안 되겠어요. 아빠랑 아이가 이야기 나눠보면서 하나씩 써주시면 될 겁니다. 꼭 하셔야 해요. 제가 전화 드릴 거고 중간에 했는지 안 했는지 체크할 겁니다."

    이렇게 나는 강사님과 함께 아버지 양상진 씨를 거세게 몰아붙였고 아버지는 자신 없이 대답했다. 그 다음주에 아버지가 결석을 했고 어머니와 홍근이에게 확인해 보니 숙제는 안 했다. 당연히 그러리라 예상했다. 나는 아버지께 문자를 폭탄으로 보냈고 또 전화로도 한 번 더 재촉하는 그런 '잔소리 선생님' 역할을 할 수밖에 없었다. 그래야만 책이 나오기 때문이다. 세상에 쉬운 것은 단 하나도 없다. 이렇게 해서 이 가족은 모든 참여 가족들이 이야기를 만들어서 가족책 한 권으로 만들기로 확정했다.

추억 속 2기 가족

환이네 가족
부지런한 엄마와
1학년 아들의 공동작업

이가은, 이환

엄마와 함께

동남초등학교 1학년에 다니는 이환네 가족이다. 환이의 엄마인 이가은 씨는 베트남에서 왔고 제주살이 10년 차다. 9월 초, 프로젝트에 처음 신청할 때 환이 엄마가 걱정을 했다. 빵집으로 일을 나가고 있어서 매주 참여는 힘들고 대신 격주로는 올 수 있다고 했다. 모집이 힘들었던 상황이었다. 그리고 이렇게 하려는 의지가 끝까지 갈 수 있는 중요한 원동력임을 알기에 나는 괜찮다고 했다. 대신에 격주로는 꼭 나오고 아이와 엄마가 함께 나오는 게 중요하다고 말했다.

환이 엄마의 어린 시절 이야기를 쓰기로 했다. 엄마가 원고를 쓰고 1학년 환이가 엄마와 함께 그림을 완성하기로 했다. 환이가 엄마와 함께 집중해서 하는 모습이 참 보기 좋았던 가족이다. 1기와 2기를 통틀어서 베트남 가족이 끝까지 완주한 케이스가 없을 것 같았는데 환이네 가족이 결국 유일한 가족이 되었다. 사실 제주에는 베트남 다문화배경 학생 비율이 가장 높은데 아이러니하게도 이 프로젝트에는 베트남 가족이 많이 참여하지 않았다.

로즈마리 가족
**실전은 늘 계획대로 되지 않는다.
소녀 같은 이모의 성장 이야기**

로즈마리

로즈마리, 김태현, 김나주, 애나벨

 1, 2기 참여가족 중에서 가장 독특했던 케이스가 아닌가 싶다. 표선초등학교 3학년 김나주 학생의 가족이다. 프로젝트에 참여한 가족으로는 김나주 학생, 동생인 김태현 어린이, 나주의 엄마인 애나벨, 나주의 이모인 로즈마리 이렇게 4명이었다. 처음에 표선초 교육복지 선생님을 통해 이모가 같이 참여한다는 말을 듣고 만나기 전부터 엄청 궁금했던 가족이었다. 내가 머리 속에 그렸던 이모의 모습과 너무 달랐다. 너무나도 앳되고 소녀 감성의 웃는 모습이 너무도 예뻤던 그녀이다.
 이 가족은 출석률이 완벽하진 않아도 꾸준히 나왔고 활동도 잘 따라오는 듯했다. 하지만 중반부를 넘어가면서 나주의 엄마가 거의 나오지 않았다. 이모인 로즈마리 씨도 토요일 아르

바이트가 잡히는 경우에는 수업 중간에 나가야 했다. 그때마다 정말 안타깝기도 하고 고맙기도 했다. 이모가 가족 중 가장 열심히 수업에 집중했다. 처음에는 이모인 로즈마리와 조카인 나주가 같이 공동작업으로 이야기를 만들면 좋겠다고 생각했다. 하지만 나주는 보경이와 같이 앉으면서 자신만의 이야기를 쓰겠다고 자신의 생각을 밝혔다. 로즈마리는 자신의 이야기를 써보겠다고 했다. 그래서 이모 로즈마리의 글에 태현이가 부분적으로 그림을 그리면 어떨까 하는 생각을 했었지만 결국은 그렇게 되지 못했다.

로즈마리는 그림책 만들기 시간에 자신의 인생을 되돌아보았다. 여기 제주도 표선까지 오게 된 이야기를 진술하게 써 내려갔다. 필리핀 고국에서의 어린 시절, 성장 과정, 제주에 오게 된 사연, 지금의 생활까지. 처음에는 타갈로그어로 작성하였다. 그런데 타갈로그어 수기 원고의 문장이 너무 길고 빽빽하게 보여서 가독성이 낮아 보였다. 혹시 영어로 같은 이야기를 쓸 수 있겠냐는 나의 요청에 가능하다고 했다. 그래서 타갈로그어, 영어 두 개의 언어로 수기 원고를 받았다. 문장이 다소 길고 애매한 부분들이 꽤 있었다. 영어 문장을 보고 로즈마리 씨에게 여러 차례 물어보면서 확인하는 과정을 거쳐 우선 영어로 1차 원고를 다듬어 갔다.

다문화강사인 김체린 선생님과 1차 타갈로그어 번역을 함께 진행시켜 나갔다. 1차로 완성된 영어와 타갈로그어 두 개를 다 보면서 타갈로그어로 번역을 해달라고 요청했다. 이야기가 꽤 길어서 그림책 쪽수도 많아지니 그림도 그만큼 많이 필요했다. 그림을 나주나 태현이가 같이 그리는 것으로 처음에는 염두에 두었다. 하지만 나주는 자신의 작업도 포기해버렸고 그렇다고 이모 이야기의 그림을 그리는 것도 하지 않았다. 태현이는 다섯 살이라 쉽지 않았다. 이렇게 해서 이 가족은 원래 내 계획과는 아주 다르게 진행되었다. 조카들과 이모와의 콜라보를 기대했지만 아쉽게도 이모 단독의 그림책으로 결정되었다. 끝까지 가족들 중 한 명이라도 같이 참여하게 노력을 했으나 창작이란 것이 그렇게 뜻대로만 되지 않았다.

   나중에 책이 나온 것을 보고 조카인 나주가 아쉬워했다. 나주가 막판에 좀 더 집중해서 작업을 했었더라면 어땠을까 하고 나 역시도 많이 아쉬운 부분이다. 1기 때 여섯 살이던 말럭도 그림을 충분히 그렸기 때문에 태현이의 그림도 기대를 했던 것 같다. 그렇지만 다 같을 순 없었다. 가족마다 개인마다 다름을 인정해야만 했다.

추억 속
2기 가족

윤지와 윤희네 가족
어벤져스급 윤자매

강윤지

강윤지, 강윤희 자매

 온평초등학교에 다니는 1학년 강윤희, 6학년 강윤지 자매의 가족은 초반에는 나온 날보다 안 나온 날이 더 많았다. 이 자매팀은 끝까지 갈 수 있을까? 예의주시하던 가족이었다. 나의 예상에 반전이 생겼다. 10월 중반부터 꾸준히 나오더니 하나를 말하면 찰떡같이 알아듣고 뚝딱 만들어 내는 그런 어벤져스급 자매였다. 그래서 짧은 기간 동안 매우 밀도 있게 작업한 가족이었다. 1학년 동생은 1학년 다운 작품으로, 6학년 언니는 소녀의 감성이 듬뿍 묻어나는 작품으로 각각 이야기를 만들어서 두 개의 이야기가 한 권에 담기도록 정했다.
 1학년 윤희는 다니고 있는 학교인 온평초의 좋은 점을 쓰기로 했다. 제목은 같이 수업 중에

정하였다. '우리 학교는 최고야!'로 정하고 1학년의 시각으로 본 학교의 멋진 점을 담담하게 표현했다. 1학년이다 보니 학교가 최고인 이유가 4~5개 쯤에서 끝이 나 버렸다. 윤희랑 마주 보며 이런저런 얘기를 나누면서 온평초의 자랑거리를 찾아보기로 했다.

"윤희야, 윤희 담임 선생님은 어때?"

"선생님, 좋아요.(웃음)"

"그럼 선생님 어떤 점이 좋아?"

"….(머뭇거리는 윤희)"

"선생님, 예쁘시지? 친절하실 것 같은데?"

"(말없이 끄덕이는 윤희)"

"오케이. 그럼 그걸 한번 써볼까?"

이런 식으로 해서 1학년 윤희의 초고는 완성이 되었다. 이렇게 주제를 정하고 계속 생각을 뽑아내어 문장으로 써내는 게 보통 일이 아니다. 마치 엉킨 실타래를 푸는 과정과 비슷하다. 실타래에서 최초의 그 한 가닥을 제대로 찾아내기까지 끈기가 필요하다. 그 한 가닥에 이어 줄줄 자연스럽게 이어 나오게 하는 것은 더 힘든 과정이다. 그런 과정을 겪다 보니 아이들과 부모님(엄마, 아빠)을 지도하면서 마치 내가 ○○로 빙의하여 글쓰기하는 것 같았다. 그 순간은 누가 메인이며 누가 보조 작가인지 알 수 없을 정도였다. 학교 국어시간에 이루어지는 쓰기 활동은 보통 호흡이 짧은 글이며 주제, 장르가 분명하다. 이 프로젝트와 학교 수업은 결이 완전히 달랐다. 이 그림책 수업을 진행하면서 매우 '특별한' 경험을 한 셈이다.

   6학년 윤지는 걱정할 것이 없었다. 제목도 잘 뽑아내고 스토리도 간결하면서도 위트가 있는 그런 문장들이었다. 강사 입장에서도 터치를 가장 안 한 작품일 것이다. 그림이 귀여움 그 자체이다. 초등학생들이 또는 어른들이 먹기 싫어하는 것 중의 하나가 토마토인데 토마토를 아주 맛있게, 매력 있게 그려낸 재밌는 이야기와 그림이다. 제목은 "토마토는 맛있어". 이 그림책을 읽고 토마토와 거리 두기 하는 우리 반 친구들이, 대한민국의 어린이들이 토마토에 대한 생각이 바뀌길 바란다.

이렇게 해서 만들어진 책들이다. 이중언어 그림책 권수로는 4종이지만 이야기 수는 총 9개이다. 자매의 책, 모녀의 책, 모자의 책, 이모의 책, 모든 가족의 책으로 다양한 가족 구성원이 참여했던 프로젝트였다.

1　1. 토마토는 맛있어(강윤지)
　　2. 우리 학교는 최고야!(강윤희)

2　3. 나의 가족(이환, 이가은)
　　4. 나의 인생 이야기(로즈마리)

3　5. 마음 색깔(김수연)
　　6. 나도 한때는 어린아이였어(한예진)

4　7. 시장 국수 팔기(이소윤)
　　8. 낚시하러 가요(양홍근, 양상진)
　　9. 웃음꽃 가족(양보경)

이중언어 그림책이 나오던 날

　1기 이중언어 그림책이 나왔을 때도 그 감동을 잊을 수 없지만 2기 책들도 그에 못지않았다. 색채감이 1기 때보다 더 강렬하게 표현되어 만족스러웠다. 그림책 편집과 인쇄 등 출판을 담당했던 우○○ 대표님이 색감에 더 포인트를 줘서 이번에 더 예쁘게 나왔다고 자신있게 말하였다. 완전히 인정할 수밖에 없는 부분이다.

　2024년 1월 12일, 2기 그림책을 처음 받고 센터 선생님들과 "와~~ 1기 그림책도 좋았었는데 이번 책들은 더 예뻐졌어!" 하면서 감동을 같이 나누던 그날이었다. 마침 센터에서 폴라로이드 사진기를 구매한 지 얼마 안 되던 때라 주무관님이 새 책 출간 기념으로 사진을 찍어주었다. 지금 봐도 참 뿌듯한 표정이다.

　1기 책이 나왔을 때는 2학기가 시작된 9월이라 학교로 방문을 해서 책을 전달했었다. 그런데 2기 그림책이 나왔던 때는 1월 중순이었다. 학교는 긴 겨울방학 중이라 직접 전달의 감동을 주기엔 뭔가 애매한 상황이었다. 수고롭지만, 두 곳(학교와 집)을 다 방문하여 직접 전달하기로 마음먹었다. 당연히 2기 그림책 출간회 준비로 바쁠 때였지만 이 감동의 순간을 그냥 넘겨 버리면 안 될 것 같았다.

　표선초등학교로, 토산초등학교로, 온평초등학교로, 동남초등학교로, 마지막 세화초등학교까지 방문했다. 긴 겨울방학이라 엄마의 나라에 방문 중이던 환이네 가족과 윤지네 가족은 바로 전달하지는 못했다. 하지만 수연이네 가족, 로즈마리 씨, 보경이와 홍근이네는 직접 얼굴을 보고 전달했다.

　특히 보경이와 홍근이네는 직접 집으로 방문했다. 1기 참여 가족인 해일리네 집 방문 이후 2기 가족의 집 방문은 처음이었다. 이날 엄청 추웠던 날이라 코까지 빨개졌었는데 집에 들어가니 가족의 따뜻함이 온몸으로 느껴졌다. 홍근이는 감기에 걸려 겨우 나를 맞이해 주었고 보경이와 엄마가 환한 표정으로 기다리고 있었다.

책을 보자 너무 만족해했고 딸과 엄마의 입가에서 미소가 떠나질 않았다. 찐 만족감이었다.

이때 즉석 인터뷰도 생각이 나서 진행하였다. 내 아이폰으로 어설프지만 즉석의 느낌으로 영상을 촬영했다. 이번 프로젝트를 하면서 어떤 점이 좋았고 변화된 점은 무엇이지 보경이에게 질문을 하였다.

"저는 이거 하면서 엄마의 언어를 알게 되었어요. 그리고 지난 가을부터 엄마 나라 언어 캄보디아어를 배우고 있어요. 숫자도 읽어요. 저번에 선생님이 주신 이 책으로 읽는 거 엄마가 가르쳐 주고 있어요."

이날 보경이네 가족 방문, 그림책 전달의 순간을 잊고 싶지 않았다. 우리만의 기념사진을 어찌 안 찍을 수가 있었을까?

그림책 완성

2기 이중언어 그림책
처음 받은 날의 기념 사진

책 전달의 순간

가정을 방문하여 이중언어 그림책을
전달하고 이를 기념하며 이소윤, 양보경과
사진 촬영을 했다.
아래는 캄보디아어 공부한 내용을
말해주는 보경이의 모습이다.

◆ '국민의 방송'에 내가?!
◆ 첫 공영방송 출연

　1월 중순에 그렇게 4권의 이중언어 그림책이 나왔다. 지난 9월에 이미 1기 그림책 출간 행사를 했었기 때문에 이번에는 어떻게 진행할지 더욱 고민이 되었다. 애초에 출간 기념행사까지 진행할 줄 몰랐다. 더욱이 행사가 이렇게 커질 줄 몰랐다. 우선 장소 고민이 되었다. 학생문화원 등 장소가 더 넓고 접근이 좋은 제주 시내도 생각해 봤다. 1월에 따끈한 그림책을 전달하러 학교를 돌아다녀 보니 1~2월은 긴 학년말 방학 중이라 홍보도 쉽지 않았고 이런 시기에 시내에서 하더라도 참여 인원에 큰 차이가 있을 것 같지 않았다. 그리고 외부에서 큰 행사를 치른다는 게 어떤 것인지 이미 1년간 동부와 서부에서 프로젝트를 실행하며 느꼈기 때문에 섣불리 선택할 수 없었다.

　1기처럼 제주다문화교육센터에서 하기로 결정했다. 프로젝트를 운영해 온 제주다문화교육센터를 이 기회에 더 알릴 수 있고 참여한 가족들이 한 번도 와보지 않은 곳이라 초대하고 싶은 마음도 있었다. 작지만 따뜻하고 알찬 그런 행사를 치러내고 싶었다. 1기에는 강당에서 했지만 이번에는 좀 더 아늑한 다문화정보실(센터 1층에 있는 도서관)에서 하기로 했다. 서가들이 있어서 장소는 좀 좁았지만 계절이 겨울이고 센터의 1층 중심부라 이동하기에는 좋았다.

　그래도 1기에 했던 경험이 있어서 그런지 무엇을 준비해야 할지는 머릿속에 자연스럽게 그려졌다. 본래 강당이 아니기 때문에 시설적인 측면(대형 스크린, 방송시설, 좌석 등)에서는 많이 부족했다. 이것을 어떻게 해결하느냐가 이번 2기 기념회의 큰 숙제였다. 결과적으로 그 숙제들을 어떻게든 해결해냈다. 이번 행사로 센터에서 기존의 장소(교실 등)를 다양하게 활용할 수 있는 계기를 만들었다고 생각한다.

　지난 1기 행사에서 느꼈던 부족한 점들, 겨울 시즌을 고려한 분위기 등 여러 피드백을 종합했다. 아늑함이 느껴지는 콘셉트로 '따숩게' 연출하였다. 센터의 한 주무관 선생님의 의견으로 책 전시 주변에 전구를 설치했는데 크리스마스트리 느낌처럼 분위기가 확 살아났다. 이중언어 그림책의 '야무짐'을 확 살려주는 '잇템'이었다. 1기 행사를 통해 이중언어 그림책 낭독이 행사의 하이라이트가 된다는 것을 이제는 모두 알게 되었다. 낭독할 때 낭독자들을 비춰줄 조명도 운영팀장님의 아이디어로 준비하게 됐다. 남자 선생님들께서 사다리를 설치하는 등 팔을 걷어붙이셨다. 달이 뜬 밤까지 천장에 조명을 달아주시느라 고생을 많이 해주신 덕에 당일 행사에서 그 빛을 톡톡히 봤다. 그렇게 전시회장과 기념회장을 꾸미느라 한창 분주한 1월 말을 보내고 있었다.

기념회장 세팅(행사 전날)

◇ **들어는 봐수과?**
　들어 봤나요?
◇ **'탐나는 제주'라고**

　　이번 2기 출간 관련 홍보는 다행히 각종 신문, 인터넷 기사 등 활발히 보도되고 있었다. 그래서인지 국민의 방송 KBS 제주방송국에서 연락이 왔다. 지난 1기에는 KCTV에서, 이번에는 공영방송에서이다. '탐나는 제주'라는 프로그램 작가로부터 연락이 왔다. '탐나는 제주'는 KBS 제주방송에서 주중 매일 저녁 시간에 제주의 소식을 정감 있게 전달하는 프로그램이다. 일단 1기 촬영 경험이 있으니 이번에는 방송국 측에서 요청한 자료를 꽤 신경 쓰고 준비해서 보냈다. 나 또한 행사 주최인 입장에서 어떤 것에 중점을 둬서 방송이 나가야 하는지 명확하게 전달하고 방송의 포인트로 짚어달라고 요청했다. 이젠 제법 노하우가 생긴 것이다. 다행히 작가님이 나의 의도, 요청의 포인트를 정확히 파악하셨다. 100% 그 이상 충분히 기획의도를 살려서 방송을 만들어주셨다.

　　2024년 2월 3일 오후 2시로 행사 시간이 잡혔다. 방송국에서는 2시간 전에 와서 미리 세팅을 해놓고 사전 촬영을 한다고 했다. 그리고 가족 중 한 가족을 집중 취재하고 싶다고 추천을 해달라고 하였다. 어느 가족을 할까 잠깐 고민이 되었다. 이 시간도 잠깐이었고 바로 떠오르는 한 가족이 있었다. 바로 홍근이와 보경이네 가족이었다. 가족 구성원 전원이 프로젝트에 참여했고 모두의 이야기가 책으로 만들어졌기 때문이다. 그리고 4개월의 시간이 지나고 보니, 아이들의 엄마인 이소윤 씨와 아빠인 양상진 씨는 내가 전화를 드리면 '척하면 척' 손발이 잘 맞아가는 팀메이트가 되어가고 있었다.

　　방송작가의 요청을 받고 바로 홍근이 아빠에게 전화를 했다.

홍근이 아버지, 이번 행사에 KBS에서도 촬영온댄 햄수다예. 〈탐나는 제주〉라고 혹시 들어봔마씸?

홍근이 아버지, 이번 행사에 KBS에서도 촬영하러 온다고 하네요. 〈탐나는 제주〉라고 혹시 들어본 적 있나요?

프로그램 작가님이 한 가족 추천해 달랜마씸. 집중 취재할 한 가족이 필요하댄예. 그 말 듣자마자 아버님 생각나서 추천햇예.

프로그램 작가님이 한 가족 추천해 달라고 합니다. 집중취재 할 한 가족이 필요하다고 해요. 그 말 듣자마자 아버님 생각이 나서 추천했어요.

인터뷰도 해야 하고 사전에 마을로 가거나 집으로 가서 촬영할 수도 있댄 햄수다. 어떵, 해지쿠과? 해줄거지예?

인터뷰도 해야 하고 사전에 마을이나 집으로 가서 촬영할 수도 있다고 해요. 가능하시겠어요? 해줄 거지요?

당연히 해주실 거란 믿음이 있었다. 그렇지만 이 아버지, 역시 제주도 남자다. 호락호락한 예스맨은 아니었다.

선생님, 거 무사 꼭 우리 가족이꽈?
다른 가족도 있자나마씸. 다른 가족하민 아니될거꽈?

선생님, 왜 꼭 우리 가족입니까?
다른 가족도 있지 않습니까. 다른 가족으로 하면 안 되겠습니까?

보경이 아버지, 그건 안됩니다예. 이미 다 한다고 고랐고예. 아버지가 아들이영 고치 만든 책은 처음이라서 꼭 이 이야기를 소개해야 할거마씸.

보경이 아버지, 그건 안 됩니다. 이미 다 한다고 말했습니다. 아버지와 아들이 같이 만든 책은 처음이라서 꼭 이 이야기를 소개해야 합니다.

인터뷰 경 어렵지 않고예 제가 미리 다 질문이나 답변은 준비할거난 너무 걱정 안해도 될거우다.

인터뷰가 그렇게 어렵지 않고 제가 미리 다 질문이나 답변은 준비할 테니 너무 걱정 안 하셔도 됩니다.

몇 초 동안 정적이 흘렀다.

게민 알아수다. 갠디예 인터뷰나 말을 막 잘할 자신은 어수다. 해질건지 모르쿠다. 태어낭 이런 걸 생전 해보지 안해나수다게.

그럼 알았습니다. 그런데 인터뷰나 말을 잘할 자신은 없습니다. 할 수 있을지 모르겠습니다. 태어나서 이런 걸 해본 적이 없습니다.

아이고, 아버지, 누군 이런 거 해봐수과?
아이고, 아버지, 누군 이런 거 해봤나요?

저도 이런건 처음이고예, 저도 이번에 인터뷰 할거 마씸.
다 해질거우다. 허락해줭 고맙고예 나중에 또 전화드리쿠다.
꼭 전화 받읍서예.

저도 이렇게 해보는 것이 처음입니다. 저도 이번에 인터뷰 합니다. 다 할 수 있습니다. 허락해 주셔서 고맙고 나중에 또 전화 드리겠습니다. 꼭 전화 받으세요.

이렇게 해서 양상진 씨 가족이 집중취재 가족으로 확정되었고 프로젝트의 기획 의도인 '가족 그림책'에 딱 맞게 취재 영상이 만들어졌다.
　　실제로 그날 이 가족은 사전 촬영 건으로 센터에 다른 가족보다 더 일찍 도착했다. 홍근이와 아빠의 이야기인 '낚시하러 가요' 이야기의 주요 배경인 바다에서 촬영이 필요했다. 그래서 센터 바로 옆에 있는 신홍리 바닷가에 가서 촬영하기로 시간을 맞췄는데 막상 이날 비가 추적추적 내려서 촬영을 접을 수밖에 없었다. 이때 찍지 못한 바닷가 장면은 그림책의 진짜 배경인 세화리 바닷가에서 촬영이 이뤄졌다. 출간기념회가 끝난 며칠 후였다. 홍근이 아빠는 우체국에서 근무를 하셨는데 촬영하는 날에는 반일 연가를 내고 엄마도 하루 일을 쉬어야 했다. 역시 이날도 날씨가 썩 좋지는 않았다. 비는 오지 않았지만 진눈깨비가 흩날리는 매우 추운 날이었다. 걱정되어 전화를 드렸는데 예정대로 촬영은 무사히 마쳤다고 했다. 방송에 어떻게 그들의 이야기가 담겼을지 몹시 궁금했다.

더욱 따숩게,
더욱 알차게

　　2024년 2월 3일, 이중언어 그림책 2기 출간기념회 날이다. 비가 와서 우중충했지만 그래도 많은 손님들이 방문도 하고 격려도 해주셨다.
　　홍근·보경이네 가족 외에 다른 가족들도 낭독 연습으로 1시간 전에 도착했다. 엄마와 이중언어로 그림책을 낭독하는 리허설 시간을 갖고 끝나자마자 방송에 나갈 개별 인터뷰 촬영도 동시에 이뤄졌다. 이때 손님으로 와주신 학교 선생님, 도서관 관계자, 다문화강사, 그리고 프로젝트를 기획·운영한 나까지 다양한 인터뷰를 촬영했다.

① - KBS 촬영팀 행사장 촬영
② - 업무 담당자 인터뷰 촬영
③ - 전시 관람객 촬영
④ - 이중언어 낭독 장면 촬영
⑤ - 참여 학생 인터뷰 촬영
⑥ - 전시회장 촬영

나는 정작 손님맞이, 리허설 진행, 행사장 점검, 사회를 진행하느라 전체적인 행사를 돌아볼 틈이 없었다. 대신 1, 2기 행사를 같이 치러왔던 센터 선생님들의 리뷰를 행사가 끝나고 나서 들을 수 있었다. 1기 행사 때와 비교해 보면 더 자연스럽고, 화기애애한 분위기였다고 한다. 나중에 방송으로 보니 그 리뷰가 맞았음을 알 수 있었다.

이중언어 낭독 시간이 왔다. 홍근이와 홍근이 아빠의 이중언어 그림책 낭독이 가장 재미있었고 눈길을 끌었다. 홍근이가 한국어로 읽으면 아빠가 그 어려운 캄보디아어로 읽어내는 것이 아닌가? 홍근이 아빠 양상진 씨는 티를 내진 않았지만 일주일 동안 아내(이소윤 씨)의 지도하에 캄보디아어 연습을 혹독하게 했던 것이다. 낭독하면서 발음이 너무 어려웠는지 중간에 한숨을 쉬었다. "이거예, 잘도 어려워 마씸.(이거 엄청 어려워요.)"이라고 말하여 모두가 웃음을 터뜨렸던 기억이 난다. 행사를 진행하면서 긴장했던 나의 마음도 이 장면으로 인해 무장해제되었다.

이중언어 그림책 낭독이 끝나고 '작가와의 대화 시간'이 있었다. 이때 한 분의 소감이 가장 기억에 남는다.

"오늘 이 행사에 초대해 주셔서 감사합니다. 저는 지금 ○○초 교장으로 있습니다. 제가 사실 몇 년 전에 이 제주다문화교육센터의 센터장이기도 했습니다. 그때 제가 이 도서관에 달았던 현수막이 아직도 저기 위에 달려 있습니다. 여러분 보이시나요? 저렇게 이중언어의 가치, 소중함을 현수막 문구로만 달고 이렇게 시간이 몇 년 지났습니다. 그리고 오늘 이 기념회를 맞이하게 되었습니다. 제주에서 이중언어 교육에 대한 새로운 가능성과 관점을 제시해 준 의미있는 프로젝트라고 생각합니다. 정말 다문화가족에게 필요했던 건 바로 이런 것이 아닌가 싶습니다. 정말 축하드립니다."

역시 전 센터장님다운 격려 말씀이었다. 다문화교육센터의 여러 행사 때마다 센터에 대한 애정을 느낄 수 있었다.

  1기 때도 기념회 날짜를 잡는 것이 여러 가지 상황으로 어려웠는데 이번 2기 기념회도 마찬가지였다. 1월 말에서 2월 초로 생각을 해두고 계속 가족들과 연락을 하며 일정을 조율해야 했다. 그럼에도 불구하고 100% 참석을 성사하기는 어려웠다. 1기 행사는 9월이라 학기 중이었다. 이번은 상황이 아주 달랐다. 1월 초부터 2월 말까지 긴 학년말 겨울방학 기간이었다. 1월 중순에 그림책 전달과 홍보로 돌아다녔을 때도 느꼈지만 추운 겨울방학에 학년도가 종료되고 학교도 그야말로 '신

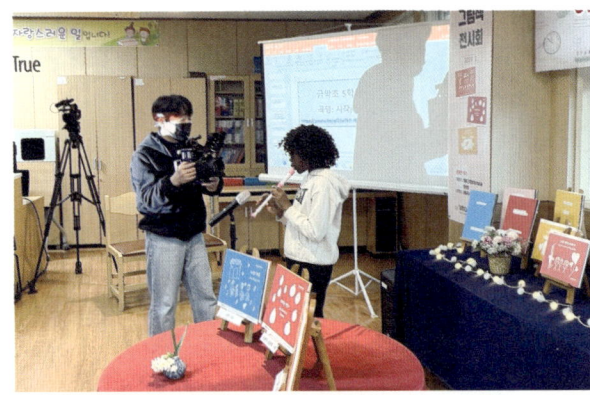

전시 출간 기념회

1기 행사 때와 비교해 보면
더 자연스럽고, 화기애애한 분위기였다.
나중에 방송으로 보니
그 리뷰가 맞았음을 알 수 있었다.

해일리(1기 참여가족) 축하공연

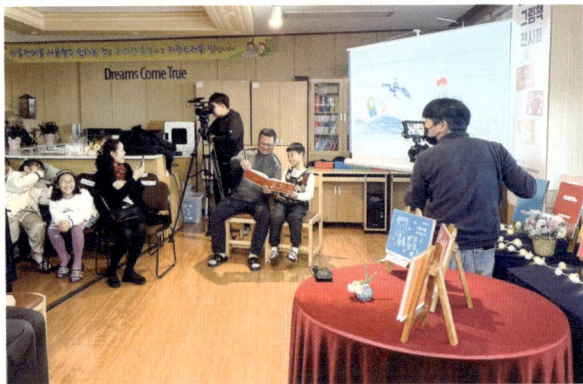

낭독(양상진, 양홍근)

① - 낭독(김수연, 한예진)　② - 낭독(강윤지, 마리아)　③ - 작가 친필 사인회　④ - 작가와의 인터뷰
⑤ - 낭독(강윤희, 마리아)　⑥ - 낭독(로즈마리, 김나주)　⑦ - 작가 친필 사인회

구간(新舊間)5' 시기로 어수선할 때다.

   아쉽지만 환이네 가족은 긴 겨울방학을 이용해서 구정도 보낼 겸 한 달 동안 베트남 본국 방문을 한다고 하였다. 2기 출간회 행사가 있기 일주일 전인 1월 말에 제주를 떠나 2월 말에 다시 돌아온다고 하였다. 환이의 엄마인 이가은 씨는 정말 주어진 환경에서 최선을 다해 프로젝트에 참여했기 때문에 불참이 너무 아쉬웠다. 환이네 가족이 함께 참여하는 방법을 찾고 싶었다. 1월 말 현재 환이와 엄마가 베트남에 가 있는 상황이라 카ㅇ 보이스 통화를 자주 했었다.

   "환이 어머니, 베트남 고향 가니 어때요? 목소리가 좋아 보여요."

   "네, 선생님. 간만에 오니 좋아요. 덥긴 한데 괜찮아요. (웃음)"

   "이번에 그림책 행사에 같이 못 해서 너무 아쉬워요. 그래서 제가 생각을 해봤는데요. 베트남에서 환이랑 그림책 이중언어로 읽는 연습 일주일 동안 할 수 있죠? 그걸 스마트폰 영상으로 찍어서 제 카ㅇ으로 보내주세요. 할 수 있겠어요?"

   "네, 선생님. 그 방법도 좋을 것 같아요. 한번 환이랑 연습해 보고 찍고 나서 선생님께 한번 보내드릴게요. 그거 보고 선생님이 연락주세요. 제가 낮에는 카ㅇ을 잘 못 봐요. 베트남에서 밖에 나갈 때 핸드폰 잘 안 갖고 나가요. 연락 바로 안 되도 너무 걱정마세요. (웃음)"

   이렇게나 스윗할 수가 있는지!! 역시 믿고 보는 환이 엄마이다. 환이 엄마는 일단 약속한 것은 꼭 지키고 해내는 분이라 믿을 수 있었다. 환이 엄마도 간만에 고국 방문인데 그림책 행사가 겹쳐서 많이 아쉬워했다. 3~4일 후에 환이 엄마로부터 카ㅇ으로 영상이 하나 날아왔다. 제주는 눈발이 날리는 추운 겨울인데 그 영상 속에는 에어컨이 켜지고 반팔 여름 옷차림의 엄마와 아들이 있었다. 완벽하진 않아

---

5   신구간(新舊間)은 제주도의 전통 풍습 중 하나로, 대한 후 5일째부터 입춘 3일 전까지의 기간을 이르는데, 이때는 제주의 신들이 모두 하늘로 올라가므로 동티가 나지 않는다 하여 이사나 집수리를 한다.

① - 홍근이네 가족과   ② - 윤지네 가족과   ③ - 베트남에서 온 영상(이환, 이가은)   ④ - 수연이네 가족과

도 이렇게 시간 약속을 잘 지키고 아이와 연습한 것 자체가 너무 감사하고 또 감동이었다. 영상 피드백을 메시지로 남기고 한 번 더 촬영해서 보내주실 것을 요청했다. 다시 2~3일 후 더 완벽해진 영상을 보내주셨다. 이렇게 해서 환이네 가족은 아쉽지만 영상으로나마 낭독회를 대신할 수 있었다. '안 되면 되게 하라! 다 방법이 있을 거야.'를 체득하게 해준 가족이었다. 무슨 일이든 자신의 자리에서 최선을 다하는 환이 엄마의 멋진 모습을 환이도 자라면서 닮아가길 바란다.

행사가 끝나고 4일 후쯤, 드디어 방송날짜가 되었다. 단톡방을 만들어 2기 가족, 1기 가족들에게 이 소식을 전했다. 오늘 저녁 5시 30분 전후로 방송이 나갈 거니 꼭 보시라고. 제주국제교육원 모든 직원들에게도 사전에 메신저로 안내했다. 그리고 그동안 도움을 주신 분들, 관계자 등 생각나는 대로 문자와 카톡 메시지를 통해서 소식을 전했다.

방송이 끝나자마자 제일 먼저 전 정성중 제주국제교육원 원장님께서 카톡 메시지를 보내주셨다.

"강 선생님, 영상 너무 잘 봤어요. 그동안 너무 고생이 많았는데 이 프로젝트가 이렇게까지 완성되다니 대단하네요. 학교 돌아가서도 즐거운 일이 가득하길 바랍니다."

방송이 끝나고 나니 모든 게 끝난 느낌이었다. 그리고 제일 먼저 떠오른 그분이 계셨다. 바로 양상진 씨였다. 바로 전화를 했다.

> 아버지, 방송 보셨지예? 어떵 맘에 들어마씸?
> 아버지, 방송 보셨죠? 마음에 드신가요?

> 선생님, 전 예 못봐수다. 아니 안봐수다게.
> 선생님, 저는 못 봤습니다. 아니 안 봤습니다.

> 나 자신이 텔레비전에 나오는 게 어색하고 경해부난 안봤고예, 지금 우체국 직원들은 봤댄 햄수다. 난 같이 있기 경해부난 나와부런마씸.
> 제 자신이 텔레비전에 나오는 게 어색하고 그래서 안 봤습니다. 지금 우체국 직원들은 봤다고 합니다. 난 같이 있기 그래서 나와버렸습니다.

너무도 솔직한 보경이 아버지다운 답이었다. 구정(설) 연휴 즈음 다시 연락이 왔었다. 후에 혼자서 몰래 보셨다고 했다.

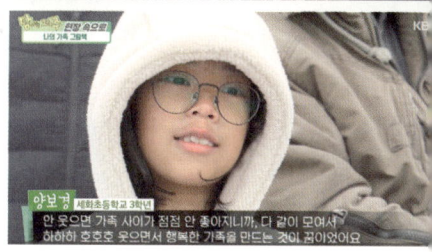

〈탐나는 제주〉 방송 촬영

① - 탐나는 제주-방송 첫 장면
② - 전시회장 관람 장면
③ - 이중언어 그림책 전시 장면
④ - 기념회 방문객 인터뷰 장면
⑤ - 나의 인터뷰 장면
⑥ - 참여가족(윤희, 윤지) 인터뷰 장면
⑦ - 양상진 씨 인터뷰 장면
⑧ - 이소윤 씨 인터뷰 장면
⑨ - 양보경 인터뷰 장면

달콤과 살벌의
그 어디쯤,
프로젝트 찐 이야기

이중언어 그림책은
어떻게 만들어질까?

　아마도 이 책을 읽는 독자들 중의 많은 사람들이 이중언어 그림책이 만들어지는 과정을 가장 궁금해하지 않을까 싶다. 이제까지의 그림책 여행, 여정을 읽어온 독자라면 그림책이 어떤 과정을 거쳐서 만들어지는지 어느 정도 감이 왔을 것 같다.
　2023년 제주다문화교육센터의 〈다문화가족 한국어·예술 교실 및 공감 프로젝트〉는 1기와 2기로 나눠서 진행되었다. 그중 이중언어 그림책을 다룬 프로젝트는 '가족 공감 프로젝트'로 강좌명은 〈엄마와 함께하는 이중언어 그림책 여행〉이다. 이중언어 그림책 총 제작(책 출간) 기간까지 포함하면 1기는 4월부터 8월까지, 2기는 9월부터 다음 해 1월까지로 기별로 5개월 정도 걸렸다. 1기와 2기 프로젝트 그림책 수업은 12회기로 계획되어 진행되었다. 회기별 지도 시간은 2시간으로 연속 80분으로 잡았는데 막판 10~12회기는 거의 90분이 소요되었다. 그만큼 후반부로 갈

수록 몰아치는 과정이었다.

지금부터는 1~12회기 동안 이뤄졌던 그림책 수업 이야기와 이중언어 그림책 제작 과정을 초기, 중기, 후기 부분으로 나눠 이야기하도록 하겠다. 강사님과 2번의 프로젝트 과정을 거쳐본 결과 크게 세 단계로 나눠 구분하는 게 알맞다고 판단되어 다음과 같이 제시한다.

그림책 제작 과정

단기 구분	초반기	중반기	후반기
회기	1회~4회	5회~8회	9회~12회
주요 내용	그림책 맛보기, 그림책과 친해지기, '나'의 이야기 (그림책이라는 소재를 중심으로 수업 진행)	그림책 만들기 본격 단계 (그림책 글감 선정, 스토리 보드 작성, 문장 쓰기, 그림 그리기 등)	그림책을 완성하는 단계 (한국어 문장 완성하기, 그림 완성하기, 1~2차 번역 작업) 더미북 제작

1회부터 4회까지는 주로 '그림책'이라는 소재를 중심으로 전개되었다. 그림책을 접해보지 않은, 접한 지 오래된 부모님들이 많기 때문에 최대한 다양한 그림책을 강사님이 많이 읽어주기도 하고 소개해 주기도 하였다. '가족', '고향', '내가 살던 집'이라는 키워드를 소재로 각자의 이야기를 꺼내는 활동들이 많았다. 이렇게 초반에 생각해 두거나 끄적여 본 소재, 나의 기억들을 기반으로 중반부에서는 그 소재들을 확장시켜 나간다. 자기가 만들고 싶은 그림책의 주제를 선택하고 만들어 나가는 데 도움이 되게 하였다.

다음은 프로그램 초반(1~4회기)에 주로 이뤄졌던 〈엄마와 함께하는 이중언어 그림책 여행〉 프로그램 지도 및 활동 장면이다.

2기 강의실(동부외국문화학습관)에 1기 이중언어 그림책 전시

이중언어 그림책 전시

2023년 제주다문화교육센터의
〈다문화가족 한국어·예술 교실 및 공감 프로젝트〉는
1기와 2기로 나눠서 진행되었다. 이중언어 그림책 총 제작
(책 출간) 기간까지 포함하면 1기는 4월부터 8월까지,
2기는 9월부터 다음 해 1월까지로 기별로 5개월 정도 걸렸다.

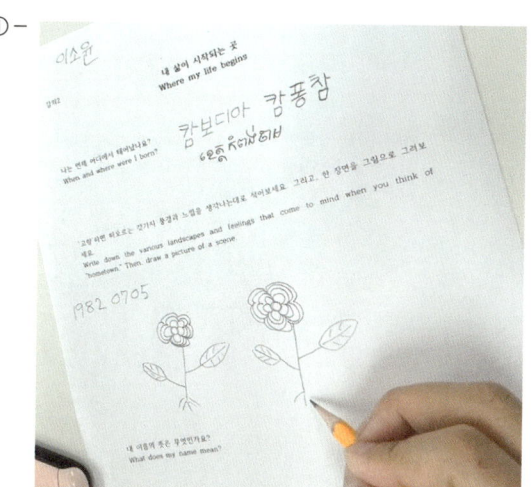

초반기 활동

① - 내 삶이 시작되는 곳 - '나'의 이야기를 꺼내는 활동
② - 이중언어 그림책 소개
③ - 자신의 경험 공유하기 - '두리안' 이야기

어린 시절 살았던 집을 기억나는대로 그려보세요. 마당이 있었나요? 방은 몇 개 였나요?
Draw a picture of the house you lived in as a child. Was there a yard? How many rooms were there?

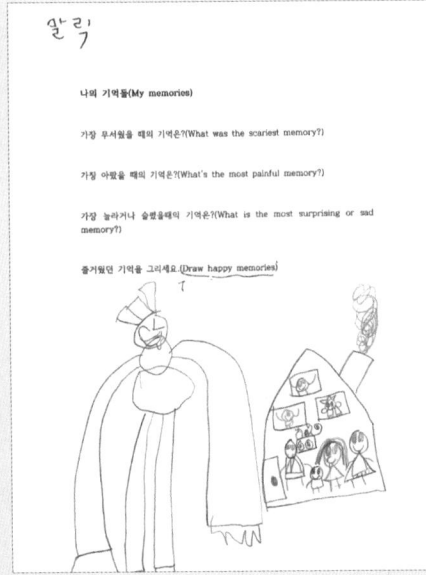

이름: 알링

나의 기억들(My memories)

가장 무서웠을 때의 기억은?(What was the scariest memory?)

가장 아팠을 때의 기억은?(What's the most painful memory?)

가장 놀라거나 슬펐을때의 기억은?(What is the most surprising or sad memory?)

즐거웠던 기억을 그리세요.(Draw happy memories)

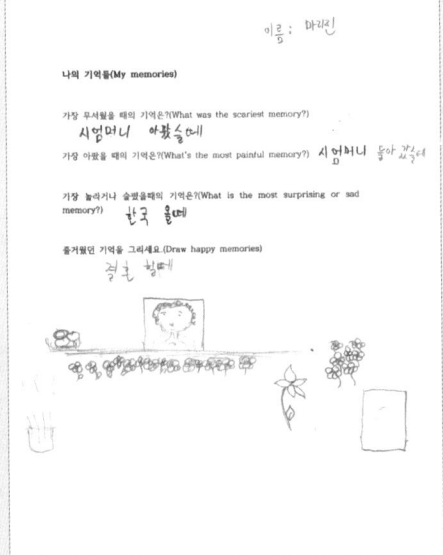

이름: 마리안

나의 기억들(My memories)

가장 무서웠을 때의 기억은?(What was the scariest memory?)
시어머니 아팠을때

가장 아팠을 때의 기억은?(What's the most painful memory?)
시어머니 돌아갔을때

가장 놀라거나 슬펐을때의 기억은?(What is the most surprising or sad memory?)
한국 올때

즐거웠던 기억을 그리세요.(Draw happy memories)
결혼 할때

마이클

나의 기억들(My memories)

가장 무서웠을 때의 기억은?(What was the scariest memory?)
Falling off a Horse at high speed

가장 아팠을 때의 기억은?(What's the most painful memory?)
Family Drama, sometimes

가장 놀라거나 슬펐을때의 기억은?(What is the most surprising or sad memory?)
Losing mother

즐거웠던 기억을 그리세요.(Draw happy memories)

캐롤라인

내 가족
가족을 그리고 소개해 보세요.
우리집 반려동물이나 아끼는 화초도 그려 보세요.
(My family
Draw and introduce your family.
Draw our pets and our favorite plants.)

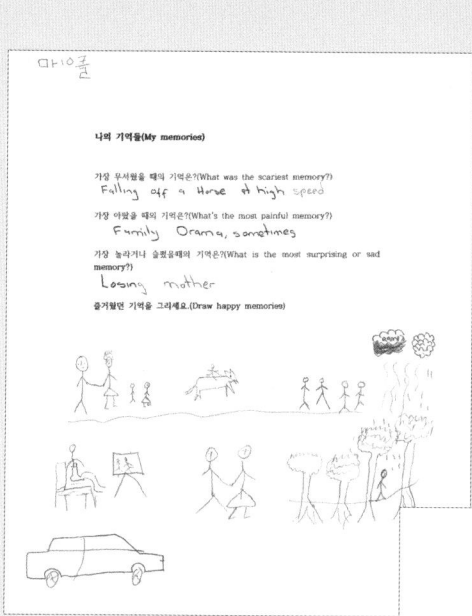

We are (4) four in my family. We are from Zimbabwe. My family likes going out a lot. We love to do everything together as family.

캐롤라인

나의 기억들(My memories)

가장 무서웠을 때의 기억은?(What was the scariest memory?)
When I watched a horror movie and later at night there was loadshedding and I was so scared

가장 아팠을 때의 기억은?(What's the most painful memory?)
The most painful memory I had is the death of my mom

가장 놀라거나 슬펐을때의 기억은?(What is the most surprising or sad memory?)

즐거웠던 기억을 그리세요.(Draw happy memories)
My wedding day

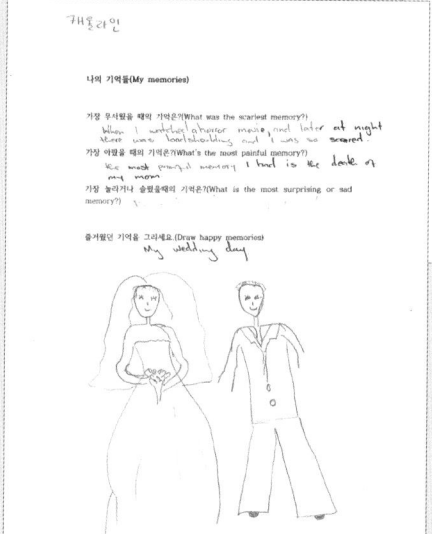

각자의 이야기 써보기

중반기

　5회기부터 8회까지는 '나'에 대한 집중탐구를 하고 이를 확장하여 내가 그림책으로 나타내고 싶은 주제를 정한다. 그리고 장면별로 스토리보드를 간단한 그림으로 그려본다. 또는 먼저 글(문장)을 쓰고 스토리보드(그림)를 나중에 그리기도 하는 단계이다.

　내 머릿속을 채우고 있는 것들을 생각해 보고 '나의 뇌 구조' 안에 키워드로 써보게 한다. 가족, 친구, 선생님, 좋아하는 음식, 취미, 고민거리 등 사람마다 다양하게 작성된 것을 볼 수 있었다. '나의 뇌 구조'에 썼던 키워드 중에서 내가 표현하기에 가장 적합한 것, 흥미로운 것, 자신있는 것을 골라낸다. 그리고 키워드에서 더욱 생각을 확장하여 간단한 문장을 만들어 보는 단계로 넘어간다. 이 과정이 전체 그림책 만들기 지도 과정 중에 가장 어려운 단계였다. 저학년이거나 나이가 어려서 어려운 것만은 아니었다. 어른도, 고학년도 여기에서 막히는 경우가 많았다. 실제로 학급에서도 이 활동을 해보면(교사라면) 느껴봤을 것이다. '나'에 대해 평소 관심이 많고 객관화가 되어 있는 아이들은 쉽게 술술 키워드를 잘 써나가지만 한두 개 적는 것조차 어려워하는 친구들도 있다.

　옆의 사진은 프로그램 중반(5-8회기)에 했던 '나의 뇌 구조' 활동 장면이다.
　온평초 1학년 윤희의 경우에는 '학교'를 주제로 잡았지만 어떤 방향으로 써나갈지에 대해서는 깊게 생각을 하지 못했다. 그림책 지도강사나 내가 중간중간 살펴봐 주고 세심하게 지도해야 하는 시기이다.
　"윤희야, 온평초등학교의 어떤 점을 이야기로 쓰고 싶어?"

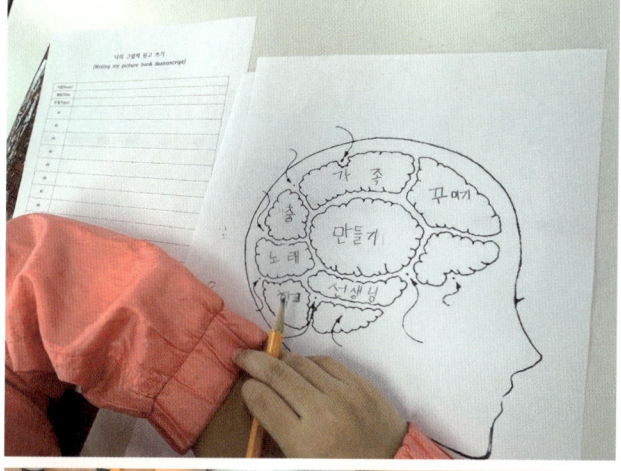

나의 뇌 구조 - 6학년 강윤지

나의 뇌 구조 - 1학년 강윤희

3학년 김나주 - 스토리보드 완성

"…."

"학교의 좋은 점, 윤희가 재미있어 하는 거? 아니면 친구들? 선생님? 학교에서 더 하고 싶은 거? 그런 것 중에서 어떤 걸 가장 이야기하고 싶은지 생각해 볼까?"

이런 식으로 계속 주고 받으며 툭툭 건드려줘야만 했다. 시간이 꽤 걸리고 가르치는 입장이나 배우는 입장이나 머리가 계속 아플 수밖에 없는 고난의 행군이다.

이 단계에서 각자 표현하고 싶은 주제가 명확하면 그 이후 단계도 진도를 나가기에 수월했다. 장면, 메시지 등이 16쪽에 걸쳐서 단계별로 제시되어야 하는 작업으로 이 단계가 탄탄하게 다져지지 않으면 그 이후에 스토리보드 작성, 문장 쓰기, 그림 스케치 등 모든 단계에서 브레이크가 여러 번 걸릴 수밖에 없다.

표선초 3학년 김나주 학생의 경우 스토리보드(그림)를 16칸에 빠르게 완성은 했지만 이것을 문장으로 표현하는 것을 매우 어려워했다. 문장을 짧게 해서 겨우 작성은 했지만 그 다음주에 결석을 했고 다시 작업을 이어가는 게 쉽지 않았다. 스케치하고 색칠하는 과정에서 끝까지 가지 못해 결국 책을 만들어 내지 못했다.

1기 때, 금악초 5학년 홍효린 학생은 표현하고자 하는 것이 처음부터 분명했다. 물론 처음 이야기의 주제를 잡기까지는 꽤 시간이 걸리긴 했다. 효린이 스스로 많은 고민을 한 끝에 '내가 좋아하는 것'들로 이야기를 만들고 싶다고 했다. 이렇게 주제가 명확해진 후부터 본격적인 작업이 순조롭게 진행되었다.

지도강사가 2시간 동안 작가별(가족) 일대일로 스토리보드 작성과 한국어 문장 쓰기를 지도하고 체크하기에는 시간이 턱없이 부

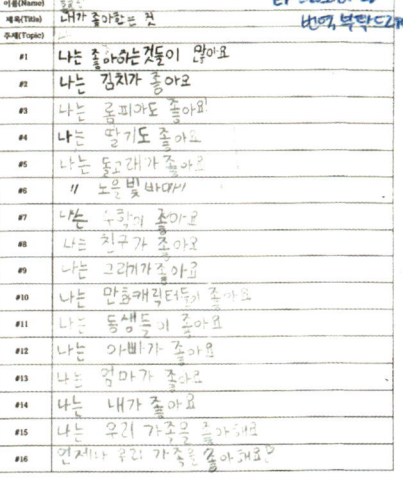

족했다. 저학년 학생, 한국어가 서툰 부모님의 경우에는 내가 투입되어 같이 지도를 하였다. 같이 이야기를 주고받으면서 주제를 정하거나 문장으로 끄적여 보게 하는 것이 여간해선 쉽지 않다. 초등교사들이라면 다 공감할 것이다. 쓰기 시간에 일대일로 피드백을 주면서 초고를 쓰게 하고 다시 수정하고 조금씩 키워나가는 것이 어떤 작업인지를 잘 알 것이다. '끊임 없는 인내의 고통!'

일단 주제도 다 달랐고 나이도, 국적도 다양했다. 또 진도에 맞게 해오면 좋으려만, 어떤 사람은 이미 다 완성이 되어 있고 어떤 사람은 하나도 진도가 나가지 않아(숙제를 냈지만 해오지 않았고) 3~4주 동안 들쑥날쑥 지지부진했던 기간이다. 가장 답답했던 시기이다.

정돈되지 않은 미완성의 이야기들을 나와 가족들 그리고 지도강사 사이에서 지우개로 지우고 연필로 쓰기를 수시로 해야만 했다.

온평초 6학년 강윤지 학생처럼 척척 진도가 잘 나가는 경우도 있었다. 윤지 같은 경우에는 '토마토'를 소재로 토마토의 다중적인 매력을 다양한 음식들과 연결지어 위트 있게 이야기를 전개시켜 나갔다. 스토리도 유쾌했고 윤지가 그린 토마토는 만화 캐릭터처럼 통통 튀는 매력이 넘쳐났다. 말수가 적고 차분해 보이는 윤지의 모습과는 반전인 스토리이다. '발랄&비비드&강렬함'이 넘치는 그림책이 제대로 나올 것 같았다.

양홍근 - 숙제검사

스토리보드 작성

강윤지 - 책 제목, 표지 디자인

김나주 - 숙제검사

후반기

　9회부터 12회까지는 주로 그림을 완성하는 단계이다. 진도상으로는 그렇지만 여전히 스토리가 완성되지 않은 경우가 많았다. 가족별, 작가별 맞춤형으로 지도하고 점검해야 했다.

　이 단계는 이중언어 그림책을 전체 총괄하고 기획하는 나의 입장에서 제일 바쁜 기간이기도 했다. 일단 그림 작업이 완료되면 작두로 자르는 작업을 통해 그림을 준비한다. 그림들이 준비되면 스캔 업체를 통해 스캔 작업을 진행한다. 스캔 파일이 완성되면 편집(디자이너)팀에 우선 보낸다. 디자인팀으로 그림이라도 우선 보내놔야 전체 제작 시간을 줄일 수 있다.

　스토리가 수업에서 1차 완성되면 한국어 초고를 지도강사와 이메일, 통화 등을 통해 다시 다듬어야 했다. 이렇게 한국어 원고가 확정되면 편집자에게 보내 한국어 교정을 받아야 한다. 여기까지 하면 한국어 원고 작업이 끝이 나는 것이다. 이제는 번역 작업이다. 엄마들을 통해 1차 번역본을 종강식 전인 10~11회기에 다 받아내고 2차로 전문 번역가에게 보내야 한다. 이런 속도로 되어야만 12회기에는 추후 이야기할 더미북을 만들 수 있는 준비가 되기 때문이다. 번역본이 나와야만 수제 그림책도 제작할 수 있다. 한국어와 모국어가 어느 정도 번역과 교정이 되면 다시 번역가들에게 확인 작업을 요청해야 한다. 이 모든 과정이 2~3주 정도에 걸쳐 정신없이 반복되면서 작업이 이뤄진다. 크게 보면 (1) 한국어 원고 완성, (2) 그림 완성, (3) 번역 완성, 이 세 가지의 큰 작업들이 딱딱 시기에 맞게 진행되어야 한다.

① - 마이클 - 스케치 작업
② - 로즈마리 - 색칠 도구 안내 및 설명 듣기
③ - 강윤지 - 우리 학교 색칠하기
④ - 쿠아토마리진, 홍효린 - 번역 작업과 색칠
⑤ - 양홍근 - 바다 낚시 장면 그리기
⑥ - 로즈마리 - 색칠하기 지도 장면

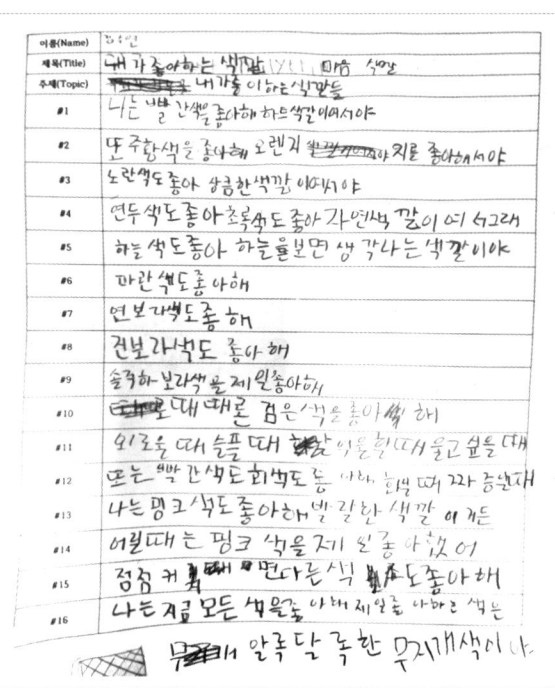

다음은 프로그램 후반(9~12회기)에 주로 이뤄졌던 프로그램 지도 및 활동 장면으로 주로 그림 완성(스케치 및 색칠하기)과 번역하기 작업이다. 그림을 그릴 때 구상이 잘 안 되면 스마트폰 인터넷 검색을 통해 아이디어를 얻기도 했다.

로즈마리(표선초 김나주 학생의 이모)는 색칠 도구를 다양하게 써 본 경험이 없었다. 물감, 크레파스, 색연필 등 다 써보고 그림 그릴 때 활용해 보라고 지도를 하였다. 그라데이션 등 지도 강사의 색칠하는 시범을 보고 색칠 도구에 큰 관심을 보였다.

1기에 참여했던 세윤이는 자신의 모습, 가족의 모습을 다양한 꽃의 모습에 비유하는 이야기를 썼다. 그래서 다양한 꽃이 많이

한예진 - 스토리보드 보며 그림 완성하기

김수연 학생 지도 장면 - 그림책 제목 바꾸기

그림과 원고 순서 대조하기

등장하고 그 꽃들을 다 그려야 하는 대여정을 시작했다. 1학년인데 그 많은 꽃들을 혼자 힘으로 다 그려냈다. 그중 몇 가지 꽃 그리기를 어려워했다. 벚꽃과 수박꽃이었다. 수박꽃은 나의 설명과 함께 강의실 빔 화면으로 수박꽃을 검색하여 직접 보여줬더니 감을 잡고 쓱쓱 스케치해 나갔다. 문제는 벚꽃인데 강의실 칠판 주변이 종이 벚꽃으로 꾸며져 있어서 그걸 보면서 그려보라고 했다. 그렇지만 어려워했다. 엄마의 스마트폰을 빌려서 구○ 이미지를 참고했다. 결국은 흩날리는 벚꽃잎과 벚꽃 나무를 완성했다. 의지 있게 참여해 준 학생들이 자랑스러웠다.

한예진 씨는 앞서 말했듯이 그림작가 수준으로 그림을 그려냈다. 색감도 그림책다운 색깔을 잘 선택해서 이야기 분위기에 맞게 그림을 완성시켰다. 이번 이중언어 그림책 만들기를 통해 본인의 숨겨진 재능을 발견하는 기회가 되었길 바란다.

토산초 2학년 김수연 학생은 기본적인 문장력이 좋았다. 주제를 '색깔'로 정하고 나니 초고 쓰기 시간이 그렇게 오래 걸리지 않았다. 지도강사가 문장을 부분적으로 수정하면서 잡아주긴 했지만 수연이가 쓴 원래 문장을 최대한 살리려고 했다. 그리고 제목은 처음에 '내가 좋아하는 색깔'로 했으나 뭔가 아쉽고 수연이가 쓴 문장들을 100% 확 드러내 주지 못한 느낌이었다. 수연이가 쓴 한국어 초고를 여러 번 읽어 본 후에 나는 말했다. 물론 평소 시크했던 수연이의 반응이 어떨지 걱정 반, 기대 반 하면서 말이다.

"수연아, 선생님 생각에는 이 문장들이 수연이의 마음을 색깔로 말해주는 것 같아. 그래서 제목을 '마음 색깔'로 해보는 건 어때?"

"네."라고 답하며 고개를 가볍게 끄덕였다.

이 정도면 확실한 수연이의 수락이었다. 이렇게 해서 수연이의 책제목은 '마음 색깔'로 정해졌다.

한국어 원고 초안과 그림이 완성되면 가장 중요하게 체크해야 할 부분이 있다. 바로 원고의 문장과 그림 순서를 일치시키는 것이다. 반드시 지도강사와 내가 확인해야 하는 작업이다. 원고에 맞게 그림이 그려졌는지를 1차적으로 확인한다. 그리고 원고의 문장 순서와 그림 순서를 표시해 가면서 대조해야 한다. 스캔을 맡길 때 이 부분은 아주 중요하다. 그리고 편집자와 디자이너 팀으로 원고와 그림이 넘어갈 때 매우 중요한 부분이다. 그래서 후반부에 수시로 이 부분을 신경 써서 작품마다 2~3번씩 확인을 했다.

시간이 부족했기 때문에 가족들이 그림을 그리는 동안에 나는 노트북을 챙겨와서 한국어 원고를 한국어로 타이핑했다. 그리고 중간에 한 명씩 불러서 수기로 쓴 원고와 한글파일 원고를 확인시키고 놓친 부분이 없는지 여러 번 확인을 했다.

한국어 원고 초안이 작성된 후 지도강사의 확인, 편집자의 검토, 교정을 거쳐서 최종 한국어 원고가 완성된다. 그리고 이중언어 번역과 검수의 과정을 거친다. 번역을 의뢰할 때 가장 중요한 것은 이 프로젝트의 의미, 그림책의 느낌, 작가들(아이 및 부모)에 대한 기본적인 사항들을 잘 전달하고 요청할 부분도 최대한 자세하게 설명해야 하는 점이다. 최대한 원문(한국어 또는 모국어 원고)을 살려서 번역을 하는 것이 이중언어 책의 핵심이기 때문이다. 그래서 사전 미팅이 매우 중요하다. 가급적 대면을 원칙으로 하고 사정이 여의치 못한 경우에는 전화 통화, 이메일을 통했고 충분한 설명을 하고 진행하였다.

해일리 - 아빠의 어린 시절 그리기(덤불에서 어린 마이클이 토끼를 잡는 모습)

홍세윤 - 한국어 문장(원고)에 어울리는 그림 완성하기

원고 그림 확인하기

원고(영어 및 타갈로그어) 확인하기

후반기 활동

9회부터 12회까지는 완성하는 단계이다.
진도상으로 가장 바쁜 시기로 가족별, 작가별
맞춤형으로 지도하고 점검해야 했다.

나의 그림책 원고 쓰기
(Writing my Dual Language Picture book manuscript)

이름(Name)	이가은 / 이칸(그림)
제목(Title)	Gia đình tôi
주제(Topic)	
#1	tôi
#2	tôi là một đứa trẻ nhỏ
#3	anh em mình đi với ba
#4	anh trai tôi con đổi, rất thích
#5	tôi đi chợ cùng mẹ
#6	mẹ mua chuyện quần áo đẹp, rất đẹp
#7	chủ nhật với cả gia
#8	tôi tập chạy xe đạp, tôi rất thích
#9	chới với anh trai và chị gái tôi
#10	chúng tôi hương những món ăn ngon
#11	mọi người thật sự rất ngon
#12	Bố về mẹ làm riêng
#13	sau khi tắm tôi trong trắng trời
#14	Bố cùng mẹ cười
#15	gia đình tôi ăn đi ăn ngon
#16	gia đình tôi cùng xem tivi
#	

나의 그림책 원고 쓰기
(Writing my picture book manuscript)

이름(Name)	이손유
제목(Title)	시장 국수 팔기
주제(Topic)	시장
#1	나는 언니랑 시장 갔어요.
#2	엄마 옥수수를 팔아요.
#3	옥수수 사세요.
#4	
#5	할머니랑 나랑 밭에서 일해요
#6	나랑 동생이 같이 일해요
#7	오빠랑 아빠 엄마 같이 일해요
#8	우리 가족 열심 일해요
#9	나는 과일 팔기
#10	언니 국수 팔기
#11	아빠는 일에 도와주고
#12	오빠는 나무를 잘르고
#13	동생은 오빠랑 같이 일해요
#14	나는 동생이랑 바나나 팔아요
#15	아빠 엄마 너무 고생해요
#16	아빠 엄마 많이 보고싶어요

나의 그림책 원고 쓰기
(Writing my Dual Language Picture book manuscript)

이름(Name)	이손유
제목(Title)	ຕະຫຼາດ ຂາຍເຂົ້າປຸ້ນ
주제(Topic)	
#1	[ລາວ]
#2	[ລາວ]
#3	[ລາວ]
#4	[ລາວ]
#5	[ລາວ]
#6	[ລາວ]
#7	[ລາວ]
#8	[ລາວ]
#9	[ລາວ]
#10	[ລາວ]
#11	[ລາວ]
#12	[ລາວ]
#13	[ລາວ]
#14	[ລາວ]
#15	[ລາວ]
#16	[ລາວ]
#	

제목: 낚시하러 가요

글: 양상진(아빠) / 그림: 양홍근(세화초 1학년),
번역: 이소윤(엄마) / 검수: 김진주

→ 그림 양홍근(세화초) & 글 양상진(양홍근 아버지)
: 이렇게 표기하는 게 좋을 것 같아요.

1. 아빠와 나는 바다로 갔어요. (검정)
2. 와! 파도가 세다! (검정)
3. 철렁철렁 파도, 파닥파닥 물고기 (검정)
4. 미끼를 끼고 하늘 높이 던져! (파랑)
   풍덩! (검정)
5. 잡았다! (파랑)
6. 못 잡았다! (주황)
7. 괜찮아, 괜찮아. (파랑)
8. 다시 한번 던져봐. (파랑)
   아빠, 물었어. (주황)
   기다려, 이제 당겨! (파랑)
9. 와! 물고기다. 빨리빨리 잡자. (주황)
   아니, 아니, 천천히, 하나, 둘, 하나, 둘. (파랑)
   잡았어! (주황)
   엄청 크다, 아들 대단해. (파랑)
10. 갈치다! (검정)
11. 문어네. (검정)

12. 킹크랩을 잡았어. (검정)
13. 어몽어스도 낚시하고 (검정)
14. 산타도 낚시해요. (검정)
15. 우리는 모두 함께 큰 바다로 가요. (검정)
16. 고기 잡는 것처럼 이 세상 모든 걸 다 잡아. (파랑)
    우리 아들 파이팅! (파랑)
    너는 할 수 있어! (파랑)

→ 삭제

〈작가 소개 - 그림 작가 양홍근(세화초 1학년)〉
저는 세화초등학교 1학년 양홍근이에요. 저희 엄마는 캄보디아에서 왔어요. 저는 아빠와 바닷가에 가서 낚시하는 게 너무 재밌어요. 그래서 아빠와 함께 낚시 이야기를 그림책으로 만들게 되었어요. 저는 외할머니가 살고 계신 캄보디아에 꼭 가 보고 싶어요. 그래서 외할머니와 함께 낚시를 하고 싶어요.

→ 삭제

〈작가 소개 - 글 작가 양상진(홍근의 아빠)〉
저는 구좌읍 세화리에 살고 있는 보경이와 홍근이의 아빠입니다. 아이들의 엄마는 캄보디아가 고향입니다. 저는 우체국 집배원입니다. 아이들이 크면 아내와 함께 캄보디아에 가서 살고 싶습니다. 두리안을 무척 좋아합니다.

제목: 나의 인생 이야기
작가: 로즈마리 (표선초 김나주 이모)
번역: 김체린, 강서윤, 양조이

1. 내가 어렸을 때 우리 가족은 매우 가난했어요.
☞
　　우리 가족은 좋은 음식을 먹을 수 없었어요.
☞
　　쌀 없이 오직 과일과 야채만 먹으면서 오랫동안 고생했어요.

2. 나는 자라서 일자리를 구하러 마닐라에 갔어요.
☞
　　그곳에는 아는 사람이 아무도 없었어요.
☞
　　나는 판매원, 도우미, 베이비시터로 일했어요.

3. 어느 날, 나는 한국에 가기로 결심했어요.
☞
　　나는 제주에 왔어요.
☞
　　제주의 경치가 아름다워서 아주 좋았어요.
☞

　　나는 조카, 친척, 친구들과 함께 멋진 곳으로 소풍 가는 것을 좋아해요.
☞
　　먹고, 춤추고, 노래하고, 함께 이야기 나누는 시간이 소중해요.

16. 이런 추억이 나를 위로해 주어요.
☞
　　나는 정말 행복해요.
☞

〈작가 소개 - 로즈마리(표선초 김나주 이모)〉
제 이름은 로즈마리 코르테스 파라도입니다. 28세이고 필리핀에서 왔습니다. 우리 가족은 9명입니다. 저는 둘째 딸이고 어렸을 때부터 일을 시작했습니다. 어떤 종류의 일이든 가리지 않고 가족을 위해 했습니다. 저는 제주도 표선에서 5년 동안 애나벨 언니, 귀여운 두 명의 조카와 살고 있습니다. 한국에 살면서 일을 하는 것은 제 가족을 위해서입니다. 제 인생에서 아름다운 경험을 공유하기 위해, 저 자신을 자랑스럽게 여기기 위해 이 그림책을 만들게 되었습니다. 내 사랑하는 모든 가족, 특히 사랑하는 부모님과 이 그림책을 함께 나누고 싶습니다.

〈번역에 도움 주신 분 - 김체린〉
저는 필리핀에서 왔고 2003년부터 제주에 와서 살고 있습니다. 2012년부터 현재까지 제주다문화교육센터에서 다문화강사로 활동하고 있습니다. 나오미센터 필리핀 커뮤니티의 대표이기도 합니다. 다문화가족 이중언어 그림책 제작에 참여하게 되어 기쁩니다.

제목: 꽃처럼 빛나고 싶어요

작가: 홍세윤(한림초 1학년),
번역: 라마다나마야(세윤이의 엄마)

1. 나는 꽃이 좋아요.
2. 장미는 예뻐요.
3. 해바라기는 노랑처럼 밝아요.
4. 무궁화는 핑크처럼 귀여워요.
5. 유채꽃은 아름답게 수놓아요.
6. 벚꽃은 미소가 지어져요.
7. 코스모스꽃은 하늘하늘 춤추어요.
8. 복숭아꽃은 맛있는 꽃이에요.
9. 수박꽃은 시원해요.
10. 연꽃은 물 위에 둥둥.
11. **엄마꽃은 예뻐요.** ← 우OO 대표님, 이건 네팔어 번역 및 검수자님께서 의견 주셨어요. 11번 엄마 그림페이지에 < 가족 꽃 - पारिवारिक फूल >을 넣었으면 좋겠다고 해서 저도 그렇게 했으면 합니다.
12. 아빠꽃은 멋있어요.
13. 이모꽃은 청소 잘해요.
14. 언니꽃은 공부 잘해요.
15. 동생꽃은 장난꾸러기.
16. 나는 그 중 제일 예쁜 꽃.

< 작가 소개 - 홍세윤 >
저는 한림초등학교 1학년 홍세윤입니다. 우리 엄마는 네팔에서 왔습니다. 우리 언니 이름은 홍재인입니다. 저는 캐릭터 산리오와 걸그룹 아이브를 좋아합니다.

< 번역가 소개 - 라마다나마야 >
저는 네팔에서 왔고 한국에 온 지 10년이 되었습니다. 아이가 3명 있고 지금은 제주시 한림읍 명월에 살고 있습니다. 한국어 살면서 (...) 같이 활동을 하고 다양한 문화를 알게 되어서 너무 좋습니다. (...) 직후부터 지금까지 여러 가지 프로그램에 참여하면서 살(...) 강사로도 활동했습니다.

शिर्षक : म फूल जस्तै चम्कन चाहन्छु ।

लेखक : Hong Se-yoon होङ से युन (हानिलम प्राथमिक विद्यालय - कक्षा 1)।
अनुवाद : लामा धनमाया (सेयुनको आमा)

1. मलाई फूल मन पर्छ।
2. गुलाब फूलहरु सुन्दर हुन्छन्।
3. सूर्यमुखी फूल पहेलो रङ्ग जस्तै चम्किलो हुन्छन्।
4. हिबिस्कस फूल गुलाबी जस्तै प्यारो हुन्छन्।
5. क्यानोला (तोरी) फूलहरु सुन्दर ढंगले कढाई गरिएका हुन्छन्।
6. चेरी फूलहरुले मुस्कान छर्छन्।
7. ब्रह्माण्ड (तारा) फूलहरु आकाश उच्च नाच्छन्।
8. पीच फूलहरु स्वादिष्ट फूलहरु हुन्।
9. तरबूजका फूलहरु शितल हुन्छन्।
10. कमलका फूलहरु पानीमा तैरिन्छन् ।
11. आमा फूल रामी हुन्छन् ।
12. बुबा फूल रामो हुन्छन् ।
13. काकी फूल सर-सफाईमा अब्बल हुन्छन्।
14. दिदी फूल पढाईमा रामो हुन्छन् ।
15. सानो भाइ फूल बदमास छ।
16. पारिवारिक फूलहरुमध्य म सबैभन्दा सुन्दर फूल हुँ।

< लेखकको परिचय - होङ से युन >
म हानिलम प्राथमिक विद्यालय कक्षा मा पढिरहेकी होङ से युन हुँ। मेरी आमा नेपालकी हुनुहुन्छ। मेरी दिदीको नाम होङ जे इन हो। मलाई क्यारेक्टर सानरियो र केटी समूह इभ मन पर्छ।

< अनुवादकको परिचय - लामा धनमाया >
म नेपालबाट आएकी हुँ र कोरिया आएको १० वर्ष भयो। मसँग तीन छोराछोरी छन् र अहिले म्यूडलबोल हलिम-युप जेजु-सीमा बस्तुछु। कोरियामा रहेर विभिन्न देशका साथीहरुसँग काम गन्नु पाउदा र विभिन्न संस्कृतिहरु जान्नु पाउदा खुसी लाग्नेको छ। कोरिया आएपछि अहिले सम्म विभिन्न कायक्रमहरुमा सहभागी हुँदै आएकी छु। मैले बहुसांस्कृतिक परिशिक्षकको रूपमा पनि काम गरेकी छु।

제목: 동물원
작가: 유수영(한림초), 번역: 서보염

1. 동물원에 갔어요.
2. 무시무시한 사자와 호랑이
3. 바나나를 좋아하는 원숭이
4. 목이 긴 기린
5. 멋진 옷을 입은 곰
6. 풀을 먹고 있는 양
7. 귀여운 판다
8. 보송보송한 토끼
9. 무늬 옷을 입은 멋진 얼룩말
10. 노란 빛 여우
11. 우리는 멋진 옷을입고,
12. 우리는 색종이로 멋진 모자를 만들어 쓰고,
13. 우리는 함께 스마트 폰을 보고,
14. 우리는 함께 그림도 그려요,
15. 우리는 맛있는 간식도 먹으며,
16. 우리는 행복한 시간을 함께해요.

<작가 소개 - 유수영>
저는 수영이라고 합니다. 저는 열 살이에요.
저는 중국에서 왔어요. 저는 엄마, 아빠, 남동생이랑 살아요.
저는 한림초등학교에 다녀요. 저는 남동생이랑 노는 게 좋아요.

<번역가 소개 - 서보염>
제주도교육청 재직 중국어원어민교사,
중국 심양사범대학교 사범한어언어문학 전공 졸업.
제주통역대학원 한중통역과 졸업.
제주도교육청과 중국교류를 관련된 통번역 업무.
제주다문화가족통신문 번역서비스 중국어 번역가로 활동중.

题目：动物园
作家：柳秀英(翰林小学) 翻译：徐宝艳

1. 去动物园啦!
2. 这里有凶猛的狮子跟老虎，
3. 有喜欢吃香蕉的猴子，
4. 脖子长长的长颈鹿，
5. 还有穿着皮草的大狗熊，
6. 悠然吃青草的小羊，
7. 还有超级可爱的大熊猫，
8. 有雪白绵软的小兔子
9. 还有穿着斑马纹衣服的帅气斑马，
10. 有发出黄色光芒的小狐狸。
11. 我们也穿了漂亮的衣服。
12. 我们还用彩纸折成了漂亮的帽子戴在头上。
13. 我们一起玩儿智能手机。
14. 我们还一起画画儿。
15. 我们一起吃着美味的小吃，
16. 一起度过了幸福的时间。

<作者 简介 - 柳秀英>
我叫秀英，我今年10岁了。
我来自中国，我跟爸爸、妈妈、弟弟住在一起。
我现在上翰林小学，我喜欢跟弟弟一起玩儿。

<译者 简介 - 徐宝艳>
济州道教育厅 汉语原语民教师 在职
中国沈阳师范大学 师范汉语言文学专业 毕业
济州通译大学院 韩中翻译专业 毕业
济州教育厅与中国交流有关的口译及笔译
济州多文化家庭通讯翻译服务(汉语翻译工作人员)

안녕하세요,

　　　저는 윤지 윤희 엄마 마가 입니다
저는 성산읍 온평리에 살고 있습니다.
이미 한국에서 13년 넘게 살고 있습니다.
한국어를 필리핀어로 번역 하는 것이
너무 재미있어서 이제 한국 생활
더 자신감을 갖기 위해 한국어를
더 공부해야겠다고 생각하고 있습니다.

해일리

저는 해일리라고 합니다. 저는 10살 입니다.
저는 짐바브웨에서 왔어요.
저는 남동생이 있어요. 저는 엄마랑 아빠랑
살아요. 저는 금악초등학교에 다녀요.
저는 집에 있을 때는 동생이랑 노는게 좋아요.
저는 보라색이 좋아요. 끝

말릭—

안녕하세요 저는 6살 말릭 이라고 합니다.
저는 이시돌 어린이 집에 다녀요.
저는 큰 누나가 있어요. 저는 포켓
몬을 좋아해요. 저는 파랑색이 좋아요. 끝

자기소개 직접 쓰기

저는 한국에서 태어났어요.
금악초등학교를 다니고 친구들이 많아요.
저는 좋아하는 것들이 많지만
그 중에서 부모님, 동생, 나,
우리가족을 제일 좋아해요
좋아하는 것들은 소중히
간직해야 돼요. 왜냐하면
잃어 버릴 수 있고 망가질 수 있어요.

⟨Michael⟩　　(마이클) 잔재형

My name is Michael, I am 35 years old.
I was born in Harare, Zimbabwe, have one (1)
older brother. My favourite colour is blue.
I am a Jockey by Profession. Also married and
have two (2) children, A girl and a boy. We moved
to South Korea 6 years ago and my family
loves everything here.

저는 온평초등학교에 다니는 강윤지예요. 이번 프로젝트를 하면서 저는 제가 좋아하는 그림과 토마토로 이야기책을 만들었어요. 엄마와 함께 번역하는 과정을 통해 엄마의 정체성이 담긴 타갈로그어에 대해 더 많이 알게 되었어요. 토마토, 멋있어, 예뻐 등의 언어를 타갈로그어로 어떻게 표현했는지 궁금하지 않나요?

■ 로즈마리(표선초 학부모)

Ako si Rosemarie Cortes Parado nga taga Pilipinas 26 taong gulang. 9 kaming magkaka patid at ako 'yung pang 8 bunsong babae. At bata kong ideal nagsimula akong magtawa kahit anong klasing trabaho basta marangal para lang makatulong sa aking mga kapatid at mga ibm. Ako may on-ay pang-amantahing naninirahan dito sa korea ng 5 taon mahigit sa pagtira ko dito ay malaking tulong sa aking pamilya. at tungkol dito sa libru ito ang naisipan kong ibahagi. Dahil ito ang mga magagandang alaala na tumatak sa aking isipan. ito ang naisip kong magnda ibahagi sa inyo. Para sa akin isang malaking kailangan ko ang tungkol sa aking buhay.

양홍근, 양보경, 이소윤, 양상진 가족

그림책 제목	언어	그림 수
이소윤 - 시장 국수 팔기	캄보디아어 / 한국어	15장(+1 엑스트라)
양홍근 - 낚시하러 가요	한국어 / 캄보디아어	16장
양보경 - 웃음꽃 가족	한국어 / 캄보디아어	15장
소계		**46장(+1 엑스트라)**

김수연, 한예진 가족

그림책 제목	언어	그림 수
김수연 - 마음 색깔	한국어 / 타갈로그어	16장
한예진 - 나의 어린 시절 추억	타갈로그어 / 한국어	15장
소계		**31장**

강윤지, 강윤희, 마리아 페 가족

그림책 제목	언어	그림 수
강윤지 - 토마토는 맛있어	한국어 / 타갈로그어	16장
강윤희 - 우리 학교는 최고야!	한국어 / 타갈로그어	16장
소계		**32장**

이환, 이가은 가족

그림책 제목	언어	그림 수
가족 이야기	한국어 / 베트남어	16장
소계		**16장**

로즈마리

그림책 제목	언어	그림 수
로즈마리 - My Life Story	타갈로그어 / 한국어	16장(+1 엑스트라)
소계		**16장(+1 엑스트라)**

| 총 그림 수 | **141장 + 2장**(엑스트라)

검수는 매우 중요한 마지막 단계라고 할 수 있다. 여러 나라의 언어를 접하면서 각 언어의 특징을 조금은 알게 되는 기회이기도 했다. 캄보디아어의 경우 띄어쓰기가 되어 있는지 알려면 매의 눈으로 살펴봐야 했다. 일반 사람들의 눈에는 잘 들어오지 않는다. 그래서 캄보디아어 번역인 경우 띄어쓰기 오류가 제일 많았다. 1기 때는 네팔어가 까다로운 언어였는데 2기에는 캄보디아어가 그 자리를 차지했다.

번역 검수(타갈로그어)

아무 말 없어도, 시간 예약 없어도, 놀 시간이 되면, 같이 모여
Wala man usapan ng oras o araw,
kapag oras ng laro kami ay otomatikong nagkakatipi
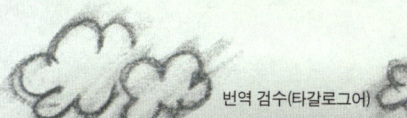

번역 검수(베트남어)

나는 엄마와 함께 시장에 가요.
엄마가 예쁜 옷을 사줘요. 참 예뻐요.

Tôi đi chợ cùng me.
Me mua cho tôi quần áo đẹp, rất đẹp.

Mẹ mua cho tôi quần áo đẹp, rất đẹp.

번역 검수(캄보디아어)

어느 날, 회사에서 아빠가 기운이 없이 돌아왔어.
ថ្ងៃមួយ ប៉ារបស់ខ្ញុំមកពីកន្លែងធ្វើ ការដោយអស់កម្លាំង។

P.32

Han Yejin

번역 검수(타갈로그어)

Kumusta po kayong lahat? Ako po ay mula sa bansang Pilipinas at ngayo'y mahigit 10 taon nang naninirahan
isang maybahay. "Alma Joy" ang tawag sa akin ng aking pamilya sa Pilipinas. Ngayon ako ay Korean Citizen
ng pangalan Korean. "Han Yejin" ang aking pangalan ipinanganak sa taong 1990. Ako po ay kasal na, ma
at kasalukuyang naninirahan sa Jeju Island. Sariwa parin sa aking isip ang mga alaala noong unang dati
ibang ang Jeju mula sa mga napapanood ko sa telibisyon. Sa mga napapanood kong K-drama, malalapit an
kapitbahay. Kaya nasabi ko sa aking sarili, "Gusto kong makarating sa Korea". Ngunit lubos ang aking p
ako dito sa Jeju Island. Dahil sa lugar kung saan ako nakatira ngayon malayo sa mga tindahan at wala
ngayon ay malayo
Dismayado man ako noong una, sa paglipas naman ng panahon ay unti-unti ko naring nagustuhan dito.
rin akong nakikilalang iba't-ibang uri ng tao. Habang ginagawa ko itong kauna-unahang librong aking gin
aking kabataan ang nanumbalik. Masasabi ko na may buong kumpyansa na napakasaya pala talaga ng
mkakabasa ang librong ito, inaasahan ko na tulad ko ay masasabi nyo rin na nagkaroon kayo ng mga magag
makakabasa

이중언어 번역 검수

◈ '더미북'이라고
◈ 들어보셨나요?

솔직히 나조차도 '더미북'은 이 프로젝트를 하게 되면서 알게 된 말이다. 처음에 지도강사가 마지막 회기에는 직접 더미북을 만드는 시간으로 하면 좋을 것 같다고 제안했을 때, '더미북이 뭐지?' 갸우뚱했다. 강사님의 설명을 듣고 예시 작품을 보니 실제로 만들어 보면 어떻게 결과물이 나올지 매우 궁금했었다. 나의 작품들은 아니었지만 1기와 2기에서 모두 멋진 더미북들이 나왔고 무엇보다 직접 만든 가족들이 너무 뿌듯해하고 마음에 쏙 들어했다. 인터넷에 '더미북'이라고 검색을 해보면 보통 '가제본'이라고 나온다. 영어로는 'Dummy Book'이고 정식 출간이 되기 전에 샘플로 만들어 보는 수제 그림책 정도의 의미이다.

정식 책으로 출간되어 나오기 전에 자신의 산출물로 볼 수 있기도 하고 그림책이 만들어지는 과정도 경험해 볼 수 있어 이 과정은 꼭 필요하다고 느껴졌다.

다음 사진들은 11회기와 마지막 수업 12회기에서 이뤄진 더미북 만들기 장면이다.

지도강사가 더미북에 대한 기본적인 설명을 하고 나서 작두를 준비한다. 그동안 스케치북에 그린 그림을 이제는 잘라 낼 시간이다. 이때 그림 사이즈를 잘 맞춰야 하기 때문에 작두가 필요하다. 이 그림들을 순서에 맞게 잘 정리한 후 그림 스캔 작업을 시작한다. 그림 원본은 '원화'로서 가치가 있기 때문에 따로 보관해 둔다. 스캔 파일을 컬러로 인쇄하여 더미북 제작에 사용할 그림(사본)을 미리 준비한다.

내가 전날 미리 준비한 한국어 원고와 모국어 원고가 인쇄된 종이를 나눠준다. 글자 포인트를 20포인트 이상으로 좀 크게, 진하게 해야 그림과 어느 정도 어우러지는 배열이 된다.

16바닥(면)을 기본으로 그림책을 만들기로 하였다. 미리 인쇄된 그림들을 이어서 풀로 붙이는데 이때 중요한 것은 바로 순서이다. 그림의 앞뒤 순서가 제대로 왔는지

더미북 만들기
START

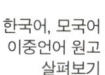
작두 작업
스케치북의 그림 자르기
(그림 스캔 및 그림 인쇄본 준비)

한국어, 모국어 이중언어 원고 살펴보기

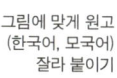
그림 이어붙이기

그림에 맞게 원고 (한국어, 모국어) 잘라 붙이기

더미북 제작 (속지 붙이기)

더미북 제목 붙이기

더미북 만들기
END

점검하며 고정하는 작업을 해야 한다. 16쪽을 모두 붙였으면 속지(본격적인 책이 시작되는 부분과 책 표지 사이에 있는)와 고정을 해야 한다. 속지로 검은색 종이를 사용했는데 속지와 그림책 첫 장과 마지막 장이 잘 고정되도록 딱풀을 깔끔하게 칠해야 한다. 책 표지로는 하드보드지 A4 사이즈로 정하고 책 앞뒤로 해서 1장씩 사용한다. 빳빳한 그림 16장이 모인 부분이 책등(보통 책 제목이 쓰인 두께 부분)이기 때문에 책표지인 하드보지와 잘 연결해야 한다. 양면테이프와 목공풀로 잘 고정해야 한다. 이 부분은 아이들이 직접 하기에는 어려워서 강사나 부모님, 센터 직원들이 담당하였다. 그다음 작업은 미리 나눠준 이중언어 원고를 문장이나 그림책의 내용 단위로 잘라서 그림의 여백에 알맞게 풀칠하는 것이다. 이 작업은 그림을 속지에 고정하기 전에 해도 된다. 한국어 문장과 모국어 문장 순서는 각자가 정하면 된다. 문장 단위로 순차적으로 배열할 것인지 장면(문단) 단위로 할지도 각자 정하면 된다. 보통은 문장 단위로 했다. 속지에 작가 및 번역가를 소개한 글을 붙인다. 마지막 단계는 책 제목과 작가명을 책표지에 붙이는 것이다. 이렇게 하면 더미북 만들기가 끝이 난다.

1기 가족 더미북 완성 기념 사진(2023. 7. 15.)

1기 가족 더미북 사진들

2기 가족 더미북 완성 기념(보경이와 나주)

2기 가족 더미북 사진들

이중언어
그림책
레시피

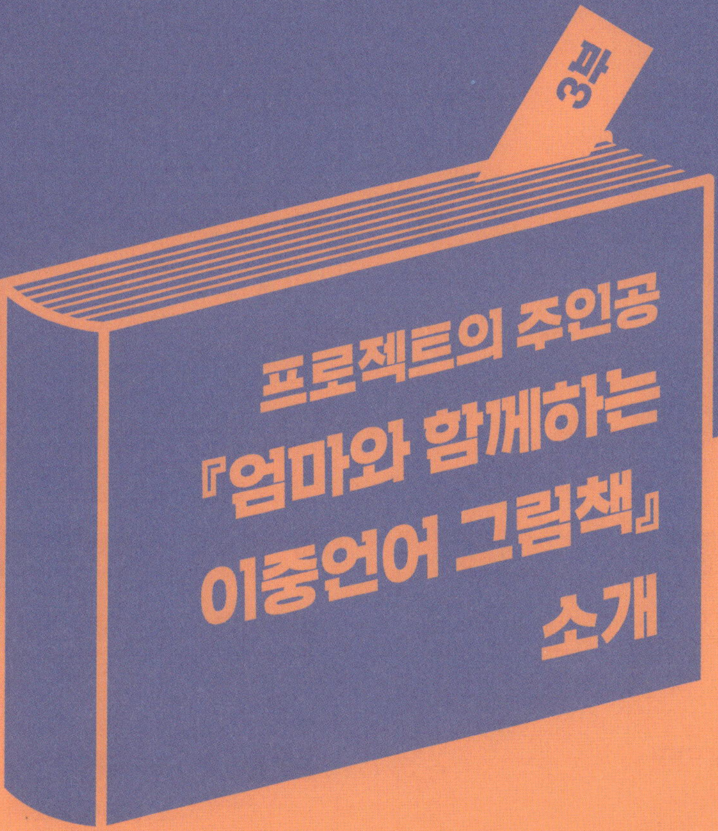

3판

프로젝트의 주인공
『엄마와 함께하는
이중언어 그림책』
소개

엄마와 함께하는 이중언어 그림책 소개

〈3부〉에서는 프로젝트의 진짜 주인공인 이중언어 그림책 9권을 소개하려고 한다. 그림책 표지와 그림책에 담긴 이야기의 내용을 살펴볼 수 있는 주요 장면들을 함께 제시하였다. 이중언어 그림책의 느낌을 어느 정도는 느낄 수 있지 않을까 기대해본다.

본격적인 이중언어 그림책 여행 시작!

4개의 이미지들은 2023년 1기와 2기, 두 번의 그림책 기념회 및 전시회를 열면서 홍보용으로 제작했던 배너들이다. '뭐, 홍보용 배너인데 이렇게까지?'라고 혹자는 생각할 수 있지만 내게는 의미 있는 첫 홍보용 배너였다. 배너까지 제작하여 게시하게 될 줄 몰랐는데 이 일을 하다 보니 그림책 제작도 중요하지만 후속 작업인 '홍보', '전시'도 엄청 중요한 부분이라는 것을 깨닫게 되었다. 이왕 하는 것이라면 더 화려하고 뭔가 있음직하게 세팅하고 싶어졌다. 보기에도 좋은 떡, 맛도 좋듯이.

처음에는 도저히 감이 오지 않아서 ○○초등학교 교장선생님께 연락을 드려 아이들이 만든 그림책 전시 관련 현수막 자료를 받았었다. 그런데 아무래도 성격이 다른 프로젝트의 그림책이라 학교에서 만든 책들 홍보와는 달라야겠다는 생각이 들었다. 그렇게 한글 자판을 타다닥 치고 지우고 다시 치기를 여러 번. 표를 그려 봤다가 지우기를 반복하면서 만들어진 기본 시안이 나왔다. 그 시안을 바탕으로 해서 만들어진 배너였다. 일단 그림책 표지는 무조건 넣어야 하고 뭔가 '함께'한 '가족'을 강조하고 싶었다. 1기 아카이빙 기념회를 치르고 나니 2기 기념회 배너 시안을 정할 때는 무엇을 더 강조해야 할지 느낌이 딱 왔다.

다음 장의 전시물은 2기 그림책 장면이 들어간 대형 실사이다. 크리스마스 시즌에 열심히 머리 굴려가며 구상해서 만들어진 최종 결과물이다. 2기 그림책도 최종 인쇄 단계까지 왔으니 9권의 그림책들을 한 번에 보여줄 수 있는 뭔가가 있으면 좋을 텐데. 그래서 가로 4.5m, 세로 2m의 대형 실사 전시물을 제작하게 되었다. 이것을 실행하기까지 나름의 긴 스토리가 있었다.

때는 12월이었고 파견 근무 연장을 하지 않기로 결정이 된 이후였다. 6시까지 근무하다 보면 오후 4시부터 집중이 안 되는 날이 간혹 있다. 그때 2층의 센터 공간들을 한번 쭉 훑어보고 신흥리 바닷가도 한 번 느껴본다. 그리고 계단을 내려오게 된다. 이때마다 1층과 2층 계단 사이 양쪽 큰 벽면에 걸린 현수막들이 계속 눈

대형 실사 전시물

에 어른거렸다. 아니지, '거슬린다'라는 표현이 더 정확하다. 파견 온 첫날부터 센터를 둘러보면서 제일 눈에 들어온 곳인데 역시 마지막까지 나의 눈을 끝까지 붙잡았던 것이다. 센터가 생길 때 게시된 현수막이었다. 다양한 언어의 인사말(안녕하세요, 니하오, 봉쥬르, 하이 등)들이 귀여운 그림과 함께 표시된 하얀 천 현수막인데 10년이 지나다 보니 누렇게 변색이 되고 스타일도 그야말로 올드 패션이 되어버렸다.

'아, 이번에 내가 이걸 바꾸지 않으면 누군가는 바꾸겠지? 그게 언제가 될지는 모르지만.'

내 눈을 가리자. 그런데 그 1~2층을 오르고 내릴 때마다 내 눈은 가려지지 않았다. 내면의 목소리가 들린다.

'너는 또 일을 만들려고 하느냐? 곧 떠날 거잖아. 지금 업무들 마무리만 해도 바쁠 시기잖아. 2기 기념회 준비만으로도 벅찰 텐데 1~2월에 얼마나 더 바빠지려고

이 일을 나서서 하려고 하니?! 가만 있어, 좀!'

내가 하고 가야 하는 센터에서의 라스트 미션 같은 것인가. 굳이 내가 하지 않아도 되지만, 왠지 이것을 해야 내 발길이 시원하고도 덜 섭섭하게 떨어질 것 같았다.

운영팀장님과 계단을 오르고 내리면서 이 현수막에 대해 여러 번 이야기를 나눴던 기억이 난다.

"팀장님, 2023년이 넘어가기 전에 현수막들 싹 다 바꾸면 좋을 것 같아요. 이중언어 그림책 홍보도 컬러풀하게 하고 이번 기회에 센터 분위기 바꿔보는 것도 좋을 듯한데, 어때요? 오래된 그림들도 빼고 고급진 액자에 그림책 장면들 넣어서 게시하면 그것도 좋을 것 같은데요. 물론 저한테 없던 일이 추가되긴 하겠지만요."

"선생님, 바꾸면 엄청 좋지요. 이거 지금 선생님이 안 바꾸면 그대로 또 십 년이 지나갈 거예요. 아마 아무도 여기까지 신경 못 쓸걸요."

그래서 결국은 내가 자초해서 하게 되었다. 도서관 자료실 벽면에 오래된 천 현수막들을 다 제거하고 1기, 2기 배너를 순서대로 게시하였다. 마치 ○○대회 역대 수상작 기념사진을 걸어놓듯이 말이다. 앞으로도 도서관 벽면 끝까지 쭉 탄탄대로처럼 배너가 게시되기를 진심으로 기원한다. 결코 쉽지 않은 일이지만.

전시물 제작을 맡겼던 업체 직원분들이 대형 실사를 부착하기 위해 이틀 동안 센터에서 작업을 하였다. 전시회 때 썼던 배너가 아까우니 작업하는 김에 추가로 달아달라고 부탁드렸다. 도서관 벽면까지 싹 다 도배하듯이 모든 게시를 마쳤다. 이로써 나는 2월 말에 센터를 시원하면서도 덜 섭섭하게 떠날 수 있었다.

① - 2기 이중언어 그림책 대형실사 전시물(계단 벽면)

② - 이중언어 그림책(9권) 대형실사 전시물(도서관)

③ - 이중언어 그림책 홍보 배너 전시물(도서관)

액자 전시

이중언어 그림책 주요 장면 액자로 전시했다.
위의 사진은 2층 복도의 모습이고 아래 사진은
1층 도서관 복도에 전시된 모습이다.

이중언어 그림책
서부지역
1기

이중언어 그림책
동부지역
2기

이중언어 그림책 기획·총괄 이야기

2023년 제주다문화교육센터에서 파견교사로 근무하면서 맡았던 첫 신규사업은 '2023 다문화가족 한국어·예술교실 및 공감프로젝트'였습니다. 이 프로젝트의 핵심으로 〈엄마와 함께하는 이중언어 그림책 여행〉 프로그램을 만들었습니다. 기획 배경에는 학교 현장에서 다문화배경을 가진 아이들과 함께 생활하면서 결혼이주여성 및 이중언어 교육의 중요성을 느꼈던 경험이 컸습니다. 다문화가족을 대상으로 하여 1기에는 서부권, 2기에는 동부권 지역으로 '찾아가는' 프로그램을 운영했습니다.

매주 토요일마다 봄, 여름에는 서부외국문화학습관(한림)으로, 가을, 겨울에는 동부외국문화학습관(성산)으로 출근하며 이중언어 그림책 만들기 활동을 진행하였습니다.

학교별로 홍보를 다니고 다문화가족의 신청을 독려하는 것을 시작으로 12회기라는 꽤 긴 호흡의 프로젝트 진행하기, 결과물로서 이중언어 그림책 제작하기, 그림책 출간기념회까지 총 1년의 과정을 아홉 가족과 함께 동고동락하였습니다. 정말 우여곡절 끝에 어렵게 탄생한 이중언어 그림책이었습니다.

한 권의 이중언어 그림책을 만들기 위해 다문화강사님, 번역가님, 그림책 지도강사님, 그림책 디자인 및 편집자님까지 수많은 만남과 회의가 있었습니다. 여러 사람보다는 혼자 일하기를 선호했던 제게는 난관이자 기회이기도 했습니다. 다양한 분야의 사람들과 '글로벌 협업'을 배우는 귀중한 시간이었습니다.

다양한 문화적·언어적 배경을 지닌 아홉 가족의 총 15개 이야기를 많은 사람들과 함께 나눌 수 있기를 바랍니다.

1기 서부권 가족들의 이중언어 그림책 이야기

〈엄마와 함께하는 이중언어 그림책 여행〉 1기 프로젝트는 서부권 다문화가족을 대상으로 했었고 그 결과 총 5권의 책이 출간되었습니다. 4권에는 1개의 단독 이야기가 들어있고 1권에는 두 개의 이야기가 담겨 있습니다.

5권 속에 담긴 6개의 이야기 속으로 여행을 떠나볼까요?

1	1) 꽃처럼 빛났던 세윤이와 엄마 - **꽃처럼 빛나고 싶어요**
2	2) 동물원의 판다처럼 몰입했던 수영 - **동물원**
3	3) 가족을 가장 좋아한 효린이와 엄마 - **내가 좋아하는 것**
4	4) 헤일리와 말릭 - 환상의 남매 콜라보 - **우리 아빠와 동생 이야기**
5	5) 짐바브웨에서 제주까지 온 부부(남자의 이야기) - **아프리카** 6) 짐바브웨에서 제주까지 온 부부(여자의 이야기) - **우리 나라**

1기

서부권 가족들의 이중언어 그림책
꽃처럼 빛나고 싶어요

원고: 한림초등학교 1학년 홍세윤
그림: 한림초등학교 1학년 홍세윤
번역: 엄마 라마다나마야(네팔어)

　책 제목처럼 꽃처럼 빛나고 싶은 1학년 아이의 마음이 잘 나타난 그림책입니다. 책의 전반부에는 세윤이가 좋아하는 꽃, 제주에서 많이 피는 꽃들이 나오는데 그 꽃들의 특성을 세윤이의 시선으로 표현한 문장들이 눈에 띕니다. 후반부에는 가족꽃들이 등장하게 됩니다. 어떻게 표현되었을지 궁금하지 않나요?

　세윤이와 세윤이 엄마는 그림책 출간 행사에서 뉴스 인터뷰를 했던 적이 있습니다. 그림책의 주요 소재로 꽃이 나온 이유를 물었더니 집에서 엄마가 평소 꽃과 식물을 많이 키운다고 하였습니다. 프로젝트 수업에 혼자 나온 날이 많았는데 씩씩하게 그림을 스케치하고 색칠도 야무지게 했던 당찬 세윤이의 모습이 아직도 생생합니다. 엄마인 라마다나마야 씨는 네팔이 고향입니다. 딸 둘과 아들 한 명을 키우면서 밭일과 호텔일을 병행하는 삶을 살아가고 있습니다. 1학년 세윤이가 어쩌면 이렇게 그림을 잘 그릴 수 있을까 늘 의아해했는데 엄마의 그림 솜씨가 아주 좋았습니다. 엄마의 뛰어난 그림 유전자를 세윤이가 그대로 물려받았었네요!

수박 꽃은 시원해요.
तरबूजका फूलहरू सितल हुन्छन्।

엄마 꽃은 예뻐요.
आमा फूल राम्री हुनुहुन्छ।

나는 그중 제일 예쁜 꽃
पारिवारिक फूलहरू मध्य म सबैभन्दा सुन्दर फूल हुँ।

2. 동물원

서부권 가족들의 이중언어 그림책

원고: 한림초등학교 3학년 유수영
그림: 한림초등학교 3학년 유수영
번역, 감수: 서보염 중국어 원어민교사

1기

　수영이는 유일하게 혼자서 프로젝트에 처음부터 끝까지 참여했습니다. 엄마가 아이를 출산한 지 얼마 되지 않아 같이 참여할 수 없는 상황이었습니다. 그림책 기념행사에 수영이 엄마가 아기를 안고서 수영이의 책을 보며 매우 흐뭇해하던 모습이 떠오릅니다.

　다양한 동물들의 모습을 수영이만의 그림 스타일로 표현한 점이 이 책의 가장 큰 매력이라고 생각됩니다. 중국을 상징하는 동물인 '판다'가 등장하는데 그 모습이 아주 귀엽게 표현되어 있습니다. 판다의 귀여우면서도 진중한 모습이 그림책 만들기에 몰입했던 수영이의 모습과 어딘지 모르게 닮아 있습니다.

　수영이는 중국어를 능숙하게 읽을 수 있어서 그림책 낭독회에서 중국어와 한국어 두 개의 언어로 읽었습니다. 지금처럼 수영이가 두 개의 언어를 잘 사용하여 이중언어 말하기 대회에서도 실력을 뽐내는 날이 오길 바랍니다.

동물원에 갔어요!
我们去动物园啦!

목이 긴 기린
有脖子长长的长颈鹿。

우리는 함께 스마트 폰을 보고
我们一起玩儿手机,

우리는 함께 그림도 그려요.
还一起画画儿。

1기

3 | 내가 좋아하는 것
서부권 가족들의 이중언어 그림책

원고: 금악초등학교 5학년 홍효린
그림: 금악초등학교 5학년 홍효린
번역: 엄마 쿠아토마리진(타갈로그어)

    이 책 속에는 효린이가 좋아하는 것들이 다양하게 표현되어 있습니다. 좋아하는 음식, 과목, 놀이를 포함하여 5학년 여자아이의 마음이 잘 드러나 있기도 합니다. 필리핀 음식인 룸피아와 한국의 음식인 김치가 아주 귀엽게 표현되어 있습니다. 여러 가지를 좋아하지만 그중에서 효린이가 가장 좋아하고 소중하게 여기는 대상이 나옵니다. 그림책 중간에 아름다운 제주의 서쪽 바다 모습이 나오는데 효린이의 감성적인 면과 닮아 있습니다.

    효린이와 엄마인 쿠아토마리진 씨는 꾸준하게 출석하여 그림책 제작에 성실하게 참여했습니다. 물론 엄마와 딸의 의견이 달라 중간에 충돌이 있기도 했지만 프로젝트를 통해 서로에 대해 이해하는 소중한 시간이 되었다고 합니다. 타갈로그어를 잘 몰랐던 효린이는 엄마 나라의 언어에 대해 관심을 갖기 시작했고 엄마는 딸이 좋아하는 것에 대해 알게 되었다고 합니다. 딸도, 엄마도 함께 성장했던 시간이 아니었을까요?

나는 좋아하는 것들이 많아요.
Ang aking mga gusto at paborito.

나는 김치가 좋아요.
Gusto ko ang kimchi.

나는 룸피아도 좋아요.
Gusto ko din ang lumpia.

나는 일몰을 보는 것을 좋아해요.
Gusto kong panoorin ang pag lubog ng araw.

1기

4 서부권 가족들의 이중언어 그림책
우리 아빠와 동생 이야기

원고: 금악초등학교 5학년 해일리
그림: 해일리와 여섯 살 남동생 말릭 공동 작업
번역: 애드리안 영어 원어민교사

짐바브웨에서 온 4명의 모든 가족(부모와 아이)이 프로젝트에 참여하여 2권의 책을 만들었습니다. 아이들이 한 권을 만들고 부부가 한 권을 만들었습니다. 이 책은 아이들의 이야기로 누나와 남동생이 함께 공동작업하여 만들어졌습니다. 당시 여섯 살이었던 말릭은 한글은 잘 모르지만 그림을 매우 재미있게 그리는 재능을 갖고 있었습니다. 그림 작업에 참여하도록 설득하여 그림을 먼저 그리도록 했고 동생의 그림을 보며 누나가 원고를 쓰게 하였습니다.

이 책의 전반부는 아빠인 마이클의 어린 시절을 딸의 입장에서 담담한 목소리로 이야기합니다. 아빠가 짐바브웨에서 어떤 유년 시절을 보냈는지 매우 서정적인 문장과 그림으로 표현되어 있습니다. 이 이야기를 만들어 나갈 때 쉽지 않았지만 계속 대화를 주고받는 아빠와 딸의 모습이 무척 다정해 보였습니다. 후반부는 장난꾸러기 남동생 말릭의 장점을 재미있게 표현했습니다. 프로젝트에 참여하면서 느껴졌던 말릭의 모습이 그대로 그림책에도 잘 나타나 있었습니다. 프로젝트에 사이좋게 참여했던 오누이의 모습이 그림책과 매우 닮아 있습니다.

우리 아빠 이름은 마이클이에요.
마이클은 어렸을 때 토끼를 잡았어요.

My dad's name is Michael.
He caught a rabbit when he was a kid.

마이클은 별을 보면서 밤새 놀았어요.
Michael stayed up all night looking at the stars.

말릭은 숫자를 잘 써요. 말릭은 대단하죠!
말릭은 ABC도 잘 그려요.
말릭의 그림은 신나죠!

Malik is good with numbers. Malik is amazing!
Malik is also good at drawing his ABCs.
His drawings are exciting!

1기

5 서부권 가족들의 이중언어 그림책
아프리카

원고: 금악초등학교 5학년 해일리의 아빠 마이클
그림: 금악초등학교 5학년 해일리의 아빠 마이클
번역, 감수: 애드리안 영어 원어민교사

    마이클은 집안의 가장으로서 경마장에서 기수를 했었고 지금은 말을 관리하는 일을 하고 있습니다. 매주 아이들과 아내를 데리고 프로젝트에 참여했습니다. 한국어가 서툴러 그림책 만들기가 무척 어려운 과정이었을 텐데 끝까지 참여하여 두 권의 가족 책을 만들게 되었습니다.

    참여한 가족 중에서 가장 먼 곳인 아프리카 대륙에서 와서 어떤 이야기가 나올지 제일 궁금했던 가족이었습니다. 마이클은 자신이 태어나고 자랐던 아프리카 대륙과 짐바브웨의 모습에 대해 이야기를 전합니다. 아프리카 및 짐바브웨의 기후, 의식주, 자연환경을 그림으로 자세히 나타냈습니다. 한국, 아시아 대륙의 모습과는 다른 이국적인 분위기가 이 책의 매력입니다. '자칸란다'라는 나무를 이 책에서 처음 보게 되었는데 최근 아프리카 여행 프로그램에서 이 나무의 모습을 보게 되었습니다. 이 책이 아니었다면 그냥 지나쳤을 장면인데 저에게 배경지식을 하나 추가해 준 셈입니다. 마이클이 가족을 데리고 아프리카를 떠나 한국으로 오는 장면이 매우 인상적입니다. 아프리카로 여행을 떠나볼까요?

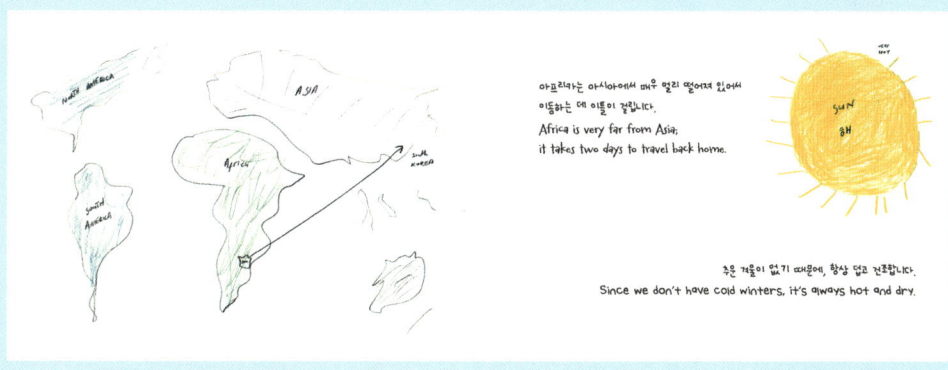

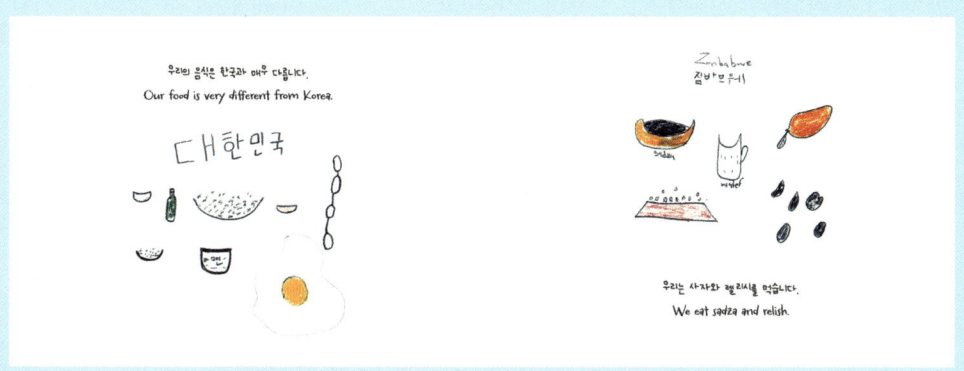

| 1기 |

6 서부권 가족들의 이중언어 그림책
우리 나라

원고: 금악초등학교 5학년 해일리의 엄마 캐롤라인
그림: 금악초등학교 5학년 해일리의 엄마 캐롤라인
번역, 감수: 애드리안 영어 원어민교사

말수는 적었지만 매주 수업에 진중한 자세로 한국어를 배우고 익히려는 모습이 인상적이었던 캐롤라인이었습니다. 어떤 이야기로 그림책을 만들지 고민을 많이 하고 여러 번 영어 문장을 쓰고 지우기를 반복했던 캐롤라인의 모습이 떠오릅니다. 그 시간 동안 캐롤라인은 고향인 짐바브웨를 많이 떠올리며 그리워하지 않았을까요?

짐바브웨의 의식주를 포함하여 다양한 언어, 유적지, 천연 자원에 대해 소개하는 내용이 나옵니다. 그중에서 가장 인상적인 부분은 빅토리아 폭포와 사파리 투어에 나오는 동물들의 모습입니다. 코끼리, 사자, 기린, 하마와 같은 야생 동물들이 정감 있게 그려져 있습니다.

평소에도 아프리카 대륙 여행을 꿈꾸며 살고 있지만 마이클과 캐롤라인의 책을 만들면서 저의 그 꿈이 더욱 간절해졌습니다. 이 부부가 만든 책에서 봤던 장면들을 직접 볼 날을 기대해 봅니다.

최대 15개 언어를 사용할 수 있지만
영어, 쇼나어, 은데벨레어 등 3가지 주요 언어가 있습니다.

We can speak up to 15 different languages,
but there are 3 main languages: English, Shona, and Ndebele.

세계 7대 불가사의 중 하나인 빅토리아 폭포도 있습니다.
짐바브웨에서 가장 큰 관광지 중 하나입니다.

We also have Victoria Falls
which is one of the Seven Wonders of the World.
It is one of the biggest tourist destinations in Zimbabwe.

사자, 코끼리, 기린, 하이에나, 뱀 등
다양한 종류의 야생 동물이 사는 국립공원도 많이 있습니다.

There are also many national parks with different kinds of wild animals
such as lions, elephants, giraffes, hyenas, snakes, etc.

2기 동부권 가족들의 이중언어 그림책 이야기

『엄마와 함께하는 이중언어 그림책 여행』 2기 프로젝트는 동부권 다문화가족을 대상으로 했고 그 결과 총 4권의 책이 출간되었습니다. 한 권에 2~3개의 이야기들이 담겨 있습니다.

4권에 담긴 총 9개의 이야기에는 어떤 추억과 사연들이 담겨 있을까요?

1
1) 언니와 동생의 이야기(언니, 강윤지) - **토마토는 맛있어**
2) 언니와 동생의 이야기(동생, 강윤희) - **우리 학교는 최고야!**

2
3) 엄마와 딸의 이야기(딸, 김수연) - **마음 색깔**
4) 엄마와 딸의 이야기(엄마, 한예진) - **나도 한때는 어린아이였어**

3
5) 엄마와 아들의 콜라보 그림책(이가은, 이환) - **나의 가족**
6) 소녀 감성 이모의 이야기(로즈마리) - **나의 인생 이야기**

4
7) 엄마의 그리움이 가득한 이야기(이소윤) - **시장 국수 팔기**
8) 아빠와 아들의 인생 낚시 이야기(양상진, 양홍근) - **낚시하러 가요**
9) 이런 가족이 되고 싶어요(양보경) - **웃음꽃 가족**

2기

1 동부권 가족들의 이중언어 그림책
토마토는 맛있어

원고: 온평초등학교 6학년 강윤지
그림: 온평초등학교 6학년 강윤지
번역: 필리핀 출신 엄마 강예원(마리아 페)

이 가족은 자매가 함께 프로젝트에 참여했습니다. 초반에는 자주 나오지 못했지만 중반부터 후반까지 열심히 출석하여 언니와 동생의 이야기가 담긴 한 권의 책이 만들어졌습니다. 엄마는 주말에도 일을 하기 때문에 함께 참여하진 못했지만 1차 번역 작업과 마지막 더미북 만들기에는 함께하였습니다. 윤지·윤희 엄마는 아이들의 한국어 원고를 보고 타갈로그어로 번역하면서 번역의 재미를 느꼈다고 했습니다. 그리고 자신의 부족한 한국어도 더 공부해서 기량을 늘려야겠다고 소감을 말했습니다. 윤지는 이중언어 그림책 낭독회 준비를 하면서 엄마의 언어인 타갈로그어를 배우기 시작했다고 합니다.

윤지가 평소 좋아하는 토마토의 다양한 매력을 귀여운 그림과 함께 표현한 점이 특징입니다. 토마토의 색깔인 빨간색을 포함하여 원색들을 다양하게 사용한 점이 이 그림책의 포인트입니다. 이 그림책을 읽고 토마토와 거리 두기 하던 사람들이 토마토와 조금은 가까워지지 않을까 기대해 봅니다.

2기

2. 동부권 가족들의 이중언어 그림책
우리 학교는 최고야!

원고: 온평초등학교 1학년 강윤희
그림: 온평초등학교 1학년 강윤희
번역: 필리핀 출신 엄마 강예원(마리아 페)

　수줍은 성격의 윤희는 언니 윤지와 함께 프로젝트에 참여하였고 그림책 주제를 무엇으로 할지 고민을 많이 하였습니다. '우리 학교'로 주제를 정한 이후 조금씩 속도를 내며 작업을 진행했습니다. 1학년 아이의 시선에서 자신이 다니고 있는 학교의 좋은 점을 요목조목 잘 찾아내어 표현하고 있습니다.

　윤희는 이 책을 보고 온평초등학교로 많은 친구들이 구경 왔으면 좋겠다고 합니다.

　윤희가 자랑하는 학교는 어떠한지 살펴볼까요?

나는 학교가 좋아요.
Gusto ko ang paaralan.

항상 친구들과 함께여서 좋아요.
Masaya dahil lagi kong kasama ang aking mga kaibigan.

운동장에서 신나게 뛰어놀 수 있어요.
Maari ring masayang makipaghabulan sa palaruan.

나는 수학이 좋아요.
Gusto ko ang Matematika.

나는 국어도 좋아요.
Gusto ko rin ang Korean.

3 마음 색깔

동부권 가족들의 이중언어 그림책

원고: 토산초등학교 2학년 김수연
그림: 토산초등학교 2학년 김수연
번역: 필리핀 출신 엄마 한예진

　이 책 속에는 여러 가지 마음과 그 마음에 어울리는 색깔들이 나옵니다. 색깔과 마음을 연결 지어 표현하는데 그 나름의 이유가 나옵니다.

　수연이는 평소 말수가 적고 자신의 작업 상황에 대해 공유하는 것을 꺼렸습니다. 처음에는 이런 수연이의 모습이 잘 이해가 되지 않았는데 두 계절을 지내고 보니 수연이의 꼼꼼하고 완벽한 성격 때문이라는 것을 알게 되었습니다. 내향적이지만 마음속에 품고 있는 에너지가 정말 큰 아이였습니다. 그림에서도 글에서도 그러한 수연이의 에너지가 느껴집니다. 얼음공주 수연이가 가끔 웃을 때가 있는데 정말 매력적이라는 생각이 들었습니다. 더 자주 웃는 수연이의 모습을 기대해 봅니다.

　수연이의 마음은 어떤 색깔들로 표현이 되었을까요?

나는 파란색이 좋아. 밤하늘을 좋아해서야.
Gusto ko ang kulay asul.
Dahil gusto ko ang asul na kulay ng gabi na kalangitan.

나는 때로는 검은색을 좋아해. 우울할 때, 울플 때.
Kung minsan gusto ko rin ang kulay itim.
Tuwing ako'y nalulungkot at nalulumbay.

나는 빨간색도 좋아해. 짜증 날 때, 화날 때.
Gusto ko rin ang pula tuwing ako'y naiinis at nagagalit.

나는 알록달록한 무지개색을 가장 좋아해.
At kulay ng bahaghari ang aking paborito.

| 4 | 동부권 가족들의 이중언어 그림책
나도 한때는 어린아이였어 | 원고: 토산초등학교 2학년 김수연의 엄마 한예진
그림: 토산초등학교 2학년 김수연의 엄마 한예진
번역: 모국어 타갈로그어 직접 번역 |

    책 표지에서도 느껴지듯이 한예진 씨는 그림을 엄청 잘 그렸습니다. 주로 색연필로 작업을 하였는데 색감이 매우 밝고 전문 삽화가의 느낌이 들 정도입니다. 딸인 수연이와 비슷하게 말수도 적고 내향적인 성격이지만 활동 시간 동안 매우 몰입하는 모습을 볼 수 있었습니다. 엄마와 딸의 작업 스타일은 매우 닮아 있었습니다. 이 책에서 한예진 씨 본인은 '90년대 키즈'라고 표현합니다. 어린 시절을 어떻게 보냈는지 90년대 키즈 스타일의 글과 그림으로 표현하고 있습니다.

    시간이 부족할 정도로 신나게 놀았던 어린 시절을 시계를 잡아당기는 모습으로 표현한 점이 인상적입니다. 그 시절의 마음이 그대로 느껴집니다. 크리스마스가 여름 느낌으로 표현된 그림은 우리나라와 비교해 보면 매우 이색적인 장면입니다. 작가 소개글을 부탁드렸더니 제주에 오게 된 사연, TV 속 한국과 현실이 다른 모습에 대해 과감하게 썼던 내용이 기억납니다. 그리고 자신의 어린 시절처럼 사람들이 자신들만의 아름다운 시간이 있을 거라고 말하는 부분에서 한예진 씨의 냉정과 열정을 동시에 느낄 수 있었습니다.

우리는 '90'S KIDS'라고요.
Kami ang tinatawag na mga
"BATANG 90's.

장난감도 전화기도 컴퓨터도 없었어요.
Walang anumang laruan, wala rin
cellphone o computer man lang.

하지만 우리는 항상 재미있고 즐거웠어요.
Subalit, kami ay laging masaya at maligaya.

12월이 되면 기다리고, 또 기다렸어요.
Disyembre ang pinakahihintay naming buwan ng taon.

크리스마스이브 날, 친구들이랑 동네 집집마다 갔어요.
크리스마스 캐롤을 불러요.
Sa bisperas ng pasko naman,
kami ay nagbabahay-bahay upang mangaroling.

2기

5 동부권 가족들의 이중언어 그림책
나의 가족

원고: 동남초등학교 1학년 이환의 엄마 이가은
그림: 동남초등학교 1학년 이환, 이환의 엄마 이가은
번역: 모국어 베트남어 직접 번역

　빵집에서 일하는 이가은 씨는 격주로 참여할 수밖에 없어 걱정을 했지만 그만큼 두 배로 집중하여 작업을 했습니다.

　고향 베트남에서 어린 시절 가족의 모습을 어린 소녀의 시선으로 표현했습니다. 베트남 시골 지역에 가면 볼 수 있을 것 같은 장면들이 나오는데 한국의 모습과 크게 다르지 않아 보입니다. 베트남에서의 나의 가족과 함께 제주에서의 가족 모두 소중하게 여기는 이가은 씨의 마음이 책에서 그대로 느껴집니다.

　빵집에 가끔 방문하면 늘 웃으면서 맞아주시는 환이 엄마의 에너지 원천은 '가족'이 아닐까 합니다. 이가은 씨는 아들 환이 입장에서 생각하고 바른 것을 가르쳐주려고 늘 노력하는 엄마입니다. 이가은 씨와 번역 및 검수를 해주신 다문화강사 이은서 씨 두 분을 보면서 베트남에 대한 제 기존의 이미지가 많이 바뀌는 계기가 되었습니다. 두 분 모두 엄마로서도 일하는 여성으로서도 최선을 다하는 모습이 정말 멋있다는 생각이 듭니다.

2기

동부권 가족들의 이중언어 그림책
나의 인생 이야기

원고: 표선초등학교 3학년 김나주의 이모 로즈마리
그림: 표선초등학교 3학년 김나주의 이모 로즈마리
번역: 다문화강사 김체린, 양조이

    1기와 2기 프로젝트를 통틀어 이모가 참여한 첫 사례입니다. 로즈마리의 언니인 애나벨, 언니의 아이인 3학년 나주와 다섯 살 태현이가 프로젝트에 같이 참여했습니다. 필리핀에서 제주로 온 자매 이야기, 또는 엄마와 아이 이야기, 이모와 조카 이야기 등으로 구성되면 좋겠다는 생각을 했었습니다. 아쉽게도 가족이 함께 만들지는 못했습니다. 이모 로즈마리의 이야기만으로 그림책이 만들어졌습니다.

    식당과 펜션에서 아르바이트를 하고 조카들을 돌보며 주말 프로젝트까지 나오는 로즈마리를 보면서 대단하다는 생각이 들었습니다. 쉬고 싶고 꾸미고 싶고 놀러 다니고 싶을 나이인데 고국에 계시는 부모님을 생각하며 자기 할 일을 해내는 로즈마리가 주저앉지는 않을까 걱정되기도 했습니다. 그렇지만 늘 웃고, 친절한 모습을 보여주며 끝까지 프로젝트에 참여했습니다.

    이 그림책에는 로즈마리의 희로애락 인생을 보여주는 이야기가 펼쳐집니다.

내가 어렸을 때 우리 가족은 매우 가난했어요.
우리 가족은 좋은 음식을 먹을 수 없었어요.
쌀 없이 오직 과일과 야채만 먹으며서 외롭들한 고생했어요.

Mahirap lamang ang aming pamilya noon.
Hindi rin kami nakakakain ng masasarap na pagkain.
Kahit bigas ay wala, namuhay kami na prutas at gulay lamang ang aming
kinakain.

어느 날, 나는 한국에 가기로 결심했어요.
나는 제주에 왔어요.
제주의 경치가 아름다워서 아주 좋았어요.

Isang araw, ako ay nagdesisyon na magtungo sa Korea.
At sa Jeju nga ako napadpad.
Masarap dito sa Jeju dahil sa taglay
nitong magandang tanawin.

엄마 아빠와 함께 똑같은 옷을 입고 세상 어디든 놀러 가고 싶어요.

Nais kong maglibot sa buong mundo kasama ang aking ina at ama habang
nakasuot kami ng magkakapareho ng kasuotan.

203

2기

동부권 가족들의 이중언어 그림책

시장 국수 팔기

원고: 세화초등학교 양보경, 양홍근의 엄마 이소윤
그림: 세화초등학교 양보경, 양홍근의 엄마 이소윤
번역: 모국어 캄보디아어 직접 번역

 이소윤 씨의 캄보디아에서의 어린 시절, 가족과의 일상을 회상하는 내용이 주로 나옵니다. 가족들과 시장에 가서 여러 가지를 파는 장면, 일하는 장면들이 나옵니다. 어딘지 모르게 애잔한 정서가 들어있는 책입니다. 할머니가 밭에서 일하는 모습, 시장에서 국수를 파는 모습, 나무를 캐는 모습 등 우리나라 풍경과 많이 비슷합니다.
 프로젝트에 한 번도 빠지지 않고 아이들과 세화에서 성산까지 버스를 타면서 참여했던 가족입니다. 이소윤 씨는 수업이 끝나면 책상 정리도 함께 해주시고 늘 감사 인사를 건네주셨습니다. 이 책에서도 그런 소윤 씨의 감성이 느껴집니다. 활동에 재미를 느끼는 모습을 보며 이 시간만큼은 엄마가 아닌 '나'로서의 시간을 오롯이 갖길 바랐습니다.
 한국어도 캄보디아어도 글씨를 곱게, 반듯하게 잘 썼는데 그림책에서도 이소윤 씨만의 정갈한 캄보디아 글씨를 만나볼 수 있습니다.

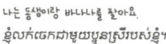

2기

8 낚시하러 가요
동부권 가족들의 이중언어 그림책

원고: 세화초등학교 1학년 양홍근의 아빠 양상진
그림: 세화초등학교 1학년 양홍근
번역: 엄마 이소윤(캄보디아어)

　아버지는 간간이 프로젝트에 나왔기 때문에 이 가족들의 그림책을 어떻게 만들어야 할지 고민이 되었습니다. 처음에는 1학년 까불이 홍근이가 그림책 제작에 참여할 수 있을지 조금은 걱정이 되었습니다. 하지만 어느 순간, 홍근이가 그림책 소재를 '낚시'로 정하고 난 후, 조금씩 이야기가 나오면서 시작할 수 있었습니다. 1학년이다 보니 이야기를 이어나가기가 쉽지 않아 아버지와의 협업으로 진행했습니다. 생각보다 쉽지 않았지만 예상을 깨뜨린 반전의 작품이 탄생했습니다. 세상에 하나밖에 없는 아빠와 아들의 이중언어 그림책이 나오게 되었습니다.

　홍근이네 가족이 살고 있는 구좌읍 세화 바닷가가 이 그림책의 배경입니다. 홍근이가 아빠와 세화 바닷가로 낚시를 한두 번 다녀온 적이 있었다고 했는데 그 경험이 홍근이에게 인상적으로 남았던 것 같습니다. 아빠와 낚시를 또 가고 싶다는 바람으로 이야기를 꺼내기 시작했습니다. 아빠와 아들의 제주 바당(바다) 낚시 이야기가 어떻게 인생 낚시까지 갔을지 궁금하지 않나요?

207

2기

9 웃음꽃 가족
동부권 가족들의 이중언어 그림책

원고: 세화초등학교 3학년 양보경
그림: 세화초등학교 3학년 양보경
번역: 엄마 이소윤 씨 캄보디아어 직접 번역

　보경이는 늘 웃음이 많고 발랄함이 넘치는 아이입니다. 이러한 보경이의 밝은 에너지가 그대로 느껴지는 그림책입니다. 처음에는 욕심을 갖고 단독으로 그림책을 만들어 보겠다는 의지가 넘쳤는데 아쉽게도 끝까지 그 의지를 끌고 가지는 못했습니다. 프로젝트 중반이 넘어가고 후반기로 접어들면서 작업이 어느 정도는 돼야 했었는데 그러지 못해서 보경이의 이야기는 넣을 수 없을 것으로 생각했습니다. 다행히 마지막에 겨우 완성을 해서 간신히 가족책에 넣을 수 있었습니다. 이러한 좌충우돌하는 시간을 거치면서 보경이는 '아쉬움', '책임감' 둘 다를 경험했습니다. 그림책을 전달하러 보경이네 집에 방문한 날, 보경이는 책을 보자마자 여러 가지 감정이 교차했던 것 같습니다.
　TV 프로그램의 한 인터뷰에서 보경이는 이 책의 제목 '웃음꽃 가족'처럼 우리 가족도 늘 웃으면서, 그렇게 사는 가족이 됐으면 좋겠다는 말을 했습니다. 제가 본 보경이네 가족은 이미 그런 가족으로 살아가고 있었습니다.

꽃은 가족은 행복할 때도 울고, 슬플 때도 울었어.
ពួកយើងញឹមពេលសប្បាយចិត្ត ពេលមានទុក្ខ។

하루도 빠짐없이 울었지, 그래서 꽃잎이 꽃은 가족이 되었어.
ពួកយើងលើចោរៀងរាល់ថ្ងៃ ដូច្នេះ ហើយបានក់ឈ្មោះ ព្រៅជា គ្រួសារផ្កាលើច។

흘사이에서 사진남기게 흘이 났거든.
តាត់ត្រូវបានថាយស្ងីបផ្កាសពេលផ្អើរ។

덕분에 나도 기분이 좋아졌어.
អញ្ចឹង ខ្ញុំក៏មានអារម្មណ៍ធូរស្រលហើយ។

이중언어
그림책
레시피

4장

9권의
그림책,
그리고 그 후

나를
변화시키는 힘

끓는 냄비에서
그릇형 인간으로

 나는 주기적으로, 어떨 땐 자주 '사주'라는 것을 본다. 철학관이든, 인터넷이든, 나의 지인(최근 명리학을 공부하는 후배)을 통한 사주이든 가리지 않는 편이다. 뭔가 풀리지 않을 때는 자주 본다. 이 모든 나의 사주 정보를 종합해 보면 이러하다. "공상과 상상을 많이 하기 때문에 현실에서 실망하는 일들이 많이 발생한다." 게다가 "현실적인 쟁취 능력이 덜함"이라고 나온다. 나의 최대 강점과 약점은 이렇게 나와 있다. "초기 추진력은 매우 좋으나 지구력이 약하여 마무리가 아쉽다." 동전의 양면이자 손바닥 뒤집기, 뭐 그런 것인가? 인정하지 않을 수 없다. 뭔가 생각도 많고 시도하려는 파이팅 정신도 가끔 넘쳐 실제로 시작한 것들도 꽤 있었다. 그렇지만 중반 이후부터는 흐지부지되고, 힘을 잃거나 방향을 잃는 경우가 아주 많았다. 개인적인 영역이든 공적인 영역이든 다 비슷하다. 매우 현실적이라고 생각했던 스스로의 평가와는 너무도 큰 차이가 있었다. 이렇게 나름의 냉철한 자아 평가를 한 이후로 루틴이 하나 생겼다. 연수에 가서 아이스브레이킹을 할 때면 내 자신을 '끓는 냄비'라고 소개한다. 이 표현보다 더 나를 잘 표현해 주는 비유는 아직 찾지 못했다.

2023년 1년간 제주다문화교육센터로 가면서, 센터에 몸담는 동안 뭔가 하나는 확실하게 매듭짓거나 완성형으로 만들고 싶었다. 초반에 열심히 끓고 확 식어버리는 양은냄비는 더 이상 되고 싶지 않았다. 그럴 바에야 처음부터 아예 끓지 말았어야지! 하고 자책하는 일이 많았기 때문이다. 이제는 끓는 냄비에서 좀 더 지속 가능한 은근한 뚝배기처럼 변화되고 싶다는 갈망! 그게 정확히 어떤 구체적인 목표나 대상인지는 모르지만 '일단 바뀌고 싶다!'라는 내적(프로이트의 빙하 영역이랄까?) 욕망, 성장 욕구가 있었던 것 같다.

'다 하려고 하지 말고 하나만큼은 끝까지 밀고 나아갈 것!' 이 한 가지 '점'을 마음에 품고 있었던 때 다문화가족 프로젝트를 운명처럼 만났다. 그리고 그 하나의 점을 점점 은근하고 묵직하게 키워나간 게 아니었을까.

다문화가족들과 현장학습 나갔을 때 강사님이 읽어주신 그림책이 바로 피터 레이놀즈의 《점》이다. 초등교사로서 공개수업 등 수업 시간에 여러 번 읽어줬던 책이기도 하다. 그런데 나는 이 책을 진짜 한 번이라도 제대로 만나긴 했을까? 하는 생각이 그림책방 현장학습에서 내 마음 속을 휘젓고 갔다. 나는 '점'을 키워본 적이 있는가, 제대로 끝까지 말이다.

감소하는 출석률, 가족들의 프로그램 하차 선언, 그림책 작업이 진도대로 나가지 않아 힘이 빠지는 일도 다반사였지만 그때마다 스스로 마음을 다잡는 나만의 기준은 한 가지 있었다. 단순히 숫자에 적당히 빠지고 싶지 않았던 것이 나름의 기준이라면 기준이랄까. 이 프로젝트의 최종 산출물은 〈가족 그림책〉이 나와야 하는 것이다. 기획(안)에도 그렇게 나와 있다. 내가 처음으로 쓴 신규사업 기획안인데 거짓말 기획서, 문서로만 존재하는 기획서로 남기고 싶지 않았다. 그림책도 나와야 했지만, 그저 그러한 책으로, 겉만 번지르르한 프로젝트로 남기고 싶지 않았다. 끝까지 가는 가족의 숫자가 많지 않더라도 그 가족들이 이 과정들을 통해 조금씩 성장해 나가는 성취 경험을 맛보게 하고 싶었다. 가족들 간의 주기적인 대화를 통한 서로에 대한 이해의 시간을 마련해주고 싶었다. 욕심을 더해 가족을 주제로 한 그림책, 그것도 이중언어로 쓰인다면 더할 나위 없겠다는 소소한 야망을 품고 기별로 열두 번을 차곡히 쌓아간 여정이었다. 공든 탑! 이 말 그대로, 가족들에게도 프로젝트에도 나의 공을 들였다. 1년을 꾸준히 고심하며 오롯이 공들여 왔던 게 내 인생에 몇 번 있었을까? 오히려 학창 시절에는 그런 공든 탑 경험이 있었지만, 교사가 되고 나서 20년 동안에는 글쎄, 부끄럽게도 확 떠오르지 않는다.

이 프로젝트는 과정도 좋았고 그 결과는 더 좋았다. 한때 〈과정중심 평가〉라는 말이 학교를 휩쓸고 간 적이 있다. 과정만 중요한 것이 아니라 과정과 결과가 둘 다 중요하고 놓칠 수 없는 두 마리 토끼인데 2023년 프로젝트는 제대로 두 마리를 다 잡았다. 꽤 오랫동안 내가 경험하지 못한 '그릿(GRIT)[6]'이 아닐까?

성장(Growth)의 G, 회복력(Resilience)의 R, 내재적 동기(Intrinsic Motivation)의 I, 끈기(Tenacity)의 T를 담은 '그릿'은 성공에 결정적인 영향을 미치는 투지를 나타낸다고 한다. 대단한 성공까지 가지 않더라도 이러한 성향으로 꽉 채워진 사람이 되고 싶다.

---

[6] 미국의 심리학자인 앤젤라 더크워스가 개념화한 용어로, 성공과 성취를 끌어내는 데 결정적 역할을 하는 투지 또는 용기를 뜻한다. 즉, 재능보다는 노력의 힘을 강조하는 개념이다.

이중언어 그림책이
남긴 것,
위기와 인생의 덤

참여율, 번역, 시간이라는 삼중고

　1기에서나 2기에서나 회기가 지날수록 참여율이 떨어지는 현상을 인정하기 싫지만 어쩔 수 없었다. 힘이 빠지면서 한숨이 여러 번 자동 재생되기도 했었다.
　일반적인 학교, 학급 상황에서도 그림책 제작은 쉽지 않은 과정이다. 주말 프로그램인 것에 덧붙여 가족 대상인 점을 고려하면 빨간불 상황이다. 그런데 '다문화 가족' 대상, '동부권/서부권' 지역이라는 두 단계 레벨 업! 난이도가 추가된다. 나는 왜 '이중언어' 그림책을 만든다고 했을까? 이전에 그림책을 한 번이라도 만들었던 경험이 있었다면 나는 이것을 한다고 했을까? 겁도 없이 어디서 무슨 배짱이 툭 튀어나왔는지 나도 모르겠다. '이중언어'라는 타이틀이 들어가면서 상황은 꽤 복잡해진다. 내가 관련 분야에 있었던 소위 이 바닥 관계자도 아니었는데 무슨 배짱으로 하겠다고 했을까? 무식하면 용감하다고 했던가! 이 말이 내게도 그대로 적용된 순간이다.

12회기라는 시간은 길면서도 동시에 짧기도 했다. 나의 주말을 바치고 주 6일 근무자가 된다는 점에서 긴 시간인 건 맞는 말이다. 동시에 프로젝트가 진행되면서 이중언어 그림책을 제작하기에는 짧은 기간인 점도 맞다. 일반적인 그림책이었다면 적당한 시간일지도 모르겠다. 주말에 출석률도 좋지 않고 출석과 결석을 반복하는 다양한 상황 속에서 12회 동안 이중언어 그림책을 만든다는 것은 호락호락한 일은 아니다. 절대적으로 부족한 시간이었다. 오죽했으면 2기 프로젝트 막판에는 내가 직접 엄마들의 일터로까지 찾아갔을까!

반전, 관계, 조력자로 얻어진 경험치

출석률의 위기가 있었다면 나름의 반전 기회도 있었다. 개강식에는 미신청이거나 나타나지 않았던 후발 주자들이 의외로 선전을 펼친 경우이다.

1기 서부권 참여자 중에서는 세윤이네 가족이 여기에 해당되지 않을까? 2회차부터 세윤이만 주로 혼자 왔었는데 후반부로 갈수록 언니도 엄마도 다 참여했다.

2기 동부권 참여자 중에서는 윤희와 윤희 자매, 그리고 환이네 가족이 해당할 듯싶다. 윤지와 윤희는 학교행사나 대회 참가로 인해 초반에 참여가 어려웠다. 온평초등학교 다문화 업무 담당 후배 선생님한테 여러 번 출석 가능성 여부를 확인하고 협조를 구했었다. 환이네는 엄마가 주말에도 일하는 때가 있어서 격주로 참여할 수밖에 없었다. 동부외국문화학습관과 환이네 집 거리가 1학년 아이 혼자 걸어 다니기에는 먼 거리였다. 그렇지만 두 가족 모두 멋진 이중언어 그림책을 만들었고 엄마들이 번역가로서의 대활약도 보여주었다. 이런 게 인생의 '반전', '기회'가 아닐까 싶다. 전혀 기대하지 않은 곳에서 늘 반전이 있다.

2023년 1년간 프로젝트를 진행하면서 '관계'가 얼마나 중요한지 몸으로 경험했다. 학교에서 근무할 때와는 다른 환경에서 더욱 중요함을 느꼈다. 이 관계에 따라 내 주변에 '조력자'가 기다리고 있을지 '훼방꾼'이 버티고 있을지가 갈린다. 물론, 이건 어디에서나 다 통하는 유니버설 인간 관계의 법칙과 같은 것이다. 운이 좋게도 나에게 2023년에는 센터에서도 센터 밖에서도 행운의 조력자들이 많이 있었다. 인생을 좀 더 관계 중심적으로 살아가야겠다는 다짐을 해본다. 이런 조력자들이 있었기에 나는 끝까지 갈 수 있었다. 나 또한 그 조력을 다시 주변에 환원해야 하지 않을까? 하루하루를 내가 살아가는 그곳에서 가장 어울리는 방식으로 말이다.

행운의 조력자들 덕분에 나의 '경험치'도 시너지 효과가 작동되어 전에 내게 없었던 능력까지 발휘됐던 것 같다. 해본 적이 없는 것을, 내가 하기엔 무리지 않을까, 이게 될 수는 있을까, 어떻게 하라는 건지, 하라는 거야, 말라는 거야, 이런 부정적인 마음이 늘 자리 잡고 있었다. 그런 마음은 바뀔 것 같지 않은 절대적 기본값이었다.

'함께'한다는 것의 가치를 몸소 느낀 프로젝트이기도 했다. 초등학교 담임이라는 직업의 특성상, 내 개인의 특성상 혼자 단독으로 일을 진행하는 것에 익숙하고 또 선호했던 터라 이 일은 정말 '도전' 그 자체이기도 했다. 아무리 말로 '협업'해야 합니다, '같이' 가야 합니다 하고 말해도 소용이 없다. 직접 뛰어들어 경험해 봐야 안다. 그게 진흙탕일지, 시원한 폭포수일지는 모르지만 그것 또한 그 속에 들어가 봐야 실체, 자신의 진가를 알 수 있는 것이다. 내가 뛰어들어 본 소감은 '그래도 한번 해볼 만한 나와의 한판 승부였어.' 이렇게 표현하고 싶다.

주변의 함께하는 도움, 긍정적 메시지, 번뜩이는 아이디어 제안, 따뜻한 위로와 격려 덕분에 나는 긍정적으로 조금씩 변해갔던 것 같다. 상상과 무모한 도전이라고 스스로 생각했던 일을 현실로 만든 것은 나의 경험치치고는 넘을 수 없을 것 같은 벽이었다. 이 경험치가 앞으로의 나를 어떻게, 어디로 데리고 갈지는 모를 일이다.

성적표를 받다!
프로젝트 설문 결과

　다음 사진들은 〈2023 다문화가족 한국어·예술 및 공감프로젝트〉의 설문 결과이다. 기수별로 12회기 마지막 시간에는 설문 조사를 진행하였다. 1기 프로젝트가 끝이 나고 1기 프로젝트 운영 종료에 따른 보고서를 8월 중순에 작성하였다. 가족들의 설문 결과, 프로젝트 총괄을 했던 나, 운영을 다 같이 해주셨던 다문화교육센터 여러 선생님들, 그리고 지도에 참여했던 강사님들의 의견을 종합하여 2기에는 더욱 알찬 프로그램이 되도록 설문을 꼼꼼히 읽고 분석하여 2기 프로젝트를 다져나가는 시간이었다.

　설문에 써준 내용을 읽으며 보람도 느낄 수 있었고 아쉬운 부분들도 있었다. 특히 시간적인 면에서 가족들이 함께 매주 토요일 오전을 써야 한다는 것이 가장 어려운 지점이었다. 또한 부모와 아이가 함께 참여하면 좋을 텐데 그러지 못한 다양한 상황, 그로 인해 프로젝트 목표 중의 하나였던 '가족 간의 대화, 소통, 공감' 이런 부분이 내가 처음에 목표했던 만큼 도달하지 못했다. 나의 기대가 너무 높았던 것일까? 아쉬운 지점이다. 내가 어떻게든 노력해서 할 수 있는 부분과 그렇지 못한 부분이 공존했다. 그래서 어려운 사업이긴 하다.

프로젝트 사후 설문

2023 다문화가족 공감프로젝트 만족도 설문지(1기)

안녕하세요? 설문에 응해 주셔서 진심으로 감사드립니다.
본 프로그램 운영에 대한 설문조사를 실시하고 있습니다. 응답 내용은 운영 결과 개선을 위한 자료로만 사용되오니 참여자의 생각을 솔직하게 답해 주시기 바랍니다. 감사합니다.

※ 다음은 『엄마와 함께 이중언어 그림책 여행』 프로그램에 얼마나 만족하였는지를 알아보는 문항입니다. 문항을 읽고 본인의 생각과 가장 가까운 곳에 V표 해 주세요.

설문내용	반응도				
	① 매우 만족	② 만족	③ 보통	④ 불만족	⑤ 매우 불만족
※ 해당에 체크 (☐ 학부모 ☐ 학생)					
① 프로그램 내용에 대하여 만족하였나요?	O				
② 프로그램 운영 요일/시간이 적당하였나요?		O			
③ 가족과 소통할 수 있는 기회가 되었나요?	O				
④ 한국어와 부모의 언어(모국어)를 이해할 수 있는 기회가 되었나요?	O				
⑤ 다음에 기회가 있다면 또 참여하고 싶나요?	O				

[종합](프로그램에 참여하면서 좋았던 점, 아쉬웠던 점 또는 알고 싶은 내용 등 자유롭게 적어 주세요.)

너무 좋았습니다. 선생님들의 고생많았습니다.
감사합니다.

♥ 좋은 의견 감사합니다. ♥

※ Check applicable (☐ Parent ☐ Student)					
① Were you satisfied with the contents of the program?	O				
② Were the prgram day/times appropriate?	O				
③ Was it an opportunity to communicate with your family in Korean?		O			
④ Was it an opportunity to learn Korean through making handwriting works?					
⑤ If there is an opportunity next time, would you like to participate again?	O				

[Comprehensive](Feel free to write down what you liked or disliked while participating in the program, or what you would like to know more about.)

I liked that we participated freely as family we felt comfortable to be involved in this program

♥ Thank you for your kind comments. ♥

※ Check applicable (☐ Parent ☐ Student)					
① Were you satisfied with the contents of the program?	O				
② Were the prgram day/times appropriate?	O				
③ Was it an opportunity to communicate with your family in Korean?	O				
④ Was it an opportunity to learn Korean through making handwriting works?	O				
⑤ If there is an opportunity next time, would you like to participate again?	O				

[Comprehensive](Feel free to write down what you liked or disliked while participating in the program, or what you would like to know more about.)

I liked everything about the programme. I had learned how to express my how I feel through out (class)

♥ Thank you for your kind comments. ♥

※ Check applicable (☐ Parent ☐ Student)					
① Were you satisfied with the contents of the program?	O				
② Were the prgram day/times appropriate?	O				
③ Was it an opportunity to communicate with your family in Korean?	O				
④ Was it an opportunity to learn Korean through making handwriting works?	O				
⑤ If there is an opportunity next time, would you like to participate again?	O				

[Comprehensive](Feel free to write down what you liked or disliked while participating in the program, or what you would like to know more about.)

I liked learning how to create a story book with pictures and also having the interest in reading.

♥ Thank you for your kind comments. ♥

2023 다문화가족 공감프로젝트 만족도 설문지(2기)

안녕하세요? 설문에 응해 주셔서 진심으로 감사드립니다.
본 프로그램 운영에 대한 설문조사를 실시하고 있습니다. 응답 내용은 운영 결과 개선을 위한 자료로만 사용되오니 참여자의 생각을 솔직하게 답해 주시기 바랍니다. 감사합니다.

※ 다음은 『엄마와 함께 이중언어 그림책 여행』 프로그램에 얼마나 만족하였는지를 알아보는 문항입니다. 문항을 읽고 본인의 생각과 가장 가까운 곳에 V표 해 주세요.

설문내용	반응도 ① 매우 만족	② 만족	③ 보통	④ 불만족	⑤ 매우 불만족
※ 해당에 체크 (☑ 학부모 ☐ 학생)					
① 프로그램 내용에 대하여 만족하였나요?	✓				
② 프로그램 운영 요일/시간이 적당하였나요?	✓				
③ 가족과 어울릴 수 있는 기회가 되었나요?	✓				
④ 한국어와 부모의 언어(모국어)를 이해할 수 있는 기회가 되었나요?	✓				
⑤ 다음에 기회가 있다면 또 참여하고 싶나요?	✓				

[종합] (프로그램에 참여하면서 좋았던 점, 아쉬웠던 점 또는 알고 싶은 내용 등 자유롭게 적어 주세요.)
프로그램 자체가 좋았습니다
함께진행한 쌤 선생님 정말 감사합니다
수고하셨습니다

♥ 좋은 의견 감사합니다. ♥

2023 다문화가족 공감프로젝트 만족도 설문지(2기)

안녕하세요? 설문에 응해 주셔서 진심으로 감사드립니다.
본 프로그램 운영에 대한 설문조사를 실시하고 있습니다. 응답 내용은 운영 결과 개선을 위한 자료로만 사용되오니 참여자의 생각을 솔직하게 답해 주시기 바랍니다. 감사합니다.

※ 다음은 『엄마와 함께 이중언어 그림책 여행』 프로그램에 얼마나 만족하였는지를 알아보는 문항입니다. 문항을 읽고 본인의 생각과 가장 가까운 곳에 V표 해 주세요.

설문내용	반응도 ① 매우 만족	② 만족	③ 보통	④ 불만족	⑤ 매우 불만족
※ 해당에 체크 (☐ 학부모 ☑ 학생)					
① 프로그램 내용에 대하여 만족하였나요?	✓				
② 프로그램 운영 요일/시간이 적당하였나요?	✓				
③ 가족과 소통할 수 있는 기회가 되었나요?	✓				
④ 손글씨 작품 만들기를 통해 한국어를 알 수 있는 기회가 되었나요?	✓				
⑤ 다음에 기회가 있다면 또 참여하고 싶나요?	✓				

[종합] (프로그램에 참여하면서 좋았던 점, 아쉬웠던 점 또는 알고 싶은 내용 등 자유롭게 적어 주세요.)
다음에 새로운 분도 다 시 하고 싶어요 재미있었어요 다음에서 발 또 대주세요 어렵지만 적이 많 그리기는 게 슬프고 뿌듯했고 신나고 예쁜 저에 껴녀 있고 기뻤어요

♥ 좋은 의견 감사합니다. ♥

2023 다문화가족 공감프로젝트 만족도 설문지(2기)

안녕하세요? 설문에 응해 주셔서 진심으로 감사드립니다.
본 프로그램 운영에 대한 설문조사를 실시하고 있습니다. 응답 내용은 운영 결과 개선을 위한 자료로만 사용되오니 참여자의 생각을 솔직하게 답해 주시기 바랍니다. 감사합니다.

※ 다음은 『엄마와 함께 이중언어 그림책 여행』 프로그램에 얼마나 만족하였는지를 알아보는 문항입니다. 문항을 읽고 본인의 생각과 가장 가까운 곳에 V표 해 주세요.

설문내용	반응도 ① 매우 만족	② 만족	③ 보통	④ 불만족	⑤ 매우 불만족
※ 해당에 체크 (☐ 학부모 ☑ 학생)					
① 프로그램 내용에 대하여 만족하였나요?	✓				
② 프로그램 운영 요일/시간이 적당하였나요?	✓				
③ 가족과 어울릴 수 있는 기회가 되었나요?			✓		
④ 한국어와 부모의 언어(모국어)를 이해할 수 있는 기회가 되었나요?	✓				
⑤ 다음에 기회가 있다면 또 참여하고 싶나요?	✓				

[종합] (프로그램에 참여하면서 좋았던 점, 아쉬웠던 점 또는 알고 싶은 내용 등 자유롭게 적어 주세요.)
이러한 프로그램 덕분에 부모님과 소통할 수 있어 좋았고 엄마의 면모를 더 깊게 알 수 있어서 좋았습니다. 감사합니다.

♥ 좋은 의견 감사합니다. ♥

2023 다문화가족 공감프로젝트 만족도 설문지(2기)

안녕하세요? 설문에 응해 주셔서 진심으로 감사드립니다.
본 프로그램 운영에 대한 설문조사를 실시하고 있습니다. 응답 내용은 운영 결과 개선을 위한 자료로만 사용되오니 참여자의 생각을 솔직하게 답해 주시기 바랍니다. 감사합니다.

※ 다음은 『엄마와 함께 이중언어 그림책 여행』 프로그램에 얼마나 만족하였는지를 알아보는 문항입니다. 문항을 읽고 본인의 생각과 가장 가까운 곳에 V표 해 주세요.

설문내용	반응도 ① 매우 만족	② 만족	③ 보통	④ 불만족	⑤ 매우 불만족
※ 해당에 체크 (☐ 학부모 ☑ 학생)					
① 프로그램 내용에 대하여 만족하였나요?	✓				
② 프로그램 운영 요일/시간이 적당하였나요?	✓				
③ 가족과 소통하는 기회가 되었나요?	✓				
④ 손글씨 작품 만들기를 통해 한국어를 알 수 있는 기회가 되었나요?	✓				
⑤ 다음에 기회가 있다면 또 참여하고 싶나요?	✓				

[종합] (프로그램에 참여하면서 좋았던 점, 아쉬웠던 점 또는 알고 싶은 내용 등 자유롭게 적어 주세요.)
I really like this program every time I attend this program I feel very happy because of the program who help me to improve my Korean language speaking and how to write Korean also I'm very happy because this program help me to release my stress and I'm very thankful with this kind of program thank you so much.

♥ 좋은 의견 감사합니다. ♥

그림책과의 인연, 그리고 책축제

〈2024 제주책축제〉 행사가 제주도서관 주관으로 5월 25일 수운근린공원에서 열렸다. 도내 학교, 도서관, 동네 책방 등 다양한 유관기관에서 참가하여 전시, 공연, 체험, 북 콘서트, 숲속 도서관, 독서 골든벨 등을 운영하는 행사였다.

제주다문화교육센터에서도 부스 하나를 맡아 참여하게 되었다. 2023년도에 만들었던 9권의 이중언어 그림책을 전시하고 낭독 및 독후활동 운영 부스를 운영하기로 했다. 2023년에 제작된 이중언어 그림책 중에서 타갈로그어(필리핀어) 책이 가장 많았다. 그래서 타갈로그어 이중언어 그림책을 가지고 낭독 활동을 하기로 했다. 필리핀 출신 김체린 다문화강사가 그림책을 타갈로그어로 낭독하기로 했다. 나는 책을 읽기 전에 책을 소개하기, 읽고 난 후 엽서에 소감이나 질문 쓰는 활동 안내하기 등 전체적인 프로그램 진행을 맡았다. 몇 달 만에 보는 센터 선생님들, 김체린 선생님 모두 너무 반가웠다.

이른 아침, 운영 부스가 있는 도서관 뒤편 소낭(소나무) 공원으로 가보니 여러 단체에서 나와 한창 준비를 하고 있었다. 이중언어 그림책들을 전시하고 엽서와 색

①, ② - 이중언어 그림책 전시   ③ - 이중언어 그림책 독후활동(엽서쓰기)   ④ - 이중언어 그림책 엽서

칠 도구도 준비했다. 번외로 만들기 할 재료들도 미리 점검하고 만반의 준비를 마쳤다. 낭독 활동, 독후 활동, 만들기 활동 3가지로 프로그램을 운영하기로 했는데 공간은 테이블 두 개 정도였다. 그래서 한번에 많은 사람들이 참여할 수 없는 상황이라 미리 번호표를 센터에서 만들어서 갖고 왔다. 대단한 센스! 번호표가 있었던 게 신의 한 수였다.

 30분 단위로 프로그램을 운영하였다. 20분은 활동을 하고 10분은 정비 시간이었다. 한 타임당 10명을 받았다. 보통 어린아이(5세 전후)에서부터 초등학생들이었는데 가끔 중학생, 고등학생들도 참여했다. 문예 창작 영재학급에서 온 학생들도 있었는데 관련 분야 현장학습을 온 것이었다. 그리고 자원봉사하러 온 김에 참여한 고등학생들도 있었다. 어린아이들과 함께 온 엄마, 아빠들이 같이 참여하기도 했다. 어른들도 이중언어 그림책을 평소 접하기 어렵기 때문에 부스를 지나가면서 관심을 갖고 살펴보는 모습을 꽤 볼 수 있었다. 이도초 1학년 5반 우리 반 영글이 친구들도 다녀갔다. 혹시 주말에 도서관 책축제에 올 친구 있으면 선생님을 찾아보라고 행사 전날 미리 말을 해두었다. 월요일에 우리 반 한 남자아이가 말했다.

"선생님, 저 거기 갔었어요. 완전 열심히 선생님 찾아다녔는데 결국 못 찾았어요."

이렇게 관심을 갖고 찾아와 준 우리 반 영글이 친구들이 참 고마웠다.

아이들이 일단 자리에 앉으면 오늘 읽을 이중언어 그림책에 대해 안내를 한다. 아이들의 학교와 학년을 물어봤는데 다양했다. 책 읽을 순서를 정해준다. 아이들이 한 문장씩 돌아가면서 한국어로 소리 내어 읽는다. 그다음엔 김체린 강사가 타갈로그어로 한 문장씩 읽어준다. 그렇게 하나의 이야기를 다 읽는다. 그리고 엽서를 하나씩 나눠준다. 각자 이중언어 그림책을 읽고 들으면서 느낀 점, 작가에게 궁금한 점 등 쓰고 싶은 문장을 쓰라고 한다. 한글을 못 쓰는 어린아이들은 부모님이 대신하여 간단하게 써주시라고 요청했다. 이렇게 간단히 문장을 쓰면 김체린 강사가 다시 타갈로그어로 번역하여 문장을 써서 엽서를 돌려줬다. 타갈로그어로 써진 것을 보고 무척 신기해했다. 어떤 친구는 직접 읽어달라는 요청을 하기도 했다.

다음 사진들은 이중언어 그림책을 읽은 소감을 엽서에 쓴 내용들이다. 가족의 소중함에 대해 공감하는 내용이 가장 많았다. 어떤 학생들은 외국어에 대한 궁금증, 타갈로그어에 대한 질문을 많이 쓰기도 하였다.

김체린 선생님도 나도 야외에서 하루 종일 목을 쓰느라 목이 꽤 잠겨 있었다. 샛노란 색의 필리핀 전통의상을 멋지게 차려입고 온 체린 선생님과 기념사진을 놓치지 않고 찍어 두었다. 이 사진을 보고 있으니, 그날의 느낌이 고스란히 살아난다.

제주책축제 -〈이중언 그림책 여행〉 부스 운영(2024. 5. 25. 수운근린공원)

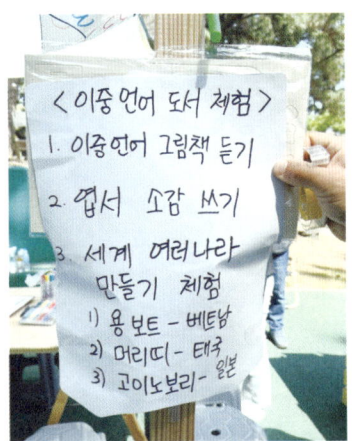

이중언어 도서 부스 운영 활동 안내

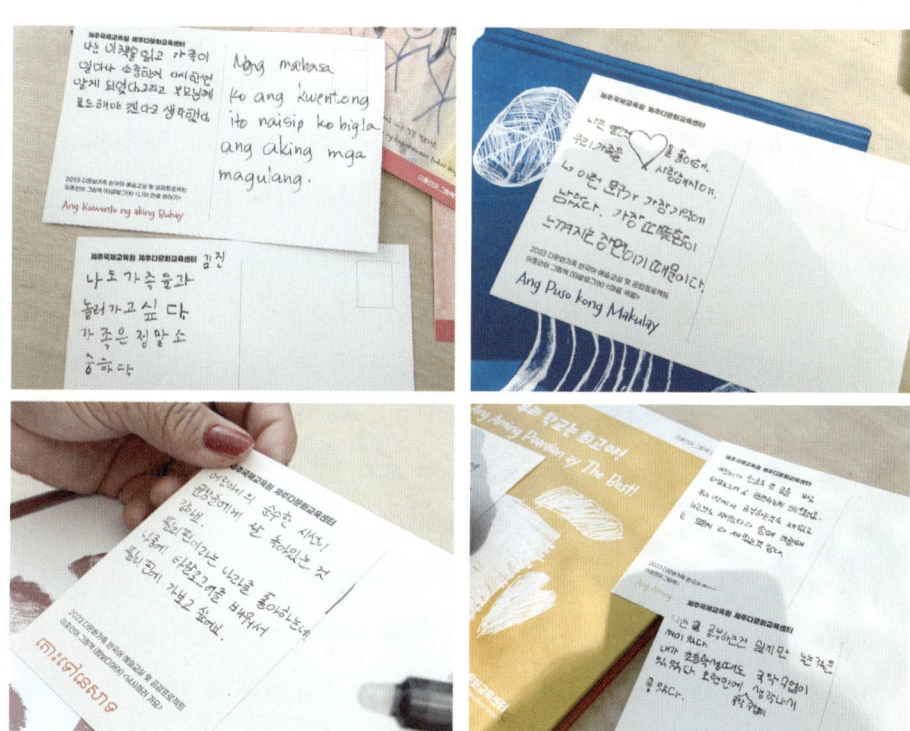

제주책축제 - 〈이중언어 그림책 여행〉 독후 활동

제주책축제 - 독후활동

낭독 후 느낀 점, 궁금한 점을 엽서에 한국어로 쓰면 이중언어 강사가 타갈로그어로 번역하여 쓰고 읽어주는 프로그램을 진행했다.

소낭(소나무) 밭에서 바람이 은근히 불어 부스 운영이 끝나고 두통이 꽤 있었지만 의미 있는 행사였다. 이중언어 그림책으로 부스 운영까지 해보고 정말 다양한 경험을 하게 해준 책들이다. 이런 행사로 인해 우리나라에서는 아직 생소한 '이중언어'에 대한 관심이 생겼으면 한다. 이런 행사들이 자주 기획되어 이중언어 그림책들이 좀 더 일상 속으로 들어갈 수 있기를 기대해 본다.

이도초등학교는 올해 도서관이 새로 만들어지고 4월에 문을 열었다. 1층 놀이터가 보이는 통창으로 따뜻한 햇살과 초록 나무들이 눈에 들어온다. 아름다운 음악과 친절한 사서 선생님 목소리가 들려오는 아늑한 아지트와 같은 곳이다. 하루는 우리 반 1학년 친구들에게 미션을 하나 던졌다.

"얘들아, 선생님이 도서관에 아주 곱딱한(예쁜-평소에 아이들에게 제주어로 많이 말하는 편이다.) 그림책 9권을 갖다 놨거든. 그런데 선생님의 이름도 있는 책이야. 한번 찾아볼래?"라고 말이다.

그 이후로 나는 완전히 잊고 있었다. 그런데, 2~3일 후에 몇 명의 친구들이 뛰어왔다. 숨을 헐떡이며 말했다.

"선생님, 저 그 책 찾았어요. 그거 막 한글도 있고 다른 나라 말도 있죠? 저 엄청 열심히 찾아봤어요."

아이들은 담임 선생님 말을 흐지부지 듣는 척 마는 척인 것처럼 보이지만 다 듣고 있다. 100% 다 듣진 않아도 누군가는 분명히 듣고 있다. 올해 1학기에는 여러 가지 프로젝트를 맡게 되어 마음의 여유가 없었다. 우리 반 아이들에게 이중언어 그림책을 제대로 소개해 주지도 못했고 읽어주지도 못했다. 1학기에 그렇게 많은 그림책을 읽어주긴 했어도 내가 만든 책을 읽어주진 못했다. 곧 개학이 다가온다. 여름이 물러가고 선선한 가을 바람이 느껴질 즘 꼭 읽어주리라.

제주책축제의 모습들

김체린 선생님과 함께 이중언어 그림책 소개 및 낭독하는 부스를 진행했고 부스 운영을 마친 후에 선생님과 기념 사진을 촬영했다.

가족들과의
재회

> **다시 그녀들의 일터로,**
> **가정으로**

    2023년의 프로젝트 이후 참여 가족들을 못 본 지 5개월에서 10개월 정도가 지났다. 언젠가는 또 볼 수 있을 거라 생각했지만 생각보다 더 빨리 만나게 되었다. 지난 봄에 제주특별자치도교육청 '우리 선생님 책 출판' 사업에 공모하였고 함께 했던 가족들 덕분에 선정이 되었다. 이 책의 내용은 프로젝트 참여 가족에 대한 소개, 수업 진행 내용, 이중언어 그림책이 주로 들어갈 거라서 가족들의 개인정보 등 사전 동의와 허락을 받아두어야 했다. 미리 문자 및 전화로 연락을 드렸다. 다행히 서부권 가족들은 주중 하루를 정해 저녁 시간에 한 장소에서 만나기로 했다. 수요일 오후 5시에 한림 커피숍에서 만나기로 했다. 나는 조퇴를 하고 부지런히 한림으로 향했다. 먼저 한림 시장 주차장에서 수영이와 수영이 엄마를 만났다. 물애기(갓난아기)였던 수영이의 동생이 제법 자라 있었다. 건강히 잘 지내는 모습이었다. 사전에 수영이 아버지와 전화통화를 한 덕분에 시원시원하게 일처리가 되었다.

다시 한림 읍내 커피숍으로 향했다. 내가 먼저 도착해서 아이스라테로 숨을 돌릴 때, 가족들이 도착했다. 다들 가족끼리 인사도 반갑게 주고받았다. 시원한 음료를 주문하고 서로 근황을 묻느라 오디오가 빌 틈이 없었다. 언어는 다 달랐지만, 영어와 한국어 등 언어가 넘나들었다. 아이들 이야기, 고국 이야기, 시어머니와 남편 이야기, 여행 다녀온 이야기, 월급과 치솟는 물가 이야기 등 정말 주제가 다양했다. 다들 바쁘게 지내고 있지만 표정이 작년보다 더 편안한 모습이었다.

작년에 가족들과 같이 했던 프로젝트를 가지고 책을 쓸 거라고 말했더니 다들 놀라워하고 무척 기대된다고 하였다.

"작년에는 선생님, 우리 가족들 그림책 만드느라 엄~청 고생했잖아요. 이제는 선생님 본인 책을 만드는 거네요."라고 세윤이 엄마가 말을 했다. 그 말이 참 고맙고 마음에 와 닿았다. 책이 나오면 꼭 연락 주라고 하셨다.

"책을 쓰는 건 제가 맞지만 그 책 속의 주인공들은 여러분이에요."라고 말했다. 너무도 반갑게 맞아주시고, 흔쾌히 동의를 허락해 주셔서 감사하다.

동부권 가족들은 내가 방문할 시간에 다들 일터에 있을 시간이라서 번역 및 숙제 검사하러 11월에 직접 방문했던 것처럼 가가호호 일터나 집을 방문했다. 표선 ○○리조트에 가서 수연이 엄마인 한예진 씨를 만났다. 시크했던 어머니였는데 반가운 표정으로 나를 한눈에 알아보고 인사를 하였다. 일하는 중에 잠깐 나와서 동의서에 서명을 해주시고 아쉬워하며 다시 일하러 들어가셨다. 표선을 지나 신양 섭지코지로 향했다. 윤희와 윤지 엄마를 만나고, 다시 동남에 있는 빵집으로 향했다. 환이 엄마는 여전히 밝게 웃으며 일하고 계셨다. 마지막으로 세화리로 가서 보경이네 집을 방문했다. 보경이와 엄마 이소윤 씨가 주차장에서 기다리고 있었다. 여전히 보경이는 보자마자 와락 껴안았다. 자신의 근황을 쫑알쫑알 숨 쉬지 않고 래퍼처럼 말했다. 보경이다운 모습이다.

1기 가족과의 만남

1기 서부권 가족과 한림 커피숍에서 재회했다. 시원한 음료를 주문하고 서로 근황을 묻느라 오디오가 빌 틈이 없었다. 다들 바쁘게 지내고 있지만 표정이 작년보다 더 편안한 모습이었다.

이렇게 몇 개월이 지났지만 좋은 소식을 갖고 다시 가족들을 만나게 되어 뿌듯했다. 앞으로도 단톡방 등을 통해 서로의 이야기도 전하면서 인연의 끈을 이어가고 싶다. 교실에서 아이들의 성장을 보는 것도 좋지만 이렇게 가족들의 성장 과정을 지켜보는 것 또한 정말 의미 있는 일임을 이미 알아버렸기 때문이다.

못다 한 이야기 01

손글씨로 배우는 한국어
수업 엿보기

제주어+영어 액자를 만들기 위해 쓴 캘리그라피(쿠아토마리진)
고찌글라(같이 가자)

    한국어를 단순히 외국어 수업으로 다가가지 않고 예술적으로 접근할 수 있는 방법으로 캘리그라피, 즉 손글씨를 선택하였다. 이미 한글을 익힌 초등학생 아이들도, 한국어를 이제 막 배우는 부모님들도 재미를 느끼는 수업이었다.

    1기에는 김효은 작가님이, 2기에는 양윤영 강사님, 김은성(보조) 강사님이 지도해 주셨다. 한국어가 익숙한 엄마들은 가르쳐 준 제주어로 써보기도 했다. 때로는 자신들의 모국어로 써보기도 했다. 제주어 표현(발음)을 듣고서는 웃기도 하고 갸우뚱하기도 했다. 한국어가 서툰 짐바브웨 출신의 마이클(해일리 아빠)과 캐롤라인(해일리 엄마)은 모든 것이 신기해 보였다. 특히 제주어 표현이 나올 때는 통역을 해주긴 했지만 의미를 전달하기 어려운 표현들은 나도 어려웠다. 구글 번역기를 돌려가면서 최대한 설명하려고 애를 썼다. 예를 들어 '지꺼지다(뛸 듯이 기쁘다)', '넌 잘도 아꼽다(너는 정말 귀엽고 사랑스러워)' 이런 표현들이 나올 때는 내가 제대로 통역하고 있는지 스스로를 의심했다. 1차적으로는 제주어와 표준어가 정확하게 1:1 대응이 안 되는 경우가 은근히 많다. 그런데 다시 이것을 영어로 번역하여 표현하기는 더 어렵다. 상당

 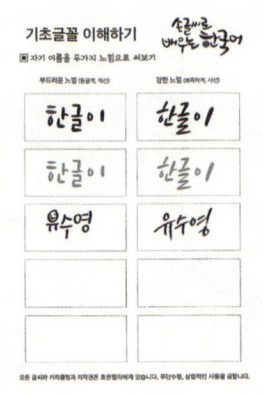 

손글씨로 배우는 한국어(캘리그라피) 교재(출처: 효은캘리 / 손글씨 교재)

붓펜으로 글자 연습(양상진 씨)

강사 시범 및 설명을 듣는 아이들(홍근, 보경, 나주, 태현)

손글씨로 배우는 한국어
- 꽃 액자 만들기 작품

① - 로즈마리 가족
② - 홍근, 보경이네 가족
③ - 환이네 가족
④ - 웃는 수연이

한 언어적 감각이 있어야 가능한 일이다. 하나의 언어를 제대로 알고 사용할 줄 아는 것은 또 다른 세계를 갖고 있는 것과 마찬가지다. 제2의 자아를 갖게 된다고 표현해야 할까? 세상을 보는 또 다른 렌즈를 갖는 것과 다름없다.

캘리그라피 강사님들이 계절에 맞게 다양한 활동을 준비해 주셔서 가족들이 재미있게 한 시간 동안 손으로 쓰고 만드는 수작업에 집중할 수 있었다.

예를 들어 6월 여름이 되면서 단오 부채를 만들었다. 짐바브웨 가족에게는 단오 (24절기에 대한 설명)가 무엇인지, 왜 단오에 부채를 만들었는지, 부채를 선물하는 의미에 대해 먼저 설명을 했다. 그리고 짐바브웨에도 이런 부채나 비슷한 도구가 있는지를 질문했던 기억이 난다. '내 더위 사시오!'라는 의미를 전달하긴 했으나 마이클 부부가 이해했을지는 미지수다.

단오 부채 만들기

족자 만들기(마이클)

2기 동부권 가족들 수업에서는 겨울이 되어가는 11월이라 LED 등을 이용하여 초 만들기, 냄비 받침 만들기를 했었다. 다 만들고 났더니 냄비 받침대는 너무 아까워서 집에서 실제로 쓸 수가 없었다. 우리 집에는 지금도 하늘색 냄비 받침대가 전시용으로 세워져 있지 부엌에 있지 않다.

　한 시간 동안 열심히 하면 뭔가 멋진 작품이 탄생하고 집에 갖고 갈 수 있어서 모든 가족들이 더 재미를 갖고 만들었던 것 같다. 2차시인 그림책 만들기가 결코 만만치 않은 고도의 정신적·육체적 에너지가 들어가는 활동이다. 여기에 잠시 쉼과 재미를 덧붙여줄 '손글씨' 시간이었다. 이 틈새가 없었다면 아마 12회기를 이끌어가지 못했을 수도 있다. 아무튼 틈새 공략 성공!

필통 만들기

못다 한 이야기 02

8년 만의 재회, 단풍국에서?
3개의 다문화 프로젝트

2023년은 제주다문화교육센터에서 제1호 파견교사라는 특별한 경험을 했기에 2024년에는 학교로 돌아와 조용히 있는 듯 없는 듯 담임에 충실하며 살려고 마음을 먹었었다. 그런데 상황은 늘 변하고 마음도 바뀌기 마련이다. 올해도 작년에 이어 또 다른 특별한 경험의 시간을 보내고 있다. 새해를 맞아 센터 생활을 마무리하고 학교로 돌아올 시기에 내 마음 속은 서서히 2024년 프로젝트를 하나둘씩 세우고 있었던 것 같다. 그래서 2월 초, 복귀할 나의 원적 학교 교감 선생님으로부터 전화가 왔을 때도 분명히 나의 의사를 밝힐 수 있었다. 당연히 예상대로 인사 담당 교감 선생님은 학년부장을 맡아 주었으면 한다는 강력한 희망(?)을 밝히셨다. 물론 예상했던 메시지였고 학교 입장에서 이해 못 할 사정도 아니었다. 그렇지만 올해는 내가 하고자 하는 바가 있었기에 정중한 '거절'의 의사를 밝힐 수 있었다. 일종의 소명 타임이 시작됐다.

　　"교감 선생님, 저 2022년에도 학년부장을 맡았었고 그 이전에도 미희망, 미지원 영역(6학년 담임, 방송 업무 등)을 여러 번 맡았었습니다. 그리고 올해는 아직 확정되지 않아 자세히 말씀드릴 순 없지만, 제가 다문화 쪽으로 하고싶은 일들이 있습니다. 방학, 휴일 없이 일만 하다 학교로 돌아오고 있으니 올해는 좀 어렵겠습니다. 올해는 학년에 100% 제 에너지를 다 쏟을 수 없을 것 같습니다. 제 상황을 좀 헤아려 주십시오."라고 말씀드렸다.

　　이렇게 해서 어찌어찌 하다 보니 13년 만에 1학년 담임을 하게 되었다.

　　올해에는 3가지 프로젝트가 진행이 되었다. 사실 처음부터 세 가지를 해야지 하고 결정하고 마음 먹은 것이 아니라 결론적으로 1학기를 지내다 보니 그렇게 되어 가고 있었다.

　　첫 번째로는 2023년 이중언어 그림책 만들기 프로젝트 과정을 다룬 나의 책을 쓰고 싶었다. 3월 중순 1학년 신입생들의 돌봄, 늘봄, 방과후, 학원 보내기로 아이들을 제대로 인계해야만 하는 정신 없는 일과 중에 관련 공문(2024 우리 선생님 책 출판 지원 사업)이 도착했다. 번갯불에 콩 볶듯이 일단 출판기획서와 원고 초안을 제출했다. 나중에야 나름 경쟁률이 있었다고 담당 장학사님으로부터 들었다. 운좋게 나는 선정이 되었다. 그래서 이 책이 세상 밖으로 나올 수 있었다.

  두 번째 프로젝트는 한국어 교육과 관련된 것이다. 한국어능력 진단보정 문항 개발이다. 다문화학생 한국어학습 서비스로 '한국어능력 진단보정시스템이' 운영되고 있다. 학교에서 학기 초에 기초학력진단(저학년은 3R's, 중고학년은 교과학습) 평가가 이뤄지듯이 한국어 학습의 진단 및 보정을 담당하는 시스템이다. 실제 학교의 일선 교사들도 이 시스템이 있다는 것을 알지 못하는 경우가 더 많을 것이다. 다문화학생이 많아졌다고는 하지만 다문화 업무 담당자가 아니거나 한국어 교육 분야에 관심이 없다면 모를 수 있기 때문이다. 그리고 제주도의 경우, 제주다문화교육센터에서 학교로 찾아가는 한국어 교육(한국어강사가 학교로 찾아가서 1:1~1:2로 한국어 수업을 함)을 하고 있기 때문에 일반 교사의 경우 특별한 관심을 갖지 않으면 모를 일이다. 학교에 근무하면서 가끔 한국어가 안 되는 중도입국 학생[7]을 만나는 경우도 있기 때문에 교사로서 이 시스템을 알아두면 좋을 것 같다. 진단 기준은 4단계가 있고 마지막 4단계를 통과하면 한국어 교육 지원이 종료된다. 이는 일반 학급의 학생들과 같이 수업을 받을 기초 한국어가 어느 정도 완성됐다고 판단하는 최소 기준임을 말해준다. 한국어 교육 강사들이 학생들을 가르치면서 1~4단계를 넘나드는데 우선 학생을 만나면 한국어 능력 수준을 판단하기 위한 진단 평가를 실시한다. 진단 결과에 맞게 수업을 진행하는데 이때 한국어진단보정시스템의 학습자료를 활용할 수

---

[7] 결혼이민자가 한국인과 재혼한 이후에 본국에서 데려온 자녀, 국제결혼가정자녀 중 외국인 부모의 본국에서 성장하다가 청소년기에 입국한 자녀 등.

있다. 어떤 문제가 틀렸을 경우, 그것을 보정해 주는 자료이다. 올해 교육부에서 이 시스템의 보정 자료(문항)를 대대적으로 보완 및 수정하는 일(AI를 기반으로 한 한국어 수준별 학습 환경 구축)을 추진하는데 이 사업에 같이 참여하게 되었다. 대학원에서는 전공 분야로, 다문화교육센터에서 업무로 대하던 것과 직접 문항을 개발하고 연구하는 과정은 완전히 다른 것이었다. 일반 한글 학습과 한국어 학습은 비슷해 보이지만 또 다른 영역이라 같이 개발하는 선생님들과 많은 회의와 고민이 있었던 프로젝트였다. 2월 말부터 7월 말까지 주말마다 노트북 앞에서 수없이 많은 그림을 찾아 넣고 답지와 오답지를 만들면서 나름의 영혼을 갈아 넣었던 시간이었다. 프로젝트에 참여했던 전국의 여러 선생님, 제주의 선생님들이 애써 만든 자료들이 한국어 학습을 하는 학생들과 한국어 교육 선생님들에게 조금이나마 도움이 되길 간절히 바란다.

세 번째 프로젝트는 '핵심역량 국외연수' 도전이었다. 작년(2023년)에 센터에 있으면서 추진하고 싶었지만 방학이 없던 처지에서 쉽지 않았다. 2016년부터 2019년까지는 방학마다 육지로 대학원을 다니느라 갈 수가 없었고 2020년부터는 코로나로 기회가 없었다. 그래서 2023년부터 엄청 기다렸던 연수였다. 그간 다른 팀으로부터 섭외도 많았지만 다 거절했다. 내가 가고 싶은 나라, 탐구하고 싶은 주제로 가고 싶었기 때문이다. 그리고 주변의 후배, 선배에게 나는 갈 것이니 스탠바이 할 것을 미리 공언했기 때문에 그 약속을 꼭 지키고 싶었다. 올해는 운 좋게도 공모나 선발에 다 선정되었다. 내게 다시 이런 해가 올 수 있을까? 그렇게 해서 3월부터 8월까지 6개월의 캐나다 프로젝트가 시작되었고 이제 막 종료되었다. 8년 전 제자로 만났던 현이와도 연락을 할 수 있었던 하나의 계기가 되었다.

방문 국가(도시), 주제를 정하는 것이 첫 번째 선택할 문제였다. 더운 여름방학 중에 가야 할 것, 이중언어 교육이라는 연수 주제에 적합해야 하는 점을 고려해봤을 때 '쓸쓸하고 찬란하神 도깨비(2016~2017 방영 드라마 제목)'를 만날 수 있는 단풍국, 캐나다가 답이었다. '이중언어 교육'을 국외 연수의 큰 주제로 잡았던 이유를 생각해 봤다. 2023년에 이중언어 그림책을 제작했던 경험, 제주에 점점 다문화학생 비율이 높아지는 점, 담임으로서 다문화학생의 학부모 상담을 하면서 느꼈던 점, 이중언어 동아리 운영을 위한 강사 양성 연수를 실시했던 경험 때문이 아니었을까. 같이 연수에 참여했던 선생님들은 솔직히 '이중언어'라는 용어에 생소했을지도 모른다. 연수팀으로 선정이 되면서 관심을 갖고 연수에 참여하면서 많이 배웠을 것으로 기대한다.

캐나다는 이민자들이 많은 국가로서 다양한 문화, 인종, 언어에 개방성이 매우 높은 나라이다. 그러다 보니 다양한 언어에 대한 시선이 긍정적이고 언어 교육도 체계적이며 기반 인프라와 시스템을 잘 갖추고 있다. 어느 나라, 집단에서나 다수이면서 주류인 것과 소수이면서 비주류인 것이 존재한다. 캐나다도 마찬가지다. 단일 민족과 단일언어를 강조하는 환경을 가진 우리나라(한국)와 달리 캐나다는 국가 형성 배경부터 다르기 때문에 민족, 언어, 문화 등에 대해 상대적으로 장벽이 낮은 것이라 생각한다. 하지만 어느 사회에나 눈에 보이거나 안 보이거나 상대적인 차별, 구분(주류와 비주류에 대한)은 존재한다. 미국으로 파견 연수를 다녀온 경험이 있어서 이미 나는 그런 부분을 어느 정도 이방인으로서, 소수로서 경험을 했다. 핵심역량 국외연수에서 제주에서 캐나다로 이민을 간 여러 교육 관계자들을 만나면서 그 부분은 여지없이 같음을 확인할 수 있었다.

연수를 준비하면서 동료 후배교사를 통해 6년 전 캐나다로 이민을 간 나의 제자 가족과 연락할 수 있었다. 실제로 연수를 기획하고 준비하는 팀장으로서 이 가족이 없었다면 연수가 잘 진행되었을지 미지수일 정도로 도움을 많이 받았다. 8년 전 이도초 근무 시절, 6학년 담임이었던 나는 '고현'이라는 키가 제일 큰 남자아이를 만나게 되었다. 처음에는 몰랐는데 동료교사를 통해 아빠가 캐나다 사람이라는 것, 다문화학생임을 알게 되었다. 동료 후배교사는 이 학생의 사촌 누나였다. 그런 인연으로 해서 현이네 가족이 몇 년 전에 캐나다로 이민을 갔다는 소식도 들을 수 있었다. 캐나다로 간 것은 2~3년 전에 들었지만 그게 우리가 갈 오타와(캐나다 동부지역)인 줄은 몰랐다. 또 이렇게 인연은 전 지구적으로 돌고 도는 것인가?

  방학 중이라 학교 방문은 어렵다는 이메일을 받고 대체 기관이나 관련 인사(전문가)를 섭외해야 하는데 이 부분을 현이 어머니께서 많이 해결해 주셨다.

  첫날 몬트리올 국제공항 입국을 시작으로 공항 인근에서 잠만 자고 오타와로 이동했다. 몬트리올을 느끼지 못한 채 바로 오타와로 넘어가야 하는 아쉬움에 나는 연수 팀원들을 데리고 몬트리올에서 가장 유명한 참깨 베이글 집을 찾아갔다. 투두둑 떨어지는 참깨, 그 베이글 맛이 여전히 생각난다. 시차도 적응되기 전에 현이네 집 방문을 제1순위 일정으로 잡았다. 호텔로 현이 부모님께서 픽업을 와주셨다. 시내에서 집으로 가는 20분 동안 많은 대화가 오고 갔다. 하필 오타와 시골로 왜 왔냐고, 캐나다 갈 곳도 많은데 하고 말하면서 드라이브를 시켜주셨다. 현이 아버지께서 주요 건물, 장소를 가이드 급으로 설명해 주셨다. 물론 영어였다. 비몽사몽인 나는 최대한 다 들으려고 정신 줄을 꽉 붙잡고 있었다.

  거의 집에 도착할 즈음 학교들이 많이 보이기 시작했는데 현이와 준이(현이의 두 살 터울 동생)가 나온 학교라며 일부러 학교 주변을 밖에서나마 볼 수 있게 세심하게 운전해 주셨다.

  도착해서 마당으로 들어서는 순간, 나와 눈이 마주친 것은 다름 아닌 고양이! 그리고 돌하르방이었다. 아니 이게 대체 무슨 일이야? 현이 아빠는 나의 놀람을 바로 눈치채고 설명을 해주셨다. 제주에서 돌하르방을 갖고 왔다고 한다. 그럼 혹시 이 고양이는 캐나다 산인 거죠? 하고 물었더니 그것도 제주에서 온 아이라고 한다.

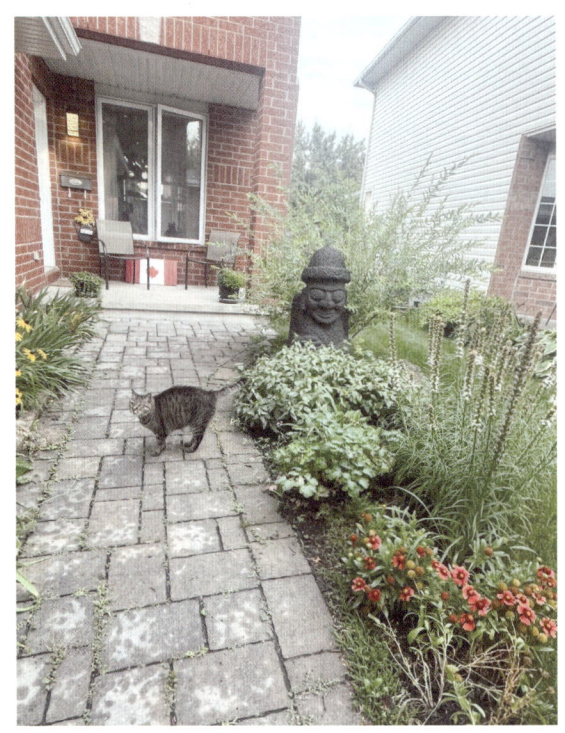
캐나다 오타와에서 본 고냉이(고양이)와 돌하르방(현이네 집)

한국 고양이 (코숏)를 너무 좋아하는 나로서는 반갑고 놀라운 일이었다. 궁금한 점이 너무 많았던 나는 바로 질문에 들어갔다. 이 고양이는 유기묘인지, 몇 년째인지, 비행기 타는 그 어려운 검역 과정 등에 대해 계속 질문을 했다. 유기묘가 맞고 캐나다로 이민 오면서 여기까지 데려오게 되었다는 것이다. 캐나다 오타와에서 제주도 돌하르방과 고냉이(고양이)를 만나다니!!

   고양이와 친해지기 위해 궁디 팡팡(고양이의 엉덩이와 등 부분을 톡톡 쳐주는 스킨십)을 계속 하였다. 고양이와 친해지는 동안 여러 가지 이야기를 들을 수 있었다. 오타와 강(River)의 여름과 겨울 이야기, 지독한 오타와의 겨울을 어떻게 버티는지, 캐나다의 높은 세금, 마약과 우울증에 관한 이야기 등 정말 0부터 1,000까지도 갈 수 있는 무궁무진 이야기들이었다.

   우선 국외 연수에 맞는 심층 인터뷰 숙제도 해야 했기 때문에 이민 가정으로서의 어려움, 정착 이야기, 아이들 교육 문제, 학교 선택, 이중언어 교육, 아이들 진로 등에 대해 다양한 이야기를 주고받았다.

   현이 아버지가 부엌과 뒷마당을 오가며 저녁 만찬을 열심히 준비하는 동안 현이 엄마와는 현이의 이야기를 하게 되었다. 현이의 6학년 시절로 타임머신을 30분 정도 타게 되었다. 당시 현이를 생각해 보면, 6학년에서 가장 키 큰 남자아이였다. 다문화학생이고, 얼굴은 하얗고 검은 뿔테 안경, 수줍고 말수가 적은 아이, 하지만 축구 등 구기 종목을 엄청 좋아했던 남학생이었다. 국어와 영어 둘 다 잘했고 수학도 곧잘 했다. 발표는 꺼려했지만 또 시키면 나름 잘하는 친구였다. 당시 우리 반 남자아이들은 제주도 말로 몽생이(망아지) 천방지축 기질이 강한 야생의 친구들이었다. 생활지도에 정말 힘들었던 해였다. 현이가 그런 성향의 남자아이들과 잘 지낼 수 있을까 걱정하기도 했지만 내 예상은 완전히 빗나갔다. 현이는 내향적 기질을 타고났지만 또 다른 성향의 친구들과도 곧잘 어울렸다. 장난도 소소하게 티 나지 않게 하고 쉬는 시간에 반대 기질의 친구들과도 재미있게 시간을 잘 보냈다. 의외라고 생각한 부분이었다. 자주 문제를 만들던 남자아이들에게 혼을 내려고 하면, 어떤 아이는 오히려 내게 불만을 말한 적이 있다.

"선생님은 현이도 장난 치고 같이 했는데 왜 현이한테는 뭐라고 말하지 않아요?"라고 말이다. 그만큼 눈에 띄지 않게 조용히 가담하는 잔머리가 나름 뛰어난 친구였던 것이다. 나도 그때 우리 반 아이들로부터 현이의 그런 모습을 들었을 때 놀랐던 기억이 난다. 현이 엄마께 이런 6학년 시절의 현이에 대해 말씀드리니 매우 놀라셨다. 현이가 느린 편이고 비사교적이라서 많이 걱정을 했다고 하셨다. 캐나다에 와서도 새로운 환경에 잘 적응할지 걱정했지만 현재 현이는 너무도 잘 자랐고 여전히 성장 진행 중에 있다고 한다. 사람은 이렇듯 어떤 환경에 직접 처해 봐야 알 수 있는 것이다. 쉽게 무 자르듯 평가하거나 진단할 수 없다.

캐나다 오타와 지역의 학교는 4가지 유형(영어 공립, 영어 가톨릭 공립, 불어 공립, 불어 가톨릭 공립)에 따라 학부모나 학생이 선택할 수 있다고 했다. 현이 부모님도 여러 가지 점을 고려하여 아이들의 학교를 선택했는데, 언어(캐나다 동부는 이중언어 교육을 기반으로 하기 때문에) 교육 방식과 시스템을 중요한 기준으로 삼았다고 한다.

가장 중요한 이중언어 교육에 대해 질문을 드렸다. 현이는 프랑스어를 했는지, 어려움은 없었는지, 가정에서의 이중언어 사용 등에 대해 궁금한 점을 물어봤다.

현이는 한국 학적으로 중학교 2학년 1학기를 마치고 이민을 갔다. 현이의 학년과 나이를 생각했을 때 프랑스어를 시작하기에는 아무래도 부담이 되어 다른 언어를 선택했다고 했다. 프랑스어까지 하면 너무 좋겠지만 현실적으로 너무 어려운 길이었다. 현이가 다녔던 학교는 프랑스어가 아닌 경우, 다른 언어를 선택할 수 있도록 했는데 현이의 경우 한국어를 선택했다고 한다. 온/오프라인 한글학교를 통해 한국어 수업을 수강하면 졸업학점으로 인정해 주는 제도가 잘 마련되어 있었

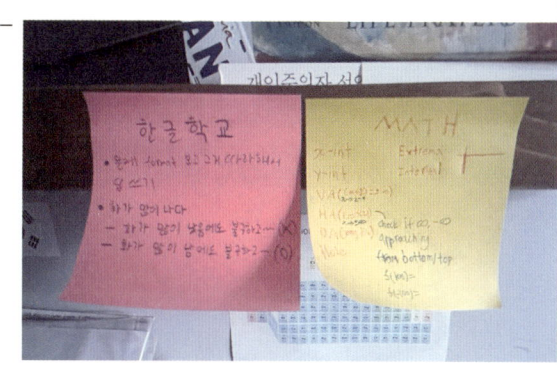

캐나다에서 만난 제자와 가족들

① - 토론토에 있는 현이와 영상통화
② - 현이의 한국어 문법 공부 흔적
③ - 2016년 6학년 김장체험학습(맨 앞 고현 학생)
④ - 2017년 2월 졸업식(현이와 함께)

다. 몬트리올이 위치한 퀘백주는 프랑스어가 우세하고 오타와는 그 중간 지역으로 영어와 프랑스어가 동등한 위치라고 한다. 토론토부터는 거의 영어 중심이라고 한다. 실제 연수 기간 동안 세 지역을 이동해 다니면서 눈과 귀로 바로 체험할 수 있었다. 입국한 몬트리올 국제공항에서부터 바로 시작되었다. 공항 및 렌트카 회사에서부터 이동하는 도로의 모든 표지판과 안내가 프랑스어와 영어로 표기되어 있었다. 그런데 프랑스어가 먼저 메인으로 나오고 영어가 다음으로 나왔다. 몬트리올과 오타와에서는 커피를 사러 가면 바로 '봉주루 매담'부터 먼저 들을 수 있었다. '파흐동'(영어의 Pardon)이 두 번째로 자주 들은 말이다. 그런데 나의 반응(영어)을 보고 바로 영어로 스위치했다. 오호~~ 이것이 이중언어의 현장이로군!

현이가 태어나면서부터 아빠와는 영어로, 엄마와는 한국어로 대화를 했다고 한다. 내 기억으로 형제(현이와 준이)끼리는 학교에서 한국어를 주로 썼었다. 엄마와 아빠 부부끼리 대화할 때는 주로 영어로 대화하긴 했지만 현이 아빠는 한국어로 질문하거나 말했을 때, 어느 정도 이해하고 바로 영어로 답을 해주셨다. 현이 부모님도 아이들이 엄마 나라와 아빠 나라의 언어를 둘 다 놓지 않는 것이 매우 중요함에 동의했다. 특히 코로나를 겪으면서 아이들이 심리적으로 힘들어했고 전 세계가 무대인 시대에서 아이들의 진로 측면, 의사소통 욕구 측면에서 둘 다 갖고 있는 것이 큰 힘이 될 것이라고 했다.

제주에서 캐나다 연수를 준비하면서 현이네 집을 방문할 거라 어떤 선물을 준비해야 할지 정말 고민을 많이 했었다. 이렇게 연수에 많은 도움을 주고 식사 초대까지 받았는데 빈손으로 갈 수는 없었다. 여러 가지 제주도의 향수를 느낄 만한 소소한 것들을 하나씩 챙겼다. 그리고 2023년에 만들었던 이중언어 그림책도 넣었다. 나의 열정으로 만들어진 그림책을 현이네 가족에게 꼭 선물로 드리고 싶었다.

현이의 방을 구경했는데 책상에 붙어 있는 형광색 메모지가 눈에 들어왔다. 한국어 문법 공부를 한 흔적이었다. 현이가 국어도 잘했는데 왜 이게 붙어 있을까? 어머니께 질문 드렸는데 그 이유를 이제는 알게 되었다. 졸업을 위한 한국어 이수 학점 때문이었다.

현이는 토론토 대학에서 AI 분야를 전공하는 2학년 학생이 되어 있었다. 이날 오타와 본가에서 현이를 봤으면 했는데 여름학기로 토론토에 있다고 하여 무척 아쉬웠다. 대신 즉석 영상통화를 했다. 너무 궁금했다.

현이는 그야말로 멋진 청년이 되어 있었다. 키도 거의 190cm가 된다고 한다. 얼굴은 13세 사춘기 시절의 얼굴이 꽤 남아 있었다. 한국말도 너무 잘했고 표정이 그 시절 그대로 맑아 보였다. 어색할 줄 알았지만 어제 본 것처럼 2016년 6학년 시절로 바로 돌아갔다. 직접 봤다면 사춘기에 아빠의 나라로 이민을 와서 겪었던 여러 가지 에피소드와 성장통을 자세히 들을 수 있었을 텐데 그 부분은 많이 아쉽다. 물론 현이 엄마와 아빠가 자세히 말씀해 주셔서 어느 정도 궁금증은 해소가 되었다. 다음엔 제주에서 만날 수 있기를 바라며~

션(현이의 영어 이름)! 오호보아(Au Revoir)~

현이 부모님께 이중언어 그림책 전달(2024. 8.)

파견 종료, 다시 학교로

파견 근무가 시작된 3월에는 2024년 1~2월이 이렇게 바쁠 줄 전혀 알지 못했다. 내가 파견을 연장하지 않으면 1~2월에는 업무를 마무리하고 여유 있게 다시 학교 복귀 준비를 하고 있으리라 생각했었다. 그러나 막상 1월이 되자 2월 초에 있을 2기 프로젝트 이중언어 그림책 출간 기념회 준비를 하면서 바빠졌고 기념회가 끝나도 마무리할 것들이 꽤 있어서 2월도 바쁘게 보냈다.

원래 근무하던 학교로 복귀했다. 늘 그렇듯이 새 학년 교육과정 수립 주간에 학교로 가서 학년과 업무를 배정받고 정신없이 3일을 보냈다. 아, 다시 학교의 느낌, 1년 만에 아주 빠르게 타임머신을 타고 돌아가는 느낌이었다. 내 몸은 센터형 바이오리듬에서 초등교사 바이오리듬으로 바뀌는 데 시간이 얼마 걸리지 않았다. 근 20년간 학교의 시간에 맞춰 이미 그렇게 몸이 프로그램화되어 있었다.

1학년 신입생을 맡는 담임으로서 나의 1년 생활을 결정짓는 흰 행정 봉투를 뽑았다. 이 봉투에는 반 배정(반, 번호, 이름 등)이 적힌 종이가 들어있다. 학년 부장님과 후배 선생님들이 먼저 뽑고 나는 마지막에 뽑았다. 종이를 펴자마자 자연스럽게 다문화 학생이 있는지부터 확인하게 되었다. 한 명 있었다. 다행이라고 생각했다. 다시 학교로 돌아가면 (다문화학생의) 어떤 부분을 더 신경 써야 할지 생각을 해두고 있었기 때문에 한 명 이상 꼭 만나길 바랐다. 2월 말, 입학식 준비를 열심히 했던 그때 입학원서도 꼼꼼히 읽어 보면서 가정 환경을 우선 파악하였다. 입학식 날은 담임도 아이들도, 학부모님들도 정신이 없는 날이다. 그렇지만 우리 반 다문화 학생인 친구를 한 번 더 유심히 봤고 부모님도 먼저 와서 인사를 해주신 덕분에 담임인 나는 더 많은 정보를 물어볼 수 있었다.

파견 전 담임인 나와 2024년 3월의 담임인 나를 비교하게 되었다. 물론 2022학년도에도 까불이였던 ○○이를 신경 써서 지도를 하긴 했지만, 미세한 차이가 생겼다. '내 말 전달하기보다는 먼저 아이의 말을 들어주기', '빨리 고치려고 하기보다는 먼저 인정해주기'가 그 차이라고 할 수 있다. 그런데 이게 정말 쉽지 않은 것이다. 지금도 잘 되고 있는지 자신은 없다. 3월 말, 학부모 상담 주간에 다문화학생의 부모님 두 분이 다 학교로 방문하여 상담했다. 입학 초기 적응 상태, 교우 관계, 한글 이해 정도 등에 대해 주로 이야기를 나누는 게 1학년 첫 상담의 주요 주제가 아닐까 싶다. 한글 교육에 대한 이야기를 나누다가 엄마의 나라가 일본이다 보니 일본어에 대한 이야기도 자연스럽게 나왔다. 아버지의 이야기는 이러했다. ○○이가 다른 친구들보다 한글이 늦을 수 있을 것 같다. 아마도 엄마가 집에서 일본어로 대화도 하고 일본어 책도 읽어주는데 그런 부분들이 아무래도 작용할 것 같다.

아버지의 말을 듣고 나는 바로 동의를 했다. 당연히 그럴 상황이었다. 하지만 계속 걱정해야 할 문제는 아닐 것이니 계속 집에서는 ○○이가 엄마와 그렇게 대화를 나누고 자기 전에 책도 어머니가 계속 읽어주시면 좋겠다고 말씀을 드렸다.

엄마 나라의 언어를 어릴 때부터 자연스럽게 들으면서 익히고 말하는 것은 매우 중요하다. 당장은 국어를 익히는 데 시간이 좀 더 들고 ○○이가 겪을 언어적 학습의 혼란과 어려움은 있을 수 있다. 아이가 처한 환경에 따라 매우 달라지긴 하지만 일정 기간을 잘 넘기고 나면 두 개의 언어를 자연스럽게 사용할 수 있다. 이중언어를 쓰는 아이들에게서 흔히 나타나는 코드 변환(code switching-하나 이상의 언어를 소유한 화자가 언어를 번갈아 바꾸는 현상)의 과정을 거치면서 점차 완성되어 갈 것이다. 지금 ○○이의 경우 학교에서 한국어, 집에서도 아빠와 누나와는 한국어로 대화를 하기 때문에 한국어가 절대적으로 우세한 환경이다. 오직 엄마와 대화하거나 자기 전 책 읽어줄 때만 일본어를 접하는 환경이다. ○○이가 더 나이가(고학년, 사춘기 시기) 들기 전에 더 많은 일본어의 입력이 주어지면 좋겠다고 아버지와 어머니께 말씀드렸다. 어머니의 고향(일본)에 방문할 때 되도록 많은 일본어 자료(그림책 등)를 챙겨 오는 것도 좋고 기회가 되면 ○○이를 데리고 엄마의 고향에도 자주 가볼 것을 제안하였다. ○○이가 한국에 살고 있지만 엄마의 나라, 엄마의 언어를 알아가고 익히는 것은 자기 자신의 뿌리와 정체성에 대해 알아가는 것과 맞닿아 있기 때문이다.

   1학기가 마무리되는 시점에 ○○이는 달라져 있었다. 4~7월 동안 나와 일대일로 방과후 학습역량 시간에 한글 공부를 해오면서 분명하게 발음하며 말하는 것이 확 늘었다. 한글을 읽고 쓰는 데 정확성과 유창성도 엄청난 속도로 늘었다. 결론은 처음에 한글 학습이 조금 늦는다고 해서 추후 학습에서 큰 어려움을 겪을 정도는 아니라는 것을 강조하고 싶다. 3월 상담에서 더 집중해서 아이를 관찰하고 담임 선생님과의 한글 공부 시간을 따로 마련할 것이니 지금처럼 가정에서는 가족들이 한국어와 일본어를 자유롭게 쓰는 환경을 유지하는 게 ○○이를 위해 더 좋을 것이라고 말씀드리며 아버지를 안심시켜 드렸었다. 그리고 열심히 해서 4학년이 되면 누나와 함께 '이중언어말하기대회'에도 한번 도전해 보라고 제안했다. 엄마, 아빠 나라의 언어를 다 할 수 있는 강점을 키워주는 것이 엄청 중요한 부모의 역할, 가정 환경임을 강조하며 상담을 마무리했었다.

   이후 국어 시간에 집중해서 관찰하고 학습 상태를 눈여겨보고 있는데 어떤 부분에서 오류가 생기는지, 이해가 안 되는지를 간단하게 기록하고 있다. 추후 학습역량 시간에 기록한 것을 바탕으로 집중 지도하면 좋겠다는 생각이 들었다. 대학원 마지막 학기에 쓰기교육 수업을 들었다. 한국어 학습자의 쓰기 오류 분석(Error Analysis)에 대한 논문을 읽어 요약하고 자신의 생각을 말하는 시간이었다. 외국어 학습자의 국적, 나이 등의 배경에 따라 오류 양상이 다르게 나타날 수 있다는 것이 주 내용이었다. 초등학교 교사로 근무하면서 중국, 필리핀, 베트남, 캐나다, 미국, 탈북 학생을 만났었고 올해는 일본이다. 그동안 아이들을 지도하면서 오류 분석을 체계적으로 기록했으면 어땠을까 하는 생각이 들었다.

파견을 끝내고 다시 학교로 돌아온 지금의 나는 무엇이 달라졌는지를 생각해 본다. 파견 전, 2022년에 나는 코로나에 걸리지 않으려고 교실에서 하루 종일 마스크를 꼈었고 어지러운 나이스 출결에 치이고 있었다. 학년부장을 맡았었고 힘들었던 통합학급 학생도 있었던 때라 그야말로 한 치의 여유가 없었던 시기였다. 올해는 쉼 없이 바로 학교로 돌아와 몸은 많이 지쳐있는 상태이지만, 아이들을 보는 마음의 여유는 확실히 더 커졌다. 1학년이라 더 세심하게 신경 써야 하는 부분들이 있어서 하루 종일 신경이 바짝 서 있다. 돌봄이나 방과후 수업이 끝나면 우리 반 아이들은 교실 문을 조심히 열어 얼굴을 '빼꼼' 내민다. 인사하고 가는 아이들을 보면 '잘도 아꼽다!(너무 귀엽고 사랑스럽다)'라는 생각에 저절로 웃게 된다. 계속 학교에만 있었다면 느끼지 못했을, 둔감했을 부분들을 파견을 통해 느끼는 것들이 분명히 있다. 같은 환경에 있다 보면 아무래도 무뎌지는 부분이 있을 수밖에 없다. 우선 아이들을 보는 시선이 달라진 부분이 있었다. 빡빡하면서 정확함을 중시했던 선생님에서 아이들을 토닥토닥 해주는 따뜻함이 그래도 한두 스푼 추가되지 않았을까? 그리고 학교라는 하나의 조직이 돌아가는 방식, 학교만의 독특한 문화 등에 대해 한 번 더 생각해 보는 계기가 되었다. 학교와 학생을 지원하는 것이 어떤 의미인지, 어떤 방식이어야 하는지를 더 깊이 생각해 보는 시간이었음이 분명했다.

아이들의 가정 및 출생 환경, 타고난 기질이 다 다르기에 그에 따라 맞춤형 지원을 해주는 것이 담임으로서 가장 큰 역할이라고 생각한다. 어떤 맞춤이 그 아이에게 가장 좋을지는 계속 고민해 볼 매일의 숙제이다. 비단 이것은 '다문화가정의 학생'에게만 국한되는 것은 아니다. 모든 학생에게 해당된다.

 2기 이중언어 그림책 출간 행사를 다루었던 KBS〈탐나는 제주〉방송이 나가고 나서 집중 촬영 대상이 됐던 보경이와 홍근이의 아빠인 양상진 씨가 전화를 주셨다. 구정 연휴 직전이었다. 이 아버지는 제주도 아방(아버지)답게 무심한 것 같지만 마음속은 깊고 따뜻한 분이라는 것을 여름과 가을, 겨울 이 세 계절을 같이 지내고 나서야 알 수 있었다.

 아버지와 통화한 내용은 다음과 같다.

> 아이고 선생님, 저예 보경이 아빠우다. 어떵 맹질 준비는 잘 해졈수과?
> 아이고 선생님, 저 보경이 아빠입니다. 설 준비는 잘 되어가고 있습니까?

> 이게 누구신가요? 보경이 아버지, 먼저 새해 복 많이 받으시고예, 영 전화도 주시고 감사합니다.
> 이게 누구신가요? 보경이 아버지, 먼저 새해 복 많이 받으세요. 이렇게 전화도 주시고 감사합니다.

> 선생님, 3월부턴 센터에 없고 학교로 돌아갈거랜 해시난 잘 지내시고예, 언제 한번 또 봐질거우다예.
> 선생님, 3월부턴 센터에 없고 학교로 가신다고 하니 잘 지내십시오. 언제 한번 또 볼 수 있을 겁니다.

> 당연하죠,
> 아버지. 제주도 좁기도 하고 제 본가도 구좌난 분명 만날 일 이실거우다.
> 당연하죠,
> 아버지. 제주도가 좁기도 하고 제 본가도 구좌읍 지역이니 분명 만날 일 있을 겁니다.

> 선생님, 너무 감사허우다게. 우리 보경이나 홍근이도 애들 엄마도 우리 강서윤 선생님 자꾸 고라부난 솔직히 토요일에 안가젠 하당 그 소리에 안갈수가 어서난예. 애들이 너무 좋아하고 잘 따르고 이뻐해줘부난 제가 안가도 데려다 주기는 해야겠더라고예.
>
> 선생님, 너무 감사했습니다. 우리 보경이나 홍근이도, 애들 엄마도 우리 강서윤 선생님 말을 자꾸 해서 솔직히 토요일에 안 가려고 했는데 그 소리에 안 갈 수가 없었습니다. 애들이 너무 좋아하고 잘 따르고 선생님이 예뻐해주셔서 제가 참여는 못 해도 데려다주기는 해야겠다는 생각이 들었습니다.

이 말을 듣는 순간, 가족들과 함께했던 순간들이 하나씩 떠올랐다. 뭔지 모를 아쉬움의 끝자락에 와 있었다. 가족과 함께 했던 그림책 여행의 진짜 마지막 순간이었다.

> 아휴, 제가 더 고맙수다예.
> 아버지 덕분에 저도 잘 마무리행 학교로 돌아갈 거 닮수다.
>
> 아휴, 제가 더 고맙습니다.
> 아버지 덕분에 저도 잘 마무리해서 학교로 돌아갈 수 있을 것 같습니다.

> 선생님 댁도 동쪽이난예 부모님 댁 오며 가며 한번 연락 주십서.
> 제가 막걸리라도 영 한잔 꼭 대접해 드리고 싶수다게.
>
> 선생님 댁도 동쪽이니 부모님 댁 오며 가며 한번 연락 주십시오.
> 제가 막걸리라도 한잔 꼭 대접해 드리고 싶습니다.

> 넵, 좋습니다. 저도 막걸리 좋고예, 간간이 안부 전하민 좋을 거 닮아예. 맹질 잘 보냅서예.
>
> 네, 좋습니다. 저도 막걸리 좋아합니다. 간간이 안부 전하면 좋을 것 같아요. 설 연휴 잘 보내세요.

이렇게 통화를 끝냈다. 전화를 끊고 나서 바로 사무실로 들어가고 싶지 않았다. 센터 도서관에 전시된 9권의 그림책들을 하나씩 바라보며 보경이 아버지와의 통화를 떠올렸다. 내가 진정으로 꿈꿔왔던 프로젝트의 방향이었겠지? 점(·)을 제대로 키웠을까? 아니 찍어냈을까?

인간의 기록 욕구는 대단한 것 같다. 기록의 중요성도 별로 크게 느끼지 못하고 습관도 길들여지지 않았던 내가 책으로까지 기록을 남기겠다는 생각이 든 것은 정말로 놀라운 일이다. 머릿속의 추억으로만 남길까, 아니면 정식 '기록'으로서 남길 것인가. 2023년 늦가을부터 고민했었다. 그러다가 2기 그림책 제작이 어느 정도 확정되면서 생각을 확실히 정하게 되었다. 선생님을 대상으로 한 도교육청 책 출판 지원 사업에 공모하기로 또 하나의 프로젝트를 구상하게 되었다. 2023년에는 가족들의 책을 만드는 데 나의 모든 열정을 쏟았다면 2024년 올해는 나의 책을 만들어 보는 것으로 내 그릇의 불씨를 만들어 내고 싶었다.

2023년에 처음으로 블로그도 만들어서 프로젝트 내용, 이중언어 교육에 관련된 내용에 대해 기록하기 시작했다. '정리와 기록'을 엄청나게 게을리했던 나에게 있어서 이 기록과 얽힌 일들은 엄청난 변화이다. 2023년 이중언어 그림책 프로젝트와 그로 인해 세상에 나오게 된 9권이 이중언어 그림책이 나의 많은 것을 변화시켰다. 1년 전에는 다문화가족들의 성장을 위한 그림책이었는데 이제는 나의 성장을 위한 마중물이 된 셈이다. 가족들에게도 나에게도 두 배 그 이상의 성장이 있었다.

이 책이 세상에 나올 수 있게 전 지구적으로 도와주신 분들이 너무도 많다. 이중언어 그림책이 세상으로 나올 수 있게 협력의 힘을 현실로 보여주신 제주다문화교육센터의 선생님들, 가족센터의 다문화강사님들, 프로그램 지도강사님들, 번역에 참여해 주신 분들, 편집과 출판 업무로 수없이 연락을 주고 받아야 했던 우○○ 대표님, 참여했던 학교의 선생님들(교장, 담임, 업무 담당)께 감사함을 이 책으로 대신 전하고 싶다. 그리고 이 책을 집필할 수 있도록 자신의 모습과 이야기를 공개하는 데 주저함 없이 동의를 해주신 여러 다문화가족분들 그리고 단풍국에 있는 내 제자 현이와 현이네 가족에게도 고마움을 전하며 이중언어 그림책 여행을 마친다.

이중언어 그림책
레시피

2024년 11월 30일 초판 1쇄 발행

지은이 강서윤
펴낸이 김영훈
편집장 김지희
디자인 부건영
편집부 이은아, 김영훈
펴낸곳 한그루
　　　 출판등록 제6510000251002008000003호
　　　 제주특별자치도 제주시 복지로1길 21
　　　 전화 064-723-7580　전송 064-753-7580
　　　 전자우편 onetreebook@daum.net　누리방 onetreebook.com

ISBN 979-11-6867-190-4 (03370)

ⓒ 강서윤, 2024

저작권법에 따라 보호를 받는 저작물이므로 어떤 형태로든
저자 허락과 출판사 동의 없이 무단 전재와 복제를 금합니다.

이 책은 2024년 제주특별자치도교육청 '우리 선생님 책 출판 지원 사업' 공모 선정작입니다.

값 25,000원